원천 소재의 문학적 형상화와 그 수용 양상

송하준 저

학자원

송하준宋河俊

고려대학교 문과대학 국어국문학과 졸업
동 대학원 국어국문학과 문학석사, 문학박사
충북대학교, 순천향대학교 강사
고려대학교 초빙전임강사
선문대학교 중한번역문헌연구소 연구교수
고려대학교 강사(현)

원천 소재의 문학적 형상화와 그 수용 양상

2017년 11월 30일 초판 1쇄 발행

저　자 : 송하준
펴낸이 : 김병환
펴낸곳 : 학자원
주　소 : 134-814 서울시 강동구 천호대로 1121
전　화 : 02) 6403-1000
팩　스 : 02) 6338-1001
E-mail : hakjaone@daum.net
등　록 : 2011년 3월 24일 제324-2011-14호

HAKJAONE Publishing Co.
1121 Cheonho-Daero Kangdong-Gu Seoul

ISBN : 979-11-87806-83-7 93810

값 25,000원

| 책머리에 |

담욕대이심욕소(膽欲大而心欲小).

좋아하는 말이다. 보통 "배포를 키우되 일처리는 세심해야 한다" 정도로 새긴다. 이렇게도 바꿀 수 있겠다. "큰 그림을 보되 치밀해야 한다." 전에 쓴 글을 읽으면서 이 문구를 떠올리니 머쓱해진다. 시야는 좀스럽기 그지없고, 논리는 엉성하기 짝이 없다. 손 닿는 대로 덧칠을 했는데, 구멍이 조금이라도 메꿔졌는지 모르겠다.

문학 작품이 전적으로 작가의 창작물이어야 한다는 얘기가 지금은 거의 상식처럼 통한다. 하지만 이런 생각이 널리 자리잡은 지는 그리 오래 되지 않았다. 예술의 독창성에 절대적 가치를 부여한 건 서양에서도 근대 이후의 일이다. 20세기 이전 동양에서는 더 드물었다. 작가가 스스로 지었다고 말한 경우는 거의 보기 어렵다. 대개는 있는 그대로 전한다는 점을 애써 강조했다.

서사에는 허구가 개입되지 않을 수 없다. 작품의 내용이 얼마나 사실과 일치하느냐는 따져 봐야 한다. 그러나 거기에만 온 힘을 쏟을 순 없다. 작품이 나온 과정과 작가의 의도, 형상화 방식, 독자의 수용 태도를 살피는 일이 외려 더 중요하다. 아울러 작가가 어떤 장르와 매체를 선택했느냐도 눈여겨 봐야 한다. 이런 요소가 어떻게 결합되느냐에 따라 다른 의미망을 구성하기 때문이다.

여기 모은 글에서 필자는 실제 있었던 일을 소재로 한 작품들을 다뤘다. 관련 자료를 검토하면서 작가가 어떤 자료를 받아들이고 어떤 면을 바꿨는지, 또 무엇을 배제했는지, 어디에 강조점을 두었는지, 그 의미는 무엇인지 확인하려 했다. 그게 작품을 이해하고 사회 · 문화적인 맥락을 설명하는 실마리가 될 거라고 믿은 탓이다. 이 책에 수록한 글을 처음에 발표한 지면은 다음과 같다.

「관련 기록을 통해 본 〈유연전(柳淵傳)〉의 입전 의도와 그 수용 태도」, 『한국문학논총』 29(한국문학회, 2001).
「〈북정록(北征錄)〉의 소설화 과정과 그 성취」, 『고소설연구』 12(한국고소설학회, 2001).
「새로 발견된 한문필사본 〈김영철전〉의 자료적 가치」, 『고소설연구』 35(한국고소설학회, 2013).
「문헌 기록으로 살펴본 〈최고운전〉의 수용 양상」, 『우리문학연구』 54(우리문학회, 2017).
「〈서해무릉기〉 이본의 변이 양상과 그 의미」, 『우리어문연구』 58(우리어문학회, 2017).
「〈서해무릉기〉의 인물 형상화와 작가의식」, 『한국학연구』 61(고려대 한국학연구소, 2017).

부족한 필자를 밀어주시고 이끌어주시던 두 분이 먼 길을 떠나셨다. 아버지는 주님의 품 안에서 안식을 얻으셨을 테고, 선생님은 왕생극락하셨을 거라 믿는다. 그래도, 늘 그립다. 베풀어주신 은혜를 간직하고 열심히 살려 한다. 항상 곁을 지켜주는 가족들이 고맙다.

이번에도 흔쾌히 출판을 맡아주신 김병환 사장님의 후의에 감사드린다.

2017년 9월
송하준

관련 기록을 통해 본 〈유연전(柳淵傳)〉의 입전 의도와 그 수용 태도

1. 머리말 9
2. 〈유연전(柳淵傳)〉의 입전 자료 12
3. 〈유연전(柳淵傳)〉의 입전 의도와 그 구현 양상 16
1) 〈유연전〉의 입전 의도 17
2) 입전 의도의 구현 양상 26
4. 당대인의 〈유연전(柳淵傳)〉 수용 태도 33
1) 일반적인 의론 34
2) 〈이생송원록(李生訟冤錄)〉에서의 수용 태도 37
3) 권득기(權得己)의 수용 태도 40
5. 맺음말 43

〈북정록(北征錄)〉의 소설화 과정과 그 성취

1. 머리말 45
2. 〈북정록〉의 소설화 과정과 이본간의 관계 47
1) 〈북정록〉의 소설화 과정 49
2) 이본간의 관계 57

3. 이본의 변이 양상 59

1) 실사의 변용과 허구적 인물의 설정: 〈북정일록〉 59
2) 영웅적 형상의 강화와 서사의 긴밀성 제고: 〈박시황전〉 63
3) 중심인물의 교체와 반청의식의 강화: 〈북정일기〉 66
4) 장면 묘사의 진전과 역사 재연에의 열망: 현토본 〈북정록〉 72

4. 〈북정일기〉의 소설적 성취 74

5. 맺음말 78

새로 발견된 한문필사본 〈김영철전〉의 자료적 가치

1. 머리말 81

2. 새로 발견된 한문필사본 〈김영철전〉의 필사자와 필사 시기 82

3. 〈김영철전〉의 작자와 창작 시기 89

4. 조원경본 〈김영철전〉과 타 이본의 대비 95

1) 인명 · 지명 표기 95
2) 문장 표현 및 화소 97

5. 조원경본 〈김영철전〉의 자료적 가치: 맺음말을 대신하여 109

문헌 기록으로 살펴본 〈최고운전〉의 수용 양상

1. 머리말 111

2. 소설 〈최고운전(崔孤雲傳)〉의 수용 양상 113

3. 〈최고운전〉의 구비설화화와 그 수용 양상 125

4. 맺음말 132

〈서해무릉기〉 이본의 변이 양상과 그 의미

1. 머리말 135
2. 〈서해무릉기〉의 이본 현황 137
3. 〈서해무릉기〉 이본의 특성과 그 계열 139
   1) 〈서해무릉기〉 이본의 특성 139
   2) 〈서해무릉기〉 이본의 계열 146
4. 〈서해무릉기〉 이본 변이의 의미 153
   1) 애정소설적 지향의 강화 153
   2) 서사의 긴밀성 제고 155
5. 맺음말 158

〈서해무릉기〉의 인물 형상화와 작가의식

1. 머리말 161
2. 〈서해무릉기〉 주요 인물의 형상화 164
   1) 유연: 열정적이고 사려 깊은 순정남 164
   2) 최씨: 미모와 지혜, 강단과 숙덕을 겸비한 요조숙녀 168
   3) 적장: 비뚤어진 연정에 집착하는 음험한 야심가 172
3. 〈서해무릉기〉의 작가의식 176
   1) 공간적 배경으로서의 서해무릉의 성격 176
   2) 군도담의 수용 양상과 애정담과의 결합 방식 178
   3) 진실한 사랑의 추구와 현실적 규범의 승인 182
4. 맺음말 187

자료편 목차

柳淵傳(유연전) 197
(김균태 편, 『문집소재전자료집』 1, 계명문화사, 1986).

李生訟寃錄(이생송원록) 204
(『한국문집총간』 76, 민족문화추진회, 1991).

빅시황젼 국립중앙도서관본 218

金英哲傳(김영철전) 조원경본 233

金英哲傳(김영철전) 홍세태본 255
(『한국문집총간』 167, 민족문화추진회, 1995).

崔孤雲傳(최고운전) 영남대본 261
(윤영옥, 「최고운전고」, 『영남어문학』 3, 영남어문학회, 1976).

文昌公事蹟(문창공사적) 274
(『한국야담자료집성』 9, 계명문화사, 1987).

話東人物叢記(화동인물총기) 전남대본 278
(『화동인물총기』, 전남대 출판부, 1993).

서해무릉기 김광순본 285
(『김광순 소장 필사본 한국고소설전집』 8, 경인문화사, 1993).

서해무릉기 고려대본 319

관련 기록을 통해 본 〈유연전(柳淵傳)〉의 입전 의도와 그 수용 태도

1. 머리말

〈유연전(柳淵傳)〉은 유연(柳淵)의 옥사(獄事)를 다룬 전(傳)이다.[1] 이항복(李恒福, 1556~1618)은 끝부분에서 이원익(李元翼, 1547~1634)의 권유에 따라 이 작품을 짓게 됐다고 창작 경위를 밝혔다.

이수봉은 이 작품을 본격적으로 다루기 시작했다.[2] 그는 『명종실록』

1) 1607년 12월에 지어 1608년 봄에 초간본을 간행했고, 1674년에 중간본을 찍었다. 필자가 확인한 고려대 만송문고 소장 중간본과 『문집소재전자료집』에 실린 〈유연전〉은 전혀 차이가 없으며(이항복, 〈유연전〉, 김균태 편, 『문집소재전자료집』 1, 태학사, 1997, 498~520쪽), 『백사집(白沙集)』에 실린 〈유연전〉과는 세 글자가 다를 뿐이다(『白沙集 附 北遷日錄』, 간행처 미상, 1977, 238~243쪽). 따라서 본고에서는 영인된 자료를 중심으로 논의해도 무리가 없다고 생각한다. 한편 『고전소설이본목록』에는 성균관대 도서관에 한글 필사본 '유연전'이 소장돼 있다고 기술했다(조희웅, 『고전소설이본목록』, 집문당, 1999, 477쪽). 그러나 유연 옥사를 다룬 〈유연전〉과는 전혀 별개의 작품으로, 〈서해무릉기(西海武陵記)〉의 이본이다. 이 책에 실린 「〈서해무릉기〉 이본의 변이 양상과 그 의미」에서 자세히 다뤘다.

2) 이에 앞서 김태준은 〈유연전〉을 선조~인조 대에 발흥한 소설문학 가운데 개인 전기의 항목에서 다뤘는데, 근대소설 일반을 기술할 때는 공안류에 포함시켰다. 그러나 그 내용과 성격을 자세히 언급하지는 않았다(김태준, 『조선소설사』, 학예사, 1939, 79쪽; 191쪽). 이가원은 임란 이후의 문학을 논하면서 이 작품을 전기계(傳記系) 소설로 분류했다(이가원, 『한국한문학사』(재판), 민중서관, 1991, 250~251쪽. 초판은 1960). 김현룡은 『명종실록』·『선조실록』·〈유연전〉·『부계기문(涪溪記聞)』·『효빈잡기(效嚬雜記)』에서 유연 옥사를 기술한 내용이 변이된 과정을 살피고, 이 사건이 진짜 가짜 식별설화[眞贋人識別說話]로 발전하여 〈옹고집전〉의 근원설화

·『선조실록』의 기사, 『송계만록(松溪漫錄)』·『문소만록(聞韶漫錄)』·『부계기문(涪溪記聞)』 등의 기록과 〈유연전〉을 대비하여 그 확장·부연 양상을 살폈다. 그 결과 〈유연전〉은 유연과 이지(李禔) 사이의 갈등 구조가 일차적이며, 유연의 처 이씨와 이지 사이의 갈등이 이차 갈등을 이루는 복합구성을 보인다고 했다. 그는 이 작품이 사실(史實)을 원용하되 풍부한 문장력을 바탕으로 흥미있게 조직한 창작적인 구조가 엿보인다는 점을 들어 창작소설, 특히 공안소설(公案小說)에 귀속시켰다.[3)]

이헌홍은 조선왕조실록의 유연 옥사 기록과 이 작품을 비교·검토하여 〈유연전〉의 소설성을 규명하려 했다. 그는 이 작품이 고소설에 흔히 등장하는 전형적인 인물을 탈피해 절제된 인물을 설정하고, 대립과 갈등을 구체화하여 당시 사회의 문제점에 대한 작자의 깊이 있는 통찰을 보여준 점을 높이 샀다. 또한 허구적 시간 배열 기법, 장면 중심의 극적 제시와 요약적 제시 방식을 효과적으로 활용했기 때문에 소설성이 부각됐다고 설명했다.[4)]

박희병은 〈유연전〉을 전(傳) 중에서 소설적 경사가 심한 작품으로 분류했다. 일반적인 전과 달리, 입전 인물과 주변 인물 사이의 상호관계를 자세히 탐구하여 그들 사이에서 지속적으로 빚어지는 갈등을 구체화했고, 세부나 장면을 구체적으로 재현함으로써 서사적으로 대단히 확장·부연됐다고 보았기 때문이다. 이렇게 소설에 가까운 작품이 된 건 작자의 장르 인식과 작품의 객관적인 장르가 서로 다른 방향

가 되었다고 했다(김현룡, 「옹고집전의 근원설화 연구」, 『국어국문학』 62·63합집, 국어국문학회, 1973).

3) 이수봉, 「유연전연구」, 『호서문화연구』 3, 충북대 호서문화연구소, 1983.

4) 이헌홍, 「實事의 소설화: 유연전을 중심으로」, 한국고소설연구회 편, 『한국고소설의 조명』, 아세아문화사, 1990.

으로 귀결된 결과라고 분석했다.[5)]

노꽃분이는 이 작품이 두 가지 의문, 즉 '채응규는 진짜 유유인가?'와 '유연이 유유를 죽였는가?'라는 의문을 제시하고 그것이 해결되는 과정을 중심으로 직조됐다고 봤다. 이 때 독자들은 스스로 문제와 진실을 발견해가면서 당시의 재판에 대한 비판의식을 갖게 되는데, 유연이 신원되는 결말에 이르면 자신들의 치부를 반성하면서 그것을 고쳐나간 당대 지식인들의 낙관적 세계관을 만나게 된다고 했다. 또 〈유연전〉은 독특한 구성으로 말미암아 소설이 되었으며, 단순한 송사소설을 넘어 사회적 문제를 다룬 소설로서 의의를 지닌다고 평가했다.[6)]

〈유연전〉을 다룬 기존의 연구는 대부분 이 작품을 소설로 전제하고 논의하거나, 소설성을 검출하는 데 중점을 두었다고 해도 과언이 아니다. 거칠게 말한다면, 이 작품이 다른 전에 비해 사건 전개가 매우 흥미롭고, 문체 면에서도 많이 확장·부연되어 풍부하게 서술됐다는 점에서 소설적인 요소를 다분히 갖추었다는 것이다.

그러나 이 글의 목적은 앞선 논의처럼 〈유연전〉의 소설적 특성을 확인하는 데 있지 않다. 이 작품은 애초에 전으로 지었는데, 전은 여타 산문 장르에 비해 작자의 목적의식이 뚜렷하다는 게 그 특징이다. 따라서 이 작품을 이해하려면 먼저 문면과 관련 기록을 통해 작자의 의도를 파악해야 한다. 이항복이 어떤 이유로 〈유연전〉을 지었는지 확인하고, 그런 생각이 어떻게 작품에 반영되었으며 독자들은 어떤 태도로 이 작품을 수용했는지 살피려는 이유다.

---

5) 박희병, 『조선후기 전의 소설적 성향 연구』, 성균관대 대동문화연구원, 1993, 132~133쪽. 조동일이 '〈유연전〉은 본의 아니게 지은, 소재 선행의 소설'이라고 한 것도 같은 맥락이다. 조동일, 『한국문학통사』 3(제3판), 지식산업사, 1994, 90쪽.

6) 노꽃분이, 「유연전의 구성적 특징과 서술의식」, 『한국고전연구』 창간호, 한국고전연구회, 1995.

이를 위해 〈유연전〉과 관련된 여러 기록을 검토할 텐데, 그 가운데서도 특히 〈이생송원록(李生訟寃錄)〉[7]과의 대비에 중점을 둘 것이다. 〈이생송원록〉은 유연 옥사를 보는 시각이 〈유연전〉과 정반대라는 점에서 주목할 만한 자료다. 그렇다고 해서 〈이생송원록〉의 내용이 모두 사실이라고 생각하지는 않는다. 하지만 여기에는 〈유연전〉의 문면에 나타나지 않는 내용이 많이 담겨 있어서, 이를 통해 역으로 이항복의 입전 의도를 규지(窺知)할 수 있으리라 기대한다.

2. 〈유연전(柳淵傳)〉의 입전 자료

전(傳)은 사실을 지향하는 문학으로, 증험(證驗)을 중시한다. 그렇기 때문에 옛 사람들은 확인되지 않은 자료를 가지고 전을 짓는 걸 몹시 경계했다. 먼 과거의 일을 기술할 때면 의심스러운 부분은 배제해야 하고, 가까운 시대의 일을 서술할 때도 왜곡해선 안 된다고 생각했다.[8] 아울러 정확한 판단과 이를 뒷받침할 문재(文才)를 갖춰야 의도한 대로 사실을 전할 수 있다고 믿었다.

---

7) 권득기(權得己), 〈이생송원록(李生訟寃錄)〉, 『만회집(晩悔集)』 권4(『한국문집총간』 76, 민족문화추진회, 1991, 62~72쪽).

8) 의심스러운 걸 생략하는 것은 신빙성이 있는 역사만이 중요하기 때문이다. 그러나 세속에서는 기이한 것을 좋아한 나머지 사실을 돌아보는 일도 없이 전해 들은 일을 훌륭하게 생각하여 쓰거나 먼 시대의 일을 기록하는데 그 흔적을 상세히 기록하려고 든다. …(중략)… 한편 동시대의 사실을 사서에 담을 때는 시대가 같기 때문에 흔히 사실이 어그러진다[蓋文疑則闕, 貴信史也. 然俗皆愛奇, 莫顧實理, 傳聞而欲偉, 其事錄遠而欲詳其跡, …(중략)… 至於記編同時, 時同多詭]. 유협 저, 최신호 역주, 『문심조룡(文心雕龍)』 사전(史傳) 제16, 현암사, 1975, 69쪽. 번역문을 참고하여 일부 수정했다.

난리 후에 정승 이원익이 금호문 밖에 집을 지었는데, 이씨의 집과 문이 맞닿아 있어, 일의 시말을 모두 듣고 그 억울함을 측은하게 여겼다. 마침 주상께서 병으로 자리에 누우시자, 나와 매일 함께 입궐하고 생활을 같이 했다. 내게 그 일을 이야기하고, 또 "사리(事理)를 아는 사람에게 맡겨 영원히 전해지기를 바라오."라고 하였다. 물러나와 그 가승(家乘)을 모두 거두어 보내고는 사람을 시켜 짓기를 재촉하며, "이 일이 이루어지면 지극한 억울함이 씻길 수 있고, 관훈(官訓)이 서게 될 터인데, 그대는 어찌하여 도모하지 않으시오?"라고 말했다.[9)]

이원익이 유연의 옥사에 관한 이야기를 이항복에게 들려주고 전을 지으라고 권했다는 내용이다. 1607년 10월 9일부터 11월 12일까지 선조의 병세가 매우 위중했다.[10)] 세자에게 전위(傳位)한다는 비망기를 내릴 정도였다. 대신들은 궐내에서 대기해야 했다. 이항복은 이때 입전(立傳) 권유를 받은 걸로 보인다. 그렇다면 이항복이 〈유연전〉을 짓기 시작해서 마무리하기까지는 약 한 달 정도가 걸린 셈이다.

이원익이 이항복에게 이 일을 맡긴 데는 그만한 까닭이 있었다. 단순히 둘 사이의 교분이 두터웠기 때문만은 아니다. 이항복은 기축옥사(己丑獄事, 1589) 때 정여립(鄭汝立, 1546~1589)을 국문할 때 참여했다. 당시 그는 문사랑(問事郞)으로서 뛰어난 자질을 보였고, 이 일로 해서 선조의 두터운 신임을 얻었다.[11)] 그 뒤로 옥사(獄事)가

---

9) 亂後, 李相元翼治第于金虎門外, 與李氏連門, 停具聞事始終, 而傷其寃. 會上寢疾, 與余日日同入闕起居, 爲余言之, 且曰: "願托知言者, 以圖不朽." 退會盡取其家乘, 使來速譔曰: "此事若成, 至冤可雪, 官訓可立, 子盍圖之?" 이항복, 〈유연전〉, 앞의 책, 518~519쪽.

10) 『선조실록』 40년(1607) 10월 9일(무진)~11월 12일(신축).

11) 鄭汝立之獄, 上親臨鞫囚, 李恒福以問事郎明敏稱旨, 上每召恒福使傳說, 同僚拱手不敢望, …(중략)… 上召恒福, 使道問事郎時事, 而極稱高才. 『증보문헌비고(增補文獻備考)』 권133, 형고 칠(刑考七)(『증보문헌비고』 中, 동국문화사, 1957, 537쪽).

일어나면 그에게 자문을 구하는 경우가 많았던 것도 그 때문이다.[12] 이원익과 친밀한 사이였던 데다 재판에 관해서는 누구보다도 능력을 인정받았다는 말이다. 〈유연전〉을 짓기에 그만한 적임자는 없었다.

그렇다면 이항복은 무엇을 바탕으로 〈유연전〉을 지었을까. 우선 생각할 수 있는 건 이 사건을 처리한 각급 관청에 남아 있는 자료를 활용하는 방법이다. 〈이생송원록〉에서 사건 관련자들의 공초 내용을 자세히 언급한 걸 보면, 이항복도 관련 기록을 접했을 가능성이 높다. 〈유연전〉에 대관(臺官) 정엄(鄭淹, 1530~1611)이 유연의 옥사에 대해 의문을 제기했던[13] 사실이 나타나는 데서 이를 확인할 수 있다.

> 유연의 처 이씨가 언문으로 유연이 억울한 죄로 죽게 된 정상을 기록했는데, 이원익 · 이항복 두 재상이 그걸 가지고 전을 지었다. 이씨는 일개 부인일 뿐이다. 유연의 억울한 마음을 모두 아는 데는 그 누구도 더할 수 없겠지만, 당시 국문하던 사정과 공초하던 말을 증거한 부분은 상세하지 못하다. 들었다는 건 모두 종놈들이 함부로 전한 말이나 길에서 주워들은 헛소문에서 나왔으며, 수십 년 후에 지난 일을 기록한 말이니 혹 그 실상을 얻지 못했을 수도 있다. 그 주된 뜻은 지아비의 억울함을 밝히는 데 있었지만, 당시의 사정에는 잘못된 게 없을 수 없어서 남을 죄에 빠뜨리게 되었다.[14]

---

12) 이항복, 「비살주추안의(婢殺主推案議)」·「관리장살인대검의(官吏杖殺人對檢議)」·「종실덕은령살인추안의(宗室德恩令殺人推案議)」, 『백사집』 별집 권3(『한국문집총간』 62, 민족문화추진회, 1991, 386~387쪽).

13) 『선조실록』 4년(1571) 10월 27일(병진).

14) 淵妻李氏, 以諺字抄錄淵枉死之狀, 完平·鰲城兩丞相, 因之以作傳. 夫李氏一婦人耳. 其於淵寃枉之心, 曲知之者, 固莫能先也. 至於當時鞫獄之情, 證佐供招之辭, 則有未能詳者. 其所聞, 蓋出於奴僕信口之傳, 道聽塗說之訛, 數十年後追抄之語, 容有未得其實. 其主意, 蓋在於明夫之寃, 而於當時事情, 不免有失, 而涉於誣枉. 권득기, 〈이생송원록〉, 앞의 책, 69쪽.

이항복은 전을 짓기 전에 먼저 사건의 큰 틀을 이해해야 했고, 그러자면 삼성추국(三省推鞫) 과정에서 작성한 공식 문서에 상당 부분 의존했을 게 분명하다. 인용문을 보면, 이런 공식 기록 외에도 유연의 처 이씨가 기록한 '가승(家乘)'이 세세한 부분을 증언해준 자료였다는 걸 알 수 있다.

여기서 이씨가 제공한 '가승'이 얼마나 사실에 가까웠는지, 전을 짓는 데 기초가 될 정도로 믿을 만했는지 짚어봐야 한다. 이에 대해 이지(李禔, 1523~1580)의 아들인 이언용(李彦容, 1568~1614)은 그 신뢰성에 큰 문제가 있다고 지적했다. 이씨가 국문하는 자리에 있었던 게 아니므로 전문(傳聞)에 의지할 수밖에 없었으며, 그 과정에서 와전된 부분이 상당히 많았는데, 남편의 억울한 죽음 앞에 판단이 흐려져서 애꿎은 사람에게 죄를 덮어씌웠다는 얘기다.

이언용은 〈유연전〉을 지을 때 근거로 삼은 자료에 결함이 많다고 주장했다. 이항복이 전적으로 이씨 '가승'에 의지한 것처럼 서술한 의도도 그것이었다. 그러나 앞서 살폈듯이 이항복은 여타 공식 · 비공식적인 자료를 접할 만한 위치에 있었다. 전을 지을 때 사실에 기초해야 한다는 점을 몰랐을 리도 없는 사람이다. 더욱이 근거도 없이 종실을 배후로 지목했다가는 뒷감당이 만만찮으리라는 것쯤은 충분히 예상했을 터이다. 따라서 이씨 '가승'에 주관성이 개입될 수 있다는 점을 간과하고 그 잘못까지 답습했을 거라고 보기는 어렵다.

〈이생송원록〉을 뒤집어 보면, 이항복이 살펴봤을 법한 데도 〈유연전〉에선 언급하지 않은 부분을 발견할 수 있다. 〈이생송원록〉에는 〈유연전〉에 나오지 않는 여러 사람, 즉 유연의 표형(表兄)인 이자첨(李子瞻), 형수 백씨의 비부(婢夫)인 허의손(許義孫), 노비인 금석

(金碩) · 몽합(夢合) · 억종(億種) 등을 조사할 때 작성한 공초의 내용을 소상하게 제시했다. 그게 모두 사실에 부합하는지는 확인하기 어렵다. 다만 이들을 불러 신문(訊問)한 기록이 남아 있었다면, 이항복도 그걸 훑어봤을 거라고 봐야 온당하다. 그런 데도 〈유연전〉에는 그런 내용을 전혀 반영하지 않았다. 이항복이 보기에는 〈이생송원록〉에서 적극적으로 활용한 기록이 오히려 신뢰할 만하지 않았다는 뜻이다. 증인들은 이구동성으로 유연이 범인이라고 진술했지만, 결국 거짓으로 판명됐기 때문일 것이다. 이항복은 사실이 아닌 게 명백하거나 자신의 의도에 부합하지 않는 자료는 배제하고 〈유연전〉을 지었다는 걸 알 수 있다.

3. 〈유연전(柳淵傳)〉의 입전 의도와 그 구현 양상

전은 대상이 되는 인물의 행적을 "포폄의식과 연민의 념(念)으로써 서술하여 역사에 길이 전하고자 하는"[15) 의도에서 짓는 게 일반적이다. 그렇다면 유연의 억울한 죽음을 애석하게 여긴 게 〈유연전〉의 저술 동기였다고 할 수 있겠다. 그러나 이 작품이 나온 이유를 이렇게만 설명해서는 충분치 않다. 여기서는 이항복이 이 작품을 지은 의도가 무엇이었는지, 그걸 어떤 방식으로 구현했는지 살피기로 한다.

---

15) 박희병, 앞의 책, 39쪽.

1) 〈유연전〉의 입전 의도

이원익은 1599년에 금호문 밖에 거처를 마련했고,[16] 1607년 말에 유연의 일을 이항복에게 전했다. 이원익이 유연의 처 이씨와 이웃하게 된 시점을 정확하게 밝힐 수는 없다. 다만 유연 옥사의 내막을 전해듣고 그의 억울한 죽음에 깊은 연민의 정을 느꼈으리란 건 분명하다. 또한 유연을 살인범이라고 속단했던 법 집행 과정의 문제점을 인식하고, 개선책을 찾아야 할 필요성을 절감했으리란 점도 짐작할 수 있다. 따라서 이원익이 이항복에게 전을 지으라고 권유했던 까닭은 다음 두 가지 정도로 간추릴 수 있다. 첫째, 유연의 억울함을 풀어주어야 한다는 생각, 둘째, 관원들에게 경각심을 심어줄 자료로 삼아 그런 일이 재발하지 않게 하겠다는 다짐이 그것이다.

재판에서 억울한 희생자가 나오는 건, 안타깝지만, 어느 시대에나 있는 일이다. 법을 집행할 때 신중에 신중을 기해야 한다고 거듭 강조하는 이유도 그것이다. 이원익이 이항복에게 전을 지으라고 권유했던 선조(宣祖) 말기에도 불공정한 재판 사례가 적지 않았다. 게다가 형조의 서리가 공초받은 서류를 빼내 몰래 파기한 일이 발각되기도 했고,[17] 심지어는 죄인을 사사로이 풀어주는 어처구니 없는 일까지 벌어졌다.[18] 이런 사건이 빈발하자 선조는 억울한 옥사를 재심리하라고 하교했다. 그럼에도 불구하고 의금부에서는 자신들의 책임을 회피하기에 급급하는, 볼썽사나운 장면을 연출했다.[19] 관원들의 기강 해이

16) 권유(權愈) 찬(撰), 「행장(行狀)」[이원익, 『오리집(梧里集)』 속집(續集) 부록 권2(『한국문집총간』 56, 민족문화추진회, 1990, 538쪽)].

17) 『선조실록』 40년(1607) 4월 1일(계사).

18) 『선조실록』 40년(1607) 4월 13일(을사).

19) 『선조실록』 40년(1607) 5월 2일(갑자).

가 참으로 개탄스러운 지경이었다는 말이다.

그렇다면 〈유연전〉을 지은 의도는 앞에 든 두 가지에서 크게 벗어나지 않는다고 해도 좋을 듯하다. 이후 진행 과정을 보면 이원익이 이씨의 호소를 귀담아 들었을 건 틀림없다. 하지만 억울한 사연을 들었다고 해서 모두 기록으로 남기는 건 아니다. 더구나 유연의 억울함이 밝혀진 게 1580년이었으니, 그로부터 27년이 지난 시점에 굳이 전을 짓게 한 건 쉽게 납득되지 않는다. 유연의 억울함을 풀어주려고 했다거나 흐트러진 공직 기강을 바로잡으려 했을 거라는 설명만으로는 충분하지 않아서다. 이런 미심쩍은 부분을 털어내자면 이원익이 그 시기에 어떤 사건에 관심을 가졌는지 살펴볼 필요가 있다. 이를 통해 이항복에게 〈유연전〉을 짓도록 권유한 데 다른 이유가 있는지 검토할 수 있기 때문이다.

『선조실록』에 따르면 1607년에는 '강상(綱常)'을 무너뜨린 중대 범죄가 자주 발생했다.[20] 이원익은 당시 위치로 보아 이런 사건을 모두 알고 있었을 게 분명하다. 재산 다툼 끝에 형제간에 칼부림을 한 '윤정(尹瀞) · 윤호(尹浩) 사건'과 자식이 아비에게 상해를 입힌 '이언걸(李彦傑) 사건'을 적어 놓은 게 그 실증(實證)이다.[21] 이 밖에 눈길을 끄는 곳은 1603년에 일어난 유희서(柳熙緖, 1559~1603) 살인사건을 언급한 부분이다.[22] '유희서 사건'은 임해군(臨海君, 1574~1609)의 패악(悖惡)한 행동이 만천하에 드러났다는 점에서 큰

---

20) 아들이 아버지를 죽이려 한 사건[『선조실록』 40년(1607) 2월 7일(경자)], 아내가 남편을 살해한 사건[『선조실록』 40년(1607) 윤6월 4일(을축)] 등에 관한 기사가 적지 않다.

21) 이원익, 『이상국일기(李相國日記)』 3[심노숭 편, 『정가당본(靜嘉堂本) 대동패림(大東稗林)』 26, 국학자료원, 1992, 355쪽].

22) 이원익, 위의 책, 340~341쪽.

파장을 일으켰다. 더구나 사건 처리 과정을 수긍하기 어려웠기 때문에 논란이 좀처럼 가라앉지 않았다.

사건의 개요는 이렇다. 1603년 8월에 전 참판 유희서가 포천에서 화적떼에게 피살됐다. 범인을 잡고 보니 그 우두머리는 임해군의 노비였다.[23] 당시 세간에는 임해군이 유희서의 애첩을 뺏고 도적을 시켜서 그를 살해했다는 이야기가 파다했다.[24] 그런데 국문하던 도중에 주범이 갑자기 죽어 버렸다.[25] 문초하는 과정에서 물고(物故)가 나는 게 드문 일은 아니지만, 이 경우에는 석연찮은 구석이 많았다.[26]

어쨌든 이 때부터 상황이 묘하게 전개됐다. 임해군 측에서는 주범의 급작스런 죽음을 피해자 측에서 사주해서 벌인 일로 몰아갔다. 그들은 대낮에 피해자 집에 몰려가서 부녀자들을 희롱하고 겁박하기도 했다.[27] 더 가관인 건 임금이었다. 선조는 사건을 파헤치던 포도대장 변양걸(邊良傑, 1546~1610)에게 곤장을 치고 도형(徒刑)에 처했다.[28] 무고한 왕자를 모함했다는 죄목이었다. 같은 날에 유희서의 아들도 고문을 받고 유배길에 올랐다. 두 사람이 그나마 목숨이라도 부지한 건 이덕형(李德馨, 1561~1613)을 비롯한 대신들이 나섰기 때문이었다.

---

23) 『선조실록』 36년(1603) 10월 1일(계미).

24) 정경운(鄭慶雲), 『고대일록(孤臺日錄)』 제4권 1603년 12월 28일; 민인백(閔仁伯), 「유희서피적횡사(柳熙緖被賊橫死)」, 『태천집(苔泉集)』 권5(『한국문집총간』 59, 민족문화추진회, 1990, 88~89쪽); 김상헌(金尙憲), 「지중추부사변공신도비명 병서(知中樞府事邊公神道碑銘幷序), 『청음집(淸陰集)』 권24(『한국문집총간』 77, 민족문화추진회, 1991, 314쪽).

25) 『선조실록』 36년(1603) 12월 22일(계묘).

26) 당시 사람들은 임해군 측에서 몰래 손을 써서 사건의 진상을 은폐[殺人滅口]한 걸로 생각했다. 민인백, 「유희서피적횡사(柳熙緖被賊橫死)」(앞의 책, 89쪽).

27) 『선조실록』 37년(1604) 1월 23일(갑술).

28) 『선조실록』 37년(1604) 2월 14일(을미).

유희서는 평판이 썩 좋지 않았다. 하지만 그는 참판까지 역임한 사람이고, 더욱이 그의 선친은 영의정을 지낸 유전(柳堧, 1531~1589)이란 고관이었다. 이런 인물이 살해됐는 데도 임금은 피의자와 그 배후로 의심받는 임해군을 비호하기에 바빴다.[29] 이덕형 · 이항복 · 이원익 등 대신들도 임금의 그런 처신에 문제를 제기했다.[30]

이 밖에도 궁가(宮家)에서 민가(民家)의 재물을 뺏고 백성을 해친 사건은 비일비재했고,[31] 여러 차례 그 폐해가 지적되곤 했다. 그러나 선조는 이런 간언(諫言)을 받아들이기는커녕 "미열한 왕자를 예로 대하지 않고 각박하게" 책망하느냐고, 자식을 두둔했다. 또 "아들의 일을 아비 앞에서 번거롭게"[32] 이야기하지 말라며, 언로(言路)를 막아 버렸다. 납득하기 어려운 처사였고, 비난받아 마땅한 발언이었다.[33] 따라서 이원익이 〈유연전〉을 짓도록 권유한 데는 앞서 살핀 두 가지 이유와 함께 궁가에서 백성들에게 폐해를 끼치는 걸 그냥 두어서는 안 된다는 문제의식이 자리했다고 봐야 한다.

다음으로 이항복이 〈유연전〉을 통해 이야기하고 싶었던 게 무엇이

---

29) 『선조수정실록』 37년(1604) 1월 1일(임자); 『선조실록』 37년(1604) 2월 2일(계미); 『선조수정실록』 37년(1604) 3월 1일(신해); 『선조실록』 37년(1604) 3월 27일(정축).

30) 조현소 저, 조남권 역, 『국역 紀年通攷』 坤, 영신문화사, 1992, 853~854쪽.

31) 대표적인 사례로는 순화군(順和君)이 민가의 재산을 뺏고 무고한 사람을 10여 명이나 살해한 사건[『선조실록』 40년(1607) 3월 18일(신사)], 순령군(順寧君)이 오촌의 재산을 빼앗으려다가 파직된 사건[『선조실록』 40년(1607) 윤6월 26일(정해)] 등이 있다. 사관이 순화군의 일을 적으면서 '임해군과 정원군(定遠君)의 행패보다는 덜했다'고 한 걸 보면 이들의 폐해가 얼마나 심각했는지 짐작할 수 있다.

32) 『선조실록』 40년(1607) 6월 6일(정유).

33) 이 사건에 관한 기사에서 사신(史臣)은 임금의 처사가 부당했다고 거듭 지적하면서 권력에 영합한 관원들의 행태를 아울러 비판했다. 『선조수정실록』 37년(1604) 3월 1일(신해); 『선조실록』 37년(1604) 3월 27일(정축); 『선조실록』 37년(1604) 3월 30일(경진).

었는지 논찬 부분을 통해 검토하기로 한다.

> ① 나는 유연의 억울함을 슬피 여겼고, 백씨에게 먼저 확인하게 하지 않고 경솔하게 관에 발고한 걸 애석하게 생각했다. ② 이지가 끝내 바른 일을 하지 않은 것을 몹시 한스럽게 여겼는데, 목매달아 죽이는 형벌을 피해간 건 요행이었다. 그 때 법망이 허술해서 심륭은 빠져나갔다. ③ 비록 그렇다고는 해도 일에는 불행 중에도 다행한 게 있다. 윤선각·이원익 두 사람이 선후가 되고 좌우가 되어 유연에게 도움을 주지 않았더라면, 어찌 당시에 (억울함을) 드러낼 수 있었으며, 후세에 전할 수 있겠는가? ④ 세상에서는 유유가 달아난 건 잘못이라고 한다. 아들이 되어 아버지에게서 도망간다면 사람의 도리가 없어진다. 도망친다 한들 어디로 갈 것인가? 세상 어디에 아비 없는 나라가 있겠는가? …(중략)… 설령 유유가 아주 부득이하여 부모를 거스르고 멀리 갔다 해도, 진공자[진문공(晉文公)-필자]는 진(秦)나라에 있었어도 천하 사람들이 모두 알았으니, 어찌 지나치게 자취를 감추어 동생이 억울하게 죽게 할 수 있는가? ⑤ 장인[권율(權慄)-필자]께서 일찍이 말씀하시기를, …(중략)… "화를 당한 후에 그 처는 봉두난발에 때묻은 얼굴로 정성을 다해 기도했는데, 머리가 희어질 때까지도 하루같이 하니, 친척들과 마을 사람들이 '참화에 대처할 만하다'고 하더라."라고 하셨다.[34]

여기에서 작자는 전을 짓게 된 동기를 다섯 가지로 이야기했다. 첫째, 유연의 억울함을 애석하게 여겼다는 것, 둘째, 이지와 심륭이

---

34) 余竊悲淵之寃, 惜不令白氏先驗而徑造官, 重恨禔終不服正衕, 而得逭甸人之磬也, 幸矣. 當時網踈而噬獨漏也. 雖然, 事有不幸而幸者, 不有尹李諸公, 爲之先後而左右之, 使淵有附驥之幸, 則又惡能暴於當時, 而施於後世哉? 世或稱游不良逃也, 子而逃父, 人理滅矣. 逃將焉往? 世安有無父之國哉? …(중략)… 設令柳游大不得已而違親遠逝, 晉公子在秦, 天下無不知, 何乃過爲泯迹隱端, 致弟枉死也? 權聘君嘗言, …(중략)… "罹禍之後, 妻能囚首喪面, 竭情祈告, 至白首如一日, 宗黨謂爲能處慘禍"云. 이항복, 〈유연전〉, 앞의 책, 519~520쪽.

죄를 짓고도 그에 상응하는 벌을 받지 않은 건 마땅하지 않다는 것, 셋째, 윤선각과 이원익에 의해 유연의 억울함이 다소 풀리게 된 경위를 알리는 것, 넷째, 유유가 도망친 건 인륜에 어긋난다는 것, 다섯째, 이씨가 남편의 억울함을 풀어주려고 정성을 다한 걸 포장(褒獎)하려는 것이다.

인용문에서 보듯이, 이항복은 판관의 그릇된 판결을 드러내놓고 문제삼지 않았다. 그렇다고 해서 돌이킬 수 없는 오판을 묵인한다거나, 사안의 심각성을 간과한 건 아니다. '유연이 억울했다'는 말은 '판관이 사건을 잘못 처리했다'는 소리와 크게 다르지 않다. 작자는 위관(委官) 심통원(沈通遠, 1499~?)이 유연을 살인범으로 단정하고 고문을 통해 자백을 얻어내는 장면을 제시하여 그 문제점을 구체화했다. 〈유연전〉을 읽은 사람이라면 누구나 판관의 공정하고 신중한 법 집행이 중요하다는 사실을 느끼게 마련이다. 따라서 이에 대해서는 다시 언급하지 않았을 뿐이다.35) 여기에 윤선각 · 이원익과 같은 사람들의 도움을 강조함으로써 판관의 잘못과 그걸 시정하려고 노력하는 관원들의 노력을 대비했다. 그릇된 판결을 바로잡고 억울한 희생자를 신원하는 게 얼마나 어려운 일인가를 보여준 것이다. 이 또한 신중한 사건 처리가 무엇보다 중요하다는 걸 강조하기 위해서다.

---

35) 위관 심통원에 대해 구체적인 언급이 없는 이유는 다른 각도에서도 설명할 수 있다. 삼성추국(三省推鞫)은 강상윤리(綱常倫理)를 범한 죄인을 다루는데, 범행 사실에 대해서는 형조에서 이미 죄인의 자백을 받았으므로[承款] 국청(鞫廳)은 다만 죄인의 사죄(死罪)를 결정한 판결문인 결안(結案)만 받으며, 이것이 끝나면 파좌(罷坐)한다(정석종, 「추안급국안 해제」, 한국문헌연구소 편, 『추안급국안(推案及鞫案)』, 아세아문화사, 1984, 5쪽). 또 사건 관계인[事干]의 진술이 일치한 후에 형신(刑訊)하게 되는데, 다른 증인들이 이구동성으로 유연을 지목한 상황에서 고문을 한 건 당시의 제도로 보면 옥사의 체례(體例)에 크게 어긋나지 않는다. 그렇지만 더 신중하게 사건의 증거와 정황을 살피지 않고, 피의자의 자기변호 기회를 주지 않아서 억울한 죽음에까지 이르게 한 것은 분명히 큰 잘못이다.

유유의 행위에 관한 의론(議論)이 많은 부분을 차지한 것도 이유가 있다. 모든 사건의 원인이 그에게 있었음에도 불구하고, 유유의 처신에 대해 앞에서 자세하게 다루지 않았기 때문이다. 〈유연전〉의 중심이라 할 수 있는 행적부에서는 급박하게 전개되는 사건의 흐름에 밀려, 옥사에선 국외자(局外者)였던 유유에게 관심을 기울일 여유가 없었다. 그러나 그의 잘잘못은 반드시 짚고 넘어가야 할 문제였으므로 논찬에서 그 시비를 가리고 책임을 추궁했다. 이는 병이 들었다는 이유로 유유를 석방하려 하자 '강상(綱常)의 죄인(罪人)'이므로 그냥 놓아줄 수 없다고 하여 유배시킨 사실과도[36] 맥이 닿는다.

앞에 등장했던 사람들을 포폄한 논찬의 내용은 여타의 전과 크게 다를 바 없다. 이원익이 입전을 권유했을 때의 의도와도 크게 다르지 않을 것이다. 이 점에서 두 번째로 거론한 사항이 눈을 끈다. 이지로선 가혹하다 싶을 만큼 준열(峻烈)한 평가를 이항복이 내리고 있기 때문이다. 이지는 국문(鞠問) 과정에서 장독(杖毒)으로 죽었다. 그런 데도 형이 집행되기 전에 죽어서 극형을[37] 모면한 게 오히려 요행이라고 비꼬았으니, 일견 지나치다는 생각이 들 정도다.

> 경군[경준(慶遵)-필자]이 말하기를 달성령이 을사년에 이름이 나서 훈공의 등급에까지 올랐다는데, 또한 알 수 없다.[38]

---

36) 三省並鞫, 竟得其實, 以病將見釋, 上以爲父死而不奔其喪, 弟刑而不雪其寃, 雖曰病風, 烏得無罪? 遂配于龍岡縣. 권응인, 『송계만록(松溪漫錄)』(『국역 대동야승』 14, 민족문화추진회, 1973, 281~282쪽).

37) 경(磬)은 옛 사형제도 가운데 하나로 공족(公族)에게 죄가 있을 경우 전인(甸人)이 목을 매 죽이는 형벌이다[公族其有死罪, 則磬于甸人]. 『예기(禮記)』 「문왕세자(文王世子)」.

38) 慶君說達城有名於乙巳, 至叅勳階云, 是亦未可知也. 권득기, 〈여박군성서(與朴君省書)〉, 『만회집(晩悔集)』 권4(앞의 책, 73쪽).

여기에서의 을사년은 을사사화(乙巳士禍)가 일어난 1545년이다. 이지가 그 일로 이름이 났고 공신이 됐다면 어떤 식으로든 사화에 개입했다는 걸 알 수 있다. 권득기(權得己, 1570~1622)는 이언용의 부탁을 받고 이지가 유연 옥사의 주범으로 몰린 건 억울하다는 내용의 글, 즉 〈이생송원록〉을 써준 사람이다. 그러니 인용문의 끝부분에 '알 수 없다'고 한 것은 직접 논급하기 어려운 처지 때문이라고 봐야 마땅하다. 따라서 경준(慶遵, 1561~?)에게 전해들은 말을 사실로 받아들였다고 해도 무방하다. 또 경준은 이언용과 인척관계이고[39] 권득기와는 지우(知友)이므로 그가 이지에 대해 언급한 내용은 근거 없는 말은 아니라고 해도 좋다. 실제로 이지는 을사사화 후에 원종일등공신(原從一等功臣)이 된 걸로 보인다. 사간원에서 그를 원종일등에 책록하는 것이 지나치게 높다고 간했지만, 명종은 과거의 은의(恩義)를 생각하여 허락하지 않았기 때문이다.[40] 이 기록과 경준의 말을 종합하면, 이지가 을사사화에서 모종의 역할을 해서 원종공신에 책록된 건 분명해 보인다. 사간원에서 문제삼은 건 오품의 낮은 위계에 있던 그를 당상(堂上)으로 가자(加資)한 게 지나치다는 뜻으로 이해하면 된다.

---

39) 달성령의 셋째 아들은 나와 같은 마을에 사는 친분이 있고, 두 사람[경준과 이언용-필자]은 또한 인척이므로 나에게 부탁한 것이다[盖達城三子, 於得己有鄕里之分, 其兩人又有姻契, 故見屬]. 권득기, 〈여박군성서〉, 『만회집(晩悔集)』 권4 (앞의 책, 73쪽).

40) 사간원이 박간 · 박숭례의 원종공신에 대한 성명을 도로 거둘 일을 아뢰고, 또 아뢰기를, "원종 일등에 녹훈된 사람은 별로 공로가 없는 데도 당상 이상의 중가(重加)를 어찌 가벼이 줄 수 있겠나이까? …(중략)… 달성령 이지는 품질(品秩)이 아주 낮은 사람인데 이렇게까지 외람되게 등급을 초월해 자급을 올려줄 수 있나이까? …(중략)… 달성령은 내가 어렸을 때 여러 차례 그 집에 우거(寓居)하였는데, 그 공을 갚을 길이 없었다. 이런 까닭에 아울러 윤허하지 않는다[諫院啓, 朴幹·朴榮禮原從功臣還收成命事, 又啓, 原從一等之錄, 別無功勞, 堂上以上重加, 豈可輕授? …(중략)… 達城令禔, 品秩太卑之人, 超陞之濫, 豈至於此乎? …(중략)… 達城令, 予少時屢寓其家, 無以酬功, 以是並不允]. 『명종실록』 1년(1546) 2월 14일(신축).

명종은 그 후에도 이지를 매우 총애했다. 특별히 병풍을 하사하고 시를 지어 보내게도 했다.[41] 그런데 이지가 교유했던 인물은 하나같이 세간의 평이 좋지 않았다. 앞서 시를 지어주었던 강극성(姜克誠, 1526~1576)은 간사하고 방자하며 거리낌이 없다는 평이 자주 보이며,[42] 명종 후반기의 대표적인 척신(戚臣)인 이량(李樑, 1519~1582)과 함께 '여섯 간신[六奸]'으로 지목됐다. 이량은 명종비 인순왕후(仁順王后)의 외숙이다. 애초 윤원형의 세력을 견제하기 위해 등용됐는데, 명종 13년부터 18년까지 막강한 권력을 휘둘렀다. 심통원은 명종비의 종조부(從祖父)이다. 그는 심씨 세력의 대표적인 인물로, 탐욕스럽고 비루하다고 세간의 지탄을 받았는데,[43] 이량을 자신들의 정치적 대리인으로 내세웠다.[44]

이지는 명종의 권우(眷遇)를 입었지만, 성품이 음험하고 일을 잘 꾸몄던 데다 평이 좋지 않은 인물들과 교유했다. 그의 평소 성행(性行)이 이와 같았으므로 유연 옥사를 일으킨 주모자로 지목된 건 어쩌면 당연한 귀결로 보인다. 이러한 사정을 잘 알고 있던 이항복은 이지를 제대로 처벌하지 못한 걸 불만스러워 했고, 이를 매우 강경한 어조

41) 명종조에 은혜가 두터워 작명(爵命)을 더하시고, 그림 병풍과 시와 서를 내리게 하시니, 사간원 지제교 강극성이 지어 올렸다[明宗朝, 眷遇隆重, 又加爵命, 賜畵第屛幛並詩若序, 司諫院知製敎姜克誠製進]. 전주이씨익현군파종회 편, 『전주이씨익현군파보(全州李氏翼峴君派譜)』, 회상사, 1992, 2쪽.

42) 『명종실록』 9년(1554) 11월 24일(임술); 11년(1556) 8월 19일(을사); 15년(1560) 10월 30일(임술); 20년(1565) 1월 6일(갑진).

43) 성균관 유생들이 심통원과 심뢰(沈鐳) 부자의 이름을 나란히 탁방(濁榜)에 올려 소인배라고 조롱했을 정도였다. 청방(淸榜)에는 박순(朴淳) 등 4명이 올랐고, 탁방(濁榜)에는 심전(沈銓)·심통원·심뢰 등이 거명됐다. 『명종실록』 21년(1566) 2월 5일(정묘).

44) 김우기, 「조선 명종대 군신관계의 추이와 성격」, 『국사관논총』, 80, 국사편찬위원회, 1998, 202~203쪽.

로 표출한 것 같다. 뒤에서 살피겠지만 당대인들도 한결같이 이지에게 냉담한 반응을 보였다.

이항복은 이와 유사한 사건을 접했다. 첩실 소생의 아들이 적실 소생의 누이가 아버지를 독살했다고 모함한 사건이 1589년에 일어났다.[45] 이 때도 이항복은 임금의 명에 따라 사건 처리 방안을 조언했다.[46] 하지만 유연 옥사의 전말을 전으로 남긴 것과는 확연히 다르다. 이 점에서 이항복이 〈유연전〉을 지은 의도는 당시의 사회적 문제와 관련이 있으며, 앞서 살핀 이원익의 뜻과도 크게 다르지 않았을 거라고 생각한다. 작품 속 이지의 악행과 유연의 억울한 죽음은 그저 한 개인의 문제가 아니다. 그것은 종실(宗室)의 악행과 그 때문에 고통받는 백성들의 모습을 생생하게 보여주는 사례다. 그렇게 보면 이항복이 이 작품에 담으려 한 건 종실이 연루된 사건을 공정하게 처결하지 못하는 현실을 개탄하는 목소리였다고 할 수 있다.

2) 입전 의도의 구현 양상

작자는 전을 지은 자신의 의도를 논찬부에 직접적으로 드러내기도 하지만, 인물 형상, 갈등 구조를 통해 구체화한다. 여기서는 인물 형상을 중심으로 그 구현 양상을 살피기로 한다.

---

45) 『선조실록』 22년(1589)년 8월 23일(무술); 『증보문헌비고』 권133 형고 칠(刑考七), 앞의 책, 536~537쪽.

46) 이항복, 「윤덕경삼성추국의(尹德敬三省推鞫議)」, 『백사집(白沙集)』 별집 권3(『한국문집총간』 62, 민족문화추진회, 1991, 392쪽); 『선조실록』 35년(1602) 12월 27일(갑인).

(1) 유연과 이씨의 형상화

제명(題名)대로라면 유연은 작품에서 가장 중심적인 인물이 돼야 마땅하다. 그러나 유연과 그의 처 이씨의 모습은 매우 수동적이다. 이들의 형상은 뒤에서 살필 악인형 인물인 이지의 모습이 강하게 그려지는 것에 반비례한다. 유연과 이씨는 그들보다 사회적 지위가 훨씬 높은 이지의 악의적인 모함 앞에 무력할 수밖에 없다. 유연은 끝까지 자신의 결백을 주장했지만 전혀 받아들여지지 않았고, 결국 죄없이 죽임을 당했다.

유연은 죽기 전에 아내에게 편지를 보내 자신의 억울함을 풀이달라고 부탁한다. 그러나 이씨의 행동은 16년이 지난 후에야 바깥에 드러난다. 그마저도 윤선각(尹先覺, 1543~1611)의 계청(啓請)에 따라 조정에서 유연 옥사를 재조사하고, 그 결과 진짜 유유가 나타난 뒤에 일어난 일로 기술해 놓았다. 이 부분은 이씨가 지아비의 억울함을 풀어주려고 백방으로 뛰어다녔어도 소용이 없었다는 뜻으로 읽어야 한다. 이씨는 매일 어둑한 새벽에 일어나 지아비의 억울함을 씻게 해달라고 하늘에 기원했지만[每日昧爽, 輒焚香祝天, 願雪夫寃], 억울함을 풀 길이 없었다[雪寃無路]. 가짜 유유의 거처를 알고 있다며 접근한 영수(永守)에게 사기를 당한 것도[47] 역시 이씨의 심정이 그만큼 절박했기 때문이다.

유연과 이씨의 모습은 권력자에게 재산을 뺏기고 목숨마저 위협받으면서도 하소연할 곳조차 없었던 힘없는 백성들의 참담한 현실을 반영한다. 이항복은 권세를 등에 업은 악한에게 일방적으로 당할 수밖에 없고, 법으로도 보호받지 못하는 사회적 약자로 이들의 모습을 형

---

47) 이항복, 〈유연전〉, 앞의 책, 518쪽.

상화하여 이지의 악행을 더욱 부각했다.

(2) 백씨의 형상화

유연이 없어질 때 제일 득을 보는 사람은 형수인 백씨(白氏)였다. 경제적 이익을 얻고 집안의 주도권도 장악할 수 있었기 때문이다. 사건의 추이에 따라 이해(利害)가 많이 달라지는 인물이라는 뜻이다. 그러나 이처럼 현실적 동기가 강한 데 비해 작품 속 백씨의 형상은 그다지 강렬하지 않다.

남편인 유유가 산 속에서 공부하다가 갑자기 사라지자 백씨는 별 근거도 없이 '미쳐서 도망갔다'고 말한다.[48] 부부 사이가 원만하지 않았을 거라고 짐작케 하는 대목이다. 채응규가 나타났을 때 동네 사람들이 다들 진짜 유유가 아니라고 하는 데도 백씨는 그 진위를 확인하려 들지 않는다. 그래 놓고 가짜 유유가 없어진 후에는 대뜸 유연이 형을 살해한 거라고 소장(訴狀)을 낸다.

> 백씨가 상복을 입고 밤낮으로 울며 감사에게 호소했다. "지아비에게 불량한 동생 유연이 있사온데, 재화를 끝없이 탐내서 진짜를 가리켜 가짜라고 하고, 형을 포박해다가 관가에 가두고는 화를 떠넘기려 하였습니다. 지아비는 본디 광증을 앓았는데, 갇혀 있다 보니 병세가 더욱 나빠졌습니다. 다행히도 사또께서 병을 치료하게 해주셨는데, 유연이 지키는 자에게 뇌물을 주고 죽여서 그 자취를 없앴습니다. 바라옵건대 유연의 죄를 다스려 첩의 억울함을 풀어주소서."[49]

---

48) 유유가 일찍이 산에 들어가 독서하고 있었는데, 갑자기 돌아오지 않았다. 유예원과 백씨가 '미쳐서 도망했다'고 하니, 말이 집 밖으로 퍼졌다. 이미 아버지와 처가 증거한 터라 동네 사람들은 믿어 의심하지 않았다[游嘗入山讀書, 因忽不返, 禮源與白氏言'狂易而奔', 言出門庭, 旣父與妻爲徵, 鄕人信之不疑]. 이항복, 〈유연전〉, 앞의 책, 498쪽.

백씨는 이렇게 해서 유연 옥사를 일으킨 장본인이 되었다. 그러나 〈유연전〉에는 백씨의 이런 행태를 설명해줄 만한 게 딱히 없다. 이를 테면 재산에 욕심이 나서 유연을 무고했다든지, 이지와 공모하여 일을 벌였다든지 하는 언급이 보이지 않는다. 다만 사건 서술이 마무리된 다음 부분에 백씨의 간특한 성품을 알 수 있는 삽화가 제시되고 있을 뿐이다. 진짜 유유가 나타났는 데도 찾아가지 않다가 주위의 눈총 때문에 할 수 없이 만나는 대목이 그런 예다. 채응규의 아들인 정백(貞白)을 양자로 들였다가 10년이 지난 후 유유의 진짜 아들이 아니라는 게 드러나자 관가에 발고하는 장면도 같은 기능을 한다.[50] 조정에서는 정백이 유유의 아들 행세를 했다는 사실을 알면서도 그를 처벌하지 않는다. 결국 발고한 백씨만 무색해지고 말았다. 이 삽화는 사건의 전개에는 영향을 주지 않지만 백씨의 성격을 드러내는 데는 일조한다. 이렇게 백씨의 사람됨을 작품 전면에 부각하지 않고 사건이 종결된 후에야 언급한 건, 이항복이 백씨를 부정적으로 생각하긴 했지만, 사건의 주모자로까지 형상화할 의도는 없었다는 뜻이다.

(3) 이지의 형상화

달성령(達城令) 이지(李禔)는 세종(世宗)의 현손(玄孫)이다. 세종

49) 白氏累然服斬, 日夜哭訴監司曰: "夫有不良弟淵, 貪貨無厭, 指眞爲僞, 縛兄官囚, 圖嫁淫禍. 夫本病狂, 被拘益重. 幸蒙太守免監治疾, 淵賂守者, 賊殺掩迹, 乞論淵罪, 以洩婦冤." 이항복, 〈유연전〉, 앞의 책, 502쪽.

50) 先是, 游方在獄, 朝議有言, 白氏不宜在鄕, 越視其獄, 白氏聞而入京, 及游出獄, 直往白氏寓, 立而咳曰: "汝前以蔡奴爲我, 而賊吾弟, 異日, 勿謂今日我爲非游也." 言訖, 拂衣去, 不顧, 白氏曰: "是夫也. 舊嘗加我以不測之言, 今又有是說耶?" 游謫龍岡, 期滿歸大丘, 二年死. 時, 白氏尙無恙在, 游終始不與交私訊, 白氏所取養春守之子貞白, 從應珪往大丘者, 在白家已十年, 及游獄起, 白氏縛以告官云, "今聞眞柳游出, 蔡應珪自裁, 請鞫貞白." 朝廷置不問. 이항복, 〈유연전〉, 앞의 책, 517~518쪽.

은 대군(大君) 8명과 군(君) 10명을 두었다. 이 가운데 신빈 김씨(愼嬪金氏) 소생인 익현군(翼峴君) 이곤(李璭, 1431~1463)이 이지의 증조부이다.[51] 이지는 1540년에 유예원(柳禮源)의 장녀를 배필로 맞았으나 4년 후에 사별했다.[52] 그는 유유·유연과 처남 매부 사이인데, 〈유연전〉에서 모든 사건을 꾸미는 악인으로 등장한다.

유연 옥사는 가출했던 유유가 재등장하는 데서 시작되는데, 이 때부터 이지의 역할은 두드러진다. 그는 유유를 찾아냈다며 유연에게 두 차례 편지를 보내고, 대구로 데려가라고 종용한다. 채응규에게 유씨 집안의 세세한 일까지 주지시켜 유유 행세를 하도록 하고, 일이 탄로 나자 그를 도망시킨 사람도 이지였다.[53] 또 갑자년(1564년)의 옥사가 일어나자, 유연과 의견을 같이하던 김백천을 협박해서 자신과 말을 맞추어 위증하도록 사주하고, 위관(委官)이던 심통원에게 편지를 보내 자신에게 유리한 판결을 내려 달라고 청탁하기도 했다. 이처럼 이지는 배후에서 모든 사건을 계획하고, 자신의 의도대로 사건을 진행시키는 인물로 나타난다. 따라서 〈유연전〉을 읽은 독자들은 이지를 유연 옥사의 주범으로 단정하게 된다.

---

51) 조선왕조사편찬위원회 편, 「준원·선원 세계표」, 『선원보감(璿源寶鑑)』 I 선원·준원편(濬源璿源篇), 계명사, 1989, 640쪽; 전주이씨익현군파종회 편, 앞의 책, 2쪽.

52) 先人於嘉靖庚子冬, 娶于大丘居縣監柳禮源. 翌年春, 逆以來京, 越四年, 癸卯, 柳氏棄世. 권득기, 〈이생송원록(李生訟寃錄)〉, 앞의 책, 62쪽.

53) 서울에 가니 달성령 부자가 과연 자주 찾아와 안부를 묻고 물건을 계속 보내왔습니다. 응규가 삼이와 백씨 집안의 노비, 달성령 부자 등이 말한 걸 암기했는데, 백씨 집안과 유씨 집안 일이 매우 자세했습니다. 옷 소매에 넣어 두고, 때로 꺼내 보았습니다. 달성령이 또한 은밀히 말하기를, "자네가 유유라 하고, 내가 또한 유유라고 하면 누가 알아볼 수 있겠는가? 만일 백씨가 의심한다면 도망가면 되네."라고 하였습니다 [至京, 則達城令父子果數來, 問遺不絶. 應珪因暗記三伊與白氏家奴與達城令父子等所言, 凡白家本家一門之事, 甚悉. 折藏衣領, 時或開見. 達城令亦潛謂曰, '汝自謂游, 我亦曰游也, 誰能辨之? 萬一白氏見疑, 便可逃去.'] 이항복, 〈유연전〉, 앞의 책, 514쪽.

그렇다면 이지가 자신의 처남인 유연을 사지에 몰아넣으면서까지 이 일을 벌인 이유는 무엇일까. 작품에서는 그 까닭을 명확하게 밝히지 않았다. 이언용도 자신의 아버지인 이지가 이런 일을 저지를 만한 동기가 없다는 이유를 들어 그의 무죄를 주장했다. 그러나 유연과 춘수의 공초를 통해 그 내막을 어느 정도 짐작할 수 있다.

> 꼭 옥사를 일으키려 하는 데는 이유가 있습니다. 이지는 저의 아비가 제게 따로 좋은 밭을 주었다 하여, 아비가 저를 총애하는 걸 시기했습니다.[54)]

> 이야기하는 중간에 간혹 말하기를, "천변의 보리밭을 유연이 감히 혼자 차지하겠다고?"라고 하고, 또 "내 처가의 재산을 유연이 혼자 마음대로 할 수 있나?"라고 하였습니다.[55)]

창녕현감(昌寧縣監)이었던 유예원은[56)] 종실과 혼인관계를 맺은 걸로 보아 문벌이나 재산이 상당했을 것으로 보인다. 그의 첫째 아들 치(治)는 일찍 세상을 떠났고, 둘째 유(游)는 부자간의 불화로 인해 가출한 상태였으므로 유연에게 특별히 좋은 땅을 상속해 주었다. 유연은 이 땅이 화근이 됐다고 진술했는데, 이는 춘수의 공초에서 다시 확인된다. 이에 대해 이언용은 별급문권(別給文券)을 작성할 때 이지가 증인으로 참석한 사실은 있지만, 그 땅을 탐내지는 않았다고 항변

---

54) 必欲成獄者, 亦厥有由. 蓋禔以臣父別給良田, 忌臣怙寵. 이항복, 〈유연전〉, 앞의 책, 506쪽.

55) 談間或言, '河邊麥田, 淵敢獨占耶?' 又曰, '吾妻家產, 淵獨專擅, 可乎?' 이항복, 〈유연전〉, 앞의 책, 514쪽.

56) 『명종실록』 10년(1555) 4월 3일(정묘).

했다.57) 그러나 이지의 성행(性行)과 당시의 사회상,58) 위의 증언을 종합해보면 유연 옥사가 발생하는 데 땅 문제가 중요한 계기로 작용했던 것 같다.

궁가(宮家)에서 민가(民家)의 재물을 탈취하는 현상은 선조 재위 후반이라고 해서 크게 다르지 않았다. 앞서 살핀 임해군 · 순화군 · 순녕군이 저지른 온갖 비위(非違)를 다룬 기사와 그들에게 쏟아졌던 비난(非難)의 목소리가 이를 증거한다. 〈유연전〉에서 이지를 용의주도한 악인으로 그린 것도 이런 맥락에서 이해해야 한다.

이지는 계획을 세울 때부터 실행하는 단계까지 모든 상황을 주도한다. 그렇다고 이항복이 유연 옥사를 이지라는 부도덕한 개인이 저지른 단발성 사건으로 인식했다는 뜻은 아니다. 여럿이 사전에 모의하고 작당해서 벌인 일이라고 했으니 한두 사람의 문제가 아니고, 우발적인 사건도 아니기 때문이다. 우월적 지위를 이용해서 제 잇속만 챙기려 한 주범, 거기에 빌붙고 협력한 공범, 엉뚱한 사람을 범인으로 몰아 죽인 무책임한 관리, 그걸 적발하고 바로잡아야 할 제도 운용 상의 허점까지, 모두 한 데 얽혀 있었다.

따라서 이 작품에서 한 개인의 문제를 다뤘다고만 이해해서는 부족

---

57) 권득기, 〈이생송원록〉, 앞의 책, 70쪽.

58) 척신들이 권력을 장악한 명종대에는 경제적 폐해가 심각했다. 그 중에서도 특히 민전(民田)의 탈점(奪占)과 공사 노비의 투탁(投託)이 큰 사회문제로 대두됐다. 윤원형 · 이량 · 심전 등 척신들은 권력을 이용해서 경제적 사익을 추구했다. 그들은 일차적 생산수단인 토지를 확보하기 위해 매입 또는 개간을 하거나 일반 백성들의 토지를 빼앗는 등 온갖 방법을 동원했다(이재희, 「조선 명종대 척신정치의 전개와 그 성격」, 『한국사론』 29, 서울대 국사학과, 1993, 108~110쪽). 이런 상황은 일반 사대부들에게도 드물지 않은 현상이었으며[『명종실록』 8년(1553) 5월 26일(신미)], 궁가에서 산림(山林)과 천택(川澤)을 거짓으로 입안하여 절수(折受)하는 일이 많았다[『명종실록』 19년(1564) 8월 25일(갑오); 8월 26일(을미)].

하다. 심각한 사회 문제를 다루면서 그런 상황을 초래한 집단을 비판한 거라고 받아들여야 마땅하다. 이렇게 볼 때 〈유연전〉에서 이지는 민가에 해악을 끼치는 궁가의 상징적 존재로 등장하고, 유연은 그들로부터 생존을 위협받는 일반 백성들의 모습을 대변한다고 할 수 있다. 이항복이 이지를 부정적으로 형상화하는 한편 유연을 선량한 피해자로 그린 이유이다.

4. 당대인의 〈유연전(柳淵傳)〉 수용 태도

독자가 작품을 읽으면서 작자의 생각을 그대로 받아들이는 건 아니다. 각자의 위치와 교유 관계 등에 따라 이해하는 방식이 다양하게 나타날 수 있다. 여기서는 당대인들이 〈유연전〉을 어떻게 수용했는지 그 양상을 확인하려 한다. 이를 통해 유연 옥사에 대한 시의(時議)가 어떠했는지를 대략이나마 알 수 있을 것이다.[59]

---

59) 여기서는 〈유연전〉을 읽었다는 게 명확한 경우만을 살피기로 한다. 이 외에도 권응인(權應仁, 16세기 초~임란전), 윤선각(尹先覺, 1543~1611), 이시발(李時發, 1569~1626), 고상안(高尙顔, 1553~1623) 등이 자신의 문견을 적은 글이 있다 [권응인, 앞의 책, 282쪽; 윤선각, 『운소만록(聞韶漫錄)』(『국역 대동야승』 14, 민족문화추진회, 1973, 15~16쪽); 이시발, 「만기(謾記)」, 『벽오유고(碧梧遺稿)』 권7(『한국문집총간』 74, 민족문화추진회, 1991, 503쪽); 고상안, 「총화(叢話)」, 『태촌집(泰村集)』 권4, 「효빈잡기 상(效顰雜記上)」(『한국문집총간』 59, 민족문화추진회, 1990, 268~269쪽)]. 권응인 · 윤선각 · 이시발은 모두 신중한 판결을 강조했다. 고상안은 영흥군(永興君)의 일을 인용했는데, 유유가 오래 자리를 비운 탓에 그 처인 백씨가 남자를 그리워하다가 일을 꾸민 거라고 이해했다. 또 유연의 억울한 죽음보다는 그에게 빌붙으려 했다는 오명을 뒤집어쓴 서형(徐泂)에게 주목한 것도 특이한 점이다. 영흥군의 일은 『고려사』에 자세하다(『고려사』

1) 일반적인 의론

권필(權韠, 1569~1612)은 〈유연전〉을 읽고 다음과 같은 시를 남겼다.

한 번씩 볼 적마다 마음이 상하나니	一回披讀一傷神
누명 쓴 게 알려져 오랜 뒤에 신원됐네	寃屈從知久乃伸
정승의 힘을 빈 건 참으로 다행이나	得附靑雲眞幸耳
불평한 사람들이 세상에 더 없으랴[60]	世間何限不平人

그는 유연이 늦게나마 누명을 벗어서 다행이지만 억울하게 죽은 게 늘 가슴 아프다고 했다. 이원익의 도움이 있었기에 신원될 수 있었다는 사실도 언급했다. 문제는 곤경에 처하고도 도움을 받을 길 없는 이들이다. 권필은 억울한 사람이 속출하는 현실을 염려했다. 〈유연전〉은 이렇게, 유연의 불행한 개인사를 알리는 데만 그치지 않고, 부조리한 사회 현실을 되돌아보게 하는 계기가 됐다.

김시양(金時讓, 1581~1643)은 유연 옥사를 개략적으로 설명했다. 아울러 〈유연전〉이 간행되기까지의 사연을 짧게 기술했다. 이어 이지(李禔) 집안에서 만든 책자를 직접 본 자신의 경험담을 적었다.[61]

열전 권4, 종실 이(宗室 · 二)(『고려사』 하, 연세대 출판부, 1955, 53~54쪽).

60) 권필, 〈제유연전후(題柳淵傳後)〉, 『석주집(石洲集)』 권7(『한국문집총간』 75, 민족문화추진회, 1991, 73쪽).

61) 무신년(1608)에 내가 허경보(許警甫)를 방문했는데, 이지의 아들 언관(彦寬)이 소매에 책 두 권을 넣어 와서 보여 주었다. 그 중 하나는 이항복이 지은 '유연전후서'였고, 다른 하나는 그의 집에 가지고 있던 사건 기록[獄辭]이었는데, 이항복이 거기에 서(敍)를 써준 것이었다[戊申, 余訪許警甫, 禔之子彦寬者, 袖二卷書, 以示之, 其一乃鰲城所撰柳淵傳後叙, 而其一則渠家所藏獄辭, 鰲城所取以爲叙者也]. 김시양, 『부계기문(涪溪記聞)』(『국역 대동야승』 17, 민족문화추진회, 1973, 원문 106쪽). 여기서 말한 '옥사(獄辭)'는 시기적으로 보나 내용 상으로 보나 '송원(訟寃)'을 가리키는 것 같다.

그는 1608년에 허경(許儆, 1566~1623)의 집에서 이지의 둘째 아들인 이언관(李彦寬)을 만났다고 한다. 그가 이씨 집안의 '옥사'에서 잘못된 부분을 낱낱이 지적하자[62] 이언관은 당황해서 도망쳐 버렸는데, 그 뒤에도 해당 대목을 고쳐서 사람들을 만나고 다닌다는 소식을 들었다는 게 그 일화의 골자다.[63]

> 이언관이 그 아비의 악행이 '유연전'에 실리자 이항복에게 몰래 빌면서 억울하다고 일컬으니, 오성이 보복 당할까 두려워 '후서'를 써줬다고 한다. 이지가 죽은 지 이미 삼십 년인 데도, 사람들은 모두 그걸 통쾌하다고 이구동성으로 말하는 터이니, 이항복이 정에 이끌러 써준 글로 가릴 수 있는 게 아니다. …(중략)… 오성이 눈이 없는 분도 아닌데 속았으니 무엇 때문인가, 속은 건가, 아니면 팔린 것인가. '어리석다[幽]'·'포악하다[厲]'는 이름이 붙으면 비록 효성스런 아들과 자애로운 후손이라 해도 고칠 수 없다. 오성의 몇 줄 '후서'가 이언관으로 하여금 이지의 악행을 고치게 할 수 있으랴![64]

김시양은 '유연전후서(柳淵傳後敍)'를 써준 이항복을 강한 어조로

62) 觀其獄辭, 詳載覆啓之語, 大臣則金貴榮李山海也, 臺諫則朴弘耇趙仁得也. 余謂曰: "覆啓在己卯春, 金公以辛巳入相府, 時則爲吏判, 李相時以通政知申事, 至戊子始入閣, 朴相壬午始釋褐, 趙公是年冬登科, 癸未始選入翰林, 是時皆布衣也, 安得預於覆啓之事? 金李亦安得在大臣之列乎?" 김시양, 같은 곳.

63) 언관은 낯빛이 변하더니 도망가 버렸다. 그 뒤에 그 글을 본 사람이 있는데, 다 고쳤더라고 했다. 이언관이 임진란 뒤에 국가의 문적이 다 타버린 틈을 타서 근거없는 말을 꾸며내 남을 속이려 한 것이다[寬也色喪而遁. 其後有見其獄辭者, 盡竄定云. 蓋寬也乘壬辰兵禍之後, 國家文籍皆爲灰燼, 敢杜撰無根之語, 以瞞人]. 김시양, 같은 곳.

64) 寬也以父惡載於淵傳, 陰祈於鰲城, 稱其寃, 鰲城畏其報復, 有後言云. 禔之誅, 已三十年矣. 人皆快之, 萬口一辭, 非鰲城循情不定之筆所能掩也. …(중략)… 鰲城非無目, 而亦爲所欺, 何耶? 爲所欺耶? 抑爲所賣耶? 名之曰幽厲, 雖孝子慈孫, 不能改也. 鰲城數行後言, 安能使彦寬改達城之惡耶? 김시양, 같은 곳.

비판했다.[65] 애매하게 처신한 이항복이 현명하지 못했다는 얘기다. 김시양의 생각은 분명하다. 그는 이지가 죽어 마땅한 죄인이며, 자신뿐만 아니라 다른 사람들도 다 그렇게 말한다고 했다. 또한 이미 드러난 죄악을 글 몇 줄로 덮을 수는 없다고 거듭 강조했다.[66] 김시양은 이지를 억울한 희생양인 것처럼 꾸며대는 이언관의 행태를 용납할 수 없다고 했다. 전쟁 통에 기록이 다 없어진 걸 기화로 사실을 왜곡해 세상을 속이려 드는데, 비난 받아 마땅하다고 일갈(一喝)했다. 이 글은 동시대인으로서 현장에서 목격한 사람의 생생한 목소리로, 이지 · 이언관 부자를 향한 거부감이 짙게 배어 있다.

> 공이 이 전을 지으면서 어찌 그저 일개 억울하게 죽은 사람을 위해서만 마음씀을 이처럼 신근히 했겠는가! 장차 인욕 때문에 천리를 멸하여 패가망신하는 자를 경계하려 함이었을 터이니, 세교(世敎)에 도움이 되는 게 깊도다. …(중략)… <u>이지는 왕실의 친속임에도 인후한 덕을 어그러뜨려 손상시켰다. 선조께서 형벌을 굽히지 않아 뭇 사람들과 더불어 그를 버렸으니, 어찌 다만 주나라에만 사정을 두지 않음이 있겠는가</u>? 좌의정 심통원은 후에 마침내 율곡 선생과 제현의 논박을 받았다고 한다.[67]

---

65) 괜히 이런 시비에 휘말릴 필요가 있겠느냐며, 이항복을 염려했던 이덕형(李德馨, 1561~1613)과는 사뭇 다른 태도다. 이덕형, 「여이자상서(與李子常書)」, 『한음문고(漢陰文稿)』 권10(『한국문집총간』 65, 민족문화추진회, 1991, 432쪽).

66) 김시양의 기록에는 임숙영이 '유연전후서(柳淵傳後敍)'를 써준 이항복의 잘못을 공박했다고 했는데, 임숙영의 문집이나 이항복 · 이원익 · 홍섬 등의 문집에서 이와 관련된 기록은 찾지 못했다.

67) 公之爲此傳, 豈但爲一介寃死者, 用意若是其勤哉, 將以戒夫以人欲滅天理而喪家亡身者矣, 其有補於世教也深矣. …(중략)… <u>禔也以王室之親, 悖傷麟趾之化, 宣廟不屈祥刑, 與衆棄之, 豈但周家之有鮮度哉</u>? 沈相其後卒爲栗谷諸賢所駁云. 송시열, 「유연전발(柳淵傳跋)」, 『송자대전(宋子大全)』 권147(『한국문집총간』 113, 민족문화추진회, 1993, 168~169쪽).

송시열(宋時烈, 1607~1689)이 쓴 중간본 〈유연전〉의 발문이다. 그는 이항복이 이 작품을 지은 이유가 유연의 억울함을 풀어주는 데만 있다고 보지 않았다. 그보다는 욕심 때문에 패가망신한 자들을 경계하려는 게 더 중요한 목적이라고 생각했다. 종친으로서 덕을 베풀기는커녕 악행을 일삼다 세인들의 지탄을 받게 된 이지를 통해 뒷사람들을 일깨우려 한 작품으로 이해했다는 뜻이다. 두고두고 욕된 이름으로 남은 이지와 심통원을 함께 언급한 이유다.

세 사람이 이야기한 내용은 조금씩 다르다. 하지만 억울한 사람이 나오지 않도록 재판에 신중을 기해야 한다는 일반론과 함께 이지를 유연 옥사의 주범으로 지목하고 있던 당대인들의 공통된 생각을 엿볼 수 있다. 시간이 많이 흘렀어도 모든 사람들이 이지가 죽은 것을 시원하게 여겼다는 김시양의 말은 그를 향한 세간의 시선이 차갑기 그지없었음을 단적으로 드러낸다.[68]

2) 〈이생송원록(李生訟冤錄)〉에서의 수용 태도

권득기(權得己, 1570~1622)가 '유연전후서(柳淵傳後敍)'와 '송원(訟冤)'[69]을 처음 접한 때는 1608년 9월로 추정된다. 1608년 3월

68) 한편 이익(李瀷, 1681~1763)은 〈유연전〉의 내용을 발췌하고, 이언관이 이지의 신원을 주장하다가 김시양에게 그 잘못을 지적당해 무안만 당한 일을 적었다. 이어 고려말 영흥군(永興君)의 일을 예로 들며 옥안(獄案)을 살피는 판관들이 신중해야 한다고 경계했다. 이익은 사실을 전달하는 데 중점을 두되, 후대의 기록인 만큼 객관적인 시각을 유지하려 애쓴 흔적이 역력하다. 이익, 〈유연전(柳淵傳)〉, 『성호사설(星湖僿說)』 인사문(人事門)(『국역 성호사설』 V, 민족문화추진회, 1977, 31~32쪽).

69) 이지의 셋째 아들인 이언용이 권득기에게 보여준 책의 제목은 '송원(訟冤)'이었던 것 같다. 〈이생송원록〉은 이 '송원'이라는 책과 '유연전후서'를 전해받고 이언용과 나눈 이야기를 기록한 글이다.

부터 5월까지 금오랑(金吾郎)으로서 유영경(柳永慶, 1550~1608)을 함경도 경흥의 유배지까지 호송했을 때의 일을 기록한 「북정일기(北征日記)」[70] 바로 뒤에 〈이생송원록〉이 실려 있고, 이어 「부여경상사술고서(附與慶上舍述古書)」와 「여박군성서(與朴君省書)」가 수록돼 있다. 권득기는 1609년 가을에 쓴 「부여경상사술고서」에서 '초상을 거듭해서 치렀다[荐經喪厄]'고 했는데, 그가 1609년 1월에 상처(喪妻)하고 곧이어 둘째 아들 구(㦤)를 잃은 일을 말한다.[71] 따라서 〈이생송원록〉은 1608년부터 1609년 사이에 지은 글이다.

〈이생송원록〉은 특별한 형식이랄 게 없다. 이지가 유연 옥사의 정범(正犯)으로 몰린 건 억울하다며 들려주는 이언용의 이야기가 거의 대부분을 차지하고, 여기에 권득기가 자신의 의견을 몇 마디 덧붙이고 있을 뿐이다. 이언용의 말은 '송원'과 크게 다르지 않았을 텐데, 그 내용은 대체로 다음과 같다. 1564년 추국 때 사건 관련자들이 진술한 공초 내용, 사건을 담당한 낭관(郎官)들이 춘수를 회유해서 애꿎은 이지에게 누명을 씌웠다는 주장, 일을 꾸민 건 채응규와 백씨라는 반론, 〈유연전〉은 잘못된 곳이 너무 많다는 비판 등이다.

그러나 〈이생송원록〉은 그 자체에 상당한 모순이 있으며, 다른 사람들의 증언은 모두 거짓이라고 하면서도 이지에게 유리한 증언만 취해 아전인수격으로 해석하고 있다. 유연의 표형(表兄)인 이자첨의 공초 내용이 맞다면, 처음 채응규를 만난 건 이자첨이 된다. 이에 따라 이지가 채응규를 끌어들여 이 사건을 일으켰다는 〈유연전〉과

---

70) 권득기, 「북정일기(北征日記)」, 『만회집(晩悔集)』 부록(앞의 책, 52~62쪽).

71) 「가장(家狀)」에 따르면, 부인 전주 이씨는 1609년 1월에 세상을 떠났고, 차자(次子)는 모친상에 과도하게 슬퍼하다 병을 얻어 17세로 요절했다고 한다. 권적 찬(撰), 「가장(家狀)」, 권득기, 『만회집』 부록(앞의 책, 120~126쪽).

여타 기록의 내용은 잘못된 거라고 거듭 강조하고 있다. 한데 이 때 이언용이 제시한 1564년의 공초 내용은 모두 유연이 유유를 죽였다는 증언 일색이다. 훗날 유유가 멀쩡히 살아서 돌아온 건 분명한 사실이니 위증임이 분명하다. 신빙성이 전혀 없는 자료에 기댄 억지라는 말이다.

그럼에도 불구하고 이언용은 이를 근거로 이지에게는 죄가 없다고 주장했는데, 책임을 다른 사람에게 떠넘기려는 의도로 보인다. 진짜 유유가 나타난 건 1680년이었고, 이 때 이자첨은 이미 세상을 떠난 뒤였다. 이자첨으로선 이언용의 이런 주장을 반박할 수 없는 상황이었다. 채응규와 백씨를 범인으로 지목한 대목도 역시 같은 맥락이다. 유연의 공초를 제외한 나머지 관련자들이 진술한 내용을 전혀 채택하지 않은 이항복과 정반대의 입장에서 자료를 취사선택한 것이다.

이언용은 여기서 더 나아가 낭관들이 사건을 조작했다고 기술하는 등 온갖 억측을 동원하여 이지가 여론재판의 희생양인 것처럼 이야기했다. 그는 〈유연전〉에 열한 가지 잘못된 부분이 있다고 지적했다. 그 가운데 몇 가지는 어느 정도 개연성이 있어 보인다. 즉 이지가 이런 일을 벌인다 해도 큰 이익이 없다는 점, 대구에 있는 채응규에게 도망가라고 지시하는 건 시간적으로나 거리 상으로 불가능하다는 점, 유연이 이씨에게 보낸 편지는 사건이 전개되기 전에 그 방향을 예단하고 있어 사리에 맞지 않는다는 지적이 그런 부분이다. 그러나 나머지 다섯 가지는 그 자체에 선후의 불일치가 나타나고, 이지에게 유리하게 의도적으로 꿰맞춘 흔적이 농후할 뿐 아니라 사실에 부합하지 않는 내용이다.

이언관 · 이언용 형제는 '송원'과 '유연전후서'를 가지고 사람들을 접촉했다. 이지를 유연 옥사의 정범(正犯)으로 지목한 세간의 여론을 바꾸려는 게 목적이었다. 그들이 여론전을 시작한 건 〈유연전〉이 나온 뒤가 아니다. 그들은 이지가 죽은 1580년부터 이런 일을 해왔다.[72] 유연의 처 이씨로서는 이언용 형제가 문제의 본질을 흐리는 걸 두고 볼 수 없었을 것이다. 이씨는 마침 이웃이 된 이원익에게 그런 억울한 사정을 하소연했고, 그 결과가 이항복의 손을 빌어 〈유연전〉으로 세상에 나오게 되었다. 〈유연전〉이 널리 퍼지자 급해진 건 이언용 형제였다. 해명 자료를 들고 동분서주할 수밖에 없었고 그런 대로 성과도 있었다. 하지만 앞서 살핀 것처럼 김시양 같은 인물에게는 전혀 통하지 않았다. 그 내용을 교묘하게 꾸몄다고 해도 허점이 많았기 때문이다.

3) 권득기(權得己)의 수용 태도

권득기가 〈이생송원록〉을 쓴 때는 김시양이 '유연전후서'의 내용을 반박한 시기와 비슷했다. 당시에 다른 사람들이 남긴 기록에서 이지에게 온정적인 태도를 보인 경우는 찾기 어렵다. 한데 권득기의 반응은 전혀 달랐다. 그는 처음 '송원'과 '후서'를 접했을 때, 그 내용을 신뢰했다. 마지 못해 붓을 든 것처럼 말하지만,[73] 이언용이 바란 대로 '송원'을 바탕으로 한 글을 써 준 이유도 거기에 있었다. 그게 바로 〈이생송원록〉이다.

---

72) 余兄弟呈訴本府, 或呈法司, 至於筵官出入之際, 朝廷大會之處, 無不號哭奔訴. 권득기, 〈이생송원록〉, 앞의 책, 68쪽.

73) 권득기, 〈여박군성서(與朴君省書)〉, 앞의 책, 73쪽.

1 후에 이항복이 다시 '후서'를 지었다는 이야기를 듣고 또 무슨 말을 했는지 몰라서 한 번 보려 하였다. …(중략)… 내가 '후서'를 보니, 전날에 품었던 의구심이 다시 생겼으나, '송원'을 보자 마음에 미안한 게 있어서 '송원'에 있는 말을 가지고 조목조목 설명하여 그 잘못을 없애려 했다.[74]

2 끄트머리에 천리를 원용해 고했는데, 그 뜻은 달성령이 정말 억울하다면 '송원'이 반드시 행해질 테고, 행해지지 않는다면 억울하지 않다는 것이었다. …(중략)… 혼자 생각했다. '이 사람이 정말 억울하다면, 내게 장차 음덕이 있을 테고, 억울하지 않다면 장차 하늘의 재앙이 있겠지.' 얼마 지나지 않아 둘째 아들 구(榲)가 요절하니 전에 생각하던 바가 마음 속을 맴돌았다.[75]

3 유연의 일처리가 비록 소루한 점이 있었지만, 처음에 달성령이 그 억울함을 입증해 주지 않으면서도 미치 모든 사실을 다 말한 양 하였으니, 아마도 유연이 살인자라는 말을 증거하고 싶어서였던 듯하다.[76]

권득기는 1에서와 같이 처음 '송원'을 접했을 때는 그 내용을 믿어 의심치 않았다. 글로 이지를 변호한 것도 그래서다. 그러나 오래지 않아 다른 생각이 들었다. 2는 이런 심경의 변화를 잘 보여준다. '음덕

74) 後聞鰲城復作後叙, 不知更道何語, 思欲一見, …(중략)… 某見後叙, 則前日之疑復萌, 而見訟冤, 則心竊有未安者, 欲將訟冤中語, 逐節分解, 以破其誤. 권득기, 위의 글, 72쪽.

75) 末梢援天援理, 以告之. 其意若曰, '達城果冤, 則此訟必行, 其不行, 則必非冤也.' …(중략)… 黙自思惟, '這人果冤, 則我將有陰德, 不冤, 則將有天殃.' 未幾, 而次兒榲夭折, 則前日之念, 未嘗不往來于心也. 권득기, 위의 글, 73쪽.

76) 淵之處事, 雖不免踈漏, 初非達城證冤之地, 若言之縷縷不置, 則殆欲似證淵爲弑者之言也. 권득기, 위의 글, 73쪽.

(陰德)'이니 '재앙(災殃)'이니 할 때까지만 해도 옳은 일을 한다는 믿음이 있었다. 하지만 집안에 우환이 거듭되자 의구심이 생긴다. 뭔가 잘못한 일이 있어서는 아닌지, 혹시 이지를 옹호한 게 빌미가 되지 않았나 되짚어 보게 된다. 아내와 자식을 연달아 잃어서 평정심을 유지하기 어려웠을 거라는 점을 감안하더라도 앞서의 확신에 찬 태도와는 사뭇 다르다.

「여박군성서(與朴君省書)」는 1610년 가을에 친구인 박지경(朴知警, 1571~?)에게 쓴 편지인데,[77] 이 때의 심정이 ③에 잘 나타나 있다. 권득기는 유연을 죽음에 이르도록 방조한 혐의가 이지에게 있다고 말한다. 추측에 불과하다는 듯 조심스럽게 말하지만, 이 때는 불과 1년여 사이에 모친과 부인, 자식을 잃었으므로 ②에서 품은 의구심과는 비교되지 않을 정도다. 〈이생송원록〉을 쓸 때의 자신만만했던 태도와 견준다면 단정이라고 해도 무방하다.

권득기의 태도가 이렇게 바뀐 건 시사하는 바가 적지 않다. 이지를 변호하는 글을 썼던 사람마저 이렇게 느꼈다면, 그를 바라보던 당대인들의 시각이 얼마나 부정적이었는가를[78] 능히 짐작할 수 있다. 따라서 이항복이 작품에서 이지를 매우 부정적인 인물로 묘사하고, 그 죽음마저도 요행이라고 극언한 것은 당시 세간의 중론을 반영한 결과라 하겠다.

77) 권득기는 1610년 6월에 모친상을, 1613년 봄에는 부친상을 당했는데, 편지의 첫부분에 가을이 깊어간다[秋日漸肅]고 하고, 이어 졸곡을 지냈다[已過卒哭]고 한 것으로 보아 모친상을 당한[罹大故] 후에 쓴 걸로 보인다. 권득기, 위의 글, 72쪽.

78) 천유용이 나타난 뒤로 사람들은 달성령의 이름을 들으면 모두 이를 갈며 분하게 여기고, 입에 담지 않으려 했다[自天裕勇之出也, 人聞達城之名, 皆咬牙切齒, 不欲置之於脣吻間]. 권득기, 위의 글, 73쪽.

5. 맺음말

이 글에서는 이항복이 〈유연전〉을 지은 의도를 관련 기록을 통해서 살폈다. 아울러 그런 의도가 어떻게 작품에 구현되었으며, 독자들은 또 어떤 태도로 수용했는지 확인했다.

이항복이 〈유연전〉을 지은 의도는 우선 다음 두 가지로 요약할 수 있다. 첫째, 유연의 억울함을 풀어주어야 한다는 생각, 둘째, 관원들의 흐트러진 기강을 바로잡겠다는 의지가 그것이다. 누명을 쓰고 죽은 가련한 백성을 향한 연민의 감정과 애꿎은 사람을 희생시키는 잘못된 현실을 바로잡아야 한다는 문제의식으로 쓴 작품이라는 말이다.

여기에 더해 궁가(宮家)에서 민간에 해악을 끼치는 사례가 빈발하는 데서 느낀 공분도 크게 작용한 걸로 보인다. 유연(柳淵)을 선량한 피해자로 묘사하고, 이지(李禔)를 흉특(凶慝)한 악인으로 그린 데서 작자의 이런 생각을 읽을 수 있다. 따라서 작품 속 유연과 이지의 모습은 피해자와 가해자의 초상이라는 개인적 의미만 갖는 게 아니다. 그들에겐 폭력적 현실에 노출된 사회적 약자와 권력의 비호를 받는 악한의 표상이라는 사회적 의미가 부여되었다.

이항복이 〈유연전〉을 지은 의도는 이렇게 권력의 횡포에 신음하는 백성들의 참담한 현실을 고발하고, 사회적 각성과 변화를 촉구하려는 데 있었다. 하지만 일반적인 의론은 부도덕한 인물의 일탈 행위를 비판하는 데서 크게 나아가지 못했다. 개인의 문제로 의미를 축소하고만 셈이다. 이렇게 된 건 이지 자손들이 상황을 진실 공방 양상으로 호도했기 때문이다.

1608년에 〈유연전〉이 간행되자 이지의 아들들은 거세게 반발했다. 그들은 이지가 유연 옥사의 주범으로 몰린 건 억울하다고 주장했다.

이언관(李彦寬)은 이항복에게서 '유연전후서(柳淵傳後敍)'를 받아내 유력 인사들을 접촉했다. 하지만 세간의 인식을 바꿀 수는 없었고, 오히려 빈축만 샀다. 오류와 왜곡이 적잖았던 탓에 김시양(金時讓) 같은 이에게는 망신만 당하고 말았다. 그럴 때마다 수정에 수정을 거듭했는데, 이를 바라보는 사람들의 시선은 몹시 차가웠다. 한때 이지 집안의 주장을 믿고 〈이생송원록〉을 써준 권득기(權得己)마저 그들에게 등을 돌린 건 그 단적인 예다.

결국 이지 일가의 목소리는 점점 힘을 잃어갔고, 반대로 〈유연전〉의 권위는 시간이 갈수록 점점 강화돼 갔다. 중간본이 간행됐을 때 〈유연전〉에 기술된 내용은 돌이킬 수 없는 사실로 굳어졌다. 이지라는 인물로 대표되는 궁가(宮家)가 백성들에게 끼친 해악이 그 만큼 심각하다고 생각했기 때문일 터이다.

이지의 자손들이 이렇게 대항논리를 퍼뜨리려 백방으로 뛰어다녔다는 사실은 그 만큼 〈유연전〉이 일으킨 반향이 컸다는 증거다. 다시 말해 당대 사회에 문제를 제기하려 한 이항복의 입전 의도가 작품에 충실히 구현됐고, 독자들도 이를 잘 이해하고 있었다는 뜻이다.

〈북정록(北征錄)〉의 소설화 과정과 그 성취

1. 머리말

〈배시황전〉[1]은 나선정벌(羅禪征伐)에 출정한 신유(申瀏, 1619~1680)의 〈북정록(北征錄)〉을 토대로 창작한 작품이다. '나선정벌'은 청나라와 러시아가 군사적으로 충돌한 사건을 가리키는 말이다. 효종이 재위하는 동안 조선은 청나라를 도우러 두 차례 파병했다. 존재 여부도 모르던 러시아와의 전투에 군사를 보내기로 결정한 건 불가피한 선택이었다. 병자호란 때 청나라에 굴복한 조선으로선 그들의 요구를 거부할 힘이 없었기 때문이다.

〈북정록〉은 1658년 제2차 나선정벌에 출병한 신유의 진중일기다.[2] 〈북정록〉은 배시황이라는 허구적 인물을 주인공으로 한 소설로 개작되어 전승됐다. 그 과정에서 독자들은 배시황을 실존인물로 생각했다.[3] 하지만 〈북정록〉을 보면 신유의 원정군에 배시황이라는 비장

1) 이 책에서 '배시황전'은 이본 전체를 아우르는 명칭으로 쓰고, 국립중앙도서관 소장 한글 필사본은 '빅시황젼'으로 표기한다.

2) 신유, 〈북정록〉(고전연구실 편, 『국역 북정일기』, 한국정신문화연구원, 1980, 1~13쪽).

3) 장지연에게 〈북정일록〉이 있다는 사실을 알려 준 윤원(尹瑗)은 배시황을 실존인물이라 여기고, 임진왜란 때 경상좌 · 우수사를 역임한 배설(裵楔, ?~1597)의 후예라고 했다(장지연, 〈북정록(北征錄)〉 8회, 『매일신보』 1916.11.12). 그러나 배시황을 배씨 족보에서 확인할 수는 없다. 『星山裵氏和堂公(靈化)派世譜』, 서울족보도서관

(裨將)은 없었다는 걸 알 수 있다.[4]

〈북정록〉을 소설화한 작품, 즉 〈배시황전〉에 대한 연구는 김기동,[5] 이경선,[6] 김장동[7] 등에 의해 이루어졌는데, 작품의 의의를 문학성보다는 민족의식의 발현이라는 역사성에서 찾는 경향을 보였다. 권혁래는 문헌전승의 양상을 자세히 살펴 소설적 요소를 확인하는 데 상당한 성과를 보였다.[8] 그러나 이본의 형성과정을 면밀하게 검토하지 않은 채 〈빅시황젼〉의 형성 시기를 1670년 이전으로 추단하고, 이를 바탕으로 작품을 분석한 것은 출발에서부터 무리가 있었다. 〈북정록〉의 영향을 과소평가한 점, 〈북정일록〉과 〈북정일기〉의 소설성에 주의를 기울이지 않은 부분, 이본간의 관계를 고려하지 않고 〈빅시황젼〉의 대중성을 지나치게 높이 평가해 균형감각을 잃은 것도 여기에 기인한다.

이 글에서는 이본의 형성과정을 다시 점검하여 그 관계를 명확히 한 후, 이본의 변이에서 나타난 특징을 살피고, 이를 바탕으로 작품의 소설적 성취도를 가늠해 보기로 한다. 그런데 〈북정록〉을 소설화한 작품의 성취도를 말할 때 염두에 두어야 할 것은 배시황이라는 인물의 허구성에 집착해서는 곤란하다는 점이다. 인물의 실존 여부보다는 작중인물을 통해 작자가 무엇을 말하려 했는지, 또 그것을 어떤 방식으로 그렸는지에 주목해야 하기 때문이다. 〈북정일기〉에서의 신유는

편, 1990 참조.

4) 신유는 초관 및 군관, 통사, 사망자, 부상자의 신원을 상세하게 적었다. 따라서 배시황이 실존했고 작품에서처럼 주요한 임무를 맡았다면 그의 기록에서 누락됐을 가능성이 거의 없다.

5) 김기동, 「배시황전에 대한 일고찰」, 『어문학』 8, 한국어문학회, 1962.

6) 이경선, 「배시황전 연구」, 『논문집』 1, 한양대, 1964.

7) 김장동, 「조선조 역사소설연구」, 박사학위논문, 한양대 대학원, 1985, 113~125쪽.

8) 권혁래, 「배시황전 연구: 성립, 서사성, 역사의식을 중심으로」, 『고소설연구』 3, 한국고소설학회, 1997.

실존인물과 일치하는 면도 있지만, 그렇지 않은 면이 더 많은 소설적 인물이라는 점에서 배시황과 다를 바가 없다. 따라서 배시황이라는 인물에 집착하여 〈북정일기〉의 성취도를 평가절하하는 건 온당하지 않다.

2. 〈북정록〉의 소설화 과정과 이본간의 관계

청나라는 1640~50년대에 걸쳐 흑룡강 유역에까지 진출한 러시아와 충돌했다. 러시아와의 몇 차례 접전에서 참패한 청나라는 원군을 보내라고 조선에 요구했다.[9] 조선에서는 1654년에 변급(邊岌)이 지휘한 원정군이 출정했고, 1658년에는 신유가 병사들을 이끌고 출전했다.[10]

〈북정록〉은 신유가 1658년 4월에 출병해서 같은 해 8월 27일에 귀환할 때까지 일어난 사건을 기록한 일기다. 러시아군과의 교전은 6월 10일 단 하루에 끝나는데, 간략하게 전황을 적었을 뿐이며, 배시황이라는 인물은 전혀 등장하지 않는다. 신유는 전투가 승리로 끝난 후에도 계속해서 주둔하라는 청 원수의 요구를 철회시키기 위해 부심

9) 諭朝鮮國王李淏, 今羅刹犯我邊境, 擾害生民, 應行征剿, 玆發滿兵前往, 需用善使鳥槍手二百名, 王卽照數簡發. 『世祖章皇帝實錄』 권115, 15년 2월 병술(『淸實錄』 三, 중화서국, 1987, 898쪽).

10) 1 · 2차 나선정벌의 역사적 상황에 대해서는 稻葉岩吉, 「朝鮮朝孝宗に於けろ兩次の滿洲出兵に就いて(上下)」, 『청구학총』 15~16, 청구학회, 1934; 박태근, 「한국과 러시아의 만남」, 『서울신문』 1973.11.22~12.11.(15회); 「흑룡강은 흐른다」, 『독서신문』 1975.7.13~9.28(11회); 「해설 · 해제」, 고전연구실 편, 앞의 책 참조.

한다. 〈북정록〉은 이 밖에도 원정에서의 견문이나 사소한 사건, 인간적인 고뇌까지 기록하여 전기(戰記)로서의 소임에 충실하다.

〈북정록〉의 영향 아래 형성된 문헌으로는 〈북정일록(北征日錄)〉,[11] 〈비시황젼〉 2종,[12] 신륵(申玏)이 지은 〈북정일기(北征日記)〉,[13] 장지연(張志淵)이 현토(懸吐)한 〈북정록(北征錄)〉,[14] 이익(李瀷)의 〈차한일기(車漢日記)〉,[15] 신경준(申景濬)의 〈차한(車漢)〉,[16] 성해응(成海應)의 〈신유(申瀏) · 경하창(慶河昌)〉[17] 등이 있다. 권혁래는

---

11) 이규경은 「나선변증설(羅禪辨證說)」에서 "배시황의 〈북정일록〉을 보면 나선정벌의 사적을 훤히 알 수 있다[按裵是愰北征日錄, 羅禪事蹟, 昭然可攷]"라고 하고, 그 전문을 인용했다. 이규경, 「나선변증설」, 『오주연문장전산고(五洲衍文長箋散藁)』 하, 동국문화사, 1959, 969쪽.

12) 〈비시황젼〉은 2종, 즉 국립중앙도서관본과 이경선이 활자화하여 소개한 학초본(學蕉本)이 전하는데(이경선, 앞의 논문), 내용은 동일하다. 국립중앙도서관본은 〈비시황젼〉을 필사하고, 몇 장을 공백으로 두고 성해응의 기록을 옮겨 적었으며, 그 끝에 송신용의 필사기가 있다. 그런데 〈비시황젼〉의 글씨와 성해응의 글을 전재(轉載)한 필체가 다르며, 종이도 앞부분은 『통감』을 필사한 이면지를 활용했는데 뒷부분은 깨끗한 백지를 사용했다. 이로 보아 송신용이 재래의 필사본을 입수하여 거기에 관련 기록을 첨부한 거라고 생각한다. 김기현은 끝부분이 한두 장 결락된 사실을 밝히고, 이 외에 고려대 소장본이 있었지만 현재는 소재를 확인할 수 없다고 했다(『한국고전문학전집』 15, 고려대 민족문화연구소, 1995).

13) 신륵, 〈북정일기〉, 『통상공실기(統相公實記)』 권1(고전연구실 편, 앞의 책, 원문 20~36쪽). 『통상신공실기』는 신유의 6대손 신호응(申顥應)이 1869년에 간행했고, 『평산신씨문집』에도 영인돼 있다(『평산신씨문집』 제2집, 평산신씨대종회, 1986, 665~700쪽).

14) 장지연, 〈북정록〉, 『매일신보』 1916.11.4.~11.12(8회). 신유가 남긴 〈북정록〉과의 혼동을 피하기 위해 '현토본'이라는 한정어를 쓰겠다.

15) 이익, 〈차한일기〉, 『국역 성호사설』 3 인사문, 민족문화추진회, 1966, 215~219쪽; 『성호사설유선(星湖僿說類選)』 권9 하, 문광서림, 1929, 3~5쪽.

16) 신경준, 〈차한〉, 『여암전서(旅菴全書)』 권7(신재휴 편, 『여암전서』 제2책, 신조선사, 1940, 24~25장).

17) 성해응, 〈신유 · 경하창〉, 『연경재전집(研經齋全集)』 권56(『한국문집총간』 275, 민족문화추진회, 2001, 170~172쪽).

이를 세 계열로 나누어 살폈으나,[18] 그 중 두 계열은 대상이 하나뿐이므로 계열을 나누어도 별다른 실효성이 없다. 따라서 굳이 무리한 계열화를 시도하는 것보다는 소설성이 뚜렷한 자료만 추려서 개별 이본의 특성을 파악하는 게 바람직하다. 여기서는 이익 · 신경준 · 성해응 등의 기록은 사실의 소설화와 그 변모과정을 확인하는 보조 자료로 활용하고, 소설성이 뚜렷한 〈북정일록〉 · 〈빅시황젼〉 · 〈북정일기〉를 대상으로 하여 그 형성과정과 이본간의 관계를 검토하기로 한다.

1) 〈북정록〉의 소설화 과정

(1) 〈북정일록〉의 형성과정

〈북정일록〉의 내용은 이익의 기록에서 처음으로 확인할 수 있다. 이익(李瀷, 1681~1763)의 〈차한일기〉는 전체적으로 '북정일록'을 축약했지만, 변급(邊岌)이 이끈 제1차 나선정벌이 실패했다고 잘못 기술한 걸 바로잡았다.[19] 〈차한일기〉는 1720년에서 1762년 사이에 쓴 것인데,[20] 소설본의 등장을 알려주는 가장 이른 시기의 자료라는

---

18) 권혁래, 앞의 논문, 216~229쪽.

19) 문면에 명시되어 있지 않지만, 이익은 『통문관지』를 참고했을 가능성이 높다. 변급의 1차 나선정벌을 기술한 부분은 자구까지도 유사하기 때문이다[『통문관지(通文館志)』 권9 기년(紀年) 효종대왕 5년 갑오(甲午), 효종대왕 9년 무술(戊戌)(『통문관지』, 조선고서간행회, 204~205쪽; 207~208쪽)]. 『효종실록』 · 『현종실록』 · 『비변사등록』의 기사는 『통문관지』보다 간략하고, 『동문휘고』는 1788년에 처음 간행됐으므로 참고했을 가능성이 낮다. 『통문관지』가 초간된 시기는 1720년으로 본다(김구진 · 이현숙, 「통문관지의 편찬과 그 간행에 대하여」, 『국역 통문관지』 1, 세종대왕기념사업회, 1998, 1~30쪽). 이긍익(李肯翊, 1736~1806)도 『통문관지』의 해당 내용을 인용했다[이긍익, 『연려실기술』 별집 제5권 사대전고 조사(事大典故 · 詔使); 별집 제18권 변위전고 북새(邊圉典故 · 北邊)].

20) 『성호사설』은 이익이 40세 전후한 시기부터 쓴 초고를 80대 가까웠을 때 그 족자(族

점과 후대 전승에 큰 영향을 끼쳤다는 데 의미가 있다. 신경준(申景濬, 1712~1781)과 성해응(成海應, 1760~1839)의 기록은 〈차한일기〉와 표현에서 다소 차이를 보일 뿐 거의 유사하고, 이규경(李圭景, 1788~1856)과 장지연(張志淵, 1864~1921)도 이 글을 언급했다.[21) 「나선변증설」은 당시까지 전하던 나선정벌 관련 문헌을 거의 망라한 걸로 보이는데,[22) 〈북정일록〉이 그 중심을 차지한다.

〈차한일기〉가 나온 때는 사건 후 최소한 60년이 지난 뒤이므로 소설적으로 변개되기에 충분한 시간이 흘렀다고 할 수 있다. 그러나 이 기록은 소설본이 출현한 시기의 하한선을 알려줄 뿐이며, 더 일찍 형성됐을 가능성도 있다. 〈북정일록〉은 출정 기간이 3월부터 12월까지로 늘어났으며, 전투 장면이 대폭 확대됐고, 배시황 중심으로 구성됐다는 게 〈북정록〉과 전혀 다른 점이다. 그럼에도 불구하고 〈북정일록〉은 전사한 아군의 수를 8명으로 일치시키는 등 실제 사실에 가깝게 상황을 설정하려고 노력했다. 〈북정록〉의 영향으로부터 완전히 자유로울 수 없었다는 뜻이다.

子)가 베껴 전한[謄傳] 책이며, 1762년에 안정복이 이를 다시 간추린 것이 『성호사설유선(星湖僿說類選)』이다. 한우근, 「해제」, 『국역 성호사설』 1, 민족문화추진회, 1966, 1~41쪽.

21) 이규경, 「나선변증설」, 앞의 책, 966~967쪽; 장지연, 앞의 글, 8회.

22) 변증의 끝부분에 헌종 13년의 사실이 나타나므로 이 기록의 형성 시기는 1847년 이후다. 이규경은 〈차한일기〉·〈북정일록〉 외에도 『통문관지』, 신돈복(辛敦復)의 『학산한언(鶴山閑言)』, 이덕무 산삭본과 뇌자관(賚咨官) 이분(李芬)의 수본(手本), 육진(六鎭) 경원(慶源) 지방 선비의 기록을 참고했다고 밝혔다(이규경, 「나선변증설」, 앞의 책, 943~944쪽). 이 가운데 경원 지방 선비의 글은 박태근이 소개한 김기홍(金起泓, 1635~1701)의 〈노차국기(虜車國記)〉인 듯하다(박태근, 「해제」, 고전연구실 편, 앞의 책, 30~31쪽). 신돈복의 기록은 장서각본 『학산한언』에 실려 있지 않고[신돈복, 『학산한언』(『한국문헌설화전집』 8, 태학사, 1991)], 이덕무 산삭본은 『청장관전서』에 없다[이덕무, 『청장관전서(青莊館全書)』(『한국문집총간』 257~259, 민족문화추진회, 2000)].

(2) 〈빅시황젼〉의 형성과정

권혁래는 아래 인용문의 ②를 작가가 자신의 체험을 서술자의 발언에 담은 걸로 이해하여, 〈빅시황젼〉의 형성 시기를 1662년 전후, 늦어도 1670년 이전이라고 추정했다.[23)]

> 남안(南岸)을 바라보니 셩 우희 사람이 츙〻 ᄒᆞ엿고 ① 호망(呼望)ᄒᆞᄂᆞᆫ 나발 쇼ᄅᆡ 드르니 반가온 마음 지향 못ᄒᆞ여 인ᄒᆞ여 텬하에 반가운 정경이 ᄉᆡᆼ각키는지라 ② 년전 강진(康津) 갓슬 ᄯᅢ에 표풍ᄒᆞ엿든 사람의게 들으니 즉금 명텬자게셔 영녁(永曆)황뎨시라 ᄒᆞᄂᆞᆫ데 …(중략)… 만일 남듕(南中)이 쥬사(舟師)를 불으시면 죠정이 ᄲᅧᆯ연코 우리 보닐 다름이니 그 일 더욱 셜ᄯᅩ다 어ᄂᆡ 날에 환도(還都)되실ᄭᅩ ③ 한창 늣기더니 부지불각에 하마포를 무지ᄒᆞ게 귀겻테 노흐ᄆᆡ 깜짝 놀나 ᄯᅥ러질 제 얼는 붓드러 등대ᄒᆞ엿든 남여에 안치니 한 ᄭᅮᆷ과 갓더라[24)]

그러나 ②는 서술자의 발언이 아니며, 작가가 작품에 직접 개입한 것도 아니다. ①은 생각에 잠기는 상황이며, ③은 상념에 깊이 잠겼다가 하마포에 놀라 정신을 차리는 순간으로 보아야 한다. ②는 배시황이 무사히 고국에 돌아왔다는 데 안도하면서 청나라를 도우러 출전해야 했던 자신의 처지를 되돌아보며 감회에 젖는 부분이다. 〈빅시황젼〉의 작자는 여러 곳에서 전지적 시점으로 자신이 현장에 있는 것처럼 서술했다. 이 또한 같은 방식으로 배시황의 내면을 드러낸 대목인데, 작품 속의 시간이 1658년이므로 위와 같은 생각에 빠진 것이다. 따라서 이 장면을 근거로 〈빅시황젼〉이 나온 시기를 추단하는 건 무리다.

---

23) 권혁래, 앞의 논문, 230~231쪽.

24) 〈빅시황젼〉, 국립중앙도서관본, 37~38면. 괄호 안의 한자는 원문에 병기된 것이며, 이하 같다.

또 이경선 소장본의 필사기를 신뢰하여 〈ᄇᆡ시황젼〉의 하한선을 1867년이라 하기도 어렵다. 학초(學蕉)가 썼다는 언급은 〈ᄇᆡ시황젼〉의 필사기가 아니며, 그마저도 1942년 이후에 전사(轉寫)하고 남긴 기록이기 때문이다.[25] 그렇다면 현재로서는 국문본 〈ᄇᆡ시황젼〉이 언제쯤 등장했는지 확인하기 어려워 보인다.

> ᄌᆡ텬ᄒᆞ신 고황뎨게셔 져 사사 업ᄂᆞᆫ 하ᄂᆞᆯ과 가트셧스니 ᄉᆡᆼ녕권고(生靈眷顧)ᄒᆞ시ᄂᆞᆫ 마음이 나라 기실 ᄯᅢ나 다름 업스시리라[26]

인용문은 한글본 〈ᄇᆡ시황젼〉 끝부분에 있다. 여기서 말하는 고황제(高皇帝)는 명(明) 태조(太祖)를 가리키는데, 그 혼령이 조선을 굽어살핀다는 것이다. 그런데 이런 관념은 빨라도 18세기 중엽에나 생긴 것 같다.

---

25) 이경선은 "鄙藏의 〈ᄇᆡ시황젼〉은 20餘年前에 某氏가 筆寫本을 보고 그 體裁대로 잉크로 쓴 것으로서, …(중략)… 이 作品은 〈八道邑誌歌〉와 같이 한 册에 묶여 있으며, 그 末尾에 〈同治六年上元學蕉戱藁〉라고 씌어있는데……"라고 학초본(學蕉本)을 소개했다(이경선, 앞의 논문, 2쪽). 그런데 국립중앙도서관에 소장된 〈팔도읍지가〉(표제 邑誌歌全, 내제 八道邑誌歌, 분류기호 한-48-227)의 말미에도 똑같은 필사기가 남아 있다. 그러므로 누군가가 각각 존재하던 〈ᄇᆡ시황젼〉과 〈팔도읍지가〉를 합사(合寫)했고, 위의 필사기는 〈팔도읍지가〉에만 해당된다는 걸 알 수 있다. 따라서 이를 근거로 이경선 소장 〈ᄇᆡ시황젼〉의 필사 시기를 1867년이라 할 수 없다. 〈팔도읍지가〉를 동일인이 두 번 필사했을 가능성은 거의 없고, 〈ᄇᆡ시황젼〉은 국립중앙도서관본과 '학초본'의 내용이 완전히 일치한다. 또 국립중앙도서관본은 소화(昭和) 17년(1942) 5월 25일, 〈팔도읍지가〉는 동년 12월 7일 소장인이 찍혀 있어 모씨(某氏)가 전사했다는 시기와 일치한다. 이경선은 '닙구일(卄九日)', '닙삼일(卄三日)', '나라[國]' 등을 각각 '십구일', '십삼일', '사라[生]'로 표기했는데, 국립중앙도서관본의 'ㄴ'과 'ㅅ'이 유사한 형태여서 이를 애초 모씨(某氏)가 잘못 옮긴 것은 아닌지 의심스럽다. 따라서 국립중앙도서관에 소장된 두 필사본을 보고 모씨가 함께 전사했을 가능성이 있고, 그렇다면 그동안 '학초본'이라 한 것은 국립중앙도서관본의 전사본이며, 그 시기는 1942년 말 이후인 셈이다.

26) 〈ᄇᆡ시황젼〉, 국립중앙도서관본, 36면.

명나라가 멸망한 지 60년이 된 1704년(숙종 30)에 대보단(大報壇)을 쌓아 '재조지은(再造之恩)'을 베푼 명(明) 신종(神宗)의 제사를 왕이 직접 지냈고, 이후에도 계속됐다. 그러다가 1749년(영조 25) 3월, 황경원(黃景源, 1709~1787)의 계문을 통해 명(明) 의종(毅宗)이 병자호란 당시에 조선을 구원하려 했다는 『명사(明史)』「조선전(朝鮮傳)」의 내용이 알려지면서 대보단 증축 문제를 논의하기 시작했다.[27] 처음에는 신종·의종만 제사 지내려고 했으나, 영조의 뜻에 따라 명 태조도 대보단에 병향(竝享)하게 됐다. 명 태조가 '조선(朝鮮)'이라는 국호를 하사한 것은 '재조지은'보다 큰 '대조(大造)의 은혜'라는 논리였다. 영조는 신하들의 반대에도 불구하고 명 태조도 제사 대상에 포함시켰다.[28] 이를 계기로 명 태조를 다른 두 황제와 함께 기리는 일이 시작됐다.

〈빅시황젼〉에서 '고황제 운운' 하는 관념은 이때 처음 자리하게 됐다고 봐야 한다. 대보단을 만든 일을 비롯해서 이런 일련의 사업을 주도한 사람들은 대부분 노론계 인사였다. 그런데 이들마저 명 태조를 병향하는 데는 부정적이었던 걸 보면, 그 전에 명 태조의 은혜를 잊지 못한다는 생각은 일반화되지 않았을 터이기 때문이다. '대조'라는 것도 실상 국호를 내려주어 제후국의 지위를 인정해 준 데 지나지 않았음을 볼 때 더욱 그러하다. 따라서 〈빅시황젼〉 형성의 상한선은 1749년이 된다.

다음으로 형성의 하한선을 살필 차례인데, 신륵의 〈북정일기〉와 〈빅시황젼〉을 검토하여 대략 윤곽을 잡을 수 있다. 신륵은 선전관

---

27) 대보단의 증수 과정에 대해서는 김호, 「영조의 대보단 증수와 명 三皇의 享祀」, 『한국문화』 32, 서울대 한국문화연구소, 2003 참조.

28) 『영조실록』 25년(1749) 4월 10일(정해).

신명전(申命仝, 1632~1689)[29]이 왔다는 기사 아래 "배시황 일기에는 군사를 출동시키라는 표신을 가지고 자원해서 왔다고 했다[裵是愰日記云, 持發軍標信, 自願而來]"라고 주석을 달았다. 그런데 이 부분은 〈북정록〉·〈북정일록〉, 현토본 〈북정록〉에는 전혀 나타나지 않으며, 〈빅시황젼〉에만 보인다.[30] 따라서 〈북정일기〉가 지어진 1760년에는 이미 〈빅시황젼〉이 존재했음을 알 수 있다. 여기에 박지원의 다음 기록을 참고하면 〈빅시황젼〉이 형성된 시기를 대체로 확정할 수 있다.

> 내가 스무 살 때, 봉원사에서 글을 읽었는데, 어떤 객이 음식을 적게 먹으며 밤이 새도록 잠을 자지 않고 신선 되는 법을 익혔다. …(중략)… 그는 가끔 나에게 허생의 이야기와 염시도·배시황·완흥군부인 등에 대한 이야기를 늘어놓았는데, 잇달아 몇 만 마디 말로 며칠 밤이 되도록 끊임이 없었다. …(중략)… 이때는 병자년(1756) 겨울이다.[31]

인용문에 보이는 '배시황'은 〈빅시황젼〉의 주인공일 게 틀림없다. 그렇다면 1756년에는 이미 이 작품이 사람들 입에 오르내리고 있었다는 얘기다. 한글본 〈빅시황젼〉이 1749년에서 1756년 사이에 형성됐

---

29) 신명전은 신유의 형인 신근(申瑾, 1602~1670)의 둘째 아들로, 경기수사·금군별장을 지냈다. 『평산신씨대동보(平山申氏大同譜)』 2, 평산신씨대종회, 1976, 1225~1227쪽.

30) 뎡월 쵸십일에 션젼관 신명젼(申命仝)이 표신(標信) 밧드러 군듕에 니르러 신류를 명ᄒᆞ야 군사 거나려 발힝하라 ᄒᆞ니 명젼은 신우후의 죵자(從子)라 〈빅시황젼〉, 국립중앙도서관본, 2~3면.

31) 余年二十時, 讀書奉元寺, 有一客能少食, 終夜不寐, 爲導引法, …(중략)… 時爲余談許生事, 及廉時道裵是晃完興君夫人, 亹亹數萬言, 數夜不絕. …(중략)… 此丙子冬也. 박지원, 〈허생후지 기이(許生後識·其二)〉(『국역 열하일기』 II, 민족문화추진회, 1968, 313~314쪽).

다는 뜻이다.

〈빅시황전〉은 인물 설정과 사건 구성이 〈북정일록〉과 대체로 일치하며, 번역투가 역력한 부분이 여러 곳인 걸 보면 한문본을 번역한 게 분명하다. 그러나 확대와 부연, 축약과 생략을 통해 디테일에는 큰 변화가 생겼다. 한글본과 한눈본의 차이가 이처럼 크다면 한문본이 형성되자마자 한글로 번역됐다고 말하기는 어렵고, 한문본이 나오고 상당한 시간이 흐른 후에 한글본이 등장했다고 봐야 온당하다.

(3) 〈북정일기〉의 형성과정

신륵은 신유의 증손으로, 1760년에 〈북정일기〉를 지었다. 신륵은 이미 세간에 유포되어 있던 소설본을 먼저 접한 후에 〈북정록〉을 보게 되었다.

> 삼가 살피건대, 증조부의 '북정일기'가 세상에 많이 전해지지만, 기책(奇策)를 꾸며 승리한 책략과 항의하여 수자리 지키는 것을 면한 일은 간략히 기술하여 자세하지 못하다. 거기에 계실 때 친필로 적으신 걸 본 후에야 증조부의 본뜻을 알 수 있었다. …(중략)… 만약 증조께서 패하고 돌아오셨다면, 청나라의 원병 요구가 몇 번이나 더 있었을지 모르니, 우리나라 백성의 반은 흑룡강 물고기의 밥이 됐을 것이다. …(중략)… 이 땅[宋加羅江-필자]에 일 년간 주둔하며 지켰더라면, 비록 우리나라 곡식의 절반을 들여도 군량을 댈 수 없었을 터인데, 죽음을 무릅쓰고 다투어 이러한 근심을 면하게 하셨으니 우리나라에 세운 공이 참으로 크다.[32]

32) 謹按, 我曾祖考北征日記, 行于世者多, 而其設機取勝之策, 抗義免戍之事, 略記而不備, 及見在彼中時親筆所錄, 然後乃知吾曾祖之本意也. …(중략)… 苟使我曾祖敗還, 則淸國之請援, 又不知幾番, 而我國生靈半爲黑龍江之魚矣. …(중략)… 苟於此地屯戍一年, 則雖傾盡我國之穀半, 不可繼矣. 以死相爭, 能免此患, 其爲功於我國者, 固

인용문에서의 '북정일기'는 신유의 〈북정록〉이 아닌 〈빅시황젼〉과 〈북정일록〉이다. 〈북정일록〉, 현토본 〈북정록〉에서는 애초 군사 5천 명을 선발한다고 하고 뒤에서는 아무런 설명 없이 6천 명을 뽑았다고 했는데, 〈북정일기〉에서는 6천 명을 모집해서 병약한 자 천 명을 제외한 걸로 기술하여 전후가 모순되지 않도록 했다. 〈빅시황젼〉에서는 5천명을 선발했다고만 나오므로 이 부분은 〈북정일록〉에서 영향을 받은 것이다. 신륵이 〈북정일기〉를 짓기에 앞서 〈북정일록〉과 〈빅시황젼〉을 모두 참고했다는 의미다.

신륵은 앞선 이본에서 신유의 역할이 미미하게 그려진 데 불만을 가졌다. 그런데 〈북정록〉의 내용도 너무 간략해서 신유의 사적을 드러내기에 충분치 않았다. 그는 결국 새로운 작품을 쓰게 됐다. 신륵은 전투에서 승리하고 조기 철군을 관철한 두 가지 일을 신유의 공적으로 들고, 그 중에서도 후자에 더 큰 의미를 부여했다. 따라서 철군 문제를 둘러싼 갈등을 주요 사건으로 부각했는데, 〈북정일록〉·〈빅시황젼〉에는 이 문제가 전혀 나타나지 않는다. 〈북정일기〉가 다른 이본들과 뚜렷하게 구별되는 건 이 때문이다.

(4) 현토본 〈북정록〉의 형성과정

장지연이 어려서부터 읽었다는 '신유 장군의 북정일기'는 〈북정록〉일 거라고 본다.[33] 현토본 〈북정록〉에서 〈북정일기〉의 영향은 거의 찾을 수 없기 때문이다. 그렇지만 후손가를 방문했을 때 〈북정일기〉를

大矣. 신륵, 「북정일기 후지(北征日記·後識)」, 앞의 책, 36쪽.

33) 余[장지연-필자] ㅣ 少嘗讀申將軍瀏北征日記ᄒᆞ고 又嘗至其後孫ᄒᆞ야 見申將軍所着鎧胄ᄒᆞ고 未嘗不歎息慨咄也러니 …(중략)… 今得尹瑗氏所撰北征錄一篇ᄒᆞ야 始知有裴公之手記北征日錄而詳記其始末ᄒᆞ고 …(중략)… [윤원-필자]今年初夏에 偶從閔進士瑜ᄒᆞ야 得裴是愰北征日錄ᄒᆞ야 讀之ᄒᆞ니……. 장지연, 앞의 글, 8회.

보았을 가능성도 충분하며, 윤원(尹瑗)과 민유(閔瑜)를 통해 〈북정일록〉을 구해서 읽었으리라는 사실도 짐작할 수 있다. 그렇다면 장지연은 〈북정록〉·〈북정일록〉·〈북정일기〉를 모두 참고했다고 하겠는데, 현토본 〈북정록〉의 내용은 거의 〈북정일록〉을 따랐다. 장지연은 『성호사설』을 거론면서도 「나선변증설」은 전혀 언급하지 않았는데, 이규경의 기록을 접하지 못한 것 같다. 따라서 현토본 〈북정록〉의 저본은 항간에 전해지던 〈북정일록〉 이본 가운데 하나였다고 생각한다.

2) 이본간의 관계

'차한(車漢)'은 중국에서 러시아 황제[tsar, czar]를 가리키던 말인 '察罕汗/察幹汗[Chahanhan, Chaganhan]'을 음역(音譯)한 용어다.[34] 중국 사서에서 이 말이 처음 나오는 때는 1655년이다.[35] 그러나 러시아와 네르친스크 조약을 체결한 1689년까지 중국에서는 어의(語義)에 부정적 의미가 강한 '羅刹[Luocha]'을 주로 썼고, '俄羅斯'·'羅禪'은 우호적인 경우에만 부분적으로 사용했다. 조선에서는 『효종실록』·『비변사등록』·『동문휘고』 등 공식 문서에 '羅禪'을 썼고, 『현종실록』에는 '羅先'으로 표기했다.

신유는 러시아를 '虜酋', '吳老素車漢國', '吳乙素'라 부른다고 했다.[36] 그는 이러한 명칭을 청(淸) 통관(通官)들에게서 처음 들었다고

---

34) 박태근, 「역주 북정일기」, 고전연구실 편, 앞의 책, 72~72쪽; 94~95쪽. 박태근은 신유의 〈북정록〉을 '원본 북정일기'라 이름하고 역주했다.

35) 諭鄂羅斯國察幹汗曰, 爾國遠處西北, 從未一達中華, 今爾誠心向化, 遣使進貢方物, 朕甚嘉之, 特頒恩賜. 『世祖章皇帝實錄』 卷92 12년 5월 乙巳條, 앞의 책, 720쪽.

36) 신유, 〈북정록〉, 앞의 책, 원문 3쪽; 6쪽; 7쪽.

했으므로 '차한'이라는 말을 문헌에 남긴 최초의 조선인인 셈이다. 〈북정일록〉·〈북정일기〉, 현토본 〈북정록〉 등에서는 일관되게 '車漢'으로 표기했는데, 이는 〈북정일록〉의 작자가 〈북정록〉을 읽었다는 뜻이다.

〈빅시황젼〉은 다른 이본들과 달리 '나션(羅善)'이라고 적은 게 특징적이다. 이런 표기상의 차이는 한글본이 '차한'이라는 명칭이 널리 쓰이기 전에 형성됐다는 증거다. 〈빅시황젼〉이 〈북정일록〉을 번역하고 개작했으면서도 '차한'이라는 명칭을 이어받지 않은 건 러시아를 가리키는 일반화된 용어가 아니었기 때문이다. 이익은 "차한은 나선이다[車漢者, 羅禪也]"라고 했다. 더 익숙한 정보로 풀어서 설명하기 마련이니, 당시에는'차한'보다 '나선'이 많이 알려져 있었다는 얘기다. 한 가지 더 유의할 건 이 때 차출된 병사들은 모두 함경도 출신 포수였으므로 '나선'이라는 명칭이 확산되기까지는 제법 시간이 걸렸을 거라는 점이다. 따라서 〈빅시황젼〉은 나선정벌로부터 상당한 시간이 흘러 '나선'이라는 명칭이 널리 쓰이던 때에 형성됐다고 봐야 한다.

〈북정일록〉의 영향을 받은 신륵은 〈북정일기〉 첫머리에서부터 '차한'이라는 이름을 썼다. 〈북정록〉에서 신유가 '吳老素車漢國'이라 한 것은 '오로소왕국' 정도로 이해되는데, 신륵은 이를 "이른바 차한국은 '吳老素'라고도 하고 '吳乙素'라고도 한다[所謂車漢國, 或云吳老素, 或云吳乙素]"라고 하여 '오로소'와 '차한국'을 별개의 명칭으로 이해했다. 이는 〈북정일록〉의 작자가 하나의 명칭을 둘로 보고 '차한'으로 지칭한 잘못을 답습했기 때문이다.

이상의 논의를 종합하면 다음과 같다. 〈북정일록〉의 작자는 신유의 〈북정록〉을 직접 읽었고, 오래지 않은 시점에 소설적인 형태로 변개했다. 〈북정일록〉은 〈빅시황젼〉의 원천이 됐을 뿐만 아니라 〈북정일기〉,

현토본 〈북정록〉에 이르기까지 큰 영향을 주었다. 〈빅시황전〉은 〈북정일록〉으로부터 어느 정도 시간적 거리를 두고 형성됐으며, 그 시기는 대략 1749년에서 1756년 사이이다. 〈북정일기〉는 앞서 형성된 〈북정일록〉·〈빅시황전〉에 대한 반작용으로 나왔다. 장지연은 〈빅시황전〉을 제외한 모든 이본을 섭한 것 같다. 그런데 현토본 〈북정록〉의 내용은 〈북정일록〉에 거의 전적으로 의존하고 있어 20세기 초까지 〈북정일록〉의 영향력이 지속됐다는 사실을 알려준다.

3. 이본의 변이 양상

1) 실사의 변용과 허구적 인물의 설정: 〈북정일록〉

(1) 실사의 변용

〈북정일록〉은 〈북정록〉의 내용을 다양한 방식으로 변개했다. 청나라 원수가 보여준 이름 모를 대어(大魚)를 구경했다는 〈북정록〉 5월 16일의 기사가 〈북정일록〉에서는 그 반 토막으로 조선군 전체가 배불리 먹었다는 삽화가 되고, 조선군이 사격 연습을 하다가 부상자가 발생한 5월 21일의 사고는 배시황이 창병(瘡病) 난 군사를 치료해주는 장면으로 바뀐다. 그러나 실사가 소설적으로 변용되는 양상은 무엇보다 사건을 의도적으로 배치해 전투를 구체화한 데서 뚜렷하게 확인된다.

〈북정일록〉의 작자는 실제로는 단 하루에 끝나버린 전투를 한 달이 넘도록 접전을 벌이다가 화공(火攻)으로 적을 제압하는 걸로 그렸다. 이를 위해 적의 규모를 부풀리는 한편, 섬에 적의 본거지가 있어 강한 웅전태세를 갖춘 것으로 설정했다. 이는 전선 사이의 총격전에서 열세에 놓인 러시아군이 배를 버리고 강변에 상륙해서 대항한 사실을 변개한 장면이다. 패잔병들의 간헐적인 저항을 미리 계획한 작전으로 묘사했기에 전투도 훨씬 심각한 양상으로 변한다. 수륙의 적을 차단해서 고립시킨 후 각개 격파하는 전술이 필요한 상황이 된 이유도 그것이다.

그러나 섬의 적을 제압했다고 해서 전투가 끝난 건 아니다. 청 원수는 신유와 배시황이 건의한 화공책을 계속 묵살하다가 마지못해 받아들인다. 화공 여부를 놓고 각을 세우는 청 원수와 신유의 갈등도 잘 그렸지만, 이 작품에서 가장 눈길을 끄는 부분은 화공을 맡은 배시황과 유웅천이 결의를 다지는 모습, 적선이 폭발하는 장면, 폭발의 여파로 표류하다가 겨우 본진에 합류하는 두 사람의 활약상을 묘사한 대목이다. 러시아군과의 실제 교전에서 연합군이 결정적인 우위를 점한 건 조선군의 우세한 화력 때문이었고, 화공은 이미 승기를 잡은 연합군이 전투를 마무리하는 수순이었을 뿐이다. 〈북정일록〉에서는 이를 변용해 화공을 전투의 승패를 가른 주요 전술로 내세웠다.[37)]

〈북정일록〉은 이렇게 전투 기간을 대폭 늘리고, 조·청 연합군이 계속 패하는 상황을 연출해서 위기감을 고조시켰다. 이어서 적을 일시에 섬멸하는 통쾌한 승리로 결말지어, 원정이 싱거운 단판 승부로 끝

---

37) 당시 함경북도 병마절도사였던 김시성(金是聲, 1602~1676)의 『금포실기(錦浦實記)』에는 출병에 앞서 신유에게 화공책을 지시했다고 아래와 같이 기술했다. 그러나 1870년에 간행된 책이기에 『통상신공실기』를 보고 부회(附會)한 게 아닐까 생각한다.
  신공이 떠나려 할 때 공이 편지를 보내서 말했다. "물에 강한 자는 불에 약합니다. 이 도적들은 수적이니, 불로 공격한다면 멸할 수 있을 것입니다." …(중략)… 이 조목은 근래에 신공의 가첩에서 처음 보았으므로 여기에 부기한다[申公將行, 公致書曰: "利於水者, 不利於火, 此賊是水賊也, 以火攻之, 則可滅矣." …(중략)… 按此一條, 近始得於申公家牒, 故今附見于此]. 『금포실기 단(錦浦實記·單)』 권1, 연보(年譜), 국립중앙도서관본.

나버린 사실을 흥미롭게 변용하여 소설적 면모를 갖추었다. 여기에 〈북정록〉에 보이는 이국적 풍물과 사소한 사건들을 삽화로 제시해 나선정벌에 관한 세간의 관심을 불러일으키는 데 성공했다.

(2) 허구적 인물의 설정

〈북정일록〉은 배시황이라는 가공의 인물을 중심으로 전개된다. 배시황은 부상한 동료를 치료해주는 등 인간미가 넘치는 인물이다.

> 군인들의 부모와 처자, 형제들은 각자 술을 준비했다. 서로 얼싸안으니 기쁘기도 하고 서글프기도 했다. (전사한) 여덟 명은 전립(戰笠)과 군장 밖에 없는 걸 보고 부모형제가 땅을 치며 하늘을 향해 울부짖었다. 북쪽을 향해 초혼하고 가져온 술과 안주를 강가에 뿌리면서 말했다. "다른 군인들은 다들 살아 돌아왔는데 너만 무슨 죄로 돌아오지 못하느냐!" 시황은 생각했다. '살아 돌아와 고향이 가깝다 한들 생사간 소식을 그 누가 부모님께 전해주랴? 부모님의 안부도 바로 알 수가 없구나. 부모의 마음은 바로 저러하고, 부모란 모두 같건만…….' 슬픔이 복받쳐 눈물이 솟구쳐 넘쳐흘렀다.[38]

그는 귀환한 군졸이 가족과 재회할 때 전사자 부모들이 울부짖는 모습을 보고 함께 슬퍼하며 고향의 부모를 생각한다. 이렇듯 배시황은 덕성을 갖춘 데다 영웅적 면모까지 지닌 인물이다.

배시황은 영장인 신유를 제치고 매사에 적극적으로 개입한다. 원정에 나설 군사를 선발하는 일에서부터 청군과의 사이에서 발생한 문제

---

38) 軍人父母, 妻子兄弟, 各備酒, 相抱持, 一悲一喜, 至八人只有戰笠軍裝, 父母兄弟, 叩地叫天, 北向招魂, 所持酒肴, 酹于江上曰: "軍人皆得生還, 汝獨何罪, 不爲歸來?" 是愰自念, '生還, 家鄕雖邇, 存亡消息, 誰傳父母, 父母安否, 亦未卽知. 父母之心正如, 父母無異.' 悲懷自激, 橫涕汎瀾. 이규경, 「나선변증설」, 앞의 책, 973쪽.

를 해결하는 것까지, 배시황은 모든 일에 앞장선다. 작품에서 가장 중요한 사건인 화공 장면에서도 그의 주도적인 역할에는 변함이 없다. 신유와 함께 청 원수에게 화공책을 건의한 데다 작전에 직접 참여하여 큰 공까지 세우자 청 원수가 그를 초대하기도 한다. 배시황은 이 자리에서 병자호란의 성패를 놓고 청 원수와 설전을 벌인다. 이런 일은 실존인물인 신유로서는 상상하기 어려운데, 허구적 인물인 배시황을 영웅적으로 형상화했기에 가능해졌다.

작자는 청나라가 연패했던 적을 배시황의 활약으로 물리쳤다고 함으로써 조선이 청나라보다 우월하다는 걸 확인하고, 이를 통해 상처받은 자존심을 조금이나마 회복한 사례로 제시했다. 그러나 이런 논리는 너무 단순하고 소박하다. 또한 전투 장면 이후 줄곧 청 원수에게 우호적인 태도를 보이다가 갑자기 그와 설전을 벌인다는 건 자연스럽지 않다. 이렇게 일관성을 잃은 건 작자가 뭔가에 짓눌리고 있기 때문이다. 그만큼 〈북정일록〉의 현실인식이 관념적이고 비현실적이라는 뜻인데, 현실적인 사안에서 반청의식을 구체적으로 표출한 〈북정록〉과 비교하면 차이가 크다.

앞서 살핀 것처럼 〈북정일록〉은 〈북정록〉에서 소재를 취하되, 사건을 확대 · 변용하고, 배시황이라는 허구적 인물을 창조했다. 〈북정일록〉은 전투 장면을 중심으로 한 사건 구성과 장면 제시를 통한 인물의 성격화에 성공하여 실기와 전혀 다른 소설적 면모를 갖췄다. 여기에 〈북정일록〉을 역사 기록물이라 믿었던 독자들의 오해가 더해지면서 20세기 초에 나온 현토본 〈북정록〉에 이르기까지 그 영향력이 오랜 기간 지속됐다. 그러나 관념적 역사인식은 이 작품의 한계이며, 더러 보이는 이국적 풍물을 소개한 자잘한 삽화가 서사의 긴장감을 떨어뜨리는 것도 사실이다.

2) 영웅적 형상의 강화와 서사의 긴밀성 제고: 〈ᄇᆡ시황전〉

(1) 영웅적 형상의 강화

작자는 신유와 청 원수 등 다른 인물의 성격을 약화시키고, 이들을 대신해 배시황의 영웅적 면모를 부각했다. 신유가 출병하기 전에 소카인 신명전을 만나 통곡하는 장면이나 청 원수를 전투를 회피하는 심약한 인물로 묘사한 대목이 그런 예다. 반면 배시황의 역할은 시종 두드러지는데, 특히 전투 장면에서의 활약이 그 정점을 이룬다.

> 시황이 신공께 헌게ᄒᆞ야 왈 청병이 일ᄑᆡ지자(一敗至此)ᄒᆞ니 위금일계(爲今日計)컨ᄃᆡ 화공(火攻)에 지남이 업소이다 ᄒᆞ고 인ᄒᆞ야 화젼(火箭) 하나를 ᄆᆡᆫ드러 보이니 …(중략)… 시황이 신공의 찬 눈도을 청하야 스ᄉᆞ로 차고 져 찻든 눈도를 웅천 쥬어 ᄎᆡ우고 …(중략)… 적둔 셔너 관혁 되ᄆᆡ 두어 군사로 션두(船頭)에 렬닙(列立)ᄒᆞ야 혹 긔도 두루며 혹 즁의 녜불ᄒᆞ는 합장(合掌)도 ᄒᆞ야 ᄲᆞᆯ니 들어가니 적이 천리경(千里鏡)으로 바라보고 년ᄒᆞ야 웅포(應砲)만 놋코 철환 아니 발터라[39]

〈북정일록〉에는 화공을 제안한 사람이 누군지 명확하지 않았다. 〈ᄇᆡ시황전〉에서는 불화살까지 미리 준비한 배시황이 화공책을 쓰자며 신유와 청 원수를 설득한다. 그는 주도면밀하게 화공을 준비할 뿐 아니라 위계(僞計)를 써서 적의 방심을 유도하는 등 그 임무를 직접 수행한다. 배시황은 이렇게 지략과 용력을 갖춘 인물로, 불리한 전세를 뒤집고 승리를 거두는 데 크게 기여한다. 〈ᄇᆡ시황전〉은 작품 초반부터 일관되게 배시황을 부각시켜 영웅적 인물로 형상화했는데, 이 대목에서 그의 역할은 절대적이다.

---

39) 〈ᄇᆡ시황전〉, 국립중앙도서관본, 20~23면.

(2) 서사의 긴밀성 제고

〈북정일록〉은 서사적 긴장이 이완되는 면이 있었고, 〈ᄇᆡ시황젼〉에도 이런 점이 아직 남아 있다. 그러나 긴요하지 않은 삽화를 과감하게 생략하고,[40] 배시황의 영웅성을 부각할 수 있는 장면을 중심으로 인과적 계기를 갖도록 사건을 재조직하여 작품의 흥미를 높였다.

> 어시에 군졸 죽엄의 찬 명ᄑᆡ(名牌)로 아병(我兵) 구십팔인 시(屍)를 읏드니 …(중략)… 귀록(鬼錄)을 다시 뎡셔(正書)ᄒᆞ고 ᄯᅩ다시 나무로 명ᄑᆡ ᄆᆡᆫ드러 각〻 ᄎᆡ우고 다 무명지(無名指) 하나를 ᄭᅳᆫ어 그 본ᄃᆡ 찻든 명ᄑᆡ에 동여노코 군듕 음식을 합ᄒᆞ야 베풀고 신공이 귀록을 손으로 펴 들려 일ᄇᆡᆨ칠인 셩명을 불러 합고왈(合告曰) 네 혼(魂)과 네 ᄇᆡᆨ(魄)이 이 명ᄑᆡ와 이 지골에 의탁ᄒᆞ야 날과 갓치 나라에 도라가셔 각〻 갈 바으로 가라 고(告)ᄒᆞ야 맛츠고 드듸여 대곡(大哭)ᄒᆞᆫᄃᆡ 군듕이 다 울더라[41]

작품 초반에 신유와 배시황은 둘 중 하나가 전사할 경우 무명지를 끊어와 고향의 가족들에게 전하기로 약속한다. 비장감을 자아내는 장면이지만, 두 사람이 모두 생환하기 때문에 불필요한 삽화로 보이기도 한다. 그러나 전사자들을 묻을 때 명패와 무명지를 거두어 초혼(招魂)하는 장면에 이르면, 서두의 삽화가 두 사람의 언약에만 머무르지 않고 병사들 모두의 약속으로 그 의미가 확장되면서 전사자들에게 무한한 연민의 정을 느끼게 한다. 이는 〈북정일록〉에서 전사자의 전립(戰笠) 등 유품을 수습했다고 한 간략한 서술을 확장하고 장면화해서

---

40) 〈북정일록〉에는 7월 22일 흑룡강을 건너 8월 5일 송가라강에 도착할 때까지의 사이에 왈개 · 개부락 · 퍅개의 풍속을 자세히 적었으나 〈ᄇᆡ시황젼〉에서는 모두 뺐고(31면), 배시황이 청 원수의 부인들과 대화하는 장면도 과감하게 축약했다(34면).

41) 〈ᄇᆡ시황젼〉, 국립중앙도서관본, 29~30면.

감동의 깊이를 더한 예다.

〈빅시황전〉은 출병에 앞서 신유와 신명전, 배시황이 마주하여 눈물을 흘리는 장면으로 시작해서, 배시황이 맹활약하여 적을 물리치는 중심 사건을 그린 후, 신유와 배시황이 자신들의 처지에 비분강개하며 자탄하는 데서 끝난다. 장쾌한 전투 장면을 청나라의 요구에 따를 수밖에 없는 현실에 울분을 토하는 장면이 감싸고 있는 셈이다. 이로 인해 배시황의 영웅성이 강화될수록 자괴감도 커지며, 자괴감은 다시 반청의식으로 옮아간다.

〈빅시황전〉에서 전투 장면 뒤에 제시되는 몇 가지 삽화는 갈등 관계로까지 구체화되지 못해서 작품의 분량이 짧고 구성도 너무 단조롭다는 느낌을 준다. 이렇게 된 것은 전투 장면의 서사에만 집중한 나머지 청 원수를 적대자로 뚜렷하게 부각하지 못했기 때문이다. 청 원수와 대립하는 상황은 반청의식을 드러낼 수 있는 중요한 모티프다. 〈빅시황전〉에서는 그의 부정적인 모습을 군데군데 그려놓았지만, 그렇다고 해서 반청의식이 구체화됐다고 보기는 어렵다. 그마저도 청 원수의 형상에 부정적인 면과 긍정적인 면이 뒤섞여 있어 일관성이 없다. 이에 따라 존주대의와 반청의식을 소설적 장치로 거르지 못한 채, 등장인물의 독백과 자탄을 통해 생경한 이념 그대로 표출하고 말았다. 이는 당대인들이 이런 관념에 긴박돼 있던 사정을 반영했기 때문이지만, 작품의 완성도를 떨어뜨리는 요인으로 작용한다.

〈빅시황전〉은 긴요하지 않은 삽화를 과감하게 정리하고 배시황의 영웅성을 부각시킬 수 있는 장면을 중심으로 인과적 계기를 갖도록 사건을 재조직했다. 작품의 흥미를 높여 대중적인 지향을 분명히 한 것이다. 그러나 현재 확인할 수 있는 〈빅시황전〉 이본은 엄밀히 말하자면 한 종에 불과하다. 이 시기에 인기를 누렸던 연의소설, 영웅소설

작품들과 비교하기 곤란한 수준이다. 작자가 의도한 대중성을 획득하지 못했다는 반증이다.

3) 중심인물의 교체와 반청의식의 강화: 〈북정일기〉

(1) 중심인물의 교체

〈북정일기〉의 가장 두드러지는 특징은 〈북정일록〉·〈비시황전〉에서 미미했던 신유의 역할이 강화됐다는 점이다. 모든 사건이 신유를 중심으로 전개되며, 배시황은 화공 장면에 잠깐 등장할 뿐이다. 작가는 신유의 사적을 사실대로 기술하겠다고 표방하고 〈북정록〉에 일치시키려고 노력했다. 그러나 〈북정록〉의 간략한 기록만으로는 전장의 상황과 신유의 활약상을 구체화하는 데 한계가 있었으므로 상상력을 발휘하여 확장·부연할 수밖에 없었다. 그 결과, 새로운 인물 형상이 만들어지고 사건이 새롭게 구성되면서 처음 의도와는 무관하게 소설적 경역으로 깊숙이 들어가게 되었다.

> 적은 쫓아오고 싶지만, 동서의 두 장수가 선두와 후미를 가르고 나올까 두려워하여 감히 멀리 쫓지 못했다. …(중략)… "너희들은 오늘 밤에 몰래 적선에 붙어서 쇠못을 박고 쇠사슬을 연결하여 배들을 묶어 흩어지지 못하게 하여라." …(중략)… "갑자기 화공을 하면 저들도 포를 쏠 테고, 불이 그 배에 닿기도 전에 아군이 먼저 위험해질 것이다. 그러니 주야로 진퇴를 거듭해서 저들이 의구심을 품어 공포도 쏘지 않게 된 후에라야 화공책을 쓸 수 있다." …(중략)… "내일은 반드시 서북풍이 불 것이다. 사경에 밥을 지어먹고, 오경에는 군장을 단속하라." …(중략)… 적병이 전날과 같이 공포만 쏘니 아군 전선이 일제히 다달아 일시에 화살을 쏘았다. 오백 군사가 쏜 불화살은 자작나무 갑판에 박히

> 기도 하고 포 구멍에도 들어갔다. 순식간에 화광이 하늘 높이 솟았다. 적이 손도 쓰지 못해서 삼백여 척에 불길이 번졌다. …(중략)… 북소리는 하늘을 뒤흔들고 화살과 포탄이 비 오듯 쏟아졌다. 적선은 이미 쇠사슬로 묶인 데다 도망칠 수도 없어서 수십만 적병이 잠깐 사이에 불에 타 죽었다.[42]

작품에서 가장 박진감이 넘치는 화공 장면이다. 신유의 모습은 용장이라기보다는 전략가에 가깝다. 신유는 좌우에 전선을 배치한 채 연일 가벼운 교전만 하고 본격적인 전투를 피해 적이 방심하도록 유도한다. 적을 교란하는 데 성공하자 그는 적벽대전을 연상케 하는 연환계를 써서 적선이 못 움직이게 만들고, 서북풍을 기다려 화공으로 일시에 적을 궤멸시킨다. 신유의 지략이 빛을 발하는 대목이다.

〈북정일기〉는 화공이 전투의 정점을 이룬다는 점에선 앞선 이본들과 같지만, 구체적인 양상은 전혀 다르다. 화공 장면에서 어설픈 감을 지울 수 없었던 〈북정일록〉·〈빅시황젼〉과 달리 〈북정일기〉가 현실감 있게 다가오는 것은 교란작전과 연환계가 등장하기 때문이다. 파촉(巴蜀)의 잠수군은 〈북정록〉에 보이지만, 그들이 어떤 역할을 했는지는 나오지 않고, 다른 이본에는 아예 등장하지 않는다. 신륵은 이를 삽화로 변용해서 사건을 새롭게 조직함으로써 서사적 긴밀성을 높이는 탄탄한 구성력을 보여주었다.

---

42) 賊欲趕來, 則我已遠退, 且懼東西邊兩將, 裁出先後, 不敢遠追, …(중략)… "汝等, 今日夜半, 潛附賊船, 釘鑿連環, 兩兩搭配, 使不得各散." …(중략)… "猝然火攻, 則彼亦用砲, 火未及渠船, 而我軍已危矣, 故晝夜進退, 使彼疑懼, 至不費空丸, 然後計可售矣." …(중략)… "明日必得西北風矣. 四更炊飯, 五更裝束." …(중략)… 賊兵一依前日例, 只發虛砲, 我船齊到, 一時放箭, 五百軍火箭, 或着於樺皮, 或入於銃穴, 瞬息之間, 火光冲天, 賊船不及措手, 火已遍三百餘艘矣. …(중략)… 擂鼓掀天, 矢砲如雨, 賊船既已連環, 又不得逃躲, 數十萬賊兵, 片時燒死. 〈북정일기〉, 앞의 책, 26~27쪽.

객선에서 잠 못 들고 호가 소릴 듣노라니　　客船無寐聽胡茄
고국땅은 망망하여 만 리 길이 아득한데　　故國茫茫萬里賖
오로지 이 마음만 경각에 떠나가서　　惟有此心頃刻去
대궐에 조회하고 집으로 돌아가네　　玉階朝罷又還家

만리 밖서 공 세운 일 세상에 드물건만　　萬里成功世所稀
나그네는 무슨 일로 장탄식을 거듭할까　　客心何事復長唏
이번 길은 심하역과 애당초 다르나니　　今行自異瀋河役
전사해서 못 돌아간 김공이 부러워라[43]　　却羨金公死未歸

한편 신륵은 〈북정주개야술회(北征奏凱夜述懷)〉[44]라는 신유의 시를 작품에 삽입하여 그의 내면세계를 드러내는 데도 큰 성과를 보였다. 신유는 승전의 기쁨을 만끽하지 못한다. 그만큼 심경이 복잡하기 때문이다. 고향에 빨리 돌아가고픈 객회를 노래한 첫 수야 이럴 때 당연히 있을 법한 감회라 해도, 둘째 수에 표출된 내적 갈등은 심상치 않다. 신유는, 심하(深河)에서 후금에 맞서 끝까지 분전하다가 전사한 김응하(金應河)와 자신을 비교하면서, 존주대의를 위해 죽어간 김응하의 처지가 오히려 부럽다고 말한다. 이 시는 전반의 전투 장면을 마감하는 한편, 후반에 전개될 신유와 청 원수 사이의 갈등을 암시한다.

(2) 반청의식의 강화

〈북정일기〉에서 전반의 전투 장면이 무장으로서의 활약상에 초점을 맞췄다면, 후반의 철군 문제는 청나라의 강압적인 요구를 거부하고

---

43) 〈북정일기〉, 위의 책, 28쪽.

44) 〈북정일기〉, 위의 책, 19쪽.

국익을 도모한 신유의 애국심과 반청의식에 주목했다. 철군 문제에는 청 원수가 적대적 인물로 뚜렷하게 부각되어 갈등 양상이 첨예하며, 많은 인물이 개입돼 있어 그 해결 과정도 복잡하다. 후반부에서는 이런 사태의 추이에 따라 사람들의 심리가 어떻게 변해가는지를 섬세하게 묘사한 필치가 돋보인다.

청 원수는 전투가 끝난 후에도 계속 남아 있으라고 조선군에게 명령한다. 적의 잔당이 재차 공격해올 것에 대비하라는 조치다. 신유가 아무리 그 불가함을 역설해도 청 원수는 요지부동이다. 두 사람은 한 달여 동안 철군 문제를 놓고 첨예하게 대립한다. 신유에게는 청 원수의 고집을 꺾을 만한 힘이 없다. 그는 청 원수가 신임하는 애사마(艾士麻)의 마음을 사로잡아 문제를 해결하려 한다.

> "다 털어놓고 말하겠소만, 이제 죽을 날이 멀지 않은 사람이 귀인과 함께 근심을 달래고 답답한 마음을 펼 수 있어 다행일 뿐, 이것 말고 또 뭘 바라겠소?" 애사마가 크게 놀라 말했다. "말씀 가운데 오래지 않아 돌아가신다는 건 무슨 뜻입니까?" 내가 머물러 기다리라는 명령과 군량에 관한 일을 하나하나 전하고 말했다. "원수께서 끝내 이와 같이 하신다면 내게는 죽음이 있을 뿐이지, 어쩌겠소?" …(중략)… "그래도 길이 하나 있습니다. 부원수는 정대하고 강직한 분으로, 천자께서 아끼시니 원수도 두려워하십니다. 만약 부원수가 힘을 쓰게 하신다면 반드시 고집을 꺾을 길이 있을 것입니다."[45]

---

45) 謹悉, 而第此死期不遠者, 得與貴人, 穩暢愁鬱, 幸矣. 更何有望於此外乎?" 士麻大驚曰: "所教死期不遠者, 何謂也?" 我乃以留待與軍粮事, 一一言之曰: "元帥若終始如此, 則我將有死而已, 奈何?" …(중략)… "而第有一條路, 副帥正大剛直之人, 天子之所愛, 元帥之所畏, 若使副帥宣力, 則必有回惑之道." 〈북정일기〉, 위의 책, 30쪽.

신유의 말은 굳은 의지의 표현으로도 읽을 수 있지만,[46] 이 장면에서는 애사마의 도움을 끌어내려고 해보는 '죽는 소리'로 보는 게 좋다. 이에 애사마는 부원수를 움직이면 문제를 해결할 수 있을 거라는 언질을 주고, 자신도 적극 협력하겠다고 나선다. 부원수는 황후의 사촌동생으로, 작품에서 청 원수를 굴복시킬 수 있는 유일한 인물이다. 신유는 부원수의 도움을 얻기 위해 애사마와 부원수의 장서관(掌書官) 김한을가(金翰乙哥)를 끌어들이는 한편, 청 원수와 부원수의 불편한 관계를 십분 이용한다.

1 "제가 또 말씀드리기를, '부원수는 황실의 인척이고 천하에 명망이 있으니, 이제 혹시라도 천자께 아뢰어 시비를 다툰다면, 대인에게 이롭지 않을까 걱정입니다.' 하니, 원수께서는 똑바로 쳐다볼 뿐 말이 없으셨습니다." 하였다.[47]

2 부원수가 매번 말하기를 적선이 도망간 건 모두 원수의 재물을 탐내는 마음 때문이라고 하니, 원수도 스스로 불안하여 적선에서 얻은 물건을 모두 적어 아뢰었다고 한다.[48]

3 원수가 부원수에게 말하기를, '전일에 다퉜던 건 모두 국사 때문이었으니 너무 개의할 것 없소. 다만 나와 장군은 돌아가고, 조선 영장은

---

46) 여러 장수들과 군병들이 남아서 기다리라고 한다는 얘기를 듣고 모두들 걱정되고 분하여 죽을 지경이었다. 내가 말했다. "너희들은 너무 걱정하지 말거라. 내가 마땅히 죽음을 무릅쓰고 다툴 테니, 돌아가게 될 것이니라." 諸將與軍兵, 聞其留待之說, 擧皆愁憤欲死, 我乃謂之曰: "汝等, 勿爲深慮. 我當以死爭之, 庶得趍歸矣." 〈북정일기〉, 위의 책, 29쪽.

47) "俺且告之曰, '副帥國之貴戚, 又有天下之望, 今或奏聞爭辨, 則恐不爲大人之利矣.' 元帥瞪視不答"云. 〈북정일기〉, 위의 책, 32쪽.

48) 副帥每言, 賊船逃躱, 全出於元帥貪財之心云故, 元帥亦自不安, 賊船中所得物件, 都錄奏聞云. 〈북정일기〉, 위의 책, 32쪽.

잠시 여기에 머물게 합시다.' 하니, 부원수는, …(중략)… '조선인은 더더욱 홀로 머물게 할 수 없으니, 모름지기 다시 생각하시어 그들도 진퇴를 함께 하게 하십시오.'라고 말했다고 한다.49)

④ 원수가 말했다. "내 의견은 정말이지 후환을 예방하려는 생각으로 낸 것이오만, 장군이 이처럼 말씀하시니 감히 따르지 않겠소?"50)

인용문은 청 원수의 심리 변화를 잘 보여준다. ①에서 부원수가 조선군의 주둔에 반대하는 상황을 가볍게 볼 수 없다는 애사마의 말을 듣자, 청 원수는 내심 걱정하면서도 묵묵부답으로 불편한 심기를 드러내지만, ②에서는 계속되는 비난에 불안해져서 자신의 약점을 감추려고 슬그머니 물러서고, ③에서는 타협안을 제시한다. 부원수가 여전히 완강하게 반대하자 결국 ④에서 자신의 주장을 굽히고 조선군의 철군을 허락하기에 이른다. 신륵은 애사마와 김한을가의 전언 형식으로 청 원수의 심리 변화를 그림으로써 심리묘사에서 큰 성과를 보였다. 더불어 부원수를 조선에 우호적이면서 합리적인 사고를 갖춘 인물로 형상화하여 청 원수와 갈등 관계에 놓일 수밖에 없게 했다. 그 결과 부원수의 영향력을 이용해 철군을 성사시키는 상황이 매우 개연성 있게 전개될 수 있었다.

철군 문제를 둘러싼 갈등을 다룬 두 번째 사건은 작품 전체 분량의 약 40%에 달한다. 청나라와 이해관계가 정면으로 충돌했던 이 사건이 조선군의 조기 철군으로 결말난 건 큰 의미를 지닌다. 인명 피해를

---

49) 元帥送言于副帥曰, '前日所爭俱是國事, 固不足深介, 而第我與將軍, 則可還, 至於朝鮮領將, 姑使留此'云, 副帥曰, …(중략)… '朝鮮之人, 尤不可獨留, 幸須更思, 使之一切進退'云云. 〈북정일기〉, 위의 책, 33쪽.

50) 元帥曰: "我之所見, 固出於防後之慮也, 將軍之言如是, 敢不唯命?" 〈북정일기〉, 위의 책, 33쪽.

미연에 방지하고 군량 조달 경비를 절감했다는 현실적인 측면도 그렇지만, 청나라의 강압에 굴하지 않고 끝내 그들의 요구를 물리쳤다는 데 더 큰 의미가 있다. 계속 주둔하라는 억지 주장을 철회시킨 건 그들의 무리한 요구를 더 이상 받아들일 수 없다는 신유의 결연한 의지를 관철한 것이기 때문이다. 신유는 〈북정록〉에서 철군 문제와 군량 조달이라는 구체적인 사안을 통해 반청의식을 표출했는데, 신륵의 문제의식도 이를 이어받은 측면이 강하다. 그러나 다른 이본에서 소홀히 넘겼던 이 문제에 주목하고, 그것을 갈등 관계를 통해 구체화했다는 점에서 뚜렷한 작가의식을 보여준다. 더불어 뛰어난 심리묘사가 이를 떠받치고 있는 것도 〈북정일기〉가 거둔 성과다.

4) 장면 묘사의 진전과 역사 재연에의 열망: 현토본 〈북정록〉

현토본 〈북정록〉은 장면 묘사에서 상당한 진전을 이뤘는데, 특히 화공 장면의 묘사가 주목할 만하다.

> 是愰이 先發一箭ᄒᆞ니 火先徑發ᄒᆞ야 落於賊船中이라 賊이 打火大噪어ᄂᆞᆯ 又發一箭ᄒᆞ니 正落於中間一大船ᄒᆞ야 直衝火藥ᄒᆞ니 暴焰迸散ᄒᆞ야 連檣列艦이 一時俱爇이라 霹靂一聲에 天地震坼이어ᄂᆞᆯ 應天이 不可放箭ᄒᆞ고 二人이 廻船主避之際에 慌忙相失ᄒᆞ야 各不知所向이러라 是愰이 疾棹向十里ᄒᆞ야 遙望賊屯處ᄒᆞ니 虐炎이 亘天ᄒᆞ고 毒烟漲空이라 雷轟電擊ᄒᆞ고 霧涌雲蒸ᄒᆞ야 仍以風力으로 飈疾ᄒᆞ니 平波飜空ᄒᆞ고 舟傾檣危ᄒᆞ야 出沒禍窟에 人皆自分必死ᄒᆞ고 盡力刺水ᄒᆞ니 心神이 纔定ᄒᆞ야 顧目視之ᄒᆞ니 天地晦冥에 已過半日矣라 久之에 風息浪靜ᄒᆞ고 雲散烟開ᄒᆞ야 有若東方之向日이러라[51]

51) 장지연, 앞의 글, 5회.

인용문은 배시황이 적선에 조심스럽게 다가서는 모습을 적진의 동정과 번갈아 묘사하여 숨막히는 긴장감을 조성한 바로 다음에 이어진다. 적선이 폭발할 때의 화염과 자욱한 연기 때문에 한 치 앞도 분간 못할 만큼 사방이 어두워진 전장의 살풍경, 강풍과 거센 파도에 휩쓸린 배시황이 필사적으로 탈출하는 급박한 상황을 빠른 템포로 서술했다. 이어서 겨우 정신을 차렸을 때의 평온한 분위기를 묘사한다. 연기가 걷히자 바람이 그친 잔잔한 물결 위로 동이 터 온다. 적선에 접근할 때의 긴장감과 폭발 장면의 위기감, 이어지는 안도감을 시시각각 바뀌는 광경을 통해 드러낸 것이다. 인물의 심리 상태와 풍경의 변화를 잘 조응시킨 섬세한 묘사가 일품이다.

현토본 〈북정록〉은 〈북정일록〉이 이 때까지 영향을 미쳤다는 사실을 알려주는 자료라는 점에서 의의가 있고, 장면 묘사에서 빼어난 면모를 보인 점도 높이 살 부분이다. 하지만 갈등관계의 서술이나 인물 형상화에서 별다른 진전을 보여주지 못한 게 흠이다. 장지연은 어두운 현실을 마주하여 과거 승리한 역사를 돌아보았다. 그는 청나라의 강요에 못 이겨 어쩔 수 없이 출병하긴 했지만 뛰어난 활약으로 국가의 위상을 드높였던 선인들의 기억을 불러냈다. 일제 강점이라는 엄혹한 현실에 맞서려는 의지를 불어넣겠다는 생각이었을 것이다.[52] 전투 장면의 묘사에 역량을 집중한 까닭도 이런 맥락에서 이해할 수 있다.

---

52) 쟌 다크의 전기를 번안한 장지연의 〈신쇼셜 익국부인젼〉과 빌헬름 텔의 일대기를 번안한 박은식의 〈서사건국지(瑞士建國誌)〉, 신채호의 〈을지문덕(乙支文德)〉, 금협산인(錦頰山人)의 〈수군제일위인이순신(水軍第一偉人李舜臣)〉 등에서 국내외의 역사에서 소재를 취해 저항정신을 고취한 것도 마찬가지다.

4. 〈북정일기〉의 소설적 성취

17세기 중반 이래 18세기 후반까지 조선 사회에는 숭명반청의식이 팽배했다. 그 이념적 토대는 존주론(尊周論)이었다. 호란(胡亂) 관련 인물의 행적을 다룬 전이 다수 등장하고,[53] 명 · 청과 얽힌 역사적 사건을 다룬 소설이 계속해서 나온 현상도 이런 사회 분위기의 산물이었다.[54] 〈배시황전〉을 짓고 읽은 이유도 같았다.

〈북정록〉이 수용 · 변이된 원인은 대략 다음 두 가지로 요약할 수 있다. 첫째는 사건 자체에 대한 관심이다. 출병해서부터 귀환할 때까지 어떤 일이 벌어졌는지, 미지의 세계에는 무엇이 있는지, 사람들의 궁금증을 해소해 주고 호기심을 채워 주어야 했다. 둘째는 나선정벌이 환기한 이념의 문제다. 오랑캐인 청나라를 위해 피를 흘렸다는 사실은 조선 사회를 유지해온 신념체계를 부정하는 것과 마찬가지였다. 목청 높여 북벌을 외치면서도 청나라의 용병이 되고 만 상황을 어떻게든 설명해야 했다.

〈북정록〉이 소설화한 과정에서는 두 번째 요인이 더 큰 비중을 차지했다. 따라서 이 작품의 성취도는 작가의식과 연결되는 역사의식을 따로 떼어 말할 수 없다. 앞서 살핀대로 〈북정일기〉는 섬세한 필치,

---

53) 삼학사(三學士), 임경업 · 이사룡 · 김응하 등의 전이 특히 많이 나왔다. 김정녀, 「17세기 임경업을 보는 두 시각과 그 의미」, 『어문논집』 40, 안암어문학회, 1999, 62쪽.

54) 〈임경업전〉 · 〈강로전〉 · 〈김영철전〉 · 〈박씨전〉 등이 대표적인 작품이다. 이복규, 『임경업전연구』, 집문당, 1993; 박희병, 「17세기 동아시아의 전란과 민중의 삶: 〈김영철전〉의 분석」, 『한국근대문학사의 쟁점』, 창작과 비평사, 1990; 「17세기 숭명배호론과 부정적 소설주인공의 등장」, 『한국고전소설과 서사문학(상)』, 집문당, 1998; 권혁래, 「나손본 〈김철전〉의 사실성과 여성적 시각의 면모」, 『고전문학연구』 15, 한국고전문학회, 1999; 장효현, 「박씨전의 문체의 특성과 작품 형성 배경」, 『한글』 226, 한글학회, 1994.

뛰어난 구성력, 투철한 작가의식을 엿볼 수 있다는 점에서 앞선 두 이본보다 한발 나아갔다고 평가할 만하다. 여기서는 〈북정일기〉를 중심으로 동시대 소설 속에서 이 작품의 위치를 확인해보기로 한다.

신륵은 철군 문제를 둘러싼 신유와 청 원수의 갈등을 통해 반청의식을 드러냈다. 전반의 사건이나 인물의 발화만으로는 반청의식을 표출하는 데 한계가 있었다. 작가로선 이를 효과적으로 부각할 만한 과정, 또는 장치가 꼭 필요했다. 〈북정일기〉는 선조의 사적을 선양하기 위해 역사적 사건을 소재로 택했다. 그러면서도 당대인들을 괴롭혔던 현실과 관념의 문제를 정면으로 다루면서 작가 나름의 시각을 분명하게 담았다.

〈강로전〉은 심하전투와 정묘호란을 다루면서 청나라에 굴복하고 만 17세기 조선인들의 고뇌를 보여주었다. 〈북정일기〉는 이런 내적 갈등이 지속됐던 사정을 말해준다.[55] 신유가 심하전투에 출전했던

---

55) 아래의 글은 신유의 6대손인 신호응(申顥應)이 경북 칠곡군에 신유를 추념하는 재실(齋室)을 마련했을 때 이종기(李種杞, 1837~1902)가 써준 기문의 일부다. 여기서도 신유와 김응하를 견주면서 그들의 행적에 담긴 의미를 되새겼다. 이종기가 이 글을 쓴 건 1869년경인데, 신유가 고뇌하고 갈등하던 상황이 이때까지도 여전했음을 보여준다.

이때 임금은 좌불안석하고 사직은 위태로웠는데 공이 능히 몸을 떨쳐 적의 창끝을 막아냈다. 강역 바깥에서 군주의 명을 드높였고 이역에서 나라의 위엄을 드러냈으니, 가히 충(忠)이라 하지 않으랴! 사지에 들어갔으되 전군이 무사히 돌아오게 했으니 인(仁)이라 하지 않겠는가! 공이 심하전투에 명을 받지 못한 것은 때가 그래서였을 뿐이니, 그 충과 인은 변함이 없다. 깊은 책략과 묘한 운용으로, 한 화살로 더러운 무리를 불살랐고, 고심하며 목숨 걸고 다투어 몇 달 만에 군막을 떠나왔으니, 동국이 안전한 게 누구의 힘이던가! 이로써 말한다면 <u>김공은 절의(節義)를 세우고 죽었고 공(公)은 전공(戰功)을 세우고 살았으며, 김공은 명나라를 위했고 공은 우리나라를 위했으니, 상국을 위하고 임금을 위함에 그 마음이 어찌 다름이 있었겠는가</u>![于斯時也, 君父側席, 社稷岌業, 而公能奮身折衝. 尊主命於出疆, 彰國威於殊土, 可不謂忠乎! 入必死之地, 而全師以返, 可不謂仁乎! 使公不受命於深河之役者時也, 其忠與仁, 顧自如也. 沈謀竗運, 一箭而燒醜類, 苦心血爭, 數月而離氊幕, 東國之底安, 伊誰

김응하(金應河)를 떠올리는 대목은 그때까지도 여전했던 정신적 상처의 깊이를 보여준다. 이는 명·청과의 관계를 놓고 갈등했던 상황을 반영한다. 출병의 당위성을 의심한다는 건 그만큼 반청의식이 깊이 뿌리내렸다는 뜻이다.

〈북정일기〉의 전투장면은 애초 작자가 복원하고자 했던 전기(戰記)의 성격에 걸맞게 흥미롭고 긴장감이 넘친다. 화공이 주요 모티프라는 점은 앞선 이본들과 같아도 구체적인 양상은 판이하다. 이는 〈삼국지연의〉를 읽고 영향을 받은 면도 없지 않지만, 〈북정록〉의 짧은 기사를 적절하게 변용해서 삽화로 제시하고 전후를 치밀하게 조직했기에 가능했다. 전후반 사이에 신유의 시를 삽입해서 앞으로 전개될 갈등을 암시한 대목 역시 눈길을 끈다. 작자는 탄탄한 구성력과 섬세한 필치를 유감없이 발휘했다.

이렇게 서사를 집중한 〈북정일기〉과 〈김영철전〉은 아주 다른 양상을 보인다. 두 작품에서 소재를 다루는 작자의 태도는 전혀 딴판이다. 〈김영철전〉에서는 전란이라는 예기치 않은 상황을 온몸으로 겪어내야 했던 김영철의 굴곡 많은 삶을 그렸다.[56] 〈김영철전〉의 작가는 전란의 역사적 함의를 밝히는 데 주력하지 않았다.[57] 그보다는 고통을 감내하면서 살아갈 수밖에 없었던 김영철을 통해 개인과 사회의 문제를 제기하는 데 힘썼다. 반면 신륵은 개인의 문제로 접근하기보다는 역사의 무게를 온전히 진, 집단의 이념을 대표하는 인물로 신유를

之力也? 以是言之, 金公立節而死, 公樹功而生, 金公爲大明, 公爲本朝, 爲上爲君, 其心豈有異哉!] 이종기, 「봉하재기(鳳下齋記)」, 『만구집(晩求集)』 권9(『한국문집총간』 331, 민족문화추진회, 2004, 224쪽).

56) 박희병, 앞의 논문(1990).

57) 〈김영철전〉의 작가는 김응원(金應元)이다. 이에 대해서는 뒤에 수록한 「새로 발견된 한문필사본 〈김영철전〉의 자료적 가치」에서 그 근거를 밝혔다.

형상화하는 데 초점을 맞췄다. 이처럼 작가의 문제의식이 서로 달랐으므로 작품 구성 또한 사뭇 다른 방향으로 나아가게 되었다.

성해응은 〈신유 · 경하창〉에서 나선정벌에 관한 사실을 짧게 요약하고, 청나라에 저항하다가 장도(獐島)에서 체포된 경하창(慶河昌)을 함께 언급했다. 그리면서도 신유와 나선정벌의 실상에 대해선 별 관심을 두지 않은 채, 러시아와 경하창을 높이 평가해야 한다고 했다.58) 청나라에 맞섰다는 점에서 그들은 같은 입장이었다는 말이었다. 하지만 경하창은 그렇다 쳐도, 러시아를 청나라에 대항하는 세력이라 여긴 건 엉뚱하기 짝이 없다. 청나라를 위해 출병한 사실을 매우 부정적으로 생각한 나머지 인식의 혼란까지 초래한 사대부들의 역사인식의 일단을 보여주는 사례다.

〈배시황전〉은 인물의 형상화, 사건 구성의 긴밀성, 역사의식 등에서 여타 작품에 미치지 못한다는 평가를 받고 있다. 그러나 〈북정일기〉의 성취를 고려하지 않은 이런 인식은 상당 부분 수정해야 한다. 〈비시황전〉의 성과는 그것 대로 의미가 있지만, 앞서 지적한 한계가 있기 때문에 작품을 대표하는 이본으로는 부족하기 때문이다. 〈북정일기〉의 성취도는 〈김영철전〉 · 〈강로전〉보다 떨어지지 않으며, 부분적으로는 이들보다 앞선 면도 있다고 생각한다. 인물의 성격을 개성적이고 생동하게 그려낸 건 물론이고, 인과적 계기에 충실한 서사의 집중, 이를 뒷받침하는 빼어난 문체를 선보였기 때문이다.

---

58) 만주는 동쪽 오랑캐 중 미천한 놈들이다. …(중략)… 다만 나선과 경하창이 만주의 신하가 되기를 허락하지 않아, 해상에서 굴하지 않았으니, 비록 공을 이루지는 못했지만, 그 뜻은 또한 기특하다[滿州乃東胡之微者, …(중략)… 獨羅禪及慶河昌, 不肯爲滿州臣, 倔强海上, 功雖不終, 其志諒亦奇矣]. 성해응, 〈신유 · 경하창〉, 앞의 책, 376쪽.

5. 맺음말

이 글에서는 〈북정록〉이 소설화한 과정을 살펴 이본 사이의 관계를 분명히 했다.

〈북정록〉은 그 안에 담긴 사소한 삽화까지도 소설로 변개되는 원천이 됐다. 〈북정일록〉은 실사를 변용하고, 허구적 인물을 형상화하여 소설의 면모를 갖췄으나, 서사의 긴밀성이 다소 떨어진다. 〈빅시황전〉은 사건을 집중하고 흥미를 끌만한 요소를 강화함으로써 이러한 문제점을 상당히 극복했지만, 선악 대결이 철저하지 못한 단순한 구성과 이념의 직접적인 노출, 허전한 결말로 인해 작자가 의도했던 대중성을 얻지는 못했다.

〈북정일기〉는 앞선 이본들과 달리 신유를 주인공으로 내세우고, 치밀한 사건 구성과 빼어난 심리 묘사를 통해 투철한 작가의식을 표출해 큰 성취를 보여주었다. 현토본 〈북정록〉은 암울한 현실에 과거의 자랑스런 기억이 재연되기를 고대(苦待)하는 열망에서 비롯됐지만, 장면 묘사에서 진전을 이뤘음에도 불구하고 새로운 구성과 형상화에까지 나아가지는 못했다.

이상의 고찰을 통해 〈북정록〉이 소설로 변용되어 〈북정일기〉에 이르는 변이 과정에서 작자가 지향한 바는 일정하지 않았지만, 이본간의 교호작용을 통해 소설적 기법과 허구화가 진전되어 20세기 초의 현토본 〈북정록〉에 이르기까지 지속적으로 전승됐다는 사실을 확인했다. 이런 현상이 나타난 건 17세기 동아시아 국제질서에서 조선군의 출병이 일으킨 파장이 결코 작지 않았기 때문이다.

〈북정일기〉는 작자의식이나 소설성에서 같은 문제의식을 바탕으로 형성된 〈강로전〉·〈김영철전〉 등의 작품에 비해 결코 손색이 없다는 점도 확인했다. 이제 한문본을 고려하지 않고 국문본인 〈비시황전〉에만 주목해온 연구사를 반성하고 균형 잡힌 평가로 논의를 진전시켜야 한다.

새로 발견된 한문필사본 〈김영철전〉의 자료적 가치

1. 머리말

〈김영철전〉은 우리나라 고전소설사의 명작 가운데 하나다. 이를 처음 연구한 박희병 교수는 자료적 한계에도 불구하고 깊고 풍부한 논의로 큰 반향을 불러일으켰다.[1)] 그러나 홍세태본은 자료적 한계가 분명해 더 이상의 연구가 진척되기 어려운 형편이었다. 그런 가운데 권혁래 교수가 국문본 〈김철전〉의 존재와 의미를 밝혔고,[2)] 양승민·박재연 교수는 새로운 한문본을 소개했으며,[3)] 최근 서인석 교수는 한글본 한 종을 더 찾아내는 성과를 올렸다.[4)] 서인석 교수의 표현대로 "이본 발굴의 역사"라 할 만큼, 새로운 이본을 소개하는 한편 이를 치밀하게 분석하여 각 이본의 특징과 가치를 밝혀냄으로써 연구의

---

1) 박희병, 「17세기 동아시아의 전란과 민중의 삶: 〈김영철전〉의 분석」, 『한국근대문학사의 쟁점』, 창작과비평사, 1990.

2) 권혁래, 「나손본 〈김철전〉의 史實性과 여성적 시각의 면모」, 『고전문학연구』 15, 한국고전문학회, 1999.

3) 양승민·박재연, 「원작계열 〈김영철전〉의 발견과 그 자료적 가치」, 『고소설연구』 18, 한국고소설학회, 2004; 양승민, 「〈김영철전〉의 형상화 방식과 작가의식」, 『국어국문학』 138, 국어국문학회, 2004.

4) 서인석, 「국문본 〈김영텰뎐〉의 이본적 위상과 특징」, 『국어국문학』 157, 국어국문학회, 2011.

지평을 확장하는 성과를 거두어 온 것이다. 특히 박재연본의 출현으로 인해 불완전한 이본에만 의지해 왔던 연구사에 큰 전환점을 맞았다.

그런데 아직까지 알려지지 않은 한문필사본 〈김영철전〉이 최근에 발견됐다. 이 글은 새로 발견된 이본을 소개하고, 다른 이본과의 대비를 통해 그 자료적 가치를 밝히는 데 목적이 있다.

2. 새로 발견된 한문필사본 〈김영철전〉의 필사자와 필사 시기

새로 발견된 한문본 〈김영철전〉은 경북 경산시에 거주하는 조원경 선생이 소장하고 있는 자료이다.[5] 1책 103장이며, '진부(震賦)'라는 과부(科賦) 학습용 책자를 뒤집어 이면에 〈김영철전〉을 포함한 여러 자료를 필사해 놓았다. 이 중 〈김영철전〉은 60면부터 99면까지 40면에 걸쳐 필사되어 있으며, 매면 11~14행, 행 당 25~31자로, 전체 글자 수는 13,975자이다.[6] 행초(行草)를 섞어서 썼는데, 대략 $\frac{2}{3}$ 정도가 초서이다. 먼저 조원경본이 수록된 문헌의 내용을 살펴보면 아래와 같다.

5) 조원경본은 양승민 교수가 원본 소장자로부터 사진본을 입수해 그 인화본을 「고전소설 및 한글사 자료전시회」(선문대, 2009.8.20)에 공개한 바 있다.

6) 13,975자는 필자가 판독하지 못한 네 자와 같은 글자 표시인 "〻"는 포함하고, 띄어쓰기와 문장부호는 제외한 순수한 글자 수이다. 같은 방식으로 계산하면 한문본인 박재연본은 18,743자이며, 한글본인 서인석본은 28,595자, 역시 한글본인 나손본은 16,322자이다.

[표 1] 조원경본 〈김영철전〉 수록 문헌 일람

수록 순서	수록 면수	제목	비고
1	1~33	關東日記	丙寅(1746.10.6.~11.10) 乙亥(1755.10.20~11.27)
2	34	시 3수	〈獨坐空堂, 無人來訪, 忘拙寓懷〉, 〈陪叔父及諸老人會訪竹寺呼韻〉, 〈挽李達海〉
3	35~59	天啓甲子誥命冕狀 奏請使海路朝天錄	1624년(인조 2)에 계해반정 후 인조가 책봉을 받지 못했기 때문에 보낸 사신의 기록
4	60~99	金英哲傳	
5	100~103	壬辰錄抄畧	임진왜란에 관한 기록
6	103~114	甲子錄[李适亂] · 丙子錄[胡亂]	이괄의 난과 병자호란에 대한 기록
7	114~121	黨論分岐之始	黨論이 분기되는 과정을 東人 중심으로 기술
8	121~149	江都錄	병자호란에 관한 기록
9	149~192	龍蛇錄	임진왜란에 관한 기록
10	193	簡札	逍遙堂 朴河淡을 三足堂 金大有와 함께 三足書院에 제향하는 문제를 문의한 데 대한 鄭仁弘의 답신
11	193~196	壬午閏五月日傳教	1762년(영조 38) 임오화변 후 영조의 전교
12	196~199	辛巳年冬至使別單	1761년(영조 37) 청나라 사정에 대한 동지사의 보고. 吏讀文
13	200	시 3수	〈李白沙落魄吟〉, 1750년(영조 26) 영조가 온양에서 지은 御製詩와 진사 李陽元의 시

위의 표를 통해 알 수 있듯이, 필사자가 어떤 특별한 의도 하에 체제를 잡아 이 책자를 엮은 걸로 보이지는 않는다. 필사자는 자신의 사적(私的) 기록인 '관동일기(關東日記)'를 적기 시작했고,[7] 남은 공간에

7) 조원경본이 수록된 책에는 필사기가 따로 없는데, 1면 "關東日記"라는 제목 아래 "丙寅十月初六日"이라고 적어 놓았다. 3면의 10월 11일조에, "식후에 종형님과 함께 본현에 갔다. 이 고을 수령은 신유한이다[食後, 與從兄主往本縣, 本倅乃申維翰也]."라고 썼다. 여기서 말한 고을은 연일현(延日縣)이고, 신유한(申維翰, 1681~1752)은 1745년부터 1749년까지 연일현감을 지냈으므로 병인년은 1746

역사적 사실을 다룬 기록을 입수한 순서대로 베껴 놓은 듯하다. 「관동일기」는 두 차례에 걸쳐 경북 동해안 지역에 흩어져 사는 외거노비들의 신공(身貢)을 받으러 다녀온 여정의 기록이다. 「관동일기」에 들어 있는 시 10수와 그 바로 뒤에 실린 시 3편에는 시어(詩語)를 고쳐 쓴 데가 여러 곳 있다. 말 그대로 저자의 육필 초고 상태로 보인다. 이런 까닭에 기존의 텍스트를 옮겨 적은 〈김영철전〉을 비롯한 다른 기록과는 글씨의 크기나 초서로 쓴 글자가 차지하는 비율 등에서 차이가 크다.[8] 그래도 필사자의 독특한 습관이 드러나는 글자를 보면 한 사람이 전체를 쓴 것이 분명하다.[9] 이제 〈김영철전〉을 포함한 이 책의 내용을 적은 사람이 누구인지 알아보기로 한다.

> ① 요즘 여러분은 잘 지내시겠지요. 저도 여전합니다. 이번에 곽재랑이 예성에서 오더니 소요당(逍遙堂)을 삼족서원(三足書院)에 함께 제향하는 일에 대해 제게 말하더군요. 병인년[1566년-필자]에 조선생이 김해 활천에 계실 때 귀군(貴郡)의 유생들이 탁영서원의 일에 대해 조선생께 여쭈었습니다. 그 때 제가 스승님을 모시고 있었는데, 선생께서 군인(郡人) 아무개에게 <u>소요당[姓名]</u>도 제사(祭社)할 만한 사람이라고 하셨습니다. 저는 그저 말씀 한 마디를 들었지만, 제사해도 된다고 하셨으니 서로 허여하는 뜻을 알 수 있습니다. …(중략)… 경신년 9월 24일 늙은이 홍(弘).[10]

년(영조 22)이다. 신유한, 「연보(年譜)」, 『청천속집(青泉續集)』 권10, 국립중앙도서관 소장본.

8) 〈김영철전〉의 경우에는 약 $\frac{2}{3}$ 정도가 초서인데, 「관동일기」는 80% 이상을 초서로 썼다.

9) 필사자가 동일인이기는 해도, 후손 중 누군가가 선조가 남긴 「관동일기」를 적고, 그 뒷부분에 〈김영철전〉 등을 함께 필사했을 경우도 생각할 수 있지만, 그 가능성은 높지 않다. 조상이 남긴 글[手迹]에 임의로 가필을 한다거나, 시고(詩稿)에 덧칠해 가며 시어를 멋대로 바꾼다는 건 상상할 수 없는 일이기 때문이다.

[2] 낮에 종형님, 희인(希仁)과 함께 출발했다.[11]

[3] 두 종형제도 뒤따라 도착했기에 바로 길을 떠나 달빛 아래 걸었는데, 밤이 이미 깊었다.[12]

[1]은 집안에 전해 내려오던 간찰을 옮겨 적은 것으로 보인다. 이 글은 1620년에 정인홍(鄭仁弘, 1535~1623)이 보낸 편지인데, 그의 문집인 『내암집(萊菴集)』에는 들어 있지 않다. 여기서 "조선생"은 남명(南冥) 조식(曺植, 1501~1572)을 가리킨다. 이 편지는 삼족서원[13]에 박하담(朴河淡, 1479~1560)[14]과 김대유(金大有, 1479~1551)[15]를 함께 제향해도 되는지 문의한 서신에 정인홍이 답한 서찰이다. 정인홍이 받았을 편지의 발신자는, 박하담의 성명을 기휘하였으므로 그 후손일 가능성이 높다. 이 기록을 통해 「관동일기」를 쓴 사람은 박하담의 후손인 밀양박씨라고 추정할 수 있다.

[2]는 「관동일기」의 첫 대목으로, 처음 길에 오른 1746년 10월 6일의 기록이다. 두 사람이 그와 동행했는데, '희인(希仁)'은 박하담의

10) 比來想僉況冲迪, 老漢亦依旧殘息爾. 此中郭齋郎禮城來言, 逍遙堂同享於三足書院事, 老物, 丙寅間, 曹[曺-필자]先生在金海活川, 貴郡儒生問濯纓書院事於曹先生, 時老漢適在函丈間, 先生言郡人某也, 逍遙(姓名)亦可祭社之人云〃. 老物只聞以一語, 但以祭社爲可, 則其相許之意可見. …(중략)… 庚申九月二十四日老物弘. 193면.

11) 午, 與從兄主及希仁幷轡發程. 「관동일기」 1면.

12) 兩從亦隨到泊, 卽爲發行, 乘月徒步, 夜已深矣. 「관동일기」 4면.

13) 경북 청도군 금천면 신지리에 있는 선암서원(仙巖書院)을 가리킨다.

14) 박하담의 본관은 밀양(密陽), 자는 응천(應千), 호는 소요당(逍遙堂)이다. 김대유와 함께 사창(社倉)을 설치했고, 청도의 선암사(仙巖祠)에 제향되었다. 정인홍의 『내암집』 권12에 「소요당박공행적(逍遙堂朴公行蹟)」이 실려 있다.

15) 김대유의 본관은 김해(金海), 자는 천우(天佑), 호는 삼족당(三足堂)이다. 김준손(金駿孫)의 아들이며, 김일손(金馹孫)의 조카로, 무오사화와 기묘사화 때 모두 피해를 입었다. 청도의 자계서원(紫溪書院) · 선암사(仙巖祠)에 제향되었다.

8대손인 박증영(朴增英)[16]의 자(字)이다. 한편 10월 15일의 기록인 [3]에 "두 종형제[兩從]"라고 했으므로 박증영은 「관동일기」를 쓴 사람의 종형제 중 하나이며, 평대(平對)한 것으로 보아, 종제일 가능성이 높다.

[표 2] 밀양박씨 우당공파(憂堂公派) 소요당지파(逍遙堂支派) 세계(世系)

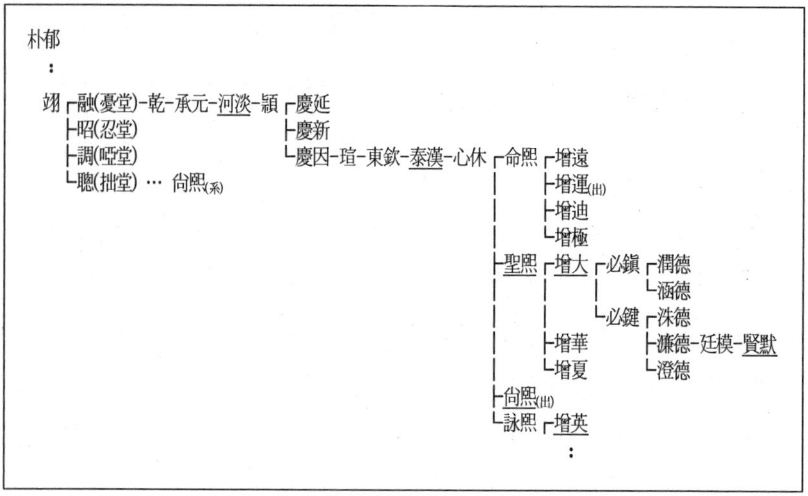

[4] 밤에 꾼 꿈에 백부님과 아버님, 가곡(佳谷) 숙부님이 함께 오셔서 종가 객실에 누우셨다. 내가 대청 아래서 절하고 조용히 모시고 있었는데 곧 꿈이 깼다. 혹 선조들의 영령이 이 험한 행차를 가엾게 여기시어 저승에서 음조가 있으려나. 조용히 생각하다보니 나도 몰래 감루(感淚)가 흘렀다.[17]

---

16) 박증영의 자는 희인(希仁)이며, 생몰년은 미상이다. 박해철 편, 『박씨총보(朴氏總譜)』, 박씨대동종무소, 1932.

17) 夜, 夢中, 伯父主與父主及佳谷□叔父主亦偕來, 臥於宗家客室. 不肖拜於廳下, 從容陪侍, 未久乃覺. 或者, 先行不昧之灵, 悶此冒險之行, 有所陰助於冥〃之中也. 靜言思念, 不覺感淚潛然也. 「관동일기」 21면, 1755년 11월 7일조.

④에는 관가의 환곡(還穀) 독촉[18] 때문에 노심초사하다가 꾼 꿈 이야기를 적어 놓았다. 밑줄 친 부분에서 백부와 숙부가 있다고 했으므로 일기를 쓴 사람의 부친은 박성희 또는 박상희여야 한다. 그런데 박상희에 대해 족보에 "졸당의 후손으로 출계했다. 가곡파이다[出拙堂后. 佳谷派]"라고 적었으므로 "가곡 숙부"라고 한 사람임에 틀림없다. 따라서 일기의 주인공은 박성희의 아들, 그 중에서도 박증대(朴增大)일 가능성이 높다. 장자에게 특별한 사유가 없는 한 이런 중요한 일을 다른 사람이 맡았다고 보기 어려운 데다, 박증대의 동생 둘은 모두 요서(夭逝)한 걸로 보이기 때문이다.[19]

박증대의 자는 사익(士益), 호는 무구정(無口亭)이며, 갈암(葛庵) 이현일(李玄逸, 1627~1704)의 문인인 박심휴(朴心休)[20]의 손자이다. 이 책 200면 이후로는 뒤집어 쓴 안쪽 면이 노출되어 있는데, 학동들의 성적을 매겨 놓았다. 여기에 박증대의 자인 "士益"이 두 군데 적혀 있는 것으로 보아, 이 책은 그가 과부(科賦)를 공부하던 시절에 쓰던 교재를 나중에 뒤집어서 쓴 것임을 알 수 있다.

「관동일기」를 쓰고 〈김영철전〉을 필사한 사람이 박증대라는 것을

---

18) 요새 낮에는 자다가 밤이면 일어나서 고향 생각을 하다보면 심사가 망연하다. 앞으로 생활할 계책과 눈앞에 닥친 적령(糴令)의 엄함을 생각하자니 잊으려 해도 잊히지 않고 생각하지 않으려 해도 생각이 난다. 어느새 한 달밖에 남지 않았으니 어찌 걱정스럽지 않겠는가[近來, 晝則寢, 夜則起, 念及家鄕, 心事茫然. 前頭生計之策, 當今糴令之嚴, 欲忘而難忘, 不念而自念. 倏焉之間, 已近一朔, 豈非憂悶處耶]. 「관동일기」 25면 1755년 11월 12일조.

19) 박증화(朴增華) · 박증하(朴增夏)는 족보에 이름만 올라 있다. 다른 사람들과 달리, 배우자나 자손을 기록하지 않았을 뿐더러 자(字)도 적지 않은 것으로 보아 성취(成娶) 전에 요서(夭逝)하여 절손(絕孫)된 듯하다.

20) 박심휴의 자는 자미(子美), 호는 고산처사(孤山處士)이며, 이현일(李玄逸, 1627~1704)의 문인이다. 『갈암집(葛庵集)』 속집 제2권에 실린 「답박자미(答朴子美)」는 이현일이 1704년(숙종 30)에 박심휴에게 쓴 편지이다.

밝혔는데, 그의 생몰년은 확인할 수 없다. 다만 시에서 스스로를 "이 늙은이[此老]"[21]라고 표현한 걸 보면 1755년에 그의 나이는 적어도 40대 후반 이상이었을 것이다. 이는 그의 증조부인 박태한(朴泰漢, 1633~?)과 현손(玄孫)인 박현묵(朴賢默, 1811~?)[22]의 생년을 통해 추산해 보아도 대략 맞아떨어진다. 이 책 맨 끝에 필사한 「신사년동지사별단(辛巳年冬至使別單)」은 1761년 동지사가 당시 청나라 사정을 보고한 내용인데, 사신 일행이 귀국했을 이듬해 봄 이후에나 입수할 수 있는 기록이다. 따라서 〈김영철전〉을 필사한 시기는1755년 이후, 좀더 좁히면 임오화변이 일어난 1762년 5월 전후가 된다.

이제까지의 검토를 통해 청도에 살았던 박증대(朴增大)라는 사람이 1762년 전후에 조원경본 〈김영철전〉을 필사했다는 사실을 확인했다. 원작을 압축 · 요약해 놓은 홍세태본으로부터 대략 40년 후에 필사한,[23] 그것도 온전한 소설의 형태를 그대로 유지하고 있는 〈김영철전〉이 새로 발견된 것이다.

---

21) 천 척 거센 물결 반공에 닿았는데, 작은 돛대 짧은 노로 긴 바람을 타고 가네. 몸은 진시황이 선경 찾던 곳에 놀고, 자취는 왕자진이 피리 불던 봉 지나네. 농삿일을 세 이랑 밭에서만 꾀할쏘냐, 생애를 오로지 배 한 척에 맡긴 것을. 가련하다 이 늙은이 동쪽 길 온 뜻이여, 부러워라 저 어부들, 한없이 후회하네[千尺層瀾接半空, 輕檣短棹駕長風, 身遊秦帝求仙地, 跡過王生吹笛峯, 歲事寧謀三畝上, 生涯都付一船中, 可憐此老東行意, 羨彼漁翁悔不窮]. 「관동일기」 21면 1755년 11월 7일조.

22) 박현묵의 자는 치형(穉亨), 호는 학파(鶴坡)이다. 이진상(李震相, 1818~1886) · 장복추(張福樞, 1815~1900) 등과 교유했다.

23) 장준기는 〈독김영철유사(讀金英哲遺事)〉를 1716년 이후에 쓴 시라고 추정했다. 한편 이승수는 〈독김영철유사〉는 1717년에 썼고, 〈김영철전〉도 대략 이 즈음에 지었을 거라고 봤다. 장준기, 「유하 홍세태의 傳 문학 연구」, 석사학위논문, 부산대 대학원, 1996, 2쪽; 이승수, 「〈김영철전〉의 갈래와 독법: 홍세태의 작품을 중심으로」, 『정신문화연구』 통권 107호, 한국학중앙연구원, 2007, 295쪽.

3. 〈김영철전〉의 작자와 창작 시기

이제 본격적인 이본 고찰에 앞서 〈김영철전〉의 작자 문제를 살피기로 한다.

> 5 영유 사인 김응원은 영철과 어려서부터 동향 사람으로, 우연히 자모산성을 지나가다 영철을 방문했다. …(중략)… 계해년[24]에 영철이 천수를 누리고 병 없이 죽으니, 이 때 85세였다. 그 자녀 등이 순안에 있는 선산의, 부친을 초혼해서 장례지낸 곳 옆에 묻었다. 영철이 죽기 전에 사유를 갖춰서 순영에 정문(呈文)하여 그 사적을 조정에 올려주기를 바랐으니, 임금님께 전달해 달라는 뜻이었다. 그러나 관찰사가 오래된 일이라고 핑계하고, 임금님을 번거롭게 해드릴 수 없다 하여 물리치고는 술 한 잔과 쌀 한 말을 주어 보내고 말았다. <u>우리나라는 일마다 이렇듯 하니 어찌 사람들이 죽을 힘을 다하도록 하겠는가! 이 전(傳)을 다 보고 나니 긴 한숨이 나온다</u>[永柔士人金應元, 與英哲自少時同鄕里, 偶過慈母山城, 爲訪英哲. …(중략)… 歲癸亥, 英哲以天年不病而終, 時年八十五歲矣. 其子女等, 附葬於順安之先山其父親招魂之葬側. 英哲未死之前, 具由呈文於巡營, 乞上其事蹟於朝廷, 以爲轉達於天聽之地, 則巡使稱以事在久遠, 不可煩於上聞, 却之, 饋酒一盃, 給米一斗而送之. <u>我國之事〻如此〻〻, 烏可得人之死力也! 觀於此傳之終始, 可發一長吁也</u>]. (박재연본 68~70면)

홍세태본에서 "어떤 사람[人]"[25]이라고 했던 인물이 바로 5에

24) 원문의 "癸卯"는 "癸亥"의 오기이므로 바로잡았다.

25) 嘗謂<u>人</u>曰: "妻子無負於我, 而我實負之, 使兩地妻子, 沒身悲恨, 今吾之困窮至此, 豈非殃歟! 然身陷異國, 終歸父母之邦, 亦何恨焉?" 홍세태, 〈김영철전(金英哲傳)〉, 『유하집(柳下集)』 권9(『한국문집총간』 167, 민족문화추진회, 489b). 이하 홍세태본을 인용할 때는 해당 쪽수만 밝히기로 한다.

나오는 김응원(金應元, 1628~?)이다. 권혁래 교수는 박재연본 끝부분의 이 내용을 단서로 치밀한 문헌 고증을 통해 김응원이 〈김영철전〉의 원작가일 거라고 추정했다.[26] 아울러 김응원이 지은 것은 소설 창작의 밑바탕이 될 "일차문서"라고 하고, 김응원이 소설 〈김영철전〉의 작가일 가능성도 배제하지 않았다. 확실한 증거를 제시하지는 못했지만, 충분히 설득력 있는 논의였다.

표현은 조금 다르지만, 조원경본 결말부에도 역시 박재연본처럼 김응원이 자모산성에 살고 있는 김영철을 찾아가 그의 인생사를 듣고 온 일화가 들어 있다. 김영철의 죽음에 대한 언급도 대동소이하다. 이어 조원경본은 작자 문제에 관한 흥미로운 정보를 제공한다.

> 6 계해년에 영철이 자모산성에서 죽어 순안에 묻혔는데 85세였다. 영철이 죽기 전에 일찍이 스스로 관찰사에게 사정을 호소하여 조정에 아뢰어 은혜를 입고자 하였으나, 관찰사 유하익이 끝내 처리해주지 않고 그저 술과 쌀만 주었다. 응원이 이와 같이 기록하였는데, 다만 그 글이 번다하기에 대강 가다듬었다[歲癸亥, 英哲死於慈母, 葬於順安, 蓋八十五. 英哲未死時, 嘗自陳訴於方伯, 求以聞諸朝而得沾恩紀, 按道者兪夏益終不理, 但饋酒給米. 應元所記如此, 顧其辭多□類, 畧加齊整云爾].[27] (조원경본 40면)

6의 앞부분은 5와 별 차이가 없지만, 뒷부분은 사뭇 다르다. 박재연본의 밑줄 친 부분은 필사자의 감상을 적은 데 불과한데, 조원경본에는 "김응원이 이와 같이 썼다[應元所記如此]"라고 분명히 밝혀 놓

26) 권혁래, 「〈김영철전〉의 작가와 작가의식」, 『고소설연구』 22, 한국고소설학회, 2006, 96~109쪽.

27) 원문의 □는 '糹'만 쓰고 오른쪽을 비워두었다. 문맥으로 보아 '紜', '紛', '紓' 등 번다하다는 뜻의 글자를 쓰려다 만 듯하다.

았다. 이로써 〈김영철전〉의 원작가가 김응원일 거라는 권혁래 교수의 추론은 결정적인 작품 내적 증거를 확보하게 됐다. 김응원 스스로 "應元所記如此"라고 썼을 리는 없다. 김응원이 지은 글의 끝에 그임을 알게 하는, 이를 테면 "金應元記"와 같은 형태라면 모를까 자신을 3인칭으로 쓰지는 않았을 것이기 때문이다. 하지만 '김응원이 쓴 글을 다듬었다'고 한 밑줄 친 부분은 또 다른 과제를 제시한다. 다음 순서는 김응원이 쓴 게 무엇이며, 누가 얼마나 다듬었다는 건지 밝히는 일이다.

> 7 무명씨(無名氏)가 이르기를, "내가 어떤 사람이 지은 김영철전을 보았더니, 필세가 섬려하여 볼 만했다. 그러나 자못 번잡하고 비루한 폐단이 있어 내가 산개하고 윤색하였다."라고 하였다. 아! 김영철은 전쟁에서 겨우 살아남아 넓은 사막을 가로지르고 창해를 건너 수만 리 길을 떠돌면서 일곱 번 죽을 고비를 넘기고도 끝내 천수를 누리고 죽었으니, 그 기이함이 아주 특별해서 이미 이야기꾼들의 입에 오르기에 족하다. …(중략)… 금상 십년 계해년에 김영철이 세상을 떠났는데, 향년 85세였고, 평안도 순안현에 그 무덤이 있다고 한다.[28]

이동완(李棟完, 1651~1725)[29]이 남긴 이 글은 숙종이 승하한

---

28) 無名氏曰: "余觀或人所爲金英哲傳者, 筆勢贍麗可玩, 而頗傷冗雜陋野, 余遂删改潤色焉." 嗟呼! 金英哲以鋒鏑餘生, 窮大漠, 截滄海, 跋涉數萬里, 凡經七死生, 卒以天年死, 其奇異絕特, 已足以資談士齒舌. …(중략)… 今上十年癸亥, 金英哲卒, 年八十有五, 平安之順安縣有其塚云. 이동완, 「김영철전후지(金英哲傳後識)」, 『모산선생문집(茅山先生文集)』 권3, 국립중앙도서관 소장본.

29) 이동완의 본관은 전주(全州), 자는 국재(國材), 호는 모산(茅山)이며, 안동에 살았다. 그의 문집인 『모산선생문집(茅山先生文集)』 권1에 〈상갈암선생(上葛庵先生)〉·〈만갈암선생(輓葛庵先生)〉이 있고, 이현일(李玄逸)의 『갈암집(葛庵集)』 권11에 「답이국재(答李國材)」가 4편 실려 있다. 이 중 이현일이 보낸 편지의 별

1720년 6월 이전의 기록이다. 홍세태본이 1717년에 지어졌다고 보면, 인용문과 홍세태본 중 어떤 것이 먼저인지는 분명치 않다. 이 글에서 다음 세 가지를 알 수 있다.

첫째, 그가 읽은 〈김영철전〉은 분명 홍세태본이 아니며, 소설본일 가능성이 높다. 7에서는 김영철이 계해년(1683)에 85세로 죽었고, 순안현에 그의 무덤이 있다고 했다. 홍세태본에는 김영철이 84세에 세상을 떠났다고만 하고 그가 어디에 묻혔는지 전혀 언급하지 않았다.[30] 앞서 봤듯이 조원경본과 박재연본에는 김영철이 85세로 생을 마쳤으며, 순안 땅에 묻혔다고 밝혔다. 1720년 이전에 이미 〈김영철전〉 이본이 여러 종 있었고, 다수의 독자가 이를 접했다는 뜻이다.

둘째, 김응원이 지은 글은 '소설' 〈김영철전〉이다. 7의 "필세가 섬려하여 볼 만했다[筆勢贍麗可玩]"는 말은 일반적인 전(傳)을 염두에 둔 표현이 아니다. 이어 "번잡하고 비루하다[冗雜陋野]"고 한 것은 두 가지 의미를 내포하고 있다. 우선 그 내용과 형식이 일반적인 전의 틀을 벗어난 것, 곧 소설이라는 뜻이며, 아울러 그 문사가 거칠고 다듬어지지 않았다는 의미이다. 다시 말해 일반적인 전에 들어가지 않는 잡다한, 예컨대 전씨(田氏)와의 결혼 과정, 등주에서의 일상 등과 같은 내용이 들어 있고, 정통 문언문이 아닌 속된 문체라는 말이다. 앞서 "필세가 섬려하여 볼 만했다"라고 했으므로 문사가 거칠고 다듬어지지 않았다는 것도 사실 주류 문학의 시각에서 볼 때 그렇다는 말일 뿐이다.

셋째, 이동완이 읽은 〈김영철전〉과 조원경본은 같은 계열이다. 7의 "자못 번잡하고 비루한 폐단이 있어 내가 산개하고 윤색했다[而頗傷

지에는 문목(問目)에 답하는 형태로 성리이론에 대한 자신의 견해를 밝혔다. 이로 미루어 볼 때 이동완은 이현일의 문인이었던 듯하다.

30) 英哲守城二十餘年, 年八十四而死. 홍세태본 489b.

冗雜陋野, 余遂删改潤色焉]"라는 말은 ⑥의 "다만 그 글이 무척 번다하기에 대강 가다듬었다[顧其辭多□類, 畧加齊整云爾]"라는 말과 실상 같은 뜻이다. ⑦에서 "나[余]"로 표현한 주어가 조원경본에 없다는 차이가 있을 뿐이다.[31] 인용문의 첫머리에 "무명씨(無名氏)", 곧 누군지 알 수 없는 사람이라고 한 것은 "나[余]"로만 쓰고, 이름 또는 자호(字號)를 적지 않아서 누군지 상고할 수 없었기 때문이다. 산개하고 윤색한 주체는 무명씨이다.

그런데 산개나 윤색은 현대의 독자들이 생각하는 정도로 작품의 구성을 포함한 전체적인 손질을 뜻하지 않는다. 더러 작품 속의 화소를 더하거나 빼는 경우가 없는 선 아니지만, 일반적으로는 어휘 수준 또는 문장 단위를 고치는 행위라고 이해하면 된다.[32] 따라서 무명씨는 김응원이 지은 〈김영철전〉 원작의 윤색자이고, 조원경본은 무명씨가 윤색한 계열에 속하는 이본이다.[33]

〈김영철전〉에서 임경업이 출병했을 때 김영철이 명진(明陣)을 왕래하다 청군(淸軍)에게 발각되었으나 임경업과 기고관 김덕중의 기지로 위기를 모면하는 장면은 이선(李選, 1632~1692)의 〈임장군전(林將軍傳)〉에 있는 일화를 변용[34]한 대목이다. 이선의 〈임장군전〉

---

31) 조원경본의 필사자인 박증대가 "가다듬었"을 가능성은 없다고 보아도 무방하다. 조원경본 수록 문헌은 「관동일기」 외에는 모두 앞선 기록물을 단순 전사(轉寫)한 것일 뿐이기 때문이다.

32) 영남대본 〈구운기〉의 경우, 〈구운루〉 원작에 첨산(添删)했다고 해도 여덟 군데에 불과하다. 많은 분량이 아닐 뿐더러 글자 단위로 윤색한 정도다. 양승민, 「新增九雲樓」의 발견과 그 존재 의미」, 『한국한문학연구』 48, 한국한문학회, 2011; 양승민, 「〈九雲樓〉와 〈九雲記〉의 거리」, 『한국고전연구』 24, 한국고전연구학회, 2011 참조.

33) 앞서 조원경본의 필사자인 박증대(朴增大)의 조부 박심휴(朴心休)가 이현일의 문인이라고 했다. 박심휴의 손자인 박증대, 같은 문도(門徒)인 이동완이 모두 〈김영철전〉을 읽은 흔적을 남겼다는 점에서 같은 계열 텍스트를 공유했을 가능성이 있다.

34) 〈김영철전〉은 〈임장군전〉에서 거짓으로 행형(行刑)하는 장면과 명군에게 포로로

은 송시열을 비롯해 많은 인물들이 언급하고 인용할 만큼 영향력이 강했는데,[35] 1688년 9월에 지은 작품이다. 따라서 김응원이 〈김영철전〉을 지은 시기는 1688년 이후일 가능성이 높다. 그렇다면 김응원이 〈김영철전〉을 지은 지 얼마 되지 않은 18세기 초에 이미 다수의 독자가 있었고, 그 중에는 윤색하거나 축약하는 이들도 있었다는 얘기다. 다음 장의 이본 대비를 통해 드러나겠지만, 한글본으로의 번역도 원작이 지어진 지 오래지 않은 시기에 이루어졌을 거라고 본다.

이상의 검토를 통해 경상도 청도군에 살았던 박증대(朴增大)가 1762년경에 조원경본을 필사했다는 사실을 확인했다. 아울러 〈김영철전〉은 김응원이 1688년 이후에 지었으며, 조원경본은 무명씨가 원작을 윤색한 계열의 이본임을 밝혔다. 현행 이본들이 모두 19세기에 필사됐다고 추정되는 상황에서 홍세태본, 나아가 원작이 형성된 지 그리 오래지 않은 시기에 형성된 온전한 이본이 발견되었다는 점에서 조원경본의 위치는 매우 특별하다.

잡혔던 군졸들이 밀서를 가져온 장면의 순서를 바꾸고, 두 군졸[二卒]을 김영철 · 이수남으로 대체했다. 또한 우연히 벌어진 일을 마치 계획했던 양 바꾸고, 그 일을 김영철이 도맡았다는 식으로 변개했다. 將軍潛令船工, 到處破船, 而所載幣米軍糧及軍丁, 則皆免沈溺[預移他船-원주], 淸將疑之, 責將軍, 將軍卽佯怒, 捽致船工, 貫耳徇示, 命出斬之, 懸于高竿[所懸, 實非人首, 乃豕頭塗灰也, 虜人不知也.-원주]. 淸將大驚曰: "船破於風浪, 人何罪焉?" 蓋自安州至南汎口, 凡破三十五船. 到石城島使三船佯若漂風而入登州, 持淸陰謀, 以告都督洪承疇, 又言林某等, 雖在淸營, 終不忍倍明天子也. 次蓋州衛二十里外, 與明兵相遇, 佯爲相戰, 互相放砲, 聲震海中, 而潛令礮者, 不鉛而發, 明兵亦諴射者, 不滿而發, 以故兩軍無一人死傷者. 又佯破二十九船, 方其戰時, 我人被擒於明者二卒, 自明營乘小船[乃後營所乘而移擒於漢人者也-원주]來, 傳明將之書. 其書曰, '預爲相報, 殊甚可嘉, 若擒賊將而來, 則當有重賞.' 將軍恐事泄, 立焚其書. 이선, 〈임장군전〉, 『지호집(芝湖集)』 권13.

35) 훗날 『임충민공실기(林忠愍公實記)』에 들어갔다. 남구만(南九萬, 1629~1711)의 장서인이 찍혀 있는 〈임경업전〉도 이선의 〈임장군전〉을 필사한 것이다. 『임경업전(林慶業傳) · 기축기사(己丑記事)』, 국립중앙도서관 소장본.

4. 조원경본 〈김영철전〉과 타 이본의 대비

1) 인명 · 지명 표기

[표 3] 〈김영철전〉 이본대비표–역사적 인물과 지명

항목	홍세태본	조원경본	박재연본	서인석본	나손본	비고
深河戰鬪 戰死者	*	李惟吉 李高秀	李惟吉 高秀	니유길 니슈남	*	실록과 교지에는 李有吉 李秀南은 임경업 일화에 등장
椵島 공격시 영유현령	*	李晦	李繪	*	니회	
柳琳 출병시 영유현령	*	申檀	田檀	*	심담	
영철父 戰死時 영유현령	*	*	*	송도남	*	宋圖南 1626. 8. 20 영유현령 제수 안주성에서 戰死
呈文했을 때의 평안감사	*	兪夏益	巡使	*	*	
사행선이 귀항한 곳	平壤石多山	平壤石多山釜蓋浦	平壤 石多山	평양셕가 산부개포	*	
세자가 머문 곳	*	永柔 德池	永柔	*	영유	조원경본 "留永柔之德池, 寓士人姜熊卿等庄舍", 나손본 "영유 싸 강희셩 강웅닙 슉딜의 집"
韓潤의 渡江處	*	江津	*	*	담이진	신증동국여지승람 多美津 해동명장전 임경업 淡伊津
牛毛嶺 도착일	己未春二月	3월 2일	3월 3일	3월 3일	*	책중일록 3월 2일 深河 도착

『책중일록』에는 조선군이 3월 2일에 심하(深河)에 도착한 후 3월 4일 부차(富車)에서 전투가 벌어졌다고 적었는데, 모두 2월 27일에 지나온 우모령(牛毛嶺)에서 대패했다고 했으니, 이 부분은 사실에 어긋난다. 하지만 이런 착오에도 불구하고 조원경본의 날짜 기술은 『책

중일록』과 일치한다. 청나라가 가도(椵島)를 공격했을 때의 영유현령을 박재연본에는 "이회(李繪)"라고 했지만, 조원경본에 쓴 대로 이회(李晦)가 맞다.[36] 또한 유림이 출병할 때의 영유현령을 박재연본은 "전단(田檀)", 나손본은 "심담"으로 표기했으나, 이 역시 신단(申檀)[37]이라 쓴 조원경본이 옳다. 박재연본·나손본의 저본에 오류가 있었거나, 혹은 베끼는 과정에서 잘못 적은 것이다. 다른 내용은 여타 이본에는 없거나, 있더라도 정확하지 않은 데 비해 조원경본의 정보는 사실에 부합할 뿐만 아니라 매우 구체적이다.[38]

평안감사 유하익(兪夏益, 1631~1699)[39]에 대한 언급은 다른 이본에는 전혀 보이지 않고 조원경본에만 있다. 박재연본 끝부분에는 김영철이 자신의 사정을 호소했으나 순사(巡使)가 들어주지 않았다고 했다. 그런데 순사가 누구인지 밝히지 않았기 때문에 김영철이 정문(呈文)한 때가 언제인지 알 수 없었다. 유하익은 1679년 7월 6일 평안도관찰사에 제수되었으나, 경신대출척(庚申大黜陟)으로 인해 1680년 4월 16일 사판에서 지워졌다. 따라서 김영철이 감사에게 정문한 것은 1679년 말부터 1680년 초 사이에 벌어진 일이 된다.

이 점에서 유하익을 언급한 건 단순히 인명 정보 하나를 추가했다는

36) 이회(李晦)가 통훈대부(通訓大夫) 행(行) 영유현령(永柔縣令)에 제수된 기록이 남아 있다. 『국역 승정원일기』 인조 13년(1635) 1월 3일조; 같은 책 2월 1일조.

37) 신단(申檀)의 본관은 고령(高靈), 자는 자형(子馨)이다. 무과에 급제하여 1659년(효종 10)에 전라수사(全羅水使)가 되었다.

38) 조원경본에는 가도(椵島)를 피도(皮島)로 적었는데, 가도를 '피도(皮島)'·'직도(櫻島)'·'운종도(雲從島)'라고도 불렀으므로 잘못된 것은 아니다. 『광해군일기』 1622년 11월 11일조.

39) 유하익의 본관은 기계(杞溪), 자는 사겸(士謙), 호는 백인당(百忍堂)이며, 필선 유수증(兪守曾)의 손자이다. 1660년(현종 1) 증광문과에 급제했고, 평안도관찰사·형조판서·대사헌 등을 역임했다.

의미 이상이다. 다른 이본도 역사적 인물의 이름을 알려줌으로써 독자의 이해를 돕고 있지만, 조원경본은 한걸음 나아가, 김영철이 언제 이런 일을 겪었는지 가늠해 볼 지표를 제시하기 때문이다. 조원경본의 정보가 다른 이본에 비해 정확하고 구체적이라는 점은 조원경본이 타 이본보다 더 원작의 모습을 간직하고 있다는 뜻이기도 하다.

2) 문장 표현 및 화소

여기서는 다른 이본과 대비하면서 조원경본의 내용을 살펴보기로 한다. 이를 위해 각 이본의 특징이 잘 드러난 부분을 중심으로 하여 홍세태본·박재연본·서인석본·나손본과 조원경본을 함께 제시하고, 문장 표현과 화소의 동이(同異)를 검토하기로 한다.[40]

① 서두 인정 기술[41]

【홍본】金英哲, <u>平安道永柔縣中宗里人也</u>, 其家世武科, 英哲自幼好馳馬善射, 爲本縣<u>武學</u>. (485b)

【조본】金英哲, <u>永柔縣人也</u>. 曾祖<u>玉漢</u>登武科. 祖<u>永可</u>有弟曰<u>永和</u>, 亦中

---

40) 홍세태본은 빠진 부분이 많지만, 〈김영철전〉 원작의 모습을 추정하는 데 의미 있는 정보를 담고 있으므로 가능한 대로 다른 이본과 대비하겠지만, 홍세태본에서 파생한 안석경·성해응의 기록은 따로 검토하지 않겠다. 서인석본은 작품의 뒷부분이, 나손본은 앞부분이 없는 상태이므로 해당되는 곳만 살피기로 한다. 인용문 첫머리의 【홍본】은 홍세태본, 【조본】은 조원경본, 【서본】은 서인석본, 【나손본】은 나손본을 각각 가리킨다.

41) 김영철의 고향을 서인석본에서 '듕종니'(58면)라고 한 것으로 보아 원작에는 홍세태본처럼 기술되었을 듯하다. 한편 서인석본에서 김영철을 '김무혹'(24면)이라 한 걸로 볼 때, 박재연본을 제외한 홍세태본·조원경본·서인석본의 인정 기술부가 서로 친연성이 높다.

武科. 永可有一子曰汝灌. 汝灌有一子卽英哲. 自少好馳馬彎弓, 名屬縣武學. 生年二十未娶. (1면)

【박본】皇明萬曆末, 朝鮮永柔縣, 有英哲者, 凡民之大族也. 其曾祖裕漢, 登武科, 早死未及筮仕, 祖永愷亦以武成功, 俄有毒疾, 無仕宦意, 終老於畎畝間. 有一子曰汝寬, ㆍㆍ卽英哲之父也. 英哲自童丱已有昂霄之氣, 學韜鈐習弧矢, 馳馬鳴劍, 頗有聲於州里間. 年至二十, 家貧未娶. (1면)

② 조선 양반 군관의 피살 장면42)

【홍본】會我一將官戰斬虜首, 盛之食器, 及降見發. 虜主大怒, 命悉聚我軍, 別其美容服者四百餘人曰: "此朝鮮兩班將官也, 不爲我用, 盡屠之." (485d)

【조본】適嶺南一將官, 嘗斬一虜, 盛其首飯盂中裹而藏之, 當降時, 未及棄擲, 至是爲虜所覺, 獻之, 滿住大怒. 乃於二十四日, 盡聚朝鮮降卒, 擇衣冠華盛身手美好者四百餘人, 曰: "此則所謂兩班將官流也, 終不爲吾用." 驅出東門外, 盡坑殺之. (4면)

【박본】適有一將官, 曾斬胡兵, 藏其首級, 爲邀賞之計, 及其降也, 忘未棄之, 爲胡人所覺. 滿注大怒, 集我軍, 除出衣服華美容貌秀朗者, 曰: "此輩乃朝鮮所謂兩班將官, 終不爲我用!" 乃驅出東門外, 盡殺之. (7~8면)

【서본】각셜 됴션 녁[녕의 오기-필자]남쟝이 흔 오랑캐 머리를 버혀 북패 듕의 곱초앗더니 노국의 항복홀 째 미리 ᄇ리디 못ᄒ엿더니 노츄의게 발각ᄒ미 되니 만쥐 보고 크게 노ᄒ여 됴션 항병을 다 모도고 그 의복이 화려ᄒ며 숀이 고으 니를 ᄉ빅여 인을 골히여 닉여 골오ᄃ이 닐온바 냥반 쟝군의 뉴라 ᄆ춤닉 반ᄃ시 쓰이미 되디 아니ᄒ리라

42) 홍세태본 · 조원경본 · 서인석본에는 피살된 양반 군관이 '400여 인'임을 밝혔으나, 박재연본에는 드러나지 않는다. 또한 조원경본과 서인석본에는 이 사건의 빌미를 제공한 사람을 '영남' 출신 장관이라고 분명히 했다.

ᄒᆞ고 동문 밧그로 모라ᄂᆡ여다가 다 죽일ᄉᆡ (7면)

③ 건주 처와의 대화[43)]

【조본】英哲曰: "前者再逃, 非專欲見父母, 實欲娶妻. 今蒙主人厚恩, 不惟免死, 至以汝爲妻, 生此二子, 天也. 豈敢違天而背恩乎?" 妻曰: "女眞稱高麗人爲率巧[胡名鼠狼爲率巧也-원주], 以多詐也, 子言寧可信也?" (6면)

【박본】英哲曰: "前日之再度亡故, 雖出於戀父母, 而亦欲及時娶妻之計也. 今蒙主人之厚恩, 不惟免死, 且以汝妻, 會合未久, 連生兩子, 此亦天也, 吾豈敢違天而負恩哉!" 其妻曰: "我國之人, 以高麗之人爲猝交[교-원주], 君言何可信也?" (11면)

【서본】영텰이 웃고 ᄃᆡ답ᄒᆞ여 ᄀᆞᆯ오ᄃᆡ 젼일의 두 번 도망ᄒᆞ미 부모 보기를 위ᄒᆞᆯ ᄲᆞᆫ 아녀 ᄯᅩᄒᆞᆫ 취쳐ᄒᆞᆯ ᄆᆞᄋᆞᆷ이 잇더니 다ᄒᆡᆼ이 아쟝의 후은을 닙어 임의 죽기를 면ᄒᆞ고 ᄯᅩᄒᆞᆫ 낭ᄌᆞ로ᄡᅥ 내게 쇽ᄒᆞ여 이 두 아ᄃᆞᆯ을 나흐니 진실노 하ᄂᆞᆯ히라 은혜를 ᄇᆡ반ᄒᆞᆯ 일이 아니오 …(중략)… 그 쳬 웃고 ᄀᆞᆯ오ᄃᆡ 우리나라 사ᄅᆞᆷ이 됴션 사ᄅᆞᆷ을 솔교ᄅᆞ[솔교ᄂᆞᆫ 족져비란 말이니 ᄡᅬ 만타 말-원주] 일ᄏᆞᄅᆞ니 군의 말을 엇디 가히 미드며 녯말의 니ᄅᆞᄃᆡ 이러ᄐᆞᆺᄒᆞᆫ 사ᄅᆞᆷ이 크게 신이 업다 ᄒᆞ니 엇디 다른 날 군이 무신ᄒᆞᆫ 사ᄅᆞᆷ이 되여 그 덕을 두세 가지로 아닐 줄 알니오 ᄒᆞ고 (13면)

④ 등주 처와의 첫날밤 대화[44)]

【조본】是夜, 女謂英哲曰: "君是朝鮮西土人, 妾乃中國齊東人也. 不謂今日合爲夫婦, 似眞非眞, 似夢似[非의 誤記-필자]夢." 又曰: "君之父母在東, 君之妻子在北, 今亦思故國之父母與胡地之妻子乎?" (16면)

---

43) 조원경본과 서인석본에 "솔교"라는 말의 뜻을 주석 처리한 부분이 박재연본에는 없고, 대신 엉뚱하게도 "交"의 음을 달아 놓았다.

44) 서인석본 전씨(田氏)의 말은 조원경본의 축자역(逐字譯)에 가깝다.

【박본】是夜, 田氏謂英哲曰: "君在東國, 妾在中原, 今日之得爲夫婦, 豈始慮之所及哉? 然君東有父母, 北有妻子. 夫人遺其父母, 則子職廢矣, 棄其妻子, 則人道絶矣. 君如之何不懸〻於父母, 不眷〻於妻子也?" (28면)

【서본】그날 밤의 그 녀ᄌᆡ 영텰ᄃᆞ려 닐너 ᄀᆞᆯ오ᄃᆡ 그ᄃᆡᄂᆞᆫ 됴션 사ᄅᆞᆷ이오 나ᄂᆞᆫ 듕국 젤 사ᄅᆞᆷ이라 오ᄂᆞᆯ날 부뷔 되니 진짓 것 ᄀᆞᆺᄒᆞᄃᆡ 진짓 거시 아닌 ᄃᆞᆺ하고 ᄭᅮᆷ ᄀᆞᆺᄒᆞᄃᆡ ᄭᅮᆷ이 아니라 그ᄃᆡ 부모ᄂᆞᆫ 동의 잇고 쳐ᄌᆞᄂᆞᆫ 북의 이시니 ᄯᅩᄒᆞᆫ 고국의 부모와 호디의 쳐ᄌᆞᄅᆞᆯ ᄉᆡᆼ각ᄒᆞᄂᆞᆫ다 (47~48면)

⑤ 김영철이 잠입한 사행선(使行船)의 출항 장면[45)]

【홍본】翌朝, 英哲從板底大呼, 舟中人乃驚出之, 與之食飮, 易其衣服, 越三日, 回泊于平壤石多山. (487c)

【조본】於是, 柁工等整理維楫, 東望發船. 明日早朝, 忽船底有聲曰 …(중략)… 於是, 與之以飮食, 易其衣服以行焉. 果一風三日不停, 夕抵平壤之石多山釜蓋浦下岸. (23~24면)

【박본】沙月告於使臣曰: "觀此風勢, 必數日連吹, 豈非天幸乎? 勝此好風, 直過大洋, 不越二三日, 可到我國之界矣." …(중략)… 使臣曰: "水路利害, 專靠於汝等. 數月之程, 三日可到, 則非天所佑而何?" …(중략)… 翌日朝, 忽有人聲, 出板底曰 …(중략)… 卽饋以飮食, 易其衣服而行矣. 果然一番之風, 三日不息, 翌日午, 已到平壤石多山下. (38~40면)

【서본】각셜 됴션 ᄉᆞ힝이 ᄇᆡᄅᆞᆯ 두로혀매 년ᄉᆡᆼ이 ᄉᆞ신긔 고ᄒᆞ여 ᄀᆞᆯ오ᄃᆡ 오ᄂᆞᆯ 풍셰ᄅᆞᆯ 보니 반ᄃᆞ시 여러 날 슌풍을 불 거시니 이ᄂᆞᆫ 진실노 그 편을 주시미라 돗글 바로 동으로 ᄇᆡᆺ기 노하 대양을 □□□ 건넌즉 수일이 디나디 못ᄒᆞ여 이 힝ᄎᆡ 맛당이 □□□ 지경의 다ᄃᆞᄅᆞᆯ 거시니 그리 ᄒᆞ사이다 ᄒᆞᆫᄃᆡ …(중략)… 수월 슈로ᄅᆞᆯ 수일만의 득달ᄒᆞ기ᄂᆞᆫ 엇디 하ᄂᆞᆯ히 아니리오 …(중략)… 이튼날 아ᄎᆞᆷ의 믄득 드ᄅᆞ니 ᄇᆡ 가온ᄃᆡ 소ᄅᆡ 이셔 년ᄒᆞ여 블너 ᄀᆞᆯ오ᄃᆡ …(중략)… 이에 드ᄃᆡ여 음식으로써 영텰을

45) 도사공이 사신에게 바다를 곧장 건너가면 3일 만에 조선 땅에 닿을 수 있다고 장담하는 장면이 조원경본에는 없다.

먹이고 우리나라 의복으로써 닙혀 빅사름과 일톄로 도라올식 …(중략)… 삼일 삼야 후의 무틱 다드른즉 과연 평양 셕가산[셕다산의 오기-필자] 부개포라 ᄒᆞᄂᆞᆫ ᄃᆡ라 (75~79면)

⑥ 임경업의 출병 때 종군한 장면[46)]

【홍본】英哲以書與慶業, 未及開, 忽見二虜走馬來, 慶業卽秘其書. 二虜上船, 扼慶業喉曰: "見爾小船, 自敵中來, 此必通謀也." 脅慶業, 脫靴服, 及船卒衣裝, 窮搜, 無所得. 虜見二卒在船, 乃執詰之, 曰: "汲水往." 怒使慶業斬之, 慶業目小校, 往別島行斬, 小校卽反劍擊之, 若斬狀, 扑其鼻血劍, 返以示虜, 虜乃去. (488b)

【조본】慶業得報書, 耽閱甚喜. 看未及畢, 忽二胡人躍來入登船, 慶業大驚, 目通引, 深藏其書. 二胡登舟, 捽慶業喉, 脫靴解衣, 搜索一身曰: "向見小船來從明軍中, 當有文書." 遍搜舟中人衣服及隱僻處, 終不得書. …(중략)… 德重知意, 跪二人於島邊, 反劍斮之, 出其鼻血, 模糊劒刃, 以已行戮反告, 持刃血示二胡, ᄀ笑而還報. (30~31면)

【박본】林慶業見荅書, 甚喜, 未及盡見, 忽有兩胡急到小舡, 疾馳而來, 躍入舟中. 慶業大驚駭, 目侍者, 藏其荅書. 胡人拉[납]慶業, 脫其衣靴, 遍身搜索曰: …(중략)… 金德重知其意, 拿[녀]兩人於島邊, 若將行刑之狀, 而出鼻血, 塗劍刃而歸, 示之於胡差, ᄀᄀ笑而歸. (52~53면)

【나손본】님쟝군이 그 회답ᄒᆞᆫ 글을 엇고 심히 깃거 ᄇᆡ야흐로 볼 즈음의 믄득 보니 두 오랑캐 ᄆᆞᆯ을 ᄃᆞᆯ녀와 임의 빅예 올낫ᄂᆞᆫ디라 님쟝군이 크게 놀나 급히 통인으로 ᄒᆞ여곰 그 글을 빅장 미틱 곱초라 ᄒᆞ고 니러나 두 오랑캐를 마즌 즉 두 오랑캐 님쟝의 목을 트러잡고 몬져 훠를 벗기고 다시 오ᄉᆞᆯ 벗겨 궁극히 수탐ᄒᆞ여 무러 ᄀᆞ로ᄃᆡ 이제 보니 쟈근 빅 당션

46) 홍세태본의 '反劍擊之'에 해당하는 표현이 박재연본에만 보이지 않는다. 밀서를 감춘 사람을 조원경본 · 나손본은 '通引'으로, 박재연본은 '侍子'로 썼고, '은밀한 곳'까지 수탐했다는 말은 조원경본 · 나손본에만 나온다.

듕으로셔 오니 반ᄃᆞ시 ᄆᆞᄉᆞᆷ 묘리 잇ᄂᆞᆫ디라 일뎡 문셰 이에 잇실 거시니 엇디 밧비 내여뵈디 아닌ᄂᆞ뇨 ᄯᅩ ᄇᆡ 가온ᄃᆡ 잇ᄂᆞᆫ ᄉᆞᄅᆞᆷ의 의복과 은밀ᄒᆞᆫ ᄃᆡᄅᆞᆯ 수탐ᄒᆞ기ᄅᆞᆯ 아니 밋ᄎᆞᆫ 대 업ᄉᆞᄃᆡ ᄆᆞᄎᆞᆷ내 엇디 못ᄒᆞ니라 …(중략)… 덕즁이 님쟝의 긔식을 알고 이에 쟈근 셤으로 나아가 두 놈을 ᄭᅮ러업지ᄅᆞ고 칼ᄌᆞ로ᄅᆞᆯ 두ᄅᆞ혀 잡아 거ᄌᆞᆺ 버히ᄂᆞᆫ 형상을 ᄒᆞ고 제 코의 피로써 칼의 ᄇᆞᆯ나 도라와 힝형ᄒᆞ여노라 ᄒᆞ고 피무든 칼로써 두 오랑캐ᄅᆞᆯ 뵈며 용약ᄒᆞ야 그 주기던 형상을 ᄒᆞ니 (25~27면)

⑦ 금주전투(錦州戰鬪)와 김영철이 청주(淸主)에게 하례하는 장면47)

【홍본】方是時, 虜圍金州, 天朝發兵十萬來援, 與虜戰大敗. 琳遣英哲, 往賀虜主. (488d)

【조본】時中國發甲騎十萬, 援錦州衛, 與淸人相距. …(중략)… 諸將覘諸孤山, 賀戰勝, 淸將笑曰: "彼依城不下, 譬如穴鼠窺猫. 今十萬援兵, 一朝敗沒, 此城指日可陷, 何能久乎?" 來騎又促報, 軍中遣英哲, 詣大陣, 賀戰勝, 淸主喜勢於色. (35~36면)

【박본】時中國數十萬兵, 來救錦州衛, 淸兵日與天將對戰. …(중략)… 淸將笑曰: "彼中國之萬兵, 一朝盡沒, 拔此城, 在目前矣." 英哲以主將之令, 入淸兵大陣中, 賀戰勝於淸主, 〻〻甚喜之. (60~61면)

【나손본】각셜의 대됴의셔 십만여 긔ᄅᆞᆯ 내여 와 금쥐ᄅᆞᆯ 구완홀ᄉᆡ …(중략)… 우리 졔댱이 고산 대쟝을 ᄃᆡᄒᆞ여 그 이긔믈 하례ᄒᆞ니 호쟝 등이 우으며 금셩을 ᄀᆞᄅᆞ쳐 니ᄅᆞᄃᆡ 만ᄌᆞᄇᆡ 십만 완병이 이제 패몰ᄒᆞ여시니 이후 뉘 다시 구완ᄒᆞ 니 이시리오 ᄒᆞ더라 다만 이 셩을 날이 못ᄒᆞ여셔 쟝ᄎᆞᆺ ᄢᅢ힐 거시니 졔 됴곰안 ᄡᅡ흘 의디ᄒᆞ여 숨을 곳을 잠시ᄅᆞᆯ 비러신들 굼긔 든 쟈근 쥐 겁내여 늘근 괴ᄅᆞᆯ 여어봄 ᄀᆞᆺᄒᆞ니 엇디 오라리오 이에 뎐녕ᄒᆞᄂᆞᆫ 재 우리 쟝슈로 ᄒᆞ여곰 호황긔 하례ᄒᆞ기ᄅᆞᆯ ᄌᆡ촉ᄒᆞ니 뉴쟝군이 이에 텰을 보ᄂᆡ여 하례ᄒᆞ니 호황이 희동안ᄉᆡᆨᄒᆞ더라 (46~50면)

47) 조원경본 · 나손본에는 청장(淸將)이 명군(明軍)을 '고양이 앞의 쥐'로 비유했다.

이본을 대비해본 결과를 정리하면 다음과 같다.

첫째, 조원경본에는 다른 이본에 있는 화소 세 가지가 없다. 박재연본·서인석본에 있는 '최충·최상 형제 이야기'와 등주에서 사행선에 잠입하여 귀국할 때 도사공이 삼일 만에 조선 땅에 갈 수 있다고 장담하는 장면, 박재연본·나손본에 있는 '이사룡(李士龍) 이야기'의 변용 삽화가 빠진 상태다.

이 중 도사공이 호언장담하는 장면[예문 ⑤]은, 홍세태본에도 없기는 하지만, 원작에 있었을 게 분명하다. 당시 사행이 해로로 이동할 경우에는 안전을 위해 연안으로 항해했다. 등주에서 평양까지 가려면 요동반도 남단의 장산도(長山島)·석성도(石城島) 등을 거쳐 가도(椵島)에 들렀다가 평양 근처 석다산(石多山)에 이르는 뱃길을 이용했다.[48] 자연히 많은 시간이 걸릴 수밖에 없었고, 뱃길이 아무리 순조로워도 사흘에 가는 건 불가능했다. 그런 데도 홍세태본을 비롯해서 네 이본 모두 삼일 만에 평양에 도착했다고 한 걸 보면 그 까닭을 설명하는 부분이 반드시 있어야 한다. 그런데 조원경본에는 이 대목이 없기 때문에 뒤에 '과연[果]'이라는 말이 왜 나오는지 알 수 없게 돼 버렸다. 홍세태본의 경우에는 원체 많이 축약했기 때문에 빠졌다고 보면 된다.

나손본에서 탄환을 뺀 채 빈총을 쏘다가 청인(淸人)들에게 죽임을 당한 "명수룡"의 모델은 성주 포수 이사룡이다. 박재연본에는 직접 드러내지 않았지만 이사룡 이야기를 변용했음에 틀림없다. 나손본(20~21면)에는 이 일화가 정축년(1637)에 받은 등주 처의 편지 뒤, 경진년(1640) 임경업이 상장(上將)으로 출병하는 상황 바로 앞에 있

48) 정은주, 『조선시대 사행기록화: 옛 그림으로 읽는 한중관계사』, 사회평론, 2012, 133쪽.

다. 반면 박재연본(56~57면)에는 신사년(1641) 유림(柳琳)이 출병한 때에 들어 있다. 이 사실을 송시열(宋時烈)의 〈포수이사룡전(砲手李士龍傳)〉과 황경원(黃景源)의 〈명배신전 이사룡(明陪臣傳 · 李士龍)〉, 김려(金鑢)의 〈포수이사룡전(砲手李士龍傳)〉에는 1638년의 일로 적었다. 그러나 성대중(成大中)의 〈이사룡전후서(李士龍傳後敍)〉에는 1641년 4월 10일에 이사룡이 죽었다고 했고, 『인조실록』에는 1641년 5월 4일조에 관련 기사가 나온다. 이런 기록을 놓고 보면 박재연본이 역사적 사실에 부합하지만, 소설적 구성으로 보면 나손본의 위치도 나름 합리성이 있다. 임경업의 밀명을 받은 김영철이 살촉과 탄환을 제거하고 싸우는 척 하자는 뜻을 명장(明將)에게 전달하는 장면이 바로 뒤에 이어지기 때문이다. 임경업군이 출전하기 전의 상황과 시대 분위기, 종군한 장졸들의 태도 등을 설명하면서 임경업과 김영철의 행위를 그 연장선상에서 이해하도록 한 것이다.

최충 · 최상 형제 이야기는 강홍립군이 출병할 때 부자 또는 형제가 함께 종군한 경우에는 한 명을 돌려보냈다는 일화다. 조원경본에서 "돌아간 사람이 많았다[歸者亦多矣]"(2면)라고 요약적 진술로 처리한 부분을 박재연본(3~4면)과 서인석본(1~2면)에는 장면화해 놓았다. 그런데 조원경본처럼 최충 · 최상 형제의 일화가 없다고 해서 서사 전개와 작품 이해에 지장을 주지는 않는다. 또한 『책중일록』 등 다른 기록에서 이런 이야기를 볼 수 없는 데다, 부정적으로 그려진 작중 강홍립의 인물 형상과 이 일화에서의 너그러운 주장(主將)의 모습이 일치하지도 않는다. 따라서 이 일화가 원작에 있었는지는 분명치 않고, 한글로 번역하면서 첨입(添入)됐을 가능성도 있다.

둘째, 박재연본은 한글본을 재한역한 것이다. 홍세태본과 조원경본은 거의 모든 항목에서 한자 표기가 일치한다. 그런데 박재연본은 같은 한문본이고 전체적인 골간이 다르지 않으면서도 조원경본과 같은 표현을 찾기 힘들 정도로 다르다. 서인석 교수는 홍세태본과 박재연본에서 표기가 다른 경우는 대부분 음이 같은 한자라는 점을 들어[49] 한글본을 경유하면서 이러한 차이가 생겼을 가능성을 제기한 바 있다.[50]

김영철의 조부를 홍세태본과 조원경본에서는 "永可"로 썼다. 박재연본에서는 이를 "永愷"로 표기했는데, "영가"에 주격조사 "ㅣ"가 붙은 "영개"를 소리대로 적은 결과다. 김영철의 외가 마을인 소호리(蘇湖里)는 영유현 관문 서쪽 30리에 있었다.[51] 박재연본에서는 이를 "소조리(疎草里)"로 적었는데, 한글 필사본에서 흔히 "ㅊ"과 "ㅎ"을 혼동하게 되는 데서 비롯된 오류다. 김영철의 증조부 이름인 조원경본의 "옥한(玉漢)"과 박재연본의 "유한(裕漢)"의 차이도 역시 같은 이유에서 생겼다. 즉 "옥"의 "오"를 "ㅇ"에서 이어지는 흘림으로 보아 "으"의 형태로 적고, 여기에 "ㄱ"을 "ㅠ"의 아랫부분으로 오인한 결과 "유"가 되었으며, 그에 해당하는 한자를 썼기 때문에 현재의 "유(裕)"가 된 것이다. 박재연본에 구어체 문장이 많은 것도 역시 재한역 과정에서 한글본의 특성이 녹아든 결과일 가능성이 높다.

박재연본은 현재 알려진 한글 이본이 아닌 다른 이본을 대본으로 재한역한 걸로 보인다. 앞서 제시한 인용문에서도 확인되듯이 박재연

---

49) "永和"와 "永華", "汝灌"과 "汝寬", "爾龍"과 "二龍" 같은 경우이다.

50) 서인석, 앞의 논문, 121~123쪽. 이에 앞서 양승민 교수는 조원경본이 새로 발굴되자, 박재연본은 원작 계열의 이본이긴 해도 한문본을 직접 계승한 것이 아니라 한글본을 거쳐 재한역되었을 가능성이 크다는 점을 몇 차례 구두로 밝힌 바 있다. 서인석 교수도 양교수의 이러한 논지 수정의 근거를 기대한다고 하면서 박재연본이 재한역본일 가능성에 무게를 싣고 논의했다.

51) 국사편찬위원회 편, 『여지도서(輿地圖書)』 상, 「영유(永柔)」, 규장문화사, 1973, 888쪽.

본과 두 한글본은 친연성이 높지 않기 때문이다. 그렇다면 현행 한글본 이외의 다른 한글본이 있었고, 앞으로 발견될 가능성도 있다는 뜻이다. 그러나 박재연본이 재한역본이라고 해서 이본으로서의 가치가 떨어지지는 않는다. 조원경본은 간결한 표현이 두드러진 특징이기는 하지만 허사(虛辭)가 생략된 경우가 많아 딱딱하고 거친 느낌을 준다. 소설 텍스트라면 문체를 가볍게 생각할 수 없는데, 같은 한문본끼리만 놓고 보면 조원경본보다 박재연본의 문체가 훨씬 유려하다. 박재연본은 빼어난 서경 묘사와 생동감 넘치는 형상화 면에서 조원경본보다 뛰어나고, 조원경본에 없는 화소도 모두 들어 있다.[52] 이 점에서 박재연본이 재한역본이긴 해도 조원경본과 상호보완적인 관계를 형성한다.

셋째, 한글본은 한문본을 번역한 텍스트이며,[53] 번역의 대본은 원작이거나 원작에서 가까운 이본이었을 것으로 보인다. 홍세태본 · 조원경본과 문장 단위로 유사한 부분이 적잖게 발견된다는 점과 함께 '송도남(宋圖南)'(서인석본 58면) · '버들을'(서인석본 79면), '용복니'(나손본 1면) · '담이진'(나손본 1면)처럼 한문본에 없는, 구체적 인명 · 지명 정보가 들어 있다는 점에서 이를 알 수 있다. 그러나 현행 한글본이 한문본을 번역한 1차 텍스트는 아니다. 서인석본에서 건주처가 영철과 이별할 때 부른 원사(怨詞)는 당나라 때 시인 허혼(許渾, 791~854?)이 지은 〈새하(塞下)〉[54]와 청나라 사람 장조(張潮,

52) 박재연본에는 김영철 모친의 죽음에 대한 언급이 없다.

53) 【조본】淸主使騎持號箭, 馳入我軍, 傳言曰: "視我戰, 更何如? 令諸將皆詣戰場, 與孤山等同視競觀."(35면). 【나손본】호황이 ᄒᆞᆫ 긔쟝으로 ᄒᆞ여곰 신뎐을 가져 우리 군듕의 드러가 ᄀᆞ로ᄃᆡ 됴션 장졸이 내 빠호ᄂᆞᆫ 법을 보니 엇더ᄒᆞ뇨 너희 장곤들이 뎐쟝의 나아가 우리 고산으로 더브러 빠화 이길 쟝ᄎᆞᆺ 우리 경을 보미 가ᄒᆞᆫ더 (나손본 48면)

54) 밤에 상간 북쪽에서 싸우더니, 진병(秦兵) 반은 돌아오지 못했네. 아침에 고향 소식

1650~?)의 〈강남행(江南行)〉[55]이다. 그런데 "슬고닙히 난만홀 제 셤안의셔 써나더니"(서인석본 18면)라는 구절의 원시(原詩)를 보면 "茨菰葉爛別西灣"인데, "자고 잎[茨菰葉]"을 "살구 잎[杏葉]"이라고 했고, "서만(西灣)"을 "섬 안[島內]"이라 한 것은 원시를 모른다는 뜻이다. 서인석본의 탁월한 어휘 구사와 매끄러운 문장, 예사롭지 않은 구성 솜씨로 보아 한문본을 직접 번역한 사람이라면, 또 그것을 부연한 사람이라면 놓칠 수준이 아니다.

한글본인 서인석본과 나손본은 모두 여성적 시각에서의 변모가 두드러진 특징이다. 서인석본은 뒷부분이, 나손본은 앞부분이 각각 없지만[56] 공통된 항목을 서로 달리 표기하고 있어 각각 다른 저본을 필사했음을 알 수 있다. 서인석본의 주인공은 "김영텰"이고, 나손본은 "김텰"이므로 서인석본의 저본이 나손본의 저본보다 앞선 이본일 가능성이 높다. 그런데 서인석본에는 주인공을 "텰"로 표기한 데가 모두 9곳이고, 나손본에는 "영텰"로 썼다가 '영'을 지운 곳이 18군데이다. 적잖은 곳에서 주인공 인명 표기의 원칙이 흔들린 것이다. 나손본의 저본에는 주인공 이름으로 "김영텰"과 "김텰"이 혼재했을 가능성이 높다. 한편 "우모령(牛毛嶺)"을 서인석본에는 "우밀영"이라 썼고, 나손본에서는 "우미량"이라고 적었는데, 이 또한 서인석본의 저본이 앞서 형성되었을 가능성을 시사한다.

들려오니, 스스로 정의(征衣)를 부쳤다네[夜戰桑乾北, 秦兵半不歸, 朝來有鄉信, 猶自寄征衣].

55) 자고 잎이 난만할 때 서만에서 떠나더니, 연꽃이 피었건만 여태 아니 돌아오네. 나의 꿈은 강물 위를 떠나지를 못하는데, 낭군님은 봉황산에 계신다고 하는구나[茨菰葉爛別西灣, 蓮子花開不未還, 妾夢不離江上水, 人傳郎在鳳凰山].

56) 한문본의 같은 부분을 가지고 계산해 본 바로는 서인석본은 앞에 약 5면 분량이 낙장이고, 나손본은 앞 3면, 중간 3면 가량이 없는 상태다.

넷째, 조원경본은 지금까지 확인된 이본 가운데 가장 원작에 가까운 이본이다. 따라서 이본 대비와 작품 연구의 기준본으로 적합하다. 조원경본은 홍세태본과 인명 · 지명 표기가 거의 일치할 뿐만 아니라, 인용문 ⑥처럼 표현이 유사한 곳도 많이 발견된다. 박재연본이 조원경본 · 홍세태본과 세세한 표현에서 큰 차이를 보이는 것과 대조적이다. 또한 한글본인 서인석본 · 나손본과 어휘나 문장 표현에서 공통된 부분이 매우 많고, 인용문 ③ · ④ · ⑦처럼 한글본이 조원경본의 축자역(逐字譯)이라 할 만한 대목도 적지 않다.

현행 이본들은 서로 완전히 대응되지는 않는다. 한글본은 국역된 선행 저본을 필사한 이본이며, 박재연본은 한글본을 재한역한 후행본이기 때문에 지금처럼 제각각 다른 양상을 보이게 되었다. 하지만 각 이본은 원작에서 파생되어 전승되던 저본을 필사한 것이므로, 정도의 차이가 있을지라도, 모두 원작의 모습을 최소한 어느 정도씩은 이어받았을 것이다. 조원경본은 형성 경로와 속성이 각기 다른 이본들, 즉 초기의 축약본인 홍세태본과 한글 번역본의 19세기 이후 정착본인 서인석본 · 나손본과 문장 단위까지 공통된 부분이 많다. 이는 조원경본이 〈김영철전〉 이본의 모본 중의 모본인, 원작의 속성을 그만큼 많이 가지고 있다는, 다시 말해 원작에 가깝다는 말이다.[57] 조원경본은 원작을 무명씨가 윤색한 계열이고, 홍세태본은 따로 원작을 축약한 판본이며, 서인석본과 나손본은 원작을 국역한 저본을 각각 후대에 필사한 사본이고, 박재연본은 국역본을 재한역한 이본이다.

57) 조원경본은 같은 한문본이라 해도 문장을 다듬는 정도였다는 점에서 개작에 가까운 축약본인 홍세태본, 한글로의 번역과 재한역 과정을 거친 박재연본과는 근본적으로 다르다.

5. 조원경본 〈김영철전〉의 자료적 가치: 맺음말을 대신하여

이 글에서는 새로 발견된 조원경본 〈김영철전〉을 소개하고, 다른 이본과의 대비를 통해서 그 자료적 가치를 평가해 보았다. 아울러 조원경본 끝부분의 언급과 관련 자료를 검토하여 김응원(金應元)이 1688년 이후에 〈김영철전〉의 원작을 지었으며, 그것을 무명씨가 윤색한 것이 현재의 조원경본 계열임을 밝혔다.

조원경본은 경상도 청도에 살았던 박증대(朴增大)가 1762년 전후에 필사했다. 홍세태본보다는 늦지만, 19세기에 필사된 박재연본 · 서인석본 · 나손본보다 적어도 50년, 많게는 100년 이상 이른 시기에 형성된 이본으로, 원작과의 시간적 거리가 그만큼 가깝다는 말이다. 게다가 홍세태본처럼 축약되지도 않았고, 한글본이나 박재연본처럼 번역과 재한역이라는, 텍스트의 성격이 달라질 만한 급격한 변화를 거치지도 않았기 때문에 작품 내적으로도 원작에 가까울 거라고 본다. 인명, 지명 표기 등에서 다른 이본들에 비해 구체적이고 정확하다는 점, 각각 형성 경로가 다른 이본인 홍세태본 · 서인석본 · 나손본과 문장 단위까지 유사한 건 물론이고 축자역이라 할 만한 부분도 여러 곳 확인된다는 점이 그 증거이다.

물론 박재연본이나 서인석본, 나손본에만 보이는 화소 가운데는 원작에 있었는데 조원경본 계열의 형성과정에서 빠진 게 있을 수 있다. 그것이 조원경본이 가진 이본으로서의 단점일 수 있겠는데, 필자는 빠진 부분이 많지 않다고 생각한다. 이 점은 말 그대로 원작이 나오지 않는 이상 확인하기 어려운 부분이다. 따라서 현 단계에서는 조원경본을 〈김영철전〉의 주 텍스트, 또는 기준본으로 삼고, 박재연본 · 서인석본 · 나손본을 보조 텍스트로 삼아 연구해야 이런 한계를 보완

할 수 있다. 조원경본은 다른 이본과 공통된 요소가 많으므로 현재 우리가 볼 수 없는 원작을 가늠해 볼 때 기준으로 삼기에 적당한 이본이기 때문이다. 또한 〈김영철전〉 원작을 재구하기 위해서는 제 이본을 교합해야 하는데, 특히 인명 · 지명 표기와 문장 표현은 조원경본을 반드시 참조해야 한다.

문헌 기록으로 살펴본 〈최고운전〉의 수용 양상

1. 머리말

최치원(崔致遠, 857~?)의 사적은 『삼국사기』 같은 역사서에 올랐고, 그와 관련된 일화나 작품평도 여러 시화집에 실려 있다. 또한 『태평통재(太平通載)』 등의 문헌과 〈최고운전(崔孤雲傳)〉 같은 소설, 그 밖에 구비설화에도 그의 이야기가 적잖게 전해온다. 천여 년 세월을 뛰어넘어 어떤 인물에 관한 기억이 전승된다는 건 예사롭지 않은 일이다. 아마도 최치원의 범상치 않은 삶이 역사적 · 문화적으로 대단히 큰 의미를 지녔기 때문일 것이다.

최치원 전승을 연구하자면 그의 다양한 활동과 작품 세계, 문헌전승과 구비전승을 아울러야 한다. 그러나 이 글에서 그 모든 걸 소화하기엔 벅차기에 범위를 줄이지 않을 수 없다. 그의 시문(詩文)에 관해서는 많은 논저에서 이미 다뤘을 뿐만 아니라, 최치원 전승과 직접 연결되는 부분도 많지 않으므로 여기서 굳이 다루지 않겠다. 또 『태평통재』에 남아 있는 "수이전(殊異傳) 일문(逸文)" 〈최치원(崔致遠)〉은 대체로 그 소설성 여부를 따지는 데 논의가 집중된 감이 있어 재론을 피하겠다. 이 논문에서는 〈최고운전〉을 중심으로 최치원과 관련된 허구적 서사가 어떻게 수용됐는지 살피기로 한다.[1)]

'최치원 이야기'는 많은 소설 이본(異本)과 다양한 구비설화 각편(各

篇)으로 전승되고 있다. 〈최고운전〉에 대한 논의는 신자료 소개와 이본 연구,[2] 설화성과 소설화에 관한 연구,[3] 비교문학적 연구,[4] 창작 방법과 주제의식에 관한 연구[5] 등으로 전개됐다. 지금까지 논의에서 난점은 근현대에 채록된 구비설화가 언제 지금의 형태와 내용을 갖췄는지를 알 수 없다는 것이었다. 어느 시기에 어떤 정도의 의미망을 구성한 채 전승됐는지, 그 연원이 어디에 있는지를 확실히 해야만 다음 논의도 성과를 거둘 수 있다. 이 글에서는 관련 기록을 검토하면서 과거 독자들이 소설 〈최고운전〉을 문자 텍스트로 수용한 양상과 구비전승의 주체들이 이를 구비설화화 해서 향유한 양상을 살펴 보겠다.[6] 이를

1) 이본 전체를 통칭할 때는 '최고운전'이라고 하고, 다른 제명은 특정 이본을 지칭할 경우에만 쓰겠다.

2) 정병욱, 「최문헌전소개」, 『백낙준박사 환갑기념 국학논총』, 사상세계사, 1955; 윤영옥, 「최고운전고」, 『영남어문학』 3, 영남어문학회, 1976; 민영대, 「최충전 이본연구」, 『한남어문학』 7 · 8합, 한남대 국문과, 1982; 정학성, 『역주 17세기 한문소설집』, 삼경문화사, 2000.

3) 정병욱, 「최문헌전에 대하여」, 『한국고전의 재인식』, 홍성사, 1979; 장덕순, 「최치원과 설화문학: 고운전설을 중심으로」, 『아카데미논총』 4, 1976; 김열규, 「지하계탐방 및 괴수제치 소재론」, 『한국학보』 8, 일지사, 1977; 한석수, 『최치원전승의 연구』, 계명문화사, 1989; 유광수, 「〈최고운전〉의 설화적 전승과 '최치원설화'의 연원」, 『한국문학연구』 39, 동국대 한국문학연구소, 2010.

4) 김현룡, 『한중소설설화비교연구』, 일지사, 1976.

5) 최기숙, 「권력담론으로 본 최치원전」, 『연민학지』 5, 연민학회, 1997; 박일용, 「〈최고운전〉의 작가의식과 소설사적 위상」, 『고전문학연구』 16, 한국고전문학회, 1999; 정출헌, 「〈최고운전〉을 통해 읽는 초기 고전소설사의 한 국면」, 『고소설연구』 14, 한국고소설학회, 2002; 권택경, 「〈최고운전〉 연구」, 박사학위논문, 한국교원대 대학원, 2006; 이종필, 「〈최고운전〉의 초기 소설사적 의의에 관한 연구」, 석사학위논문, 고려대 대학원, 2006. 박일용, 「〈최고운전〉의 창작 시기와 초기본의 특징」, 『고소설연구』 29, 한국고소설학회, 2010; 박일용, 「〈최고운전〉과 『삼국사기』 〈최치원전〉에 그려진 최치원의 인물 형상」, 『고소설연구』 32, 한국고소설학회, 2011.

6) 문헌을 통해 살피는 만큼 과거 향유자 전체의 생각을 읽을 수는 없겠지만, 특히 관심을 보인 부분은 어느 정도 파악할 수 있을 거라 생각한다.

통해 과거 향유자들이 언제부터, 또 어떻게 〈최고운전〉을 즐겼으며, 그들의 주된 관심은 무엇이었는지 파악할 수 있으리라 기대한다.

2. 소설 〈최고운전(崔孤雲傳)〉의 수용 양상

이 작품을 소개한 정병욱 이래로 소설 〈최고운전〉의 형성 시기는 대체로 17세기일 거라고 믿어 왔다. '최문헌전'이 수록된 전기집을 엮었다고 본 김집(金集, 1574~1655)의 생존 시기에 근거한 추정이었다.[7] 그런데 김현룡은 아래 기록을 제시하며 1579년 이전에 〈최고운전〉이 나왔다고 주장했다.[8]

> 기묘년(1579)에 내가 공무로 호서 내포(內浦)를 순행하다가 보령에 도착했다. 그 때 사문(斯文) 김황(金滉)이 현감이었는데, 부친의 친구였다. 조용히 이야기하던 중에 '최문창전'을 꺼내 보여주었다. 누가 지은 건지는 모르지만, 금돼지 이야기가 매우 자세히 실려 있어서 속으로 혹 그러려나 싶었다. 나중에 당사(唐史)를 뒤적이다가 보니 구양순이 원숭이와 매우 닮았고, 당시 사람이 '백원전'을 지었으며, 그 부친까지 비방했다고 했다. 그런 뒤에야 금돼지에 관한 이야기가 호사가에게서 나왔고, '백원전'을 효빈한 게 의심할 바 없다는 걸 알았다.[9]

---

7) 소위 '신독재수택본전기집'은 〈최고운전〉이 언제 성립됐는지를 알려주는 지표로서의 의미는 상당 부분 잃었다. 「효빈잡기」의 기록에 밀려서기도 하지만, 과연 김집(金集)의 손을 거쳤는지가 분명치 않기 때문이다.

8) 김현룡, 「최고운전의 형성 시기와 출생담고」, 『고소설연구』 4, 한국고소설학회, 1998.

9) 己卯歲, 余因公差, 巡湖西內浦, 到保寧. 時金斯文滉爲知縣, 乃父執也. 從容談話之

고상안(高尙顔, 1553~1623)이 '최문창전(崔文昌傳)'을 접하게 된 사연이다. 이 기록을 읽을 때 걸리는 문제가 둘이다. 그것은 '〈백원전〉을 본떴다[效顰白猿]'는 말이 과연 무슨 뜻인가, '최문창전'이 과연 우리가 보는 〈최고운전〉의 이본이라고 할 수 있는냐 하는 의문이다.

고상안은 '최문창전'을 당(唐) 전기(傳奇) 〈보강총백원전(補江總白猿傳)〉과 연결지어 생각했다. 괴수에게 납치됐다가 돌아온 여인이 남다른 자식을 낳은 사건이 두 작품에 모두 나오기 때문이다. 하지만 사건의 외형은 비슷해도 작중 기능은 전혀 다르다. 〈보강총백원전〉은 대상을 비방하고 조롱하는 게 목적이었다.[10] 반면 〈최고운전〉은 주인공의 탁월함을 드러내려는 의도였다. 그러다 보니 이류(異類)와 관계를 맺었을지도 모른다는 의혹이 구양흘에겐 조롱의 근거가 된 반면, 최치원에겐 특별함의 근원이 된다.

독자들은 '백원전'에서 구양순·구양흘 부자를 비방한 걸로 이해했다. 한데 〈최고운전〉은 전혀 그렇지 않다. 실제 최치원의 부친은 그렇게 알려진 인물이 아니다. 〈최고운전〉에서처럼, 아들에게 성취 동기를 불어넣은 존재로 인식됐을 뿐이다. 그런 사람을 굳이 헐뜯을 이유가 없다. 그렇다고 최치원을 비방한 것 같지도 않다. 전설이나 기타 문헌에서는 외려 대단한 인물로 떠받들고 신비화했다. 〈최고운전〉도 마찬가지다. 그러니 고상안이 효빈했다고 한 건 탄생담에 국한한 감상일 뿐이다.

餘, 出崔文昌傳, 以示之. 未知何人所作, 而載金猪事頗詳悉, 竊以爲或然矣. 後閱唐史, 看他歐陽詢酷似獼猴, 時人作白猿傳, 謗及其親. 然後, 知金豬之說, 出於好事者, 而效顰白猿也, 無疑矣. 고상안, 「효빈잡기 상(效顰雜記上)」(『패림(稗林)』 7, 탐구당, 1969, 162쪽).

10) '백원전'도 드러내놓고 구양순을 비방하는 건 아니다. 겉으로는 괴수를 퇴치하고 부인을 구출한 구양흘의 영웅적 활약상에 초점을 둔 것처럼 보인다.

그렇다면 고상안이 말한 '최문창전'이 소설이 아닌, 전설 혹은 단형 서사물일 가능성을 배제할 수 없다. 고상안은 탄생담만 언급했는데, 원래 텍스트가 그랬을 가능성(①)과 그의 인상에 남은 것이 딱 그 대목이어서일 가능성(②)을 검토해야 한다. ①이라면 〈최고운전〉과는 거리가 멀고, ②일 경우에는 〈최고운전〉과 상대적으로 가깝다. 가능성은 후자가 더 높다. '○○전'이라는 제목을 단 문자 텍스트의 창작 관행 상 오로지 탄생담만 있다는 건 생각하기 어렵다. 전(傳)이나 소설의 일반적인 형태에서 멀리 벗어난 사례라면 모르지만, 그럴 가능성은 아주 낮다. 따라서 고상안이 언급한 '최문창전'은 탄생담뿐만 아니라 뒷이야기까지 있는 〈최고운전〉의 이본이었다고 보는 게 온당하다.

이와 관련해서 다음 자료가 참고가 된다. 조위(曺偉, 1454~1503)는 고상안보다 100여 년 전 인물인데, '최문창전(崔文昌傳)'을 지었다고 한다.[11] 「효빈잡기」에서 언급한 것과 제목은 같지만, 실제로는 전혀 다르다. 이 글은 그의 문집인 『매계집(梅溪集)』에 수록돼 있지 않아 구체적인 내용을 확인할 수 없다. 다만 「제최문창전후(題崔文昌傳後)」[12]를 통해 그의 생각과 작품의 대강을 짐작할 수 있다.

> 당나라에서 벼슬하자니 안에서는 환관들이 멋대로 하고 밖에서는 번진들이 횡행하여 주량(朱梁)이 찬탈할 조짐이 이미 싹텄고, 본국을 섬기자니 어리석은 임금[헌강왕-필자]은 정치를 마땅치 않은 사람에게 맡겼고, 여왕[진성여왕-필자]은 음란하여 기강을 어지럽혔으며, 조정에는 총신(寵臣)들이 가득하여 부화뇌동해서 헐뜯었다. 참으로 제

11) 권별(權鼈), 『해동잡록(海東雜錄)』 권3(『국역 대동야승』 5, 민족문화추진회, 1973, 333쪽).

12) 조위(曺偉), 「제최문창전후(題崔文昌傳後)」, 『매계집(梅溪集)』 권4(『한국문집총간』 16, 민족문화추진회, 1988, 342~343쪽).

> 몸조차 용납되지 않는 마당에 오도(吾道)를 행하기를 바라겠는가! …(중략)… 큰 집이 무너지려 할 때에는 나무 하나로 지탱할 수가 없고, 바닷물이 넘치는 걸 한 손으로 막을 수는 없다. 깊은 산에 찾아들어 사슴과 벗하고 넝쿨을 부여잡고 밝은 달을 희롱했던 게 어찌 공의 본심이었으랴! …(중략)… 사람이 그 때를 만나지 못했고, 운명과 재주가 어울리지 못했으니 어찌 천고의 한이 아니랴![13]

조위는 1491년에 최치원과 관련된 곳을 직접 찾았다.[14] 인용문은 그 감회를 적은 부분이다.[15] 세간에서는 신라 말의 혼란한 시국에 최치원이 제대로 처신하지 못한 게 아닌가 의심했다. 제 몸만 생각해 나라의 위태로운 현실을 외면하지 않았냐는 것이다.[16] 조위는 애써

---

13) 由其欲仕唐也, 則宦寺擅於內, 藩鎭橫於外, 朱梁簒弑之兆已萌, 欲事本國也, 則昏主委政於匪人, 女后淫瀆而亂紀, 嬖倖盈朝, 翕翕訿訿, 固不可容吾身, 而望其行吾道乎! …(중략)… 大廈將傾, 非一木可支, 滄海橫流, 非隻手可遏. 尋深山而友麋鹿, 攀薜蘿而弄明月者, 豈公之本心哉! …(중략)… 人與時不遇, 命與才不諧, 豈非千古之恨耶! 조위, 위의 글, 342쪽.

14) 이제 은거했던 땅을 발로 밟고, 제시(題詩)했던 돌을 손으로 만지니, 산의 푸르름은 공의 기상이요, 물의 청랑함은 공의 풍치이며, 솔바람 소리가 반공에 울리는 건 공의 목소리다. 귀에 들려오는 모든 것이 성음과 용모와 닮지 않은 게 없으니 배회하며 돌아본 뒤에도 여전히 다 못한 회포가 있다. 내가 여기에 온 까닭이 어찌 꼭 이뿐이겠는가! 그런 까닭에 사모하고 우러르는 마음을 짧은 글에 대략 적는다. 또한 공의 평생 경개를 열서(列書)하여 뒷날 이곳에 와 노닐 사람들에게 공의 출처 본말을 자세히 알게 하려 한다. 홍치 4년(1491) 신해 7월 상순에 창녕 조 아무개가 쓰다[及今足躡棲隱之地, 手撫題詩之石, 山之蒼蒼然者, 卽公之氣像, 水之泠泠然者, 卽公之風韻, 松籟之咽於半空者, 卽公之謦欬. 凡接於因入於耳者, 無非髣髴乎聲容, 則徘徊顧瞻之餘, 尙有不盡之懷. 余之來此, 豈苟焉而已哉! 故略敍慕仰之懷於短句之中, 且列公平生梗槩, 使後之來遊此地者, 詳公出處本末云. 弘治四年歲在辛亥七月上浣, 夏山曺某書]. 조위, 위의 글, 343쪽.

15) 『동국야언(東國野言)』에도 조위의 이 글을 옮겨 실어 놓았다. 『동국야언(東國野言)』(『한국야담자료집성』 9, 계명문화사, 1987, 337~340쪽). 오운(吳澐)의 『동사찬요(東史簒要)』에도 일부가 전재(轉載)되어 있다.

16) 어떤 이들은 이렇게 의심한다. 공의 큰 재주를 거두어 동국에 돌아와서 힘을 다해

최치원을 변호한다. 그는 최치원이 부귀공명에 초연했던 게 아니라 오히려 그걸 적극 추구했다고 생각했다.[17] 최치원이 세상을 등진 것도 그런 꿈을 실현할 수 없는 상황에서 내린 불가피한 선택으로 이해했다. 제아무리 출중해도 시대의 격랑을 혼자 헤쳐나갈 수는 없으니 다른 방법이 없었을 거라는 얘기다.

인용문보다 앞에 서술한 내용은 『삼국사기』 열전을 압축한 정도다. 조위가 쓴 '최문창전'이 일반적인 전의 작법에 충실했음을 알 수 있는 대목이다. 그렇다면 최치원의 행적을 포장(褒獎)하려는 의도 아래 사실을 기술하고 행적을 평가하는 데 중심이 놓였을 게 분명하다. 조위의 '최문창전'을 염두에 두고 생각하면 앞서 고상안이 봤다는 '최문창전'이 일반적인 전과 다른, 소설이었을 개연성은 한층 높아진다.

다음으로 19세기 초 · 중반의 〈최고운전〉 수용 양상을 알려주는 자료를 보겠다.

우리 종형 태우씨는 약관일 때부터 경학과 문장이 세상에 쓰일 만하

조반(朝班)에 나아가 매사에 잘못을 바로잡고 그 빠뜨린 걸 변통하고 문치를 도왔다면 나라의 형세가 위태롭게 되지는 않았을 테니 견훤과 궁예가 어찌 갑자기 창궐했을까마는, 도리어 유유자적하며 벼슬길에 연연하지 아니하고 나라의 위태로움을 마치 다른 나라 이야기라는 듯 방관했으니, 어찌 제몸만 깨끗이 하고 인륜을 어지럽힌 데 가깝지 아니하며, 보배를 품고서 나라를 어지럽게 놔둔 것에 가깝지 아니한가[或者疑其以公之大才, 卷以東歸, 陳力就列, 遇事匡救, 彌縫其闕失, 粉飾其文治, 則國勢不至於捏旐, 萱裔何遽於猖獗, 而顧乃棲遲偃仰, 不屑仕宦, 國之危亡, 視若越人之肥瘠, 無乃幾於潔身而亂倫, 懷寶而迷邦者耶] 조위, 앞의 글, 342쪽.

17) 이건 그렇지 않다. 공은 어린 나이에 멀리 큰 바다를 건너 험하고 괴로운 걸 꺼리지 않았고, 약관이 되기 전에 과거에 급제하는 걸 마치 수염을 뽑듯 했으니, 그 마음이 어찌 상자평(向子平)이나 대효위(臺孝威)를 본받으려 했겠는가! 그가 공명에 뜻을 세우고 입신양명에 마음을 두었던 건 전혀 의심할 바가 없다[是不然. 公以童稚之年, 遠涉溟海, 不憚險艱, 未弱冠, 取科第如摘髭, 其心豈欲效向子平臺孝威者耶! 其勵志功名, 而有心於立揚者, 蓋無疑也]. 조위, 앞의 글, 342쪽.

> 고 나라를 빛낼 만했다. 게다가 여러 책을 섭렵하여 <u>비록 패서나 잡록이라도 꼭 빌려다가 모아서 상자에 가득 담고 서가에 꽉 채워 훑어볼 자료로 삼았다</u>. 내 선친께서는 책가게 꼴이 될까 늘 경계하셨지만, 좋아하는 게 버릇이 돼서 그만두질 못했다. 나는 나이로 종형과 십 년 차이가 나는데, 스무 살 이전에는 서안을 마주하며 함께 지낼 때가 많았다. 나도 책을 많이 보는 버릇이 있어서 종형이 쌓아놓은 책을 여러 번 읽었다. 또한 볼 적마다 초록을 해서 상자 속에 던져 넣었는데, 거의 삼십여 년이 지났다. …(중략)… 마음을 쏟고 손을 댔던 공을 생각하니 몹시 아까웠다. 내 거처에서 노니는 여러 사람들과 상의해 손 닿는 대로 옮겨 베꼈더니 여섯 편이 됐다.[18)]

『계산담수(鷄山談藪)』는 송래희(宋來熙, 1791~1867)가 남긴 잡록(雜錄)이다. 이 책이 나오게 된 과정은 「제계산담수(題鷄山談藪)」를 통해 알 수 있다. 송래희는 스무 살 무렵에 종형(從兄)인 송명희(宋命熙, 1781~1833)와 함께 공부하곤 했다. 두 사람은 종류를 가리지 않고 구할 수 있는 책은 모두 읽었던 모양이다. 송래희의 부친인 송계정(宋啓楨, 1762~1818)은 그걸 걱정했다. 책가게 주인들은 책을 잔뜩 쌓아놓고 팔지만 정작 그 내용은 모른다. 송계정은 학인으로서 갖춰야 할 올바른 자세를 강조했다. 손에 잡히는 대로 아무 책이나 읽어서는 안 된다고 주의를 준 것이다. 이런 지적에도 불구하고 두 사람은

---

18) 吾太愚從氏, 自弱冠時, 經術文章, 足以需世華國. <u>而又博極於羣書, 雖稗書雜錄, 必搜借裒聚, 盈箱滿架, 以資涉覽</u>. 吾先君子每戒有書肆樣, 而固爲癖好, 不能已也. 吾年差少吾從氏十年, 而廿歲以前, 則恒多對案共處. 余亦有看書之癖, 因吾從氏所儲之書而資其繙閱. 又隨看輒有抄錄, 投諸篋笥者, 殆過三十餘年矣. …(중략)… 念以心手所到之功, 殊爲可惜. 乃謀於諸客之遊於余所者, 隨手移寫, 凡爲六編. 송래희, 「제계산담수(題鷄山談藪)」, 『금곡집(錦谷集)』 권11(『한국문집총간』 303, 민족문화추진회, 2003, 327쪽); 송래희, 『계산담수(鷄山談藪)』 권2(『한국야담자료집성』 9, 계명문화사, 1987, 308쪽).

패서나 잡록 같은 책을 쉽게 놓지 못했다. 1810년 경에 송래희는 이런 글을 틈틈이 초록까지 해 두었고, 56세였던 1846년에 다시 정서해서 책으로 묶었다. 그게 바로 '계산담수'다.

송래희는 최치원의 행적에 깊은 관심을 보였다. 『계산담수』에 나란히 실은 「문창공사적(文昌公事蹟)」과 「문창후비문(文昌侯碑文)」이 그걸 말해준다. 「문창공사적」은 소설의 일부를 초록한 글이다. 여기에 적은 내용이 전설에는 보이지 않고, 소설 〈최고운전〉에만 나타난다는 점에서 그렇다.

> 대이나면서부터 신이하여, 나이가 겨우 세 살일 때 바닷가 섬에 있는 망경루[합천현에 있다-원주]에 은둔했다. 그러자 누군지 알 수 없는 신선 풍의 선비 수십 명이 대(坮) 위에 구름같이 모여서, 각각 그 학문으로 다투어 가르쳐 주었다. 이런 까닭에 문리를 크게 깨우쳐 마침내 문장을 성취했다. 늘 쇠 지팡이로 모래밭에 글자를 썼는데, 석 자짜리 지팡이가 닳아서 반 자쯤으로 줄었다.[19)]

부친에게 버림받은 최치원이 문장을 성취하게 된 내력을 설명한 부분이다. 모친이 금돼지에게 납치됐다가 돌아온 후에 최치원을 낳았다는 〈최고운전〉 도입부의 삽화는 이 기록에 없다. 하지만 이 부분만큼은 소설의 해당 대목과 자구까지 거의 일치한다.

그 다음에 전개되는 사건을 제시한 부분도 역시 소설 〈최고운전〉의 축소판이다. 중국 학사들과 대결[較文]할 때 지은 단구, 나소저를 유혹할 때 지은 시구, 당나라로 떠날 때 아내와 이별하며 주고받은 절구

---

19) 生而神異, 年甫三歲, 隱遯海島望景樓則(在合川縣), 不知何許仙風儒士數十, 雲會坮上, 各以其學競教. 由是, 大悟文理, 遂成文章. 常以鐵杖, 每書于沙中, 三尺之杖, 幾至半尺矣. 송래희, 「문창공사적(文昌公事蹟)」, 『계산담수』 권2(『한국야담자료집성』 9, 계명문화사, 1987, 311~312쪽).

두 수가 모두 그대로다. 또한 파경노(破鏡奴)로 자처하며 나승상 집에 들어가는 과정, 양마(養馬) 모티프와 석함(石函) 속 물건 알아맞히기, 나소저와의 이별까지, 짧지만 요령껏 잘 담아 놓았다. 이를 테면 다음과 같다.

> 이에 앞서 당나라 의종이 신라 유생의 방자함을 괘씸히 여겨 노하여 공벌(攻伐)하려 했다. 면화로 계란을 싸서 석함에 넣고, 또 황랍을 끓여서 그 가운데 부어 움직이지 않게 한 뒤 다시 동철을 함에 부어 열어 볼 수 없게 했다. 그러고는 석함을 가져가는 사자에게 조서를 주며 말했다. "만약 이 석함 속의 물건을 알아내 바치지 않으면, 도륙하여 멸하리라." 신라 왕이 보고 두려워서 온 나라 이름난 선비들을 불러 백호관에 모이게 한 뒤 하교했다. "함에 든 물건을 알아내 시를 짓는 자가 있다면 후하게 상을 내리겠노라." 뭇 신하들이 함께 아뢰었다. "나승상 딸의 재주와 식견이 금세에 비할 바 없으니 맡겨 물으소서." 왕이 말했다. "함 속의 물건을 알아내지 못하면 죄를 죽음으로도 용서치 않으리라." 이에 승상이 석함을 부둥켜안고 통곡하니, 승상의 딸이 크게 탄식했다. 파경노가 조용히 한참 있다가 말했다. "나를 사위 삼으면, 내 반드시 알아내 시를 짓겠소." 승상이 발끈하여 말했다. "어찌 종놈으로 사위 삼는 이치가 있다더냐?" 승상의 딸이 천천히 말했다. "아버지께서 저를 아끼시어 파경노의 말을 듣지 않으신다면, 후회해도 미치지 못할 것이옵니다." 승상은 일이 급박하여 허락하고 시를 부탁했다. 그 시는 이렇다. "단단한 돌 가운데, 반은 옥 반은 황금일세, 밤마다 때를 아는 새가, 정 머금고 소릴 내지 못하네."[20]

---

20) 先是, 唐毅宗猜嫌羅儒之放肆, 怒欲攻伐. 以棉花裹鷄卵, 盛以石函, 又煮黃蠟, 灌於其中, 不令動搖, 更以銅鐵漏函, 不使開見. 而仍以璽書, 付持函使者曰: "若不究此函中之物而獻, 屠滅之." 羅王見, 恐懼, 召一國名儒, 聚白虎觀, 而因教曰: "有能究函之物作詩者, 厚加償賜." 群臣閤奏曰: "羅丞相女子才識, 今世無比, 委以問之." 王曰: "若不究知函物, 則罪不赦死." 於是, 丞相撫函痛哭, 丞相女亦歔欷歎息, 破鏡默然良久曰: "若以我爲婿, 吾必究知作詩也." 丞相勵色曰: "豈有蒼頭爲婿之理乎?" 丞相女徐

문제를 해결하지 못하면 죽음을 면치 못할 거라고 을러대는 임금, 석함을 안고 통곡하는 승상, 한숨만 쉬는 승상 부인, 모두 한심한 모습이다. 그 틈에도 사위를 삼아야 알려주겠다는 약삭빠른 주인공, 천한 종놈에겐 딸을 줄 수 없다는 승상, 급하니 어쩔 수 없다는 나소저 등 다분히 연극적인 장면을 무리 없이 잘 압축해 놓았다. 부분적인 착오도 없진 않다. 소설에서는 나승상에게 석함의 수수께끼를 풀게 했는데, 딸로 바뀌었다. 나소저가 서사 진행에 매우 중요한 역할을 하고 식견이 높은 인물로 형상화된 데서 온 착각일 것이다.

여기까지는 소설을 축약한 형태다. 물론 전해들은 이야기를 기록했다고 볼 여지가 전혀 없는 건 아니다. 하지만 앞서 살핀 「제계산담수」에 따르면 문자 텍스트를 저본으로 초록한 게 분명하고, 그렇다면 소설본을 축약했을 가능성이 높다. 송래희가 젊은 시절에 패서를 탐독했다고 고백한 걸 상기하면 더욱 그렇다.

이어서 서술한 내용, 즉 도당(渡唐) 이후의 이야기는 역사적 사실에 비교적 충실하다. 대개 시화 또는 필기류로 전하던 것일 텐데, 최치원의 시구(詩句)에 대한 평을 여럿 덧붙였다. 맨끝에는 최치원이 신선이 됐다는 민간전승을 소개하고, 그런 믿음이 허황된 거라고까지 말한다.[21]

이렇게 「문창공사적」의 전·후반에 기술한 내용은 연원이 전혀 다르다. 글 한 편에 상충되는 요소가 혼재하는 셈이다. 상식적으로 보면,

---

曰: "家君愛我而不聽破鏡之言, 則後悔莫及." 丞相事係在迫, 許以請詩, 曰: 團〻石中物, 半玉半黃金, 夜〻知時鳥, 含情未吐音. 송래희, 앞의 글, 313쪽.

21) 세간에 전해오는 말로는 고운선생이 그 처자식을 이끌고 산에 들어가 신선술을 배워 장생불사했다고 한다. 세상 사람들은 어찌 그리도 쉽게 미혹되는지[世間傳言, 孤雲先生, 率其妻孥, 入山學仙, 長生不死云. 何世人之易惑也]. 송래희, 앞의 글, 317쪽.

앞서 소설을 축약해 제시한 부분이 훨씬 황당하다. 금돼지와 얽힌 탄생담이나 천녀(天女)가 최치원을 양육했다는 대목은 사실로 받아들이기 어려운 이야기이기 때문이다. 그럼에도 불구하고, 적어도 송래희는, 앞부분을 개연성이 있다고 본 것 같다. 아울러 〈최고운전〉의 뒷부분이 오히려 설득력이 떨어진다고 생각했거나 구성을 마뜩잖게 여겼으며, 혹 그렇지 않다 해도, 최소한 흥미로워 하지는 않았다는 걸 알 수 있다.

이처럼 급격한 방향 전환이 이루어진 까닭은 다음 두 가지로 추론해 볼 수 있다. 첫째, 초록한 시기와 책으로 엮은 시기의 차이이다. 30년의 시간이 흘러 그는 이미 노경에 접어들었다. 학문적 · 인격적으로 성숙하면서 젊은 시절과 다른 생각을 품게 됐을 것이다. 둘째, 나란히 실은 「문창후비문」의 논조에 견인됐을 가능성이다. 비문 내용으로부터 아주 자유로울 수는 없겠기 때문이다.

송래희의 「문창공사적」은 19세기의 문헌이므로 〈최고운전〉의 형성시기를 추적하는 데는 적당치 않다. 하지만 당시에 〈최고운전〉이 널리 읽혔다는 걸 확인해 주는 기록으로서의 가치는 충분하다. 앞서 검토한 자료는 〈최고운전〉을 읽은 흔적일 개연성이 있지만, 그걸 확증할 수 없다는 게 난점이었다. 그런데 「문창공사적」은 소설 〈최고운전〉을 다른 자료와 비교해가면서 읽고 남긴 글로, 과거 독자들이 이 작품의 어떤 부분에 더 관심을 가졌는지 알려주는 사례라는 점에서 의미가 있다. 〈최고운전〉의 주제의식을 살필 때 참고할 만한 대목이다.

한편 최근 들어 『화동인물총기』에 들어 있는 〈최고운전〉의 내용이 주목받고 있다.[22] 그러나 이 문헌이 고려말에 형성됐다고 보는 건

---

22) 박일용, 「〈최고운전〉의 창작시기와 초기본의 특징」, 『고소설연구』 29, 한국고소설학회, 2010; 박일용, 「〈최고운전〉과 『삼국사기』 〈최치원전〉에 그려진 최치원의 인

온당치 않다. 『화동인물총기』의 협주에서 밝힌 지명은 대개 조선 전기, 태종 때부터 쓰던 명칭이다.[23] 그렇다면 현재 전하는 책은 최소한 태종 이후에 형성된 텍스트라고 봐야 옳다. 물론 1458년에 범석희(范錫熙)가 이 책을 필사하면서[24] 협주를 첨가했을 가능성도 없지는 않다. 그러나 단순 필사만 했다고 가정한다면 이야기는 달라진다. 전남대 영인본과 국립중앙도서관본은 아주 사소한 차이를 빼면 동일하다. 그 차이는 대개 오자를 바로잡거나 탈자를 첨입(添入)하는 데서 왔다. 주목할 부분은 "해모수(鮮慕漱)"·"해부루(鮮夫屡)"를 "선모수(鮮慕漱)"·"선부루(鮮夫屡)"로 일관되게 적었다는 점이다.[25] 두 이본에서 같은 오자를 반복한 사례 가운데 하나다. 서로 다른 이본에서 같은 현상을 노출한 건 모본 단계에서 일어난 오류로 봐야 한다. 그렇다면 같은 모본, 또는 동일한 계통의 저본을 상정해야 한다. 범석희가 베꼈다는 사본에 앞서 이미 지금의 형태로 존재했다고 봐야 한다는 말이다. 거기에 이미 태종 때 개칭한 지명이 들어 있다는 건 현행본의 모본도 역시 그 시기를 넘어서지 않는다는 뜻이다. 따라서 『화동인물총기』의 성립 시기를 조선 개국 이전으로 비정하는 건 옳지 않다.

『화동인물총기』는 앞선 시기의 인물을 차례로 거론하며, 그들 행적의 옳고 그름을 논평하는 게 주 내용이다. 기술된 내용을 신뢰한다면, 이 책은 고려 왕조에 충성하겠다는 뜻을 같이 한 사람들끼리 나눈

물 형상」, 『고소설연구』 32, 한국고소설학회, 2011.

23) 전남대 영인본을 기준으로 두 곳만 예시하자면, 가섭원(迦葉原)을 영변부(寧邊府)라고 한 부분(134면), 날이군(捺已郡)을 경상도 영천(榮川)이라고 한 부분(164면)을 들 수 있다.

24) 1면 첫머리에 "伏崖著, 話東人物叢記"라고 저자와 제목을 쓰고, 그 밑에 "曾孫錫熙. 天順戊寅三月, 漢城往十里移記"라고 적었다. 국립중앙도서관본에는 제목 아래 "耘谷 元天錫 總断, 伏崖 范世東 編輯"이라고 썼다.

25) 『화동인물총기』, 전남대 출판부, 1993, 133~134면.

대화를 기록한 것이다.[26] 이런 혼란한 시기에 어떻게 처신해야 옳은지를 고민한 흔적인 셈이다. 이 말을 믿는다 해도 의혹은 계속 남는다. 귀감으로 생각하는 선현, 또는 반면교사로 삼을 인물을 평가하면서 정사(正史)가 아닌, 그렇다고 야사(野史)도 아닌, 소설(小說)에 근거한다는 게 타당할까 하는 의구심을 떨칠 수 없다. 가벼운 한담도 아니고, 그런 시국에 소설 내용을 가지고 인물의 잘잘못을 따진다는 건 가당치 않기 때문이다. 최치원을 문묘에 종사한 게 합당한가를 논변한다는 애초의 목적에서 벗어나도 한참 벗어나 버렸다. 뒤늦게 성리학적 이념과 유자로서의 처세관을 강조하지만, 앞서 제시한 내용과 충돌하는 건 막을 수 없다. 이런 논법은 상황의 엄중함과 내용의 심각함에 비추어 보면 썩 설득력 있어 보이지 않는다. 특히 소설에서 묘사한 성격이나 행적을 사실로 전제하고 후세에까지 보일 의론을 편다는 건 이해하기 어렵다.[27]

정리하면 이렇다. 『화동인물총기』는 위서일 가능성이 높다. 다른 부분은 몰라도 최치원이라는 잘 알려진 인물을 평하면서 소설을 근거로 삼는다는 건 어불성설이다. 그렇게 믿을 만큼 〈최고운전〉의 구성이 현실적이지도 않다는 점에서 더욱 그렇다. 그러나 이 책의 최치원 관련 서술은 소설 〈최고운전〉의 수용 양상을 보여주는 자료로서는 가치가 있다. 언제 누가 『화동인물총기』라는 책을 쓴 건지는 모르지만, 소설을 스스로의 주장을 합리화하는 수단으로 활용했다는 점은 주목

26) 『화동인물총기』, 위의 책, 190~193면.

27) 최치원의 부친을 '최충(崔沖)'이라고 한 〈최고운전〉 첫 문장은 전혀 논파(論破)하지 않은 채 '금돼지의 자손 운운'한 게 이치에 맞는지만 따지기 시작한다. 뒤에서 실존 인물 문헌공(文憲公) 최충(崔沖)을 논급한 부분(37~49면)과도 전혀 맞지 않는 데도 그렇다. 진짜 원천석의 입에서 나왔다면, 이어지는 말은 모두 무의미한 장광설일 뿐이다. 첫머리부터 『화동인물총기』가 위서라는 걸 드러낸 셈이다. 대신, 의도와 무관하게, '최고운전'이라는 문자 텍스트를 참고했다는 사실은 확실히 입증해준다.

할 부분이다. 그런 목적을 충분히 달성했는지와는 별개로, 소설을 끌어들였을 만큼 파급력만큼은 인정했다는 뜻이기 때문이다.

3. 〈최고운전〉의 구비설화화와 그 수용 양상

여기서는 17세기부터 19세기 후반까지의 문헌을 통해 소설 〈최고운전〉의 영향 아래 형성된 구비설화가 어떻게 수용됐는지를 살피기로 한다.[28] 조선후기 시문 가운데는 최치원과 관련된 언급이 적잖이 보이지만, 소설과 직접적으로 관련됐는지는 입증하기가 쉽지 않다. 일례로 아래 유몽인(柳夢寅, 1559~1623)의 시를 들 수 있다.

세전하길 최치원은 금돼지의 핏줄인데	世傳崔子金猪產
가야에서 연마하여 글솜씨가 묘했다네	鍊業伽倻文字工
바다 건너 당나라의 천하를 활보했고	泛海橫行李天下
글을 지어 신라국의 조정을 뒤덮었네	摛華衣被羅朝中
그 시절에 신선 됐던 석문에는 달이 떴고	當年羽化石門月
천년 전에 금심 돕던 청학동엔 바람 부네	千載琴心鶴洞風
혹여 볼까 지금도 홍류동의 물가에서	或看至今紅水棧
선동을 거느리고 청노새로 건너는 걸[29]	青驢橫渡領仙童

28) 여러 문헌에서 실존인물 최치원에 관한 설화적 전승의 흔적을 발견할 수 있다. 그러나 이 글에서는 소설 〈최고운전〉이라는 허구적 서사에 토대를 둔 구비설화에 한해서만 살피겠다. 따라서 소설과의 관련성을 확증하기 어려운 자료는 제외한다. 또한 시기가 겹치는 경우에는 대표적인 경우만 살필 것이며, 20세기 초반의 자료는 언급하지 않겠다.

29) 유몽인, 〈회현(懷賢)〉, 『어우집(於于集)』 후집 권2(『한국문집총간』 63, 민족문화추진회, 1991, 494쪽).

유몽인이 지리산 주변에 은거했던 다섯 사람을 기리면서 지은 시 중 첫수다. 이 시는 「효빈잡기」의 기록보다 약간 뒤의 작품이다. 세상에선 최치원을 금돼지의 자손이라고들 말한다고 했다. 중국에서 문명(文名)을 떨친 일과 고국에 돌아온 사실도 언급했다. 은거하다가 신선이 됐다는 전설을 떠올린 경련(頸聯)·미련(尾聯)은 소설보다는 시화(詩話)나 설화의 내용에 가깝다. 후반으로 갈수록 설화에 기반한 내용임을 감안하면 전체적으로 구비전승에 연원을 뒀다고 볼 수 있다. 그러나 강렬한 첫구를 설명하기에는 어딘가 부족해 보인다. 『수이전』 일문을 보고 쓰지 않았다는 건 분명하지만, 어디에 근거를 뒀는지는 여전히 단언하기 어렵다. 고상안의 기록이 소설 독서에서 비롯됐다는 점과 유몽인이 『어우야담』의 저자로 기문이사(奇聞異事)에 관심이 남달랐다는 점을 감안하면, 소설 독서 경험을 반영했을 가능성도 배제할 수 없기 때문이다.

그런 면에서 이제부터 살필 자료들은 〈최고운전〉 향유과정에서 형성된 구비설화를 접한 뒤에 쓴 게 분명하다. 시기 순으로 차례로 보기로 한다.

1 <u>옛 성첩은 문창군의 땅이고</u>	古堞文昌郡
<u>황량한 대는 학사의 자취네</u>	荒臺學士蹤
풍경은 옛 모습이 그대론데	風煙猶舊態
화류는 누굴 위해 단장하나	花柳爲誰容
옛 생각에 시 천 수를 짓고서	感古詩千首
잔을 돌려 봄술 한 잔 마시네	醻春酒一鍾
어른과 어린아이 두 세 명이	冠童二三子
봉우리에 달 뜨기를 기다린다[30]	歸待月生峯

② <u>학사비엔 글자가 없는데</u> 學士碑無字
<u>문창군은 이름이 있다네</u> 文昌郡有名
풍류 아는 어지신 태수시고 風流賢太守
강해에서 늙어갈 서생일세 江海老書生
시름을 더시라고 술 올리고 酒爲銷愁進
옛일을 생각하며 시를 짓네 詩因感古成
월영대도 사라져 없으니 仙臺亦消歇
세상사를 평하지 말지라[31] 世事不須評

신지제(申之悌, 1562~1624)는 1613년 9월에 창원부사로 부임해서 1618년까지 재임했다. 이 기간 중에 그는 여러 번 월영대(月影臺)·관해정(觀海亭) 등 고적을 찾았다. 으레 그렇듯이 창원 인근 지역의 사대부들과 동행했고, 술과 시로 함께 즐겼다. 조임도(趙任道, 1585~1664)가 지은 ②도 이런 상황에서 나왔다. 그들은 1614년 3월 3일에 월영대에서 함께 노닐다가 최치원의 사적을 생각하며 시를 지었다.

위의 두 편에서 주목할 부분은 '문창군(文昌郡)'이라는 지명이다. 이 시기를 포함해서 창원(昌原)을 '문창(文昌)'으로 부른 적은 단 한 번도 없다.[32] 따라서 '문창'이라는 지명을 거론한 글은 어떤 식으로든 소설

30) 신지제, 〈춘일유월영대(春日遊月影臺)〉, 『오봉집(梧峯集)』 권2(『한국문집총간 속』 12, 민족문화추진회, 2006, 412쪽).

31) 조임도, 〈갑인답청 동오봉장유월영대(甲寅踏靑, 同梧峯丈遊月影臺)〉, 『간송집(澗松集)』 권1(『한국문집총간』 89, 민족문화추진회, 1988, 31쪽).

32) 『신증동국여지승람』 권32, 경상도 창원도호부(昌原都護府) 건치 연혁.

〈최고운전〉의 영향권 안에 있다.[33] 주민들은 최치원 이야기를 자주 입에 올리곤 했는데,[34] 신지제의 시에는 이런 현지의 민간 전설을 듣고 얻은 감흥이 담겨 있다. 17세기 초반 창원 지역에서는 소설 내용을 기초로 한 구비전승이 활발하게 이루어지고 있었다는 얘기다.

> ③ 지금 창원에서는 최학사의 옛 일을 속어로 서로 전언하는데, 모두 괴상하고 허황돼서 믿을 바가 못 된다.[35]

> ④ 속언(俗諺)에 고운의 아버지가 문창의 수령이었는데, 고운이 군에서 태어나 군에서 자랐고, 이 대를 쌓고 시를 읊으며 노닐었다고 한다. 그 말을 비록 징험할 수는 없지만, 어린 나이에 굳건히 발을 디뎠다면 반드시 부친을 따라 군에 온 때가 아닐 리 없으니, 평생의 힘을 얻은 곳이 이 대에 있을 것이리라. 네가 나를 따라 노닌 것과 마침 서로 비슷하구나. 이 이야기를 적어 네 학문이 고운의 만분의 일이라도 되기를 권면하노라.[36]

---

33) 유광수는 구비설화에서 허구적 지명인 '문창'이 강한 결속력을 지닌 채 전승되는 현상은 소설이 설화화했기 때문임을 논증했다. 유광수, 앞의 논문, 15~20쪽 참조.

34) 밤마다 푸른 물결 월영대에 오건만 　夜夜滄波月影臨
왔다가 가는 구름 원래가 무심하네 　雲來雲去本無心
천년의 물색이 조금은 남아서 　千年物色分留少
한림의 얘기를 주민에게 자주 듣네 　慣聽居人說翰林

신지제, 〈차가신월영대운(次可信月影臺韻)〉, 『오봉집(梧峯集)』 별집(앞의 책, 540쪽).

35) 今昌原有俚語相傳言崔學士古事, 皆怪誕不足信. 허목, 「월영대기(月影臺記)」, 『기언(記言)』 권28(『한국문집총간』 98, 민족문화추진회, 1992, 144쪽).

36) 諺曰孤雲之父宰文昌, 而孤雲生於郡長於郡, 築是臺而遊詠. 語雖無徵, 而幼年立腳則未必非從父來郡之日, 而平生得力之地, 其在是臺歟! 汝從我遊, 適與相類. 記此說勉汝學爲孤雲於萬一云. 신지제, 「월영대기(月影臺記)」, 『오봉집』 권6(앞의 책, 495쪽).

3은 대략 1640년대 초반의 기록이다.[37] 허목(許穆, 1595~1682)은 1641년부터 창원(昌原)에 우거(寓居)하다가 1645년에 연천(漣川)으로 돌아갔기 때문이다. 그는 창원 지역 민간에서 최치원 설화가 전승되는 상황을 기록했다. 속어로 말을 전한다고 했으니 구비전승임에 틀림없는데, 괴상하고 허황하다고 한 걸 보면 우리가 지금 접하는 바와 같은 비현실적인 이야기였던 것 같다.

4는 1614년에 신지제가 쓴 글이다. 부사로 부임한 1613년에 신지제는 월영대를 구경하며 최치원의 발자취를 더듬었다. 이듬해에 그의 아들 신홍망(申弘望, 1600~ ?)도 이곳을 유람하고 깊이 감명을 받았다고 한다.[38] 아들의 감상은 장관을 목도한 데서 온 찬탄이 주를 이뤘다.[39] 4에는 그렇게 경물에 압도 당하고 만 어린 아들을 향한 아버지의 바람을 담았다. 자식이 뜻을 세우고 정진해서 최치원처럼 뛰어난 사람이 되기를 바라는 마음이 간절하다. 이곳에서 최치원이 문장을 수련했다고 믿고, 당연히 아비와 함께 왔을 때였을 거라고 생각한 건 전하는 이야기를 들은 신지제의 추측이다.

이 글을 통해 자신의 처지와 동일시해 가며 설화를 수용하던 사람들

---

37) 조경(趙絅, 1586~1669)에게 보낸 편지에서도 이 글을 언급했다. 허목, 「여조용주(與趙龍洲)」, 『기언(記言)』 별집 권6(『한국문집총간』 99, 민족문화추진회, 1992, 27쪽).

38) 癸丑之歲, 余蒙恩假守會昌, 時九月旣望, 與數三友生, 泛舟南浦, 遵海而臺, 飽觀乃廻. 翌年秋, 豚兒繼是遊. 신지제, 「월영대기」(앞의 책, 494쪽).

39) 翌年秋, 豚兒繼是遊, 錄其事而告余曰: 昨之登是臺也, 片雲無礙, 天光若掃, 微風不興, 水色如磨. 俄而桂魄纔露於東岑, 而萬丈銀梯, 落於波中, 亘於臺之下, 令人超然欲飛登而直抵於廣寒殿也. 奇形異彩, 稍稍而變, 如河神散明珠而弄輝, 如鮫人鋪文綃而戲彩, 如列宿之鬪焉, 如急電之揮焉, 如金蛇亂掣焉, 如玉龍驚走焉, 如僊掌矗矗焉, 如寶塔層層焉, 壘壘如覺焉, 疊疊如甕焉, 如珪焉如璧焉. 俄頃之間, 萬狀千態, 蓋於東南西海之涯, 邀月遊賞之地多, 而其勝見奇觀如此臺則未嘗有也, 臺之以月影名, 其以是歟! 신지제, 같은 곳.

의 태도를 엿볼 수 있다. 설화 속 최치원은 월영대를 그만의 독자적인 세계를 구축하는 터전으로 삼았다. 신지제는 자기 아들도 그렇게 해주기를 소망했다. 여기서 언급하고 있는 설화는 〈최고운전〉의 영향 아래 형성됐다. '문창 수령'이 아들을 위해 대를 쌓았다는 언급에서 이 점이 분명하게 드러난다. 한편 설화화하면서 부자 사이의 갈등을 모호하게 처리했을 가능성도 엿볼 수 있는데, 신지제의 착각일 개연성 또한 배제할 수 없다.

5 최고운 선생을 뵌 듯하니	似見孤雲子
문창엔 아직도 대가 있네	文昌尙有臺
창파는 천지에 일렁이고	滄波天地在
명월은 고금에 떠오누나	明月古今來
시 쓴 돌은 글자가 묻혔고	石沒題時字
앉던 단은 이끼에 덮였네	壇生坐處苔
시 읊자니 산에 걸린 해 지건만	朗吟山日晩
수레 세워 오래도록 배회하네[40]	停蓋久徘徊

정기안(鄭基安, 1695~1767)이 쓴 '월영대(月影臺)'라는 시다. 시인은 언뜻 최고운의 모습을 본 것 같은 착각이 들었다. 그러나 눈 앞에 보이는 건 천 년 세월을 한결같이 출렁이는 파도와 변함없이 떠오르는 달뿐이다. 다시 보니 그 시절에 시를 새겼다는 돌은 글자도 알아 볼 수 없게 됐고, 고운이 앉았을 자리에는 이끼가 끼었다. 옛사람의 자취는 이렇게 흔적만 남았지만, 쉽게 자리를 뜨지 못한다.

시 끝에 단 주석이 흥미롭다.[41] 최고운이 어려서 글공부하던 곳이

---

40) 정기안, 〈월영대〉, 『만모유고(晩慕遺稿)』 권1(『한국문집총간 속』 73, 민족문화추진회, 2009, 444쪽).

월영대라는 것이다. 수학했던 사실과 관련된 전설을 소재로 시를 지었다고 이해하면 되겠는데, 이곳을 "문창현 옛땅[文昌縣舊地]"이라고 했다. 주석을 단 정기안이 어디에 근거를 뒀는지는 모르지만, 고적에 얽힌 민간전설에서 따왔다고 해도 그 근저에는 〈최고운전〉이 자리하고 있다.

> 이른바 월영대란 곳을 찾았는데, 신라 때의 학사 최고운이 노닐던 곳이다. 그 옆에 옛 문창군이 있으며, 앞에는 부학산이 있고, 산 아래 금돝섬이 있다. 세상에 전하기를 학사의 아버지가 문창군 태수일 때 괴이한 일이 있었다고 한다. 이 말은 매우 허탄하여 유자(儒者)가 전하고 믿을 바가 못 된다.[42]

민재남(閔在南, 1802~1873)은 경남 함양 출신이다. 「동유록(東遊錄)」은 그가 마산·창원·김해·부산 등 남동 해인 일대의 명승과 고적을 유람하고 남긴 기행문이다. 이 글을 언제 썼는지는 분명치 않지만, 여행지에서 일본인들과 이야기를 나누는 장면을 보면[43] 노년의 경험담을 남긴 걸로 보인다. 대체로 1860~70년대, 즉 19세기 중반 이후의 기록인 셈이다.

---

41) 월영대는 문창현 옛 땅에 있다. 세상에 전하기로는 최고운이 어렸을 때 노닐던 곳이라고 한다. 예전에는 고운이 제시(題詩)한 돌이 있었으나, 지금은 땅 속에 반이나 묻혀 글자에 흙이 차서 알아볼 수 없다고 한다[臺在文昌縣舊地, 世傳崔孤雲兒時所遊處. 古有孤雲題詩石, 今陷入地幾半, 而字陻不可識云]. 정기안, 같은 곳.

42) 訪所謂月影臺, 羅代崔學士孤雲所遊也. 傍有文昌故郡, 前有浮鶴山, 山下金猪島. 世傳以爲學士之父爲文昌守時, 有異事云. 此說甚誕, 非儒者所可傳信也. 민재남, 「동유록」, 『회정집(晦亭集)』 권8, 경상대 문천각 소장, 3~4면.

43) 方向釜山, 望倭關·草梁等地, 而指點焉. 忽遇七倭人服裝物表, 初見甚怪, 一倭呼余以老人曰: "年幾何?" 頗解漢音, 不解者, 以筆話相通, 乃知其姓名爲平富政. …(중략)… 昨見異域山川, 自謂奇觀, 今與異國人物相對談笑, 且觀寶鏡, 其奇又如何也! 민재남, 위의 글, 7~8면.

여기서 눈길을 끄는 대목은 금돋섬[金猪島]의 위치를 설명한 바로 뒤에 최고운의 이야기를 다시 언급한다는 점이다. 전문(傳聞)을 믿을 수 없다고 했으니, 민재남이 소설을 직접 봤다고 말할 수는 없다. 다만 최치원의 부친이 문창군 수령으로 부임했을 때 괴이한 일이 벌어졌다고 한 걸 보면 소설과의 상관성을 엿볼 수 있다. 돋섬의 유래담에는 최치원 부친의 역할이 없는 만큼 굳이 문창군 태수였음을 언급할 이유가 없다. 또한 최치원이 화살을 쏘아 금돼지를 해치웠다는 전설을 몹시 허망한 이야기라고까지 할 까닭도 없다. 금돼지가 최치원 모친을 납치해간 사건을 언급한 게 아닐까 추정한다. 「동유록」은 이렇게 〈최고운전〉의 수용 과정에서 파생된 이야기가 지역의 전설과 결합된 형태를 보여준다.

4. 맺음말

최치원 전승의 스펙트럼은 매우 넓다. 따라서 그 공통점과 차이점을 섬세하게 읽어내야 한다. 현재 전하는 최치원 관련 설화 중에서 상당 부분은 소설 〈최고운전〉의 영향을 받아 형성됐다. 이 글에서는 문헌 자료를 중심으로 〈최고운전(崔孤雲傳)〉이 문자 텍스트로 수용된 양상과 구비설화로 변모되어 향유된 양상을 검토했다.

기록으로 보면, 대체로 16세기 후반에는 소설이 등장한 게 분명하다. 이어 17세기 초반부터는 이 작품의 내용을 언급한 단편적인 기록이 속속 나왔다. 이런 기록은 특정한 지리적 공간에서 느낀 감회를 읊은 게 대부분이었다. 유몽인 · 신지제 · 정기안 등의 글은 17세기에 이미 소설 내용이 구비설화가 되어 민간은 물론 사대부들 사이에도 퍼져 있었다는 증거다. 또한 송래희가 남긴 「문창공사적(文昌公事蹟)」처럼 소설을 요령껏 압축해 제시한 경우도 있었다. 이를 통해 과거 향유자들의 이목을 끌었던 대목이 근현대 설화 구연자들이 흥미롭게 느낀 부분과 크게 다르지 않았다는 사실이 분명해졌다.

〈최고운전〉 독자들과 구비전승 향유자들은 최치원이 당나라에 건너가기 전까지의 서사에 관심을 집중했다. 그 중에서도 금돼지와 연결된 신비한 출생과 뛰어난 글솜씨를 얻는 과정이 깊은 인상으로 남았다. 고상안·송래희의 글에서 이런 점을 확인할 수 있고, 구비전승의 수용자들에게서도 비슷한 면을 발견할 수 있다. 따라서 〈최고운전〉의 주제의식이 무엇인지도 이런 관점에서 다시 생각할 필요가 있다. 이를테면 중국과의 대외관계를 염두에 두었다는 식의 설명은 나름 타당성이 있지만, 그런 면이 독자들의 관심을 끈 주된 요소는 아니었다는 의미기 때문이다.

〈서해무릉기〉 이본의 변이 양상과 그 의미

1. 머리말

선행 연구에서는 〈서해무릉기〉를 대체로 다음 세 가지 관점에서 다뤘다.[1] 첫째, 혼사 장애의 원인을 근친혼으로 보고 혼인 제도에 문제를 제기했다는 입장,[2] 둘째, 젊은 남녀가 진정한 성인으로 거듭나기 위해 거치는 통과제의를 그린 작품이라는 견해,[3] 셋째, 군도(群盜)가 횡행하도록 만든 사회를 비판한 작품이라는 주장[4]이 그것이다. 그러나 입장 차이만 확인했을 뿐 다음과 같은 여러 문제에 대해 아직까지 뚜렷한 결론에 도달하지 못했다.

우선 이 작품이 어떤 유형에 속하는 작품인지부터 합의하기가 쉽지 않다. 남자 주인공인 유연을 영웅적 인물로 볼 수 있는지, 사랑에 모든 걸 건 열정적인 남성으로 봐야 할지 논자마다 주장이 다르다. 작가가 혼인 풍속에 관해 문제를 제기하려 했는지, 사회 현실을 비판하려 했

---

1) 이본 전체를 통칭할 때는 '서해무릉기'라고 하고, 다른 제명은 특정 이본을 지칭할 경우에만 쓰겠다.

2) 정윤수, 「〈셔히무릉기〉의 구성과 의미」, 『어문연구』 90, 한국어문교육연구회, 1996.

3) 김명순, 〈서해무릉기〉, 김진세 편, 『한국고전소설작품론』, 집문당, 1990; 이정화, 「〈서해무릉기〉의 탐색모티프 연구」, 석사학위논문, 경북대 교육대학원, 1997; 김명순, 「〈서해무릉기〉의 혼사장애 내용과 그 의미」, 간행위원회 편, 『한국 고전소설과 서사문학』 상, 집문당, 1998.

4) 배정희, 「〈서해무릉기〉의 신고찰」, 『문학과언어』 26, 문학과언어학회, 2004.

는지도 의견이 분분하다. 공간적 배경인 서해무릉도의 성격을 규정하는 문제도 그 연장선에 있다. 통과의례 때의 격리된 공간으로 이해하여 남녀 주인공이 진정한 성인으로 거듭나는 장소라고 보기도 하고, 종교적 깨달음을 얻은 곳이라고 설명하거나, 체제를 부정하던 사람들이 꿈꾸던 이상향으로 해석하기도 한다.

필자는 이런 상황이 초래된 이유 중 상당 부분이 작품 연구의 기초인 이본 검토를 제대로 하지 않은 데 있다고 생각한다. 지금까지는 이화여대본[5]과 김광순본[6]만 가지고 이 작품을 논의해 왔다. 그러다 보니 지나치게 일반론적인 언급에 그치거나 역으로 사소한 부분을 과도하게 해석하는 경우가 없지 않았다.[7] 따라서 작가의 의도는 무엇이었고, 독자들은 무엇을 기대했는지 꼼꼼히 다시 읽을 필요가 있다. 지금까지 알려지지 않은 이본들을 포괄할 때 그 의미는 좀 더 잘 드러날 거라고 믿는다.

다행히 이제까지 소개되지 않은 이본이 고려대, 성균관대, 아단문고에 각각 소장돼 있고, 이 외에 다른 작품 뒤에 일부를 필사한 경우도 보인다.[8] 이 글에서는 여러 이본의 특징을 대비해 계열을 분명히 하고, 그러한 변이가 갖는 의미를 살피겠다. 이를 통해 작가의 의도와

---

5) 「셔ᄒᆡ무릉긔 권지단」, 이화여대 한국문화연구원 편, 『한국고대소설총서』 4, 통문관, 1961. 이하 '이화여대본'이라 약칭한다.

6) 「셔ᄒᆡ무릉긔 권지단」, 김광순 편, 『김광순 소장 필사본 한국고소설전집』 8, 경인문화사, 1993. 이하 '김광순본'이라 약칭한다.

7) 강애희는 〈서해무릉기〉의 주제를 '애정'이라고 언급하는 정도에 머물렀고, 배정희는 이 작품이 체제 비판적인 성격을 띤다고 봤다. 강애희, 「서해무릉기 연구」, 『이화어문논집』 5, 이화여대 이화어문학회, 1982; 배정희, 앞의 논문, 203쪽.

8) 경북대본 '윤최ᄌᆡ합녹 권지단' 끝부분에 〈서해무릉기〉의 일부를 필사해 놓았다. '윤최ᄌᆡ합녹'은 〈윤지경전〉의 이본이다. 140면까지는 '윤최ᄌᆡ합녹'을 필사했고, '셔ᄒᆡ무령기'는 147~152면에 걸쳐 결말부만 옮겨 썼다. 필사한 부분만 보면 이화여대본 · 아단문고본과 흡사하다.

독자들의 기대가 어떻게 반영되었는지 확인함으로써 작품 이해를 위한 단초를 마련할 수 있을 거라 기대한다.

2. 〈서해무릉기〉의 이본 현황

〈서해무릉기〉의 이본이 매우 희소하다는 말은 실상과 맞지 않는다. 필자가 확인한 것만 해도 적어도 다섯 종이 온전한 형태로 남아 있다. 이화여대본·아단문고본·김광순본·고려대본·성균관대본이 그것이다. 이 밖에도 경북대본 '윤최직합녹'의 끝부분에 〈서해무릉기〉의 결말부를 필사한 게 전한다.

경북대본은 비록 온전치 않은 형태지만, 〈윤지경전〉과 합사(合寫)한 점을 눈여겨 봐야 한다. 필사자는 〈서해무릉기〉와 〈윤지경전〉 사이의 친연성을 인지하고 함께 필사했기 때문이다. 두 작품은 태생적으로 깊은 관련이 있다. 남녀 주인공이 인척간으로 설정돼 있다는 점이 공통적이고, 혼인날에 환난을 만나 풍파를 겪은 뒤에 온전한 부부로 맺어진다는 게 비슷하다. 다만 혼사 장애의 원인과 해결 과정에 차이가 있을 뿐이다. 〈윤지경전〉은 정치적 담론이 아주 큰 비중을 차지하는데, 이는 당쟁의 소용돌이에 휘말린 당대 정치·사회현실을 우의(寓意)했기 때문이다.[9] 이에 비해 〈서해무릉기〉는 거의 전적으로 애정담에 초점을 맞췄다는 점에서 〈윤지경전〉과 다른 의도에서 출발한 작품임에 분명하다.

본격적인 논의에 앞서 지금까지 거론되지 않은 이본을 간단히 소개

9) 송하준, 『조선후기 역사소설과 민족 정체성의 재구성』, 학자원, 2015, 244~264쪽.

하면 아래와 같다.

아단문고본 : 표제 셔히무릉긔(西海武陵記) 권디단, 내제 셔히무릉긔 권디단, 119면, 매면 11행 16자 내외

고려대본 : 표제 武陵記 全, 내제 므릉긔, 144면,[10] 매면 9행 18자 내외

성균관대본 : 표제 유연젼, 내제 없음, 89면, 매면 12행 20자 내외

작품의 제목은 "셔히무릉긔", 그 한자 표기인 "西海武陵記"가 일반적이다. 경북대본에 일부 남은 자료까지 치면 네 종류가 "셔히무릉긔"라고 했다. 고려대본·성균관대본 끝에는 "무릉긔합녹"이란 작품명이 보이는데,[11] 고려대본은 이를 표제에 반영했다. 성균관대본은 "유연젼"이라 하여, 이본 가운데 유일하게 주인공 이름을 내세워 제목을 달았는데, 도서관 측에서 장정을 새로 하면서 지어 붙인 것 같다.[12]

이본의 글자수는 이화여대본 20,274자, 아단문고본 약 21,000자, 김광순본 21,406자, 고려대본 25,019자, 성균관대본 24,864자이다.[13] 분량을 보면 앞의 세 이본에 비해 고려대본·성균관대본이 약 4,000자 가량 부연됐음을 알 수 있다. 뒤에서 살피겠지만, 이화여대본·아단문고본·김광순본이 축약됐을 가능성은 낮다.

---

10) 뒤에 함께 필사한 가사 작품 '강상선(江上船)'·'호셔별곡'을 제외한 분량이다.

11) "졔목을 무릉긔합놉[녹]이라 젼을 지으이라" 고려대본, 144면; "무릉긔흡녹이라 ᄒᆞ여 셰샹의 젼ᄒᆞ노라" 성균관대본, 89면. 인용문에서 "[ ]"는 원문의 오탈자를 필자가 바로잡은 것이다. 이하 같다.

12) 앞 표지 내측에 "유연젼(假名)"이라고 연필로 적어 놓았다.

13) 아단문고본을 제외한 나머지 네 이본의 글자 수는 띄어쓰기를 제외하고 글자만 계산한 수치다. 아단문고본은 1차 자료 조사 때 대체적인 성격을 파악했으나 자구까지 세세히 대조하지는 못했다. 이에 재차 검토하려 시도했지만, 열람할 수 없었다. 따라서 이 글에서는 1차 조사 때 작성한 메모로 확인할 수 있는 부분만 제시하기로 한다.

3. 〈서해무릉기〉 이본의 특성과 그 계열

1) 〈서해무릉기〉 이본의 특성

먼저 작품을 크게 세 부분으로 나누어 살펴보면 각 이본이 무엇에 초점을 두었는지가 드러난다. 첫 번째, '납치 이전'은 본격적인 서사가 진행되기 전 단계다. 도입부의 인물 소개, 혼담이 성사될 때까지의 사연이 여기에 해당한다. 그러나 이 부분이 작품 전체의 방향을 예고한다는 점을 간과해선 안 된다. 두 번째, '납치와 탈출'은 작품의 중심 서사로, 신혼 초야에 신부가 납치되는 장면에서부터 서해무릉도에서 상봉한 두 사람이 탈출에 성공하는 대목까지다. 두 사람이 겪는 고난과 장애 극복의 의지, 문제 해결 과정을 보여준다. 세 번째, '귀향과 후일담'은 고향에 돌아와서 부모에게 용서를 받고 행복하게 살았다는 뒷이야기를 전하는 부분이다.

이본 명칭	전체 분량	납치 이전		납치와 탈출		귀향과 후일담		비고
		글자수	비율(%)	글자수	비율(%)	글자수	비율(%)	
이화여대본	20,274	3,413	16.8	11,336	55.9	5,525	27.3	
아단문본	21,000	3,612	17.2	11,706	55.8	5,682	27.0	추산
김광순본	21,406	3,364	15.7	11,742	54.9	6,300	29.4	
성균관대본	24,864	4,168	16.8	14,133	56.8	6,563	26.4	
고려대본	25,019	5,475	21.9	12,837	51.3	6,707	26.8	

위 표에서 각 이본의 특징이 한눈에 드러난다. 성균관대본 · 고려대본은 이화여대본 · 아단문고본 · 김광순본에 비해 전반적으로 확대 · 부연됐다. 그러면서도 김광순본은 탈출한 뒤의 후일담에 상대적으로 큰 비중을 두었고, 고려대본은 납치 이전 결연 과정에 공을 많이 들였

으며, 성균관대본은 납치와 탈출 과정에 무게를 실었다. 이런 각 이본의 특성을 좀더 자세히 살피기 위해 작품의 초 · 중 · 종반에서 각각 한 대목씩 변별되는 곳을 대비하고, 이어서 작가의 변을 살펴보겠다. 이를 통해 작품의 성격, 필사자의 작품 이해 방식, 이본의 선후 관계를 개략적으로나마 파악하고, 작가의 의도를 어느 정도 엿볼 수 있을 것이다.

(1) 최소저가 연분을 인지하는 과정

최소져 침변에 의지ᄒᆞ야 일몽을 어드니 홀연 동으로셔 한 노옹과 일위 청년니 그 뒤흘 조차 드러오거날 소져 급히 숩고져 할 ᄎᆞ에 노옹이 갈오ᄃᆡ 나ᄂᆞᆫ ᄃᆡ운산 실녕이러니 소져의 가기를 졍ᄒᆞ려 왓스니 밧비 나와 륙예로 마즈소셔 언필에 거듭ᄡᅧ 보니 한 소년니 몸에 쳥나에를 입고 단졍히 즁게 우헤 셧다가 소져와 눈니 마조치거날 소져 경괴ᄒᆞ야 사창을 닷치고 창틈을 엿보매 슈려한 미우와 일쌍 봉안이며 관옥 갓흔 용모 진실노 기남ᄌᆞ요 쇄락ᄒᆞᆫ 풍ᄎᆡ라 심ᄂᆡ에 경아 차탄ᄒᆞ며 과이 놀나더니 쳔만 의외에 뉴공ᄌᆞ와 쳥혼ᄒᆞ야 길일이 불원함을 알고 소져 ᄂᆡ렴에 참괴ᄒᆞ며 더옥 삼종간니라 ᄒᆞ니 그윽히 고이ᄒᆞ야 만단 의심이러라 (김광순본, 7~8면)

션시의 최소제 그 날 위연이 창을 열고 경치 가려ᄒᆞ믈 사랑ᄒᆞ여 이윽이 상완ᄒᆞ다가 광풍이 〻러니[나] 쥭업[엽]을 헤치고 쳥삼 광뫼[메] 나붓기니 외인의 엿보ᄆᆞᆯ 경ᄒᆡᄒᆞ여 사창을 급히 다드ᄆᆡ 문틈으로 여녀[어]보니 일위 미소년이 옥면영풍으로 빵셩 졍광이 ᄌᆞ긔 신샹의 ᄡᅩ앗다가 창 다드ᄆᆞᆯ 인ᄒᆞ여 어린 ᄃᆞᆺ 취ᄒᆞᆫ ᄃᆞᆺ 묵〻히 옥안뉴풍이 딘짓 젹션디풍이라 십[심]이의 흠경ᄒᆞ여 자탄ᄒᆞ더니 …(중략)… ᄉᆡᆨ모념ᄐᆡ 구비ᄒᆞ니 져 소년의 미룡션ᄎᆡ에 겸손치 아닌지라 ᄂᆡ심의 탄ᄒᆞᄃᆡ 쳔의 미남ᄌᆡ ᄉᆞᄅᆞᆯ ᄂᆡ시고 ᄯᅩ 날을 ᄂᆡ시문 우연ᄒᆞᆫ 일이 아니로ᄃᆡ 문득 지친의 격ᄒᆞ미 이시니 조믈이 헌ᄉᆞᄒᆞ믈 가히 아지 못ᄒᆞ리로다 홀노 가셕ᄒᆞ믈 마지 못ᄒᆞ더니 ᄯᅳᆺ 아여[녀] 풍운의 길상이 혼긔를 ᄐᆡᆨ졍ᄒᆞ니 ᄒᆡᆼ희ᄒᆞ믈 알이러라 (고려대본, 27~29면)

최소저가 유연과 자신이 부부가 될 걸 알게 되는 과정은 크게 둘로 나뉜다. 이화여대본 · 아단문고본 · 김광순본에서는 초월적 존재가 최소저의 꿈에 나타나 인연이 있는 낭군을 맞으라고 말한다.[14] 이렇게 자신의 혼사가 임박했다는 암시를 받은 최소저는 삼종간인 유연과 혼인한다는 게 뭔가 이상하다는 반응이다. 이에 반해 고려대본 · 성균관대본(13~15면)에서는 혼담이 오가기 전에 이미 최소저의 마음 속에 유연이 들어왔다는 걸 분명히 한다. 최소저는 후원 대숲에서 자신을 넋놓고 바라보는 사내를 발견하고, 그의 옥면영풍에 반한다. 순간적으로 그의 짝이 되고픈 마음까지 들어서 상대와 제 모습을 슬쩍 견주어 보지만, 인척간이라 맺어질 수 없다는 걸 알고는 무척 낙담한다. 그런데 뜻밖에도 혼약이 정해졌나는 얘기를 듣고는 내심 기뻐했다고 했다. 여타 이본들과 사뭇 다른 면이다.

이 장면은 앞서 유연의 시각에서 두 사람의 첫 만남을 묘사한 대목과 짝을 이룬다.[15] 이렇게 두 사람의 내면을 번갈아 묘사하여 처음부터 서로를 원했다는 걸 분명히 보여 주었다. 만일 최소저가 유연에게 마음이 끌리지 않았는 데도 결혼해야 한다면, 부모가 정해준 짝을 받아들이는 데 불과하다. 그렇게 되면 최소저가 죽기로써 정절을 지키는

14) 이화여대본 · 아단문고본에서는 금산사 부처가 최씨의 꿈에 나타나 천생연분임을 알려준다. 이화여대본, 14~16면; 아단문고본, 20면.

15) "사창이 쾌히 열이난 곳의 일 미소졔 운발을 거두어 옥슈의 쥐고 옥셩 요〻ᄒᆞ여 시녀을 블너 머리 겨려 능히 빗지 못ᄒᆞ니 물을 더녀 오라 시네 응셩ᄒᆞ고 믈너나니 졍ᄌᆞ ᄒᆞᆫ 변[번] 보ᄆᆡ ᄇᆡᆨ셜 ᄀᆞᆺ튼 미용이 가려 찬난ᄒᆞ니 황홀ᄒᆞ고 …(중략)… 월궁 항ᄋᆞ을 ᄃᆡᄒᆞᆫ ᄃᆞᆺ 졍신니 표탕ᄒᆞ여 어린 ᄃᆞ시 ᄇᆞ라보고 넉슬 일헛더니 홀년 광풍이 〻러나 ᄉᆡᆼ의 ᄇᆡᆨ퇴 바람의 나붓기니 소졔 경동ᄒᆞ여 사창을 다드니 옥용화ᄐᆡ을 다시 보기 어려온지라" 고려대본, 13~15면.

것도 달리 해석해야 한다. 그것은 자신에게 주어진 책임을 다하려는 행동일 뿐이다. 지아비에 대한 도리를 다하고 가문의 명성을 떨어뜨리지 않으려는 당위적 행동이긴 해도, 사랑을 지키려는 자발적 행위가 될 수 없다는 말이다. 스스로 선택한 사랑을 지키려는 행동과 윤리 관념을 묵수(墨守)하는 건 의미가 전혀 다르다. 그런 점에서 이 장면은 작품 전체의 성격을 규정하고 작자의 의도를 해명하는 데도 큰 차이를 가져온다.

(2) 최소저의 실절/수절에 대한 유연의 생각

> 비록 목숨을 보전ᄒᆞ엿스나 의허치 아녀 임의 여러 ᄒᆡ예 능히 수절ᄒᆞ미 반듯ᄒᆞ도다 ᄒᆞ며 홀노 히심부심이 층냥업더라 (김광순본, 27~28면)

> 벅ᄎᆞ이 즐기지 아닛ᄂᆞᆫ 거동이로ᄃᆡ ᄒᆡ포 저곳의셔 졀을 보젼ᄒᆞ여시미 쏘 의외라 호ᄉᆞᄂᆞᆫ ᄇᆡᆨ츌ᄒᆞ고 쳔ᄉᆞ만상ᄒᆞ나 ᄯᅩᆯᄎᆞ ᄒᆞᆫ 원이 새로이 층츌ᄒᆞᆯ디라 (고려대본, 90~91면)

최씨와 유연이 극적으로 상봉하는 장면은 여러 이본이 대동소이하다.[16] 최씨가 신혼 초야에 입었던 차림 그대로라는 점도 같다.[17] 한데 유연의 머릿속에 떠오른 생각은 정반대다. 김광순본에서는 수절한 게 분명하다고 좋아한 반면, 다른 이본에서는 모두 실절했을 거라 지레짐작하고 심란해 한다. 고려대본은 절개를 지킨 게 오히려 '의외'라는 생각에 자꾸 '의심[狐思]'이 들었다고 했다. 단정까지는 아니어도 실절했을지도 모른다고 생각한 건 마찬가지다.

---

16) 이화여대본, 57~58면; 아단문고본, 74~75면; 성균관대본, 48면.

17) "황나삼 홍포상은 석일 동방화촉의 입엇든 ᄇᆡ라 삼년 ᄂᆡ에 변복ᄒᆞ미 업고 운환이 어지러스니 두발을 다ᄉᆞ리지 아녀슴을 가히 아리러라" 김광순본, 24~25면.

이 부분은 모든 이본이 다 나름대로 설득력이 있다. 이 때 최씨의 행동은 꽤나 부자연스러웠다. 유연의 정체가 탄로날까 봐 잔뜩 긴장했기 때문이다. 그런 속마음까지는 모른다 쳐도 겉모습만으로도 짐작할 만한 부분이 없잖았다. 세월이 삼 년이나 흘렀는데 초야의 복색 그대로라는 건 최씨가 변심하지 않았다는 표시다. 초췌한 몰골에 단장도 전혀 하지 않은 아내를 본 지아비라면 우선 애잔한 마음이 들게 마련이다. 좀더 생각하면, 최씨가 유혹을 물리치고 압박을 견디면서 실절하지 않았다는 걸 어렵지 않게 눈치챌 수 있다. 그래야 유연이 그곳을 떠나지 못하고 주위를 맴도는 다음 부분과 자연스럽게 연결된다.

그런 데도 이 대목이 달라진 이유는 다음 두 가지로 생각해 볼 수 있다. 김광순본 필사자는 전후 맥락이 닿지 않는다고 생각했기에 변화를 준 것 같다. 인물의 성격을 달리 해석했다는 말이다. 거처는 물론이고 생사마저 모르는 정인을 찾아 삼 년이나 헤맬 정도라면 그 만한 믿음은 보여야 한다는 게 김광순본 필사자의 생각이었다.

그렇다면 다른 이본은 그런 쉬운 해석을 왜 외면했을까. 그건 작품 전체를 끌어가는 서사전략을 달리 이해해서인 것 같다. 작가는 최소저가 실절하지 않았을까 의심하도록 유도했다. 성년의 부녀자를 납치하는 건, 금전을 갈취하려는 경우도 더러 있지만, 대개는 성적 욕구를 채우기 위해서다.[18] 그러니 삼 년이나 감금돼 있었는 데도 정절을 지켰다는 건 쉽게 믿기지 않는 일이다. 유연의 마음속에 의심이 생긴 것도 그래서다. 작가는 이렇게 슬쩍 의혹만 제기해 놓고는 따로 언질을 주지 않았다. 대신 급박한 상황으로 얼른 돌아갔다. 독자들이 서사에 빠져들게 하면서도 실절 여부에 대한 궁금증을 계속 안고 가게

18) 부녀납치 설화에서는 정절을 보장받지 못한다. 주명희, 「부녀납치형 대적퇴치설화고」, 장덕순선생 화갑기념논문집 간행위원회 편, 『한국고전산문연구』, 동화문화사, 1981, 25쪽.

만든 것이다. 이렇게 보면 김광순본의 필사자는 인물의 성격과 작가의 서사전략을 여타 이본과 다르게 판단했다는 걸 알 수 있다.

(3) 주인공의 죽음 예고와 장지 언급 유무

> 일〻은 일몽을 어더니 금산사 부쳐 와 알오ᄃᆡ <u>그ᄃᆡ 셰상을 오ᄅᆡ 극[겻]거 인간 자미을 다 보아서니 불의[불구의] 부〻 함[함ᄭᅴ] 지ᄒᆞ의 도라가리로다</u> ᄒᆞ니 …(중략)… <u>청원 옥임 션산의 합장ᄒᆞ고</u> …(중략)… ᄌᆞ녀 번셩ᄒᆞ고 손ᄋᆡ 무슈ᄒᆞ여 ᄀᆡ〻히 형산ᄇᆡᆨ옥 갓탄지라 <u>삼ᄌᆡ 등과ᄒᆞ여 잔[작]ᄎᆡ 고등ᄒᆞ고 이자난 남형으로 문히[회] 혁〻ᄒᆞ니 기[가]히 희환[한]타 일르더라</u> (이화여대본, 104~105면)

> 부인으로 ᄇᆡᆨ슈히로ᄒᆞ여 오ᄌᆞ 삼녀ᄅᆞᆯ 두어 ᄌᆞ손이 가득ᄒᆞ니 뉘 아니 부러ᄒᆞ며 삼 년 도로의 신고ᄒᆞᆷ과 적혈의 누욕을 ᄒᆞ며 일노 험ᄒᆞ리오 <u>ᄉᆡᆼ이 지셩이 감쳔ᄒᆞ여 부쳐의 도음음[을] 힘입어 긔특이 긔봉ᄒᆞ고 초의 아국의셔 아닌 쥬표을 씩어 ᄎᆈ시의 졀을 타인이 알게 ᄒᆞ니 이ᄂᆞᆫ 하ᄂᆞᆯ이 유의ᄒᆞ시ᄆᆞᆯ 가히 알너라</u> 부〻 상봉 후 반졈 흠ᄉᆡᆨ 업시 ᄇᆡᆨ슈히로ᄒᆞ고 부모긔 영효 극진ᄒᆞ니 (고려대본, 142~143면)

결말부는 두 계열로 나뉠 만큼 차이가 뚜렷하다. 금산사 부처가 현몽해서 남녀 주인공의 죽음을 예고한 대목과 청원 땅에 장례를 치렀다는 언급이 이화여대본 · 아단문고본 · 경북대본에 보이는데,[19] 고려대본 · 성균관대본은 이와 사뭇 다르다. 눈여겨볼 것은 남녀 주인공이 청원 땅에 묻혔다고 밝힌 이본인데, 장지를 언급하지 않은 경우에 비해 선행한 저본을 필사했을 가능성이 높다. 기존 이본에 없던 지명을

---

19) 아단문고본 · 경북대본은 이화여대본과 표현까지도 유사한데, 김광순본은 선산에 안장했다고만 했다. 아단문고본, 117~119면; 경북대본, 151~152면; 김광순본, 53면.

후대 이본에서 굳이 특정하려 들 이유는 없기 때문이다. 따라서 이화여대본 · 아단문고본 · 경북대본이 고려대본 · 성균관대본에 비해 선행한 이본이라고 봐야 온당하다.

후일담이 작품에서 차지하는 비율은 고려대본 · 성균관대본도 다른 이본과 큰 차이가 없다. 하지만 강조점은 많이 다르다. 특히 고려대본에서는 앵혈로 최씨의 명절을 증명했다는 걸 다시 환기했다. 앵혈 모티프가 작중 인물의 성격화나 사건 전개에 매우 핵심적인 요소였고, 작자의 의도를 파악할 때도 중요하다고 보고 강조한 것이다. 작품의 짜임새를 나름대로 분석해서 다른 독자가 유심히 봐야 할 부분을 짚어준 셈이다.

(4) 작가의 변 유무

> 뉴싱에 열부와 최시의 열졀을 그이함으로 일권셔를 지이 후세인으로 하여곰 알게 하노라 (김광순본, 53면)

> 당쵸의 최씨을 일헛실 적 의려흠을 어이 듯[쏫]ᄒᆞ리오 싱니[이] 팔도의 슈[쥬]류ᄒᆞ여 셔히무릉도의 가 샹봉ᄒᆞ여 라[도라]오ᄆᆡ 이럼[러]무로 츄셔흘[ᄒᆞ고] 무릉긔흡녹이라 ᄒᆞ여 셰샹의 젼ᄒᆞ노라 (성균관대본, 89면)

작가의 변에 해당하는 말이다. 이화여대본 · 아단문고본 · 김광순본 · 경북대본은 표현상 아주 작은 차이가 있긴 해도,[20] 같은 이야기를 했다. 이 말은 〈서해무릉기〉를 어떻게 이해할지, 그 방향을 제시해 준다. 작가는 남주인공을 '열부'라 칭하고 여주인공이 '열절'을 지켰다고 명토를 박았는데, 고려대본 · 성균관대본에서 두 사람이 겪은

---

20) 이화여대본, 105면; 아단문고본, 119면; 경북대본, 151~152면.

일이 기이하다고 찬탄하는 태도와는 온도 차가 있다.[21]

작가는 남녀 주인공의 미덕을 '열부'·'열절'이라는 말로 표현했다. 이 작품의 접근법이 보수적인 통념을 대변한다는 인상을 주기에 충분하다. 그러나 두 사람에게 관심을 고루 배분해 온 서술자의 태도로 미루어 보면, 균형 감각의 측면에서 생각할 필요도 있다. 고난의 당사자라고 해서 여주인공에게만 모든 주의를 기울여서는 안 된다는, 이 작품의 독법을 제시했다는 말이다. 운명적인 만남과 뜻밖에 닥친 고난, 오랜 기다림과 극적인 상봉, 귀환 후의 행복한 삶에 이르기까지, 두 사람을 있게 한 가장 중요한 요소로 변함없는 사랑과 떳떳한 행실을 든 셈이다. 한편 기이한 체험임을 강조한 고려대본·성균관대본은 두 사람의 교감과 열정에 더 무게를 실었다는 점에서 차이를 보인다.

2) 〈서해무릉기〉 이본의 계열

앞에서 살핀 내용을 표로 정리하면 다음과 같다.

이본 명칭	연분 인지	실절 / 수절	장지 언급	작가의 변	비고
이화여대본	현몽	실절 의심	○	○	
아단문고본	현몽	실절 의심	○	○	
김광순본	현몽	수절 확신	○	○	
고려대본	자각	실절 의심	×	×	
성균관대본	자각	실절 의심	×	×	

---

21) "시인이 공이 무릉의 긔특이 상봉ᄒᆞ여 이렷[럿]틋 효셩을 누리고 일ᄉᆡᆼ 희로ᄅᆞᆯ 나라[타]ᄂᆡ지 아니ᄒᆞ고 종ᄂᆡ 무흠ᄒᆞ믈 경찬ᄒᆞ연[여] 인ᄒᆡ 이 일ᄏᆞ라 아동 소졸이 입마다 외ᄂᆞᆫ 고로 제목을 무릉긔합놉[녹]이라 젼을 지으이라" 고려대본, 144면.

이화여대본 · 아단문고본 · 김광순본 사이, 고려대본 · 성균관대본 사이에는 강한 친연성이 있다. 이 밖에도 적잖은 부분에서 이런 현상을 발견할 수 있다. 이를 테면 여주인공의 이름이 나오느냐 그렇지 않으냐,[22] 한자어를 풀어 썼느냐 그렇지 않으냐[23] 등이다. 이런 부분에서도 대체로 고려대본 · 성균관대본은 여타 이본과 다르다. 따라서 이화여대본 · 아단문고본 · 김광순본을 한 계열로, 고려대본 · 성균관대본을 다른 계열로 나눌 수 있다. 그런 가운데 김광순본은 최소저의 수절을 의심치 않는다는 점에서 이화여대본 · 아단문고본과 차이를 보이는데, 같은 계열에 속하는 두 이본보다는 뒤에 일어난 변이라고 생각한다. 앞서 언급한 것처럼, 부녀납치 설화에서 아내의 정절은 보장받지 못한다. 그렇다면 아내가 실절했을 거라고 의심하는 게 탐색자인 남주인공의 태도로 더 맞을 텐데, 김광순본은 다른 각도에서 이를 해석하고 변화를 꾀한 셈이다.

이제 어떤 계열이 먼저 나왔고 어떤 쪽이 나중에 변이됐는지 밝힐 차례다.[24]

> 원ᄅᆡ 최슉에게 이러한 규슈 잇슴을 듯지 못ᄒᆞ엿더니 아람답고 그이ᄒᆞ도다 엇지 세샹의 져 갓ᄒᆞᆫ 미ᄉᆡᆨ이 잇난 쥴 아랏스리요 셔시 왕모와 월궁항아로 병구ᄒᆞ니 고금에 드문 졀ᄉᆡᆨ이라 쳔에야 엇지 친쳑으로 분ᄒᆞ야 뉴연에 ᄇᆡ우를 막으시나뇨 만일 져 소져 아니면 구슬 돗과 봉황벼개라도 부〻에 삶을 일우지 못ᄒᆞ리니 반다시 무쳐ᄒᆞ리로다 …(중

22) 고려대본 · 성균관대본에는 '월혜'라는 여주인공 이름이 나오지 않는다.

23) 고려대본 · 성균관대본에서는 "동가식 서가숙", "쇄옥낙화"와 같은 한자어를 한글로 풀어쓴 경우가 많다.

24) 특별한 경우를 제외하고는 김광순본과 고려대본만 대비하겠다. 두 이본이 같은 계열 중에서는 선본(善本)이기 때문이다.

략)… 이후로부터 ᄌᆞ연 심ᄉᆞ 울〻ᄒᆞ고 침식이 불감ᄒᆞ야 옥면니 초최ᄒᆞ고 안ᄉᆡᆨ이 여토ᄒᆞ며 정신니 다황ᄒᆞ야 ᄒᆡᆼ신과 말ᄉᆞᆷ이 온당치 못ᄒᆞ고 거동이 슈쳑ᄒᆞ니 (김광순본, 5~6면)

져 녀ᄌᆞ 최슉의 여ᄋᆡ니 진실노 엇던 복된 ᄌᆡ 져언[런] 미ᄉᆡᆨ의 현쳐를 득ᄒᆞᆯ고 긔이ᄒᆞ고 아람답도다 곳쳐 혜오ᄃᆡ 셔ᄌᆞ 왕댱과 금모 상아를 일너시ᄃᆡ ᄂᆡ 보지 아렷[녓]시나 ᄎᆞ인의긔 날이[미] 이시리오 금셰샹의 이런 졀념이 잇셔 남ᄋᆞ의 보ᄇᆡ 될 쥴 뜻ᄒᆞ지 아일[닐]와 이쳐로 혜아리ᄆᆡ 의ᄉᆡ 쵸[표]탕ᄒᆞ여 그윽이 탄ᄒᆞᄃᆡ ① 나의 ᄌᆡ화와 풍용이 하등이 아니여ᄂᆞᆯ 최슉이 그런 규슈을 두고 유의치 아니〻 지친의 격ᄒᆞᆫ 타시라 쳔의 엇지 이럿틋 ᄒᆞ신고 ᄂᆡ 만일 이 여ᄌᆞ를 만나지 못ᄒᆞ면 속졀업시 원귀 되리라 …(중략)… ② 셰월이 훌〻ᄒᆞ여 ᄒᆡ 진ᄒᆞ고 명츈의 이ᄅᆞ니 최공이 ᄐᆡᆨ셔ᄒᆞ미 분〻ᄒᆞ고 유공이 헌[현]부 구ᄒᆞ미 급ᄒᆞ더니 일〻은 양공이 만나 셔라 한담ᄒᆞᄆᆡ 최공은 낭ᄌᆡ 가합 ᄌᆡ 업ᄉᆞᆷ을 탄ᄒᆞ고 유공은 현부 어려오ᄆᆞᆯ 탄ᄒᆞ여 왈 나의 독ᄌᆡ 십뉵이 되도록 ᄒᆞᆫ낫 아람다온 미부를 못 어더니 엇지 근심이 젹으리오 최공 왈 인ᄌᆡ 흔치 아니ᄒᆞ여 여ᄋᆞ 삼오 되도록 뉴의ᄒᆞ여 져와 ᄀᆞᆺᄒᆞᆫ 낭ᄌᆡ을 구ᄒᆞᄃᆡ 엇지 못ᄒᆞ니 남녀간 인믈이 각〻 ᄌᆡ뫼 겸젼ᄒᆞ기 어려오믈 알너라 ᄒᆞ여 심히 한ᄒᆞᆫᄃᆡ 조곰도 ᄌᆞ가 양인으로 유의ᄒᆞ미 업ᄉᆞ니 ᄉᆡᆼ이 〻의셔 드라니 심당[담]의 ᄆᆡ친 ᄒᆞᆫ이 ᄇᆡ승ᄒᆞ고 ᄯᅩ 혼인은 망단ᄒᆞᆫ지라 ᄉᆡᆼ각ᄒᆞ니 악연 져샹ᄒᆞ여 날노 침식이 다지 아니코 의ᄉᆡ 허트러져 졈〻 침면ᄒᆞ니 ᄌᆞ리의 이지 못ᄒᆞ니 (고려대본 16~22면)

유연이 상사병에 걸린 까닭을 설명하는 대목이다. 인용한 곳 다음에는 유연이 앓아 누운 이유를 안 뒤에 양가 어른들이 혼담을 나누는 장면이 이어진다. 인용문에서 두 계열의 차이가 확연히 드러난다. 밑줄 친 부분, 특히 ②는 고려대본 · 성균관대본(9~10면)에만 보인다.

유연은 부친의 이성육촌(異姓六寸)인 최공의 집에 갔다가 최소저를 보고 첫눈에 반하지만, 속내를 털어놓지 못한다. 서로 인척관계라는 걸 잘 알기 때문이다. ①, ②는 유연이 어쩌다 사경을 헤매게 됐는지를 효과적으로 설명해 준다. 그의 마음을 알 리 없는 양가 어른들은 유연을 옆에 둔 채 서로 제 자식의 혼사 걱정을 늘어놓기 바쁘다. 두 집안은 인척간이니 아예 혼처로 생각도 않는다. 그러니 유연으로서는 더 말할 수가 없고, 안 그래도 복잡하던 심사가 더 어지러워져 몸져눕고 만다. 이 대목은 속만 끓이다 병이 든 내막을 잘 설명해 줄 뿐더러 애달아 하는 유연의 모습을 지켜보는 재미도 쏠쏠하게 채워준다.

또한 이 장면을 삽입함으로써 혼담이 성사되기까지의 과정을 더 설득력 있게 만들었다. 양가 부모가 두 사람의 결혼을 허락하는 이유를 독자가 수긍하게 한 것이다. 부모들로선 모르고 한 일이지만, 자식을 끙끙 앓게 만든 책임이 있으니 해결책도 내놔야 했기 때문이다. 사실, 이 혼사를 탐탁지 않아 해야 윤공이나 최공의 성격에는 맞는다. 둘은 번요한 조정이 싫어서 은거한 사람들이다. 그런 마당에 뒷말이 날 게 뻔한 혼사를 그냥 허락한다는 건 앞뒤가 맞지 않는다. 뒤에, 인연이 아닌데 억지로 밀어붙여서 변고가 생긴 거라고 유연을 질책하는 유공의 말도 이런 맥락이 먼저 제시된 뒤에 나와야 설득력이 있다. 그렇지 않으면, 뒷감당은 자신이 하겠다고 허세를 부리다가 애꿎은 자식만 타박하는, 무책임한 어른의 모습으로 비칠 뿐이다.

> 동구 밧게 나와 여인네 손을 비러 숫깔과 누비 바랑을 만다라 억게에 걸쳐 ᄆᆡ고 구절죽장을 집고 길을 나셔니 진짓 산승의 모양이러라 팔도 강ᄉᆞᆫ과 사ᄒᆡ팔방을 방〻곡〻 두루 노라 산즁 ᄒᆡ즁에 아니 간 ᄃᆡ 업시 영북 영남이나 산곡에 드러가ᄃᆡ 가〻호〻를 유의ᄒᆞ여 천신만고와 허다 풍상을 형언ᄒᆞ기 어렵더라 로샹에셔 방황ᄒᆞ여 지리히 이 년 셩샹을 감심ᄒᆞ고 신춘의 이르러난 기력이 진ᄒᆞ여 겨요〻〻 근〻 거두ᄒᆞᄆᆡ 하

> 날을 우러 기리 탄식 왈 유〻 창천아 엇지 뉴연과 최시를 ᄂᆡ시매 이럿탓 연분을 막으시나뇨 …(중략)… 정신이 아득ᄒᆞ여 션창에 비겻더니 비몽ᄉᆞ몽간에 문득 금산사 부쳐님 이라ᄉᆞᄃᆡ ᄎᆞ년이 거의 진ᄒᆞ엿슴에 미구의 최시를 만나미 잇스려니와 연니나 최시 거쳐 깁고깁퍼 ᄎᆞᆺ기를 신근이 할지어라 (김광순본, 19~20면)

> 흰 곳갈과 ᄒᆡ여진 바랑을 매여 두루 단니〻 골격이 됴흐며 용모 단아ᄒᆞ니 진짓 산승의 모양이라 팔도의 두루 노라 ᄒᆡ듕과 산곡의 아니간 ᄃᆡ 업고 영동 영셔의 ᄃᆡ가 소호ᄅᆞᆯ 다 유의ᄒᆞ여 ᄎᆞᄌᆞ나 쳔만 신고와 ᄇᆡᆨ만 고ᄒᆡᆼ이 진실노 형언ᄒᆞᆯ ᄇᆡ 아니라 노듕의셔 방황ᄒᆞ여 두 ᄒᆡᄅᆞᆯ 지ᄂᆡ고 삼 년 초츈의 이ᄅᆞᆯ[ᄅᆞ]러ᄂᆞᆫ 임의 뉴지의 ᄎᆞᄌᆞ미 다ᄒᆞᆫ지라 다시 ᄒᆡ상의 심방ᄒᆞᆯᄉᆡ 동ᄒᆡ 셔ᄒᆡ의 심방ᄒᆞᆯᄉᆡ 졔쥬 운[울]능의 아니 간 ᄃᆡ [업고] 혹 ᄆᆡ션을 초[조]ᄎᆞ 만흔 셤과 놉흔 뫼ᄒᆡ 아니 된 ᄃᆡ 업ᄉᆞᄃᆡ ᄉᆞᄉᆡᆼ을 알 길이 업ᄉᆞ니 강녁이 ᄑᆡᆸ진ᄒᆞ여 하ᄂᆞᆯ을 우러〻 탄왈 창쳔이 엇지 뉴연과 최시ᄅᆞᆯ 내고 이러ᄐᆞᆺ 인연을 막으시뇨 …(중략)… 정신이 아득ᄒᆞ여 션창의 비겨더니 문득 금광ᄉᆞ 부쳬 알ᄑᆡ 와 일오ᄃᆡ ᄎᆞ년이 다 못ᄒᆞ여 마[만]나리니 오직 져희 거쳐 깁고 깁흐니 ᄎᆞᄌᆞ미 쉽지 못ᄒᆞᆯ지라 (고려대본, 66~68면)

유연은 최소저를 만나게 해달라고 금산사 불전에 기원한다. 인용문은 유연이 절을 떠나 팔도를 떠도는 정경을 묘사한 대목이다. 밑줄 친 부분처럼, 고려대본 · 성균관대본(35~37면)은 짧지만 이해하기 쉽게 상황을 설명했다. 유연이 왜 바다로 향했는지, 어떻게 최씨가 붙들려 있는 무릉도에 가게 됐는지, 그 과정을 간명하게 제시했다.

부처의 계시가 막연했던 만큼, 독자들은 서해무릉도에서 남녀 주인공이 만나는 걸 굉장한 우연이라고 생각하게 된다. 최씨가 찾기 어려운 곳에 갇혀 있다는 말을 들었다고 해서 꼭 섬으로 갈 이유가 없고, 더구나 무릉도에서 두 사람이 만날 거라고 분명하게 일러주지도 않았기 때문이다. 그걸 있을 수 있는 우연이라고 생각하는 경우에도, 문면에 없는 말, 즉 뒤질 곳은 다 뒤진 후에 마지막으로, 혹시나 하는 마음에 섬까지 샅샅이 훑었을 거라고 추측하는 정도를 넘지 못한다. 한데 여기서는 무릉도로 향하게 된 내력을 아주 간단명료하게 밝혀 놓았다.

그렇다면 이렇게 요령껏, 정확하게 정보를 제공해 놓은 선행본을 굳이 불투명하게 바꿀 이유가 없다. 혹 고려대본 계열이 먼저 나왔고, 김광순본 계열이 나중에 나왔다고 한다면 문제가 복잡해진다. 이본 전승의 결과가 오히려 그 이전보다 못한 식으로 변형된 채 굳어졌다는 의미가 되기 때문이다. 그럴 가능성이 전혀 없는 건 아니지만, 상식적이지는 않다. 따라서 고려대본 · 성균관대본은 다른 이본에 비해 뒤에 나왔고, 인과관계가 모호한 부분을 분명하게 하겠다는 의도를 구현한 이본이라고 할 수 있다.

고려대본은 성균관대본과 밀접한 상관관계를 보이는 만큼 같은 계통에 속하는 게 틀림없다. 그렇다면 이본을 크게 두 계열 정도로 나눌 수 있고, 그 중 어떤 쪽이 앞선 것이냐를 따져봐야 한다. 결론부터 말하자면 고려대본 · 성균관대본이 후대 변이의 산물인 것 같다. 나머지 세 이본에서 문장 단위의 표현은 제각각 다르지만, 장면화한 부분이나 연결 과정 등 전체 서사는 크게 달라지지 않았다. 이 점은 세 이본이 서사의 밀도 면에서 고려대본 · 성균관대본과는 다르다는 뜻이며, 상대적으로 조금은 미숙한 형태의 텍스트라는 의미기도 하다. 이화여대본 · 아단문고본 · 김광순본이 원작과 가깝다는 뜻이다.[25] 고려

25) 앵혈의 유래를 설명하는 부분은 '조뷔'(고려대본 33면) · '됴부'(성균관대본 17면)가 정확한데, 다른 이본에서는 '왕비'(이화여대본 18면; 김광순본 17면)로 썼다. 이는 저본의 '왕뷔(王父ㅣ)'를 오독한 것으로, 원작이거나 한문본을 번역한 이본이라면 틀릴 수 없는 부분이다. 원본 계열을 원작이라고까지 말할 수 없는 것도 그래서다.

대본 · 성균관대본은 인과관계를 분명히 해서 사건 전개를 보다 치밀하게 가다듬었고, 인물의 행동 변화를 이끈 감정의 미묘한 떨림까지 포착해서 섬세하게 표현했다는 점에서 앞선 이본들과 차이를 보인다.

이제까지 살핀 걸 종합하면 다음과 같이 정리할 수 있다.

원본 계열 : 이화여대본 · 아단문고본 · 김광순본
후대 변이형 : 고려대본 · 성균관대본

그렇다면 어떤 이본을 연구의 기본 텍스트로 삼아야 할 것인가. 필자의 판단으로는 김광순본이 이화여대본보다 낫고, 고려대본은 성균관대본보다 좋다. 김광순본과 고려대본만 놓고 보면, 전체적인 흐름을 이해할 때는 김광순본을 주 텍스트로 삼아도 무방하다. 하지만 미묘한 부분까지 파악하려면 고려대본을 참고하는 게 바람직하다.

또한 고려대본 · 성균관대본에서는 군도(群盜)를 묘사한 부분이 상당히 강화됐다는 점에도 주목해야 한다. 그것이 일부 연구자들의 주장처럼 사회 · 경제적인 상황을 반영한 작품이기 때문인지는 좀더 생각해 볼 문제다. 필자는 구체적인 사회 문제와 연결 짓기에는 다소 어려움이 있다고 판단한다. 하지만 혼사를 가로막는 적장을 구체적으로 형상화함으로써 부부가 겪는 고난에 현실감을 불어넣었다는 점, 전망 부재의 상황에 맞서는 주인공의 모습을 설득력 있게 제시한 점은 이전에 나온 이본보다 진전을 이뤘다고 본다.

그렇다고 해서 한문본이 선행했을 거라고 보지는 않는다. 한문본을 거쳤을 경우 흔히 나타나는 특징, 즉 이본간의 변이가 거의 없고 문장 단위까지 상당한 유사성이 관철되는 양상이 보이지 않기 때문이다.

4. 〈서해무릉기〉 이본 변이의 의미

1) 애정소설적 지향의 강화

원본 계열에서 최씨는 자신의 미래를 스스로 결정하는 주체라기보다는 누군가의 결정에 따라야 하는 수동적 존재에 불과하다. 유연은 최소저를 짝사랑하다 못해 상사병이 든다. 전후 곡절을 안 유공은 최가에 혼담을 넣는다. 최소저는 이 때 일이 어떻게 돌아가는지 전혀 모른다. 유연이 자신에게 어떤 마음을 품고 있는지도 모른다. 그러다가 자신의 혼기를 정했다는 소식을 갑자기 전해들을 뿐이다.

초월적 존재가 결혼할 걸 암시해 줬다고 해서 얘기가 달라지진 않는다. 꿈에 웬 옥동을 보고 놀랐다고 했지만, 그게 곧 유연을 연모하게 됐다는 말은 아니다. 어찌 보면, 군말 말고 이 혼사를 받아들이라고 종용한 것과 마찬가지다. 자신의 감정을 돌아보고 뜻을 정할 여지가 없기 때문이다. 그건 유연의 입장에서도 썩 달갑지 않은 일이다. 부모에게 생떼를 써서 아무 마음도 없는 상대방과 억지로 부부의 연을 맺은 꼴이 되기 때문이다. 자신이 택한 사랑을 지키려는 남녀의 애틋한 사연을 담기에는 한참 부족한 출발인 셈이다.

고려대본·성균관대본에서 유연과 최소저는 서로 첫눈에 반한다. 그러나 서로가 인척 사이라서 맺어질 수 없다는 사실에 둘 다 몹시 괴로워한다. 작가는 이 장면을 삽입함으로써 진실한 사랑을 찾아 나설 두 사람 앞에 험로가 놓여 있음을 암시했다. 독자들은 가시밭길인 줄 알면서도 과감하게 발을 내딛는 주인공에게 어떤 미래가 닥칠지 주목하게 된다. 두 사람이 무릉도에서 극적으로 상봉해서 되돌아오기까지 겪는 많은 일은 두 사람의 선택과 그에 따른 결과가 된다. 유연과 최씨는 결국 사랑의 힘으로 시련을 극복함으로써 자신들의 선택이 옳았음을 입증했다.

ᄂᆡ 명문벌여[열]의 후예오 부문이 ᄯᅩᄂᆞᆫ[ᄒᆞᆫ] 명화 거촉[족]이라 호협을 일삼으나 인명을 살히ᄒᆞ미 아니오 ᄌᆡ물을 노략ᄒᆞ미 아니라 산간의 오욕[유]ᄒᆞ며 ᄃᆡ〻로 이ᄀᆺᄒᆞ믈 면치 못ᄒᆞᄂᆞᆫ지라 ᄂᆡ 아ᄒᆡ 약관의 미부를 퇴지 못ᄒᆞ여 소져 명셩을 흐[흠]모ᄒᆞ여 도[돈]ᄋᆡ 일홈을 셰상의 나지 아엿고 명화 거경이 ᄯᅩᄒᆞᆫ 머리 소흐믈 득ᄒᆞ리오 ᄎᆞ고로 ᄇᆞ득이 탈취ᄒᆞ미나 돈ᄋᆡ ᄉᆞ문 일ᄆᆡᆨ으로 당〻이 길일[을] 퇵ᄒᆞ여 쳔지긔 알외고 ᄃᆡ례ᄅᆞᆯ ᄒᆡᆼᄒᆞ리니 셔ᄅᆞ 무례ᄒᆞᆯ ᄇᆡ 업ᄉᆞᆯ지니 모라미 놀나믈 진졍ᄒᆞ고 약딜을 상히오지 말나 (고려대본, 49~51면)

군도의 성격화에 좀더 많은 분량을 할애한 것도 이와 관계가 있다. 후대 변이형에서는 군도를 그럴싸하게 포장했다.[26] 적장을 알 수 없는 묘한 존재로 모호하게 처리한 원본 계열과 비교해 보면 그 차이가 분명하다. 그렇다고 해서 긍정 일변도로만 그린 건 아니다. 적장과 그 어미는 야릇한 자부심을 드러내지만, 콤플렉스가 많은 인물들이다. 애꿎은 사람을 납치해 고통스럽게 하는 주제에 '무식'하다든지 '무례'하다는 말에는 매우 과민하게 구는 것도 그래서다.

변이형은 이렇게 적대자를 형상화하는 데 공을 들였다. 이로 인해 독자들에게 군도에 대한 환상을 제공하기도 한다. 그러나 그들이 어떤 집단인지, 어떤 이상을 품고 있는지는 알 수 없다. 이런 변화를 꾀한 필사자가 군도를 긍정하지 않았기 때문이다. 고려대본 · 성균관대본은 주인공이 맞서야 할 애정의 적대자를 구체화하기 위해 적장의 형상을

26) "산곡과 ᄒᆡ상의 쳐〻마다 긔귀 굉장ᄒᆞ고 소년 풍유긱과 옥면 장군이 분〻이 셔ᄅᆞᆯ 마ᄌᆞ 아외라 형이라 청[칭]ᄒᆞ여 분〻ᄒᆞ고 누ᄃᆡ의 패각이며 젼션과 난창이 십분 부려ᄒᆞ나 이물이 율〻탕〻ᄒᆞ여 셩명을 아지 못ᄒᆞ고 근본을 무ᄅᆞᆯ 길이 업ᄉᆞᄃᆡ ᄒᆞ갈놀치[ᄒᆞᆫ갈ᄀᆺ치] 늡[늠]〻ᄒᆞᆫ 듕 최시 탈취ᄒᆞᆫ 바 적당이 더옥 표표ᄒᆞ더라" 고려대본, 55~56면.

강화했을 따름이다. 적대자가 강한 존재감을 드러낼수록 그와 맞서는 주인공의 고난도 더 힘겨워질 테고, 진정한 사랑을 찾아 떠난 여정이 한층 의미를 지닐 것이기 때문이다.

〈서해무릉기〉의 필사자 또는 책주의 면면을 보면 60대 노인,[27] 미혼 여성,[28] 시집가는 여성,[29] 다양한 연령내의 일가 여성[30] 등이다. 그 중 누구도 애정 주지보다 정치 현실이나 사회의 부조리, 또는 가치 규범의 충돌 문제에 더 관심을 기울였을 것 같지 않다. 노년의 소일거리로 삼거나 시집가기 전후의 심란함을 달래거나 시집살이의 고단함을 잊으려고 펼치던 책이라면 무겁고 딱딱한 주제여서는 곤란하다. 그들이 재미를 느낀 건 아마도 남녀 주인공이 우여곡절 끝에 혼인했다는 점이었을 것이다. 애정소설로서의 지향을 분명히 하는 방향으로 이본 변이가 일어난 것도 이런 독자들의 취향을 반영했기 때문이다.

2) 서사의 긴밀성 제고

후대 변이형은 짜임새가 허술했던 부분을 치밀하게 다듬었다. 혼담이 오갈 때 유공과 최공이 만나 한담을 나누는 장면을 삽입해 상사병이 든 까닭을 재치있게 설명한 부분이나, 두 사람이 서로에게 이끌리

---

27) "뉵십칠세 노필 형ᄌᆞ 아니 되니 그러나 후일의 보고 잇지 마라" 김광순본, 53면.

28) "이 ᄎᆡᆨ쥬ᄂᆞᆫ 예쇼ᄌᆡ라 필셔 괴〻 흉필 ᄃᆡ[되]고 말고 니런 것 보시ᄂᆞᆫ ᄉᆞᄅᆞᆷ 비웟지 말고 눌너 용셔ᄒᆞ시옵" 아단문고본, 119면; "녀ᄋᆞ의 글시 일각도 느지 아냐도다" 고려대본, 70~71면.

29) "나의 현누여 잘 가시오 나의 글시 고약〻〻ᄒᆞ오니 눌너 보시고 남스렵다 보시ᄂᆞᆫ이 젼하소셔" 경북대본, 152면.

30) 성주군 월항면 성산 이씨 집성촌에서 일가 부녀자 네 명이 함께 필사한 경우다. 김재웅, 「경북 지역에 유통된 필사본 고소설에 대한 실증적 연구」, 『고소설연구』 24, 한국고소설학회, 2007, 238~239쪽.

는 장면을 앞뒤로 배치한 대목이 우선 눈길을 끌지만, 다음과 같은 장면도 주목할 만하다.

> 부인이 챠경챠회 왈 이 동셩이 아니오 최ᄋᆞ와 삼죵ᄆᆡ 셰샹의 파측[표죵]혼인 잇시니 병을 일위도록 하리오 네 부친이 오신 후 의노[논]ᄒᆞ리니 병회ᄅᆞᆯ 위로ᄒᆞ라 …(중략)… 공이 도라오ᄆᆡ 부인이〻 말노써 젼ᄒᆞ고 간절ᄒᆞᆫ 비어로 일이 무방ᄒᆞ믈 일〻히 베프니 (고려대본, 23~ 25면)

> ᄎᆞ후 뉴최 양가셔 져의 지모 비계와 흉계ᄅᆞᆯ 두려 솔가ᄒᆞ여 경ᄉᆞ의 머물ᄉᆡ (고려대본, 139면)

다른 이본에서는 대개 유연 모친이 부친에게 유연의 소회를 전했다는 정도에 머문다. 그런데 여기서 그녀는 이 혼사가 크게 문제되지 않는다는 의견을 제시하며 적극적으로 남편을 설득한다. 혼인을 허락해도 되는 논리를 제공하면서 유공과 최공의 승낙을 재촉하는 것이다. 이런 변화는 주변적 위치에 머물면서 제 목소리를 내지 못하던 모친의 역할을 확대한 점 자체로도 의미가 있지만, 양가 부친의 성격이 전후로 모순되지 않도록 한다는 점이 더 중요하다. 처음에는 전혀 생각도 않다가 자식이 사경을 헤매자 곧바로 마음을 바꾼다는 건 진중한 군자라는 이미지와 어울리지 않는다. 유연 모친이 나서서 이런 모순이 부각되지 않도록 완충작용을 하는 셈이다.

후일담에서 유연과 최씨 가족이 잠시 객지 생활을 한 이유를 밝힌 부분은 고려대본에만 있다. 독자가 다른 이본을 읽는다면 금산사를 중수하고 돌아올 때까지 고향을 떠나 있었다는 정도만 짐작할 수 있다. 오랫동안 감금됐던 기억은 쉽사리 떨쳐버릴 수 없는 악몽일 것임에 틀림없다. 고려대본에서는 단 몇 글자만 할애하고도 여전히 불안에 시달리는 유연과 최소저의 심리 상태를 잘 대변해 주었다. 적장의 소식을 접하고 분노를 삭이지 못하는 유연의 반응과 자연스럽게 연결되도록 만든 것도 이 부분이 거둔 부수적인 효과다.

이런 노력에도 불구하고 〈서해무릉기〉는 왠지 허술해 보인다. 간간이 보이는 세밀한 묘사와 은근한 암시가 눈길을 끌지만, 단조로운 구성과 밋밋한 대결 양상이 아쉬움을 주기 때문이다. 사실 작품에 군도담을 끌어들인 순간 구조적 단순성은 필연이 된다. 첫날밤에 느닷없이 들이닥친 군도에게 신부가 끌려갈 때의 놀라움과 당혹스러움은 매우 강렬하다. 그러나 이런 긴장감과 속도감을 끝까지 밀고나가지 못한다는 게 문제다. 납치 장면보다 더 충격적인 사건을 연쇄적으로 구성할 수 없기 때문이다.

목표물을 탈취하는 데 성공한 군도는 굳이 또다른 계략을 꾸밀 이유가 없다. 얼른 자리를 피하고 추격권 밖으로 벗어나는 게 상책이다. 괜히 주위를 맴돌다가 꼬리를 잡혀서는 안 되기 때문이다. 주인공에게는 기회가 많지 않다. 구출하려다 실패하면 재차 시도해 볼 여지가 없다. 단번에 구출해야 하고, 그걸로 상황이 정리돼야 한다. 양측이 마주칠 가능성이 그만큼 제한된다는 뜻이다. 달리 말하자면 사건을 중첩하면서 최종적인 해결을 지연해가며 독자의 긴장과 흥미를 유도하기 어렵다는 얘기다. 그러다 보니 장애 극복 과정이 단순해질 수밖에 없다. 게다가 신기루 같은 적대자를 물리칠 방법이 마땅치 않다. 위기는 현실적 상황에서 발생했는데, 해결책을 구체화하기 곤란해지고 만 것이다.[31] 그걸 부처의 현몽과 계시로 메꾸다 보니 후반의 동력이 떨어질 수밖에 없었고, 그것이 이 작품이 대중적으로 성공하지 못한 원인이다.

---

31) 김명순, 앞의 논문, 1998, 544쪽.

5. 맺음말

지금까지 〈서해무릉기〉를 연구한 논자들은 이화여대본과 김광순본만 가지고 고찰해 왔다. 하지만 이제까지 알려지지 않은 이본 세 종이 고려대, 성균관대, 아단문고에 소장돼 있다. 이 밖에 다른 작품 뒤에 일부를 필사한 경우도 눈에 띈다. 이 글에서는 이런 이본들을 대비해 선후 관계와 계열을 분명히 하고, 그러한 변이가 어떤 의미를 갖는지 살폈다.

이본 가운데 이화여대본 · 아단문고본 · 김광순본이 한 계열을 이루고, 고려대본 · 성균관대본이 다른 계열을 이룬다. 먼저 제시한 세 이본이 원작에 더 가까운 원본 계열이며, 뒤의 두 이본은 좀더 후대에 형성된 변이형이다. 필자는 원본 계열 중에서 김광순본이 다른 두 이본보다 낫고, 후대 변이형과도 변별되는 선본(善本)이라고 판단한다. 따라서 앞으로 연구의 기본 텍스트로 삼아야 한다고 생각하며, 작품 전체의 지향을 정확히 이해하려면 후대 변이형 중에서 고려대본을 아울러 참조해야 한다고 본다.

후대 변이형은 인과관계를 분명히 했고, 모호했던 적대자의 형상을 강화했다. 이렇게 서사의 긴밀성을 높이고, 적대자를 구체화함으로써 원본 계열에 비해 애정소설로서의 성격을 분명히 했다. 군도담을 수용한 의도가 애정의 적대자를 구체화하는 데 있었다는 점에서 공간적 배경인 서해무릉을 이해하는 관점도 조정할 필요가 있다. 이상향, 혹은 체제 저항 세력의 본거지라기보다는 진정한 사랑에 눈뜨는 장소라는 의미가 짙기 때문이다.

작가가 이 작품을 통해 사회 현실의 문제를 다룬 것으로 보기에는 무리가 있다. 〈서해무릉기〉의 향유자는 대개 여성이었다. 그들은 노년의 소일거리로 삼거나 시집가기 전후의 심란함을 달래거나 결혼 생활의 고단함을 잊으려고 읽었을 텐데, 그렇다면 무겁고 딱딱한 책을 골랐을 가능성은 낮다. 독자들이 이 작품에서 재미를 느낀 건 아마도 남녀 주인공이 우여곡절 끝에 혼인한다는 점이었을 것이다. 애정소설로서의 지향을 분명히 하는 방향으로 이본 변이가 일어난 것도 이런 독자들의 취향을 반영한 결과다.

〈서해무릉기〉의 인물 형상화와 작가의식

1. 머리말

〈서해무릉기〉는 유연과 그 아내 최월혜가 혼사 장애를 극복하고 부부가 되는 이야기다.[1] 줄기리를 간단히 정리하면 이렇다. 유연이 최씨를 보고 첫눈에 반해 상사병에 걸린다. 둘은 원래 팔촌 남매 사이다. 순탄치는 않지만 결국 두 사람은 혼인하게 된다. 그런데 신혼 초야에 신부가 도적에게 납치돼 행방이 묘연해진다. 유연은 주위의 만류를 뿌리치고 아내를 찾아 나선다. 그는 삼 년 동안 헤맨 끝에 적굴에 갇혀 있던 최씨를 찾아 돌아와서 행복하게 산다.

이 작품에 관한 선행 연구는 다음 세 가지로 요약할 수 있다. 첫째, 혼사에 장애를 일으킨 근친혼의 문제를 제기한 작품이라는 견해,[2] 둘째, 젊은 남녀가 성인이 되기 위해 거치는 통과제의를 다룬 작품이라는 입장,[3] 셋째, 군도(群盜)를 긍정하면서 체제를 비판한

---

1) 이 글에서 이본 전체를 통칭할 때는 "서해무릉기"라고 하고, 다른 제명은 특정 이본을 가리킬 때만 쓰겠다. 주 텍스트는 김광순본이며, 필요에 따라 다른 이본을 참고하기로 한다. 이본 문제는 앞에 수록한 「〈서해무릉기〉 이본의 변이 양상과 그 의미」 참조.

2) 정윤수, 「〈셔히무릉기〉의 구성과 의미」, 『어문연구』 90, 한국어문교육연구회, 1996.

3) 김명순, 「서해무릉기」, 김진세 편, 『한국고전소설작품론』, 집문당, 1990; 이정화, 「〈서해무릉기〉의 탐색모티프 연구」, 석사학위논문, 경북대 교육대학원, 1997; 김명순, 「〈서해무릉기〉의 혼사장애 내용과 그 의미」, 간행위원회 편, 『한국 고전소설과

작품이라는 주장[4])이 그것이다.

첫째 견해에 따르면 〈서해무릉기〉는 근친혼의 문제를 제기했는데, 이를 상쇄하려고 대적퇴치담을 수용하고 정조 문제를 부각했다고 한다.[5]) 그러나 이 주장은 두 가지 측면에서 설득력을 얻기 어렵다. 첫째, 조선시대에 근친혼이 성행했다고 볼 근거가 부족하다. 둘째, 부정적인 통념이 강했던 근친혼을 굳이 전면에 내세워 문제 삼고 나서 애써 희석하려 할 이유가 없다. 이 작품에서 근친혼이 등장하는 것은 기존 소설을 읽은 경험에서 유래한 거라고 본다. 〈윤지경전〉·〈수매청심록〉·〈홍백화전〉에서도 남녀 주인공을 인척관계로 설정했는데, 그 점 때문에 심각한 갈등을 빚지는 않는다. 근친혼은 독특한 인물 관계를 설정할 때 쓰던 소설적 관습의 하나였다는 뜻이다.[6])

뒤의 두 접근법은 군도담을 바라보는 시각이 서로 다르다. 둘째 입장에서는 군도담을 지하국대적퇴치담의 변형으로 이해해 상징적인 의미를 부여했고, 셋째 주장에서는 조선후기 불안정한 사회상의 반영으로 판단하고, 체제에 저항하는 군도를 긍정하면서 현실을 비판한 작품이라고 설명했다.

사실 서해무릉도에서 탈출한 후의 두 사람은 납치되기 전과 사뭇 다르다. 여기에 격리된 공간의 특성과 물의 상징성, 거짓 죽음과 재생의 이미지 등을 감안하면 이 작품을 통과의례의 문학적 형상화로

서사문학』 상, 집문당, 1998.

4) 배정희, 「〈서해무릉기〉의 신고찰」, 『문학과언어』 26, 문학과언어학회, 2004.

5) 정윤수, 앞의 논문, 147쪽.

6) 한국 고소설 중에서 근친 간의 혼인을 다룬 작품의 연원과 작중 기능에 관해서는 다른 글에서 자세히 다루겠다.

볼 여지가 있다. 하지만 주인공들이 겪는 고난은 신참자로서 비법을 전수받기 위한 과정이 아니다. 이 작품은 청춘 남녀가 사랑의 의미를 알아가는 여정을 그리면서 주위 사람들도 그 가치를 재인식하는 과정을 다뤘다. 일반적인 통과의례와는 다른 면이 많다는 의미다.[7)]

이 작품에서 군도담을 수용한 의도는 별도의 메시지를 전달하려는 데 있지 않다. 군도담은 남녀 주인공의 사랑이 쉽게 결실을 맺지 못하게 막는 애정의 적대자를 구체화하는 기능적 요소에 불과하다.[8)] 군도를 체제에 저항하는 세력이라고 보기도 하지만,[9)] 작품을 통해서는 그들이 무엇을 지향하는지 전혀 알 수 없다. 신비화한 이미지와 부정적인 행태를 함께 묘사해 일관성마저 부족하다. 군도를 그려 특정한 메시지를 전달하려 했다고 보기 어려운 이유다.

이제까지 〈서해무릉기〉를 여러 각도에서 설명해 왔는데, 공통된 문제는 종속변수인 군도담에 너무 시선을 뺏겼다는 점이다. 그러다 보니 본줄기인 청춘 남녀의 사랑 이야기에는 관심을 덜 기울이게 됐다. 애정담을 새로운 방식으로 구체화하려고 군도담을 끌어들인 작품인데, 주객을 뒤바꿔 해석한 셈이다. 작가는 스스로 창조한 인물을 통해 자신의 의도를 드러낸다. 이 글에서는 주요 인물을 어떻게 형상화했으며, 거기에 담긴 작가의 의도는 무엇인지 살펴보기로 한다.

---

7) 시몬느 비에른느, 이재실 역, 『통과제의와 문학』, 문학동네, 1996 참조.
8) 블라디미르 프로프, 유영대 역, 『민담형태론』, 새문사, 1987 참조.
9) 배정희, 앞의 논문, 198쪽.

2. 〈서해무릉기〉 주요 인물의 형상화

1) 유연: 열정적이고 사려 깊은 순정남

유연은 좋은 집안에서 늦둥이로 태어나 사랑과 기대를 한 몸에 받고 자랐다. 학식 있고 글재주가 좋아 어린 나이에 장원급제도 했다. 한데도 이 사내는 입신양명에는 뜻이 없고 오로지 좋은 배필을 만나 행복하게 사는 게 꿈이다.[10] 그는 지모가 번뜩이는 지략가도 아니고, 용력을 앞세워 좌충우돌하는 행동파도 아니다. 사랑에 모든 걸 건 유약한 문사일 뿐이다.

> ᄉᆡᆼ이 ᄒᆡᆼ혀 자가를 아라볼가 공구ᄒᆞ더니 장군이 이윽히 보다가 문왈 네 져러ᄒᆞᆫ 슌승으로 이갓치 깁흔 곳의 무어슬 유의ᄒᆞ야 발셥ᄒᆞᆷ을 감시[심]ᄒᆞ나뇨 …(중략)… ᄒᆞᆫ 소ᄅᆡ 호령의 모든 ᄒᆞ리 녕을 조ᄎᆞ ᄉᆡᆼ의 등을 미러 멀니 ᄂᆡ치거날 ᄉᆡᆼ이 황〻분〻ᄒᆞ야 천방지방 다라나 ᄉᆡᆼ각ᄒᆞᄃᆡ 나의 평ᄉᆡᆼ 심즁의 ᄆᆡ치고 ᄉᆞ모ᄒᆞ던 가인이 저곳의 잇슴을 보앗스나 다시 만날 게교 업고 후기 묘연ᄒᆞ니 진짓 경ᄋᆡ지화오 슈중지월이라 심신니 아득ᄒᆞᆫ 즁 져 소년의 안광이 ᄌᆞ가의 심ᄉᆞ를 비최난 ᄃᆞᆺ하니 놀납고 황〻ᄒᆞ야 셩명을 보젼ᄒᆞ야 나오미 다ᄒᆡᆼ이라 ᄒᆞ고 밧비 마을노 숨어 ᄎᆞ후ᄂᆞᆫ 감히 그곳으로 가지 못ᄒᆞ고 (김광순본, 26~28면)

오랜 기다림 끝에 온 아내와의 짧은 해후 장면 바로 뒤다. 말 한

---

10) "청운에 ᄌᆡ조랄 셜칠 다[싸-필자]람이오 옥게 금난의 인듀를 밧들 이ᄉᆞ 업난지라 …(중략)… 공ᄌᆞ 또한 상적ᄒᆞᆫ ᄇᆡ위랄 어더 일ᄉᆡᆼ을 종고낙지에 안락을 누리고져 ᄒᆞ야 관져호구를 구ᄒᆞ려 쓰지 고산 갓흐니 부모 근심ᄒᆞ더라" 〈셔ᄒᆡ무릉긔 권지단〉, 김광순 편, 『한국고소설전집』 8, 경인문화사, 1993, 4면. 이하 "김광순본"이라 약칭하고, 인용문 끝에 해당 면수만 밝히겠다. 인용문에서 "[ ]"는 원문의 오탈자를 바로잡은 것이다. 이하 같다.

마디 제대로 건네지 못했는데, 아내를 납치한 적장이 돌아왔다. 유연은 숨을 곳을 찾기 바쁘다. 주위는 온통 적도들이고 적장은 의심에 찬 눈길을 보낸다. 이런 상황에서 정면으로 맞서는 건 무모한 행동이다. 그렇긴 해도 허겁지겁 도망쳐서 움츠리고만 있는 유연의 모습은 몹시 실망스럽다. 아내를 납치한 적당을 해치우는 건 언감생심이다.

그는 간절히 사모하던 여인과 혼인하게 됐다. 허망하게도 첫날밤에 그 짝을 잃어 버렸다. 강도들에게 납치돼 가는 걸 뻔히 보면서도 손 하나 놀리지 못했다. 부친은 인연이 없어서 생긴 변고라며 얼른 단념하고 새 혼처를 알아보자고 한다. 거기다 대고 하소연해 봤자 죽든 살든 맘대로 하라는 꾸중만 더할 뿐이다. 부모 입장에선 자식이 넋 나간 표정을 짓고 있는 게 딱해서 하는 말이지만, 듣는 입장에선 무척 서운하다. 속이 부글부글 끓고, 이따금 울화가 치민다. 광증이 날 정도로 마음의 상처가 깊다. 방안에 틀어박혀 있어도, 온 동네를 쏘다녀 봐도 마음을 가눌 수가 없다. 차라리 죽은 셈 치고 찾지 말라는 편지를 남기고 한밤중에 집을 떠난다.[11)]

> 흰 곳갈과 희여진 바랑을 매여 두루 단니〻 골격이 됴흐며 용모 단아ᄒᆞ니 진짓 산승의 모양이라 팔도의 두루 노라 히듕과 산곡의 아니간 ᄃᆡ 업고 영동 영셔의 ᄃᆡ가 소호를 다 유의ᄒᆞ여 ᄎᆞᄌᆞ나 쳔만 신고와 ᄇᆡᆨ만 고힝이 진실노 형언홀 ᄇᆡ 아니라 노듕의셔 방황ᄒᆞ여 두 ᄒᆡ를 지ᄂᆡ고 삼 년 초츈의 이룰[ᄅᆞ]러ᄂᆞᆫ 임의 뉵지의 ᄎᆞᄌᆞ미 다ᄒᆞᆫ지라 다시 ᄒᆡ상의 심방홀ᄉᆡ 동ᄒᆡ 셔ᄒᆡ의 심방홀ᄉᆡ 졔쥬 운[울]능의 아니 간 ᄃᆡ [업고]

11) "일〻은 글노써 부모긔 하직 왈 소ᄌᆡ 진실노 최시와 삼싱의 원ᄀᆡ라 졀노 인ᄒᆞ와 ᄉᆞ경의 밋ᄎᆞ니 뉘웃ᄎᆞ나 밋지 못ᄒᆞ고 ᄆᆞ음을 두루혀고져 ᄒᆞ나 능히 작[잡]지 못ᄒᆞ니 십 년을 그음ᄒᆞ여 져의 ᄉᆞ싱 거쳐을 ᄎᆞᆺ고 도라오리이다 복원 부모는 불초ᄌᆞ를 아이예 업ᄉᆞᄆᆞ로 아라샤 거리끼지 마라시고 만슈무강하소셔" 〈무릉긔〉, 고려대 도서관 소장, 62면. 앞으로 "고려대본"이라 약칭하고, 인용문 끝에 면수만 밝히겠다.

> 혹 ᄆᆡ션을 초[조]ᄎᆞ 만흔 셤과 놉흔 뫼ᄒᆡ 아니 된 ᄃᆡ 업ᄉᆞᄃᆡ ᄉᆡᆼ을 알 길이 업ᄉᆞ니 강녁이 폅진ᄒᆞ여 하늘을 우러〻 탄왈 창천이 엇지 뉴연과 최시를 내고 이러틋 인연을 막으시뇨 몸이 조션과 부모의 죄인이 되고 쳔신만고ᄒᆞ여[되] 유〻 신명은 어리[이] 그리 무심ᄒᆞ셔 소식도 모라게 ᄒᆞ시나요 (고려대본, 66~67면)

자괴감과 무기력에서 벗어나려면 유연은 뭐라도 해야 한다. 하지만 어디로 끌려간 줄도 모르니 정처 없이 떠돌며 방황할 뿐이다. 아내를 다시 만난 건 그야말로 우연이었다. 그를 딱하게 여긴 부처가 꿈에 나타나 갈 곳을 일러 주었기 때문이다. 유연은 특출난 재주가 없다. 그런 데도 그가 짝을 되찾은 건 민담에서 탐색 주체가 성공하는 것과 비슷하다. 능력보다는 '적극적인 태도나 선량한 품성에 대한 보상적 성격'[12]이 짙다는 점에서 그렇다.

그러나 원조자인 부처의 역할을 지나치게 강조하다 보면 주인공의 능력과 자질을 과소평가하게 된다.[13] 물론 유연에게 적극적이고 능동적인 움직임을 기대하는 건 욕심이다. 고비마다 부처가 앞길을 알려주는 것 또한 사실이다. 그래도 놓치지 말 건 전체 서사를 추동하는 힘은 결국 유연에게서 나온다는 점이다. 그에게는 무엇과도 바꿀 수 없는 뜨거운 열정과 불굴의 의지가 있다. 강단이나 결기와는 거리가 멀어 보이지만, 일을 결행할 때는 단호하고, 일단 시작하면 포기하지 않는다. 부처가 그를 인도해준 까닭도 그런 유연의 정성에 감복해서다.[14] 주체할 수 없는 상실감과 절망감 속에서도 끝까지 희망의 끈을

---

12) 이채연, 「〈대적퇴치〉 설화의 탐색담적 구조와 의미」, 『한국문학논총』 11, 한국문학회, 1990, 231쪽.

13) 한국 민담에서는 원조자의 역할이 지나치게 강조되어 오히려 탐색 주체의 능력이 약화되는 경우가 많다. 이채연, 위의 논문, 232쪽.

14) "나ᄂᆞᆫ 금산ᄉᆞ의 부쳐러니 네 가부의 지셩을 감동ᄒᆞ야 부〻 양인을 도음이 잇나니"

놓지 않았기 때문이다.

유연이 하늘을 원망하는 건 약해 빠진 도련님네들의 입에 붙은 푸념이 아니다. 해도 해도 안 될 때 저도 모르게 나오는 탄식에 가깝다. 그는 할 수 있는 걸 다했다. 안 해본 일이 없고, 안 가본 곳도 없다. 남의 집 종살이도 해봤고, 마지막에는 머리를 깎고 스님이 됐다. 속세의 인연에 환멸을 느껴서가 아니다. 부처가 영험하다니 혹시나 도와줄까 싶어서다. 스님은 여인네를 찾으러 다니기에 아주 그만인 신분이기도 했다. 목표는 변함이 없었고, 실행 계획만 조정했을 뿐이다. 그는 제풀에 지쳐 포기하지 않았다.

유연은 최씨가 정절을 지키게 했다. 상대방의 의사를 존중하고 배려했기 때문이다. 그게 공교롭게도 답답하게 꼬인 상황을 단번에 푸는 실마리가 됐다. 부친은 유연이 한 때의 춘흥을 못 이기고 제멋대로 굴었다고 언짢아했다. 온갖 풍상을 겪고 돌아온 아들을 본 척도 안 한 이유다. 그런 부친도 최씨의 손목에 앵혈이 선명하다는 말에는 노기를 풀었다. 그 와중에도 윤리와 도덕, 예의와 염치를 지켰고, 그것이 가문에도 도움이 될 행동이었다는 걸 입증했기 때문이다. 게다가 처부모에겐 재생의 은인이 됐다. 죽었다고 생각하던 딸을 데려온 것만도 고마운데, 청고한 가풍을 자랑할 거리까지 만들어 줬으니 '전보다 백배나 더' 사랑스러울 수밖에 없다. 최공이 유공 앞에서 사위의 역성을 들고 나선 것도 제 흥에 겨워 한 일이다. 거기다 그간의 잘못을 통렬히 반성하고 근신하는 자세까지 착실히 보였으니 용서받을 여건은 충분히 마련했다. 여러 모로 효과를 본, 훌륭한 선택이었다.

유연은 결코 영웅적 인물이 아니다. 입신양명을 꿈꾸지도 않고, 복수해야 할 가문의 원수는 애초부터 없는 데다, 무너진 질서를 회복하

김광순본, 23면.

겠다는 의지를 보이지도 않으며, 새로운 질서를 구축하겠다는 원대한 포부 따위는 아예 없다. 오직 마음에 드는 여자와 행복하게 사는 게 소망일 뿐이다. 그러니 영웅적인 능력은 전혀 필요치 않다. 진실한 사랑과 세심한 배려로 상대를 감동시키면 그만이다. 최씨와 극적으로 상봉하고, 함께 돌아올 수 있었던 것도 유연의 그런 신실함 때문이었다. 이런 면에서 〈서해무릉기〉는 유연의 순애보가 결실을 맺는 과정을 그린 서사라 해도 지나치지 않다.

2) 최씨: 미모와 지혜, 강단과 숙덕을 겸비한 요조숙녀

> 이에 동좌ᄒᆞ여 옥슈를 잡아 나삼을 거드치고 ᄇᆡᆨ셜 갓흔 옥비에 ᄋᆡᆼ졈이 완연ᄒᆞ거날 ᄉᆡᆼ이 경아 왈 비상 ᄋᆡᆼ혈은 즁원 규슈에게 잇ᄂᆞᆫ ᄇᆡ라 엇지 소저에게 기이한 ᄋᆡᆼ졈이 잇나뇨 소져 붓그러옴을 이기지 못ᄒᆞ야 묵〻 부답ᄒᆞ니 ᄉᆡᆼ이 ᄌᆡ삼 무름에 소져 부득이 ᄃᆡ왈 육 연 젼의 왕비[뷔]게 가실 제 옥화단에서 이거슬 낭ᄌᆞ히 쓰며 일〻 소아들게 졈ᄒᆞ시고 첩에게ᄁᆞ지 미쳣나이다 게요 슈언을 답ᄒᆞᆫ 후 쥬슌을 다드니 ᄉᆡᆼ이 가지록 황홀ᄒᆞ야 흔연 답소왈 지금 소져의 홍졈이 분명ᄒᆞ나 ᄎᆞ야를 지나면 업셔질진ᄃᆡ 엇지려나뇨 ᄒᆞᆫᄃᆡ 소져 슈괴부답ᄒᆞ더라 (김광순본, 9면)

최씨는 집안 좋고 재주 있고 잘 생긴 유연과 혼인하게 됐다. 수줍어하는 신부의 손목에는 앵혈이 선명하다. 상사병을 앓을 정도로 사모했던 여인을 짝으로 맞은 신랑은 떠들썩한 분위기에 흠뻑 취해 있다. 이 밤이 지나면 앵혈이 없어질 텐데 어쩔 거냐며 신부를 부끄럽게 만든다. 그러나 신혼의 달콤함을 즐기는 건 거기까지다. 적당의 급습에 집안은 아수라장이 되고, 다들 제 살길 찾기에 바쁘다.

최시 외적에게 잡혀 나는 드시 다라나니 정신이 아득ᄒᆞ고 심담이 써러지나 엇지ᄒᆞᆯ 도리 업셔 다만 듁기를 결졍ᄒᆞ더니 …(중략)… 심신니 쒸놀고 울〻 비창ᄒᆞᆷ을 이기지 못ᄒᆞ야 밧비 쥭고져 ᄒᆞ나 몸에 쳑금[검]이 업셔 나샹을 드러 결항ᄒᆞ엿더니 이윽고 한 곳에 다〻라 교ᄌᆞ를 놋코 시녀 등이 문을 열고 봄에 소져 결항 절명ᄒᆞ엿거날 ᄃᆡ경질ᄉᆡᆨᄒᆞ야 급히 붓드러 구호ᄒᆞ니 이에 회ᄉᆡᆼᄒᆞᄂᆞᆫ지라 모든 시녀 지극 권약ᄒᆞᄃᆡ 마ᄎᆞᆷᄂᆡ 먹지 아니ᄒᆞᆷ에 (김광순본, 12~13면)

최씨는 도적떼에게 붙들려 어디로 가는지도 모른 채 끌려간다. 적당은 난데없이 들이닥쳐 숨 쉴 틈도 없이 몰아친다. 최씨는 곧 정신을 가다듬고 자진하기로 마음먹는다. 몸을 더럽힐 바에는[15] 차라리 죽는 게 낫다고 믿는다. 그러나 감시하는 시녀들 때문에 뜻을 이루지 못한다. 생면부지의 사내는 제 말에 따르라 한다. 최씨는 두려움에 떤다. 시간이 지나면 마음을 바꾸게 될 거라는 말에는 심한 모멸감을 느낀다.[16] 죽네 사네 하지만 결국 별 수 있겠느냐는 소리고, 괜히 헛힘 빼지 말고 얼른 마음을 돌리라는 얘기기 때문이다. 말은 부드러워도 협박이고 조롱이다. 좋은 가마에 태운다고 해서 납치가 초대로 바뀌는 건 아니다.

최씨는 그걸 알기에 경계심을 늦추지 않았다. 그들이 얽어놓은 그물에 걸리지 않으려고 애썼다. 쉽게 넘볼 수 없게 미리 선을 그었다. 삼 년 세월을 그렇게 버텼다. 그런데, 천만 뜻밖에, 지아비가 곁에 왔다. 때맞춰 적장은 혼례 올릴 날을 잡았다며 몰아세운다. 기다릴

15) 대부분의 부녀납치 설화에서 아내의 정절은 보장받지 못한다. 주명희, 「부녀납치형 대적퇴치설화고」, 장덕순선생 화갑기념논문집 간행위원회 편, 『한국고전산문연구』, 동화문화사, 1981, 25쪽.

16) "오직 최시 마음에는 허다지셜이 모다 더럽고 욕됨이 측냥 업슨지[지라]" 김광순본, 15면.

만큼 기다렸다는 독촉이고, 으름장이다.

> 강이 크지 아니나 깁히 슈십 쳑이라 슈세 흉〻ᄒᆞ니 최시 문득 게교를 ᄉᆡᆼ각ᄒᆞ고 히허 탄왈 창파 호〻ᄒᆞ고 슈광은 졉쳔이라 이 진짓 ᄉᆞ람을 상힐 곳이로다 …(중략)… ᄂᆡ 임의 죽고져 ᄒᆞᄃᆡ 이런 곳을 엇지 못ᄒᆞ엿더니 이ᄂᆞᆫ 나의 일신을 의탁ᄒᆞᆯ 곳이로다 이제 길긔를 정ᄒᆞ엿다 ᄒᆞ니 누욕지변이 불구의 밋칠지라 일명이 구ᄎᆞ투ᄉᆡᆼ치 아닐 거시라 부인에 친ᄋᆡᄒᆞ심과 너이 지극 졍의는 연〻히 잇지 못ᄒᆞ리로다 언필의 양협의 누슈 연낙ᄒᆞ니 션이 ᄯᅩ한 소회동이라 체읍ᄒᆞᆷ을 마지 아니ᄒᆞ나 엇지 긔야의 청강투신ᄒᆞᆯ 쥴 아랏스리오 …(중략)… 졍씨의게 별셔를 써 안상의 노코 급히 나오니 잇ᄃᆡ 뉴ᄉᆡᆼ이 강문 밧게 와 기다리더라 양인이 셔로 만나 황〻이 나오며 가져온 쇠로 강문을 열고 최시 슈혜와 나상을 버셔 물가의 노코 부〻 도망ᄒᆞᆯᄉᆡ (김광순본, 32~33면)

최씨는 유연과 다음날 밤에 담 밖에서 만나기로 약속했다. 최씨가 세운 탈출 계획은 아주 그럴싸하다. 최씨는 비절(悲絶)한 심사를 달래겠다며, 시비 계선을 앞세우고 중추의 달빛 아래로 나선다. 아무나 출입할 수 없는 곳이지만 문지기는 열쇠를 맡기지 않을 수 없다. 두목이 마음에 두고 있는 최씨의 뜻을 거스를 수 없기 때문이다. 후원 밖 강가에 이르러 최씨는 자신의 죽음을 암시하는 말을 슬쩍 흘린다. 빠지면 살아날 길 없는 강물을 내려다보며 "나의 일신을 의탁ᄒᆞᆯ 곳"이란다. 사람들이 베푼 정을 잊지 못할 거라면서 하염없이 눈물만 떨군다. 그러고는 빈 방에 별서(別書)를 남기고 자취를 감춘다. 물가에는 신발과 치마가 놓여 있다. 전후 언행을 되짚어 보고 남긴 물건을 매만지다 보면 자결했을 게 틀림없다는 생각을 하게 된다. 혼인날을 멋대로 정하고 밀어붙인 적장의 압박에 시달리다 못해 투신하고 말았을 거라 믿게 만든 것이다.

계책을 생각해 내는 건 늘 최씨의 몫이다. 적굴의 사정을 모르니 유연이 나설 계제도 아니다. 최씨는 상황을 읽고 대처하는 감각이 탁월하다. 적모(賊母)의 정체를 알아챌 때도, 후원 소당에 거처하면서 기회를 엿보기로 마음먹을 때도 그랬다. 탈출 계획도 순간적으로 떠올렸고, 앵혈을 보존해야 한다는 것도 직감으로 알았다. 게다가 자신의 생각을 관철시킬 말주변도 있고, 그걸 뒷받침하는 매력도 넘친다. 또한 가부에게 공을 돌리는 미덕도 갖췄다. 탈출 계획을 짠 공을 자랑할 법도 하지만, '죄 많은 아내[罪妻]'로 자처하면서 한 발 뒤로 물러난다.

> 나의 일싱이 뉴싱 곳 아니면 그곳의셔 속졀 업시 일신을 마칠너니 다시 부모 형졔를 만나니 그 감ᄉᆞ함을 엇지 다 층양하며 유〻 창쳔이 은인을 ᄂᆡᄉᆞ 어진 쳔뉸을 다시 잇게 ᄒᆞ오니 심상한 바 아니로소이다 쳥필의 여아를 어라만져 한업시 늣기며 뉴싱의게 향한 마음이 셕일의셔 ᄇᆡᆨ ᄇᆡᆨ나 더으며 못ᄂᆡ 칭ᄎᆞᆫᄒᆞ고 부인은 그 녀아의 실절치 아님을 무르니 소져 옥안을 숙여 양구 후 ᄃᆡ왈 소녀 비샹 잉혈이 업ᄉᆞ오면 엇지 뉴싱의 의심치 아니리오 이럼으로 뉴싱도 합근치 아녀 잉졈이 완연ᄒᆞ오이다 ᄒᆞ니 공과 부인이 ᄃᆡ경ᄒᆞ와 다시옴 물은ᄃᆡ 소져 진실ᄒᆞᆷ을 발명ᄒᆞ여 왈 뉴낭이 소져의 쯧을 밧지 아니면 부모와 구고게셔 엇지 소녀의 정절을 알니오 학ᄉᆞ 부〻 ᄂᆡ렴의 ᄃᆡ히ᄒᆞ야 여아의 옥비를 쌔혀 보니 홍졈이 더욱 빗남을 보고 환히ᄒᆞ며 뉴싱에 금셕 갓흔 마음과 여아의 청고ᄒᆞᆫ 절ᄀᆡ ᄎᆞ등 업ᄉᆞᆫ지라 긔특히 너기고 (김광순본, 40~41면)

최씨는 냉철하고 슬기로운 여자다. 그녀는 끝까지 정절을 지켜야 했다. 그러자면 유연의 동의가 꼭 필요했다. 물론 서로에 대한 믿음이 없으면 꺼내기 어려운 얘기였다. 사실 유연은 최씨가 실절했을지도 모른다고 의심했다. 비록 잠깐이었다고는 해도, 그런 생각으로 갈등하던 사람을 이해시켜야 했다.

섬을 떠나 고향에 돌아오기까지 몇 달 동안이나 함께 기거하면서도 두 사람은 몸을 섞지 않았다. 이미 혼례를 올렸으니 잠자리를 가져도 문제 될 건 없었다. 그렇게 합리화할 수 있어도 둘은 흐트러지지 말아야 했다. 최씨 입장에선 더 그랬다. 스스로 떳떳해야만 당당하게 얼굴을 들고 돌아갈 수 있어서다. 앞에선 입에 발린 말을 늘어놓으면서도 뒤돌아서면 수군거릴 사람들을 잠재우려면 확실한 증좌가 필요하단 걸 알기 때문이다. 아내의 뜻을 존중한 유연의 진중함도 높이 살 만하지만, 혈기방장한 남편을 설득해 뒷공론의 빌미를 만들지 않은 최씨의 지혜가 돋보이는 대목이다. 최씨는 이렇듯 미모와 지혜, 강단과 숙덕을 두루 갖춘 재원(才媛)이다.

3) 적장: 비뚤어진 연정에 집착하는 음험한 야심가

좌중을 압도하는 풍채와 웅원(雄遠)한 목소리, 사람의 내면까지 꿰뚫을 듯한 강렬한 눈빛, 적장은 보통 사내가 아니다.[17] 그의 위풍당당함은 유연의 왜소함과 대비된다. 그는 곳곳에 은신처를 두고 본거지에 들기까지 산으로 바다로 떠돌면서 추적을 따돌릴 만큼 용의주도하다. 원하는 게 있으면 오래 기다릴 줄도 안다. 협박도 서슴지 않는 거친 본색과[18] 수하를 닦아세우는 위압감에, 깍듯이 예의를 차리는 부드러움까지, 강온을 섞어가며 노회하게 상대를 다룬다. 군도의 두목으로

17) "추종이 요〻홈에 ᄒᆞ리 전후로 옹위ᄒᆞ야 위예 장녀ᄒᆞᆫ 소년이 쥰마를 놉히 타고 나는 다시 드러오니 뇌락장ᄃᆡᄒᆞᆫ 풍신과 표일ᄒᆞᆫ 기상이 웅장 엄슉ᄒᆞ며 양목을 ᄒᆞᆯ녀 좌우를 ᄉᆞᆯ피ᄃᆡ 안ᄎᆡ 일광을 가리오ᄂᆞᆫ지라 …(중략)… 소ᄅᆡ 뇌셩병녁 갓고 위풍 늠〻ᄒᆞ니" 김광순본, 27면.

18) "외간 ᄌᆞᆸ인이 드러오지 못ᄒᆞ나니 모름이 ᄲᆞᆯ니 도라가 앗가온 신명을 상ᄒᆡ치 말지어다" 김광순본, 27면.

제격이다. 문제는 이 자가 유연이 맞서야 할 상대고, 최씨가 뿌리쳐야 할 불한당이라는 사실이다.

> 군졸을 명ᄒᆞ여 포진을 정히 ᄒᆞ고 슈 돗과 비단 요을 ᄭᆞᆯ고 쵹을 ᄇᆞᆰ히고 화광이 조요ᄒᆞᆫᄃᆡ 뎡을 ᄂᆞ리와 노코 신부 긔ᄉᆡᆨᄒᆞ물 ᄊᆡ오고 시녀로 젼어 왈 낭ᄌᆡ 귀문 옥슈 지란으로 불의예 화란을 보시니 엇지 그러치 아니시리오마ᄂᆞᆫ 필경은 즐거오시미 만코 미구의 부모긔 보이리니 즈레 놀나샤 일신을 훼샹치 마라소셔 ᄂᆡ ᄯᅩᄒᆞᆫ 무식ᄒᆞᆫ 뉴 되지 아니리이다 (고려대본, 44~45면)

적상은 자신이 생각한 배우자의 조건에 딱 맞는 최씨를 점찍어 두었다. 자기 모친인 정씨가 그랬던 것처럼, 일단 데려다 놓으면 언젠간 제 사람이 될 거라고 믿었다. 신혼 초야에 신방에 난입해서 그녀를 납치한 것도 그래서다. 그러고는 제 말을 따르면 훗날 부모를 만날 수도 있을 거라고, 두려움에 떠는 최씨를 달랬다.

이렇게 상대방이 원하든 말든 밀어붙이는 건 사랑을 구하는 태도가 아니다. 최씨를 오랫 동안 흠모했고, 그녀를 데려온 뒤로는 다른 처자에게 눈을 돌리지 않았는데, 그게 사랑이 아니면 뭐냐고 강변할 수도 있다. 하지만 최씨는 전혀 마음을 주지 않았다. 자기 감정에 충실했을지는 몰라도 적장은 상대의 마음을 끝내 얻지 못했다. 시간을 두고 회유하면 생각을 바꿀 거라고 믿는 거나, 삼 년이나 기다렸으니 충분하지 않냐는 듯 재촉하는 것은 자기정당화일 뿐이다. 그건 사랑으로 가장한 가학적인 집착에 불과하다.

그런 면에서 〈서해무릉기〉를 섬에 정착하려 한 군도의 '애정 성취 욕망이 좌절된 이야기'라고 설명하는 건[19] 지나치다. 결국 최씨와

---

19) 서혜은, 「고전소설 속 도적들의 근거지로서의 해도 공간 연구」, 『한국고전연구』

혼인하지 못했으니 욕망을 채우지 못한 건 맞다. 그러나 그의 행태는 지극히 비윤리적인 행위일 뿐, '사랑'의 표현이라 말하기 곤란하다. 상대를 납치해서 감금한 채 사랑을 구한다는 발상 자체가 상식 밖이다. 사랑은 쌍방이 감정적으로 끌리는 데서 시작되는, 대상 자체가 목적인 순수한 감정이다. 최씨를 쟁탈할 목표로 보고 차지할 생각에만 골몰한 건 상대를 욕구 충족의 도구로 대상화한 데 지나지 않는다.

그런 몹쓸 짓을 되풀이한다는 게 더 심각한 문제인데, 적장의 본심이 거기서 드러난다. 후일담에서 서술자는 해남에 사는 오소저가 납치됐다는 풍문을 전한다.[20] 최씨에게 했던 짓을 적장이 또 저질렀다는 얘기였다. 적장은 최씨가 탈출하자 죽었다고 믿고 곧 단념했다.[21] 그러고는 편모 슬하인 오소저에게 눈을 돌렸다. 이참에는 아예 모녀를 한꺼번에 데려갔으니, 범죄 수법도 진화한 셈이다. 사실 좀더 쉬워 보이는 상대를 물색한 결과인데, 그게 누구냐보다 얼마 안 가서 다른 이에게 마음을 옮겼다는 사실 자체가 적장의 진정성을 의심케 한다. 감정 표현이 미숙했던 게 아니라, 생각이 불순했다는 뜻이다.

> ᄂᆡ 명문 벌여[열]의 후예오 부문이 쏘ᄂᆞᆫ[ᄒᆞᆫ] 명화 거촉[족]이라 호협을 일삼으나 인명을 살ᄒᆡᄒᆞ미 아니오 ᄌᆡ물을 노략ᄒᆞ미 아니라 산간의 오ᄋᆞᆨ[유]ᄒᆞ며 ᄃᆡ〻로 이ᄀᆞᆺᄒᆞ믈 면치 못ᄒᆞᄂᆞᆫ지라 ᄂᆡ 아ᄒᆡ 약관의 미부를 ᄐᆡᆨ지 못ᄒᆞ여 소져 명셩을 ᄒᆞ[흠]모ᄒᆞ여 도[돈]ᄋᆡ 일홈을 셰상의 나지 아엿[녓]고 명화 거경이 쏘ᄒᆞᆫ 머리 소호믈 득ᄒᆞ리오 ᄎᆞ고로 ᄇᆞ득이 탈취ᄒᆞ미나 돈ᄋᆡ ᄉᆞ문 일ᄆᆡᆨ으로 당〻이 길일은[을] ᄐᆡᆨᄒᆞ여 쳔지긔 알외고

26, 한국고전연구학회, 2012, 133~136쪽.

20) 김광순본, 52~53면; 고려대본, 140~142면.

21) 오랜 시간 공들인 데 비하면 너무 쉽게 포기한다는 느낌을 지울 수 없다. 최씨의 계획이 치밀했다고 쳐도 그렇다.

되례를 힝ᄒᆞ리니 셔ᄅᆞ 무례홀 빅 업슬지니 모라미 놀나믈 진졍ᄒᆞ고 약딜을 상히오지 말나 (고려대본, 49~51면)

적장은 스스로 어떻게 생각하든 법의 테두리 밖에 있는 범죄자다. 재물에 관심이 없고 사람을 해치지 않는지는 몰라도 납치를 일삼은 건 분명하다. 그런 데도 '무례'하다느니, '무식'하다는 말은 듣기 싫어한다.[22] 딴에는 명화적 패거리 중에서 이름난 집안의 아들이고, 사대부의 외손이라고 자부한다. 적장 부자가 명문가의 이름난 여자들에게 눈독을 들인 이유는 다른 데 있지 않다. 자신들에게 부족한 고결함을 대신 채워줄 수 있기 때문이다. 그건 호협(豪俠)을 일삼으며 산간에 오유(遨遊)한다고 젠체해 봐도 어쩔 수 없는 콤플렉스를 상쇄하려는 술수일 뿐이다. 호기롭고 점잖은 척하지만, 실은 야릇한 자존심과 지질한 콤플렉스가 묘하게 공존하는 인물이란 말이다.

적장은 유연이 안중에 없었다. 경쟁자로 여기지 않은 건 물론이고 훗날 화근이 될지도 모른다는 생각조차 하지 않았다. 그렇지 않다면 신부를 뺏어 가면서 신랑을 그냥 두고 갈 리가 없다. 한데 둘의 대결에서 최종 승자는 유연이다. 둘은 상대가 안 될 만큼 힘의 차이가 크다. 그런 데도 적장이 물러날 수밖에 없는 건 그에게 진정성이 없기 때문이다. 최씨의 마음을 얻지 못한 이유도, 한주먹감도 안 되는 유연을 이기지 못하는 까닭도 그것이다. 적장은 유연의 연적이 될 수 없다. 한 여자를 두고 두 남자가 다툰 꼴이긴 해도, 적장은 단 한 번도 최씨의 마음을 흔들어 놓지 못했다. 그러니 연적이 아니라 틈입자요 방해꾼일 뿐이다.

---

22) "우리 모ᄌᆞ 무식지인이 아니ᄅᆞ 엇지 굿ᄒᆞ여 강박ᄒᆞ리오" 고려대본, 54면; "이제 임의 ᄒᆡ 깁고 낭ᄌᆞ 우리 모ᄌᆞ의 무려[례]치 아님은 알지라" 〈유연전〉, 성균관대 도서관 소장, 51면.

작가는 유연을 사려 깊고 열정이 넘치는 진중한 군자로, 최씨를 미모와 지혜, 강단과 숙덕을 겸비한 요조숙녀로, 적장을 비뚤어진 연정에 집착하는 음험한 야심가로 묘사했다. 예기찮은 풍파를 만난 유연과 최씨는 함께 고난을 극복하면서 한층 깊어진 사랑을 확인한다. 유연의 헌신적인 사랑에 감동한 최씨는 어떤 일이라도 함께 하기로 결심한다. 그들이 적굴을 빠져나올 수 있었던 건 이렇게 두 사람의 마음이 하나가 됐기 때문이다. 납치 · 감금과 같은 물리적 폭력과 겁탈의 두려움 같은 정신적 압박에도 최씨는 굴하지 않았다. 유연은 역경 속에서도 최씨를 향한 애틋한 마음을 거두지 않았다. 최씨의 오랜 기다림과 유연의 열정, 두 사람의 절절한 호소에 결국 하늘도 응답했다.

3. 〈서해무릉기〉의 작가의식

1) 공간적 배경으로서의 서해무릉의 성격

서해무릉은 의미 집약적인 장소다. 서해무릉은 통과의례 때 거쳐야 하는 격리된 공간과 상당한 유사성이 있다. 주인공들에게 섬은 육지에서 맺었던 모든 관계가 단절된 곳이다. 누구의 도움도 기대할 수 없고 모든 걸 홀로 해결해야 하는 고독한 공간이다. 따라서 스스로를 성찰하고 성숙해질 수 있는 장소다. 또한 부부가 서로 하나됨을 확인하고 새 출발을 다짐하는 언약의 장이기도 하다.

이곳에서 나온 두 사람은 납치되기 전과 전혀 다른 사람이 돼 있다. 그들은 어둠의 터널을 지나 광명의 세계로 돌아왔다. 시련을 거치면서 생각은 깊어졌고, 주위를 돌아보는 여유도 생겼다. 철부지 도련님이

듬직한 장부로 변했고, 고운 아기씨는 현숙한 아내로 탈바꿈했다. 이런 점에서 〈서해무릉기〉를 진정한 성인으로 거듭나려고 거치는 통과의례로 설명한 논의가 설득력을 갖는다.[23)]

> 큰 셤이 잇스ᄃᆡ 평원 광야의 물ᄉᆡᆨ이 청〻ᄒᆞ고 십여 호 인가 산ᄒᆞ의 버러 촌락이 번화ᄒᆞᆫ 즁 압ᄒᆡᄂᆞᆫ ᄃᆡ강이 가려 시오 리나 막혀스니 깁고 한가ᄒᆞᆷ이 비할 ᄃᆡ 업ᄉᆞᆫ지라 스ᄉᆞ로 헤오ᄃᆡ 반다시 은인 도ᄉᆞ에 거쳐로다 ᄒᆞ며 …(중략)… 이 곳은 지명이 서ᄒᆡ무릉이라 ᄭᅩᆺ흘 보아 봄을 알고 단풍이 드러 낙엽이 되어야 가을인 쥴 아나니라 ᄒᆞ고 다토아 양식을 쥬ᄂᆞᆫ ᄌᆞ 만ᄒᆞ니 인심이 순후ᄒᆞᆷ을 가히 알ᄀᆡ스며 바람이 무거워 ᄆᆡ지 못ᄒᆞᆯ너라 (김광순본, 22~23면)

서해 무릉은 풍광이 수려하고 인심이 순후한 곳이다. 외부 세계와 절연된 탈속적인 공간처럼 보인다. 하지만 여기는 결코 이상향이 될 수 없다. 그렇다고 불도를 닦아 업장(業障)을 소멸하고 종교적 깨달음을 얻는 도량(道場)도 아니다.

서해무릉은 매우 현실적인 공간이다. 섬 주민들에겐 생활의 터전이며, 군도에겐 활동의 본거지다. 군도의 소굴은 고립된 섬 안에서도 담장과 강물로 다시 단절된, 폐쇄적인 영역이다. 이 곳은 체제 밖에 있으면서도 계속해서 기존 사회와 관계를 맺을 수밖에 없다. 외부에서 물자와 인력을 들여와야 하기 때문이다. 특히 여성이 필요한데, 납치해 온 부녀들을 겁박해서 가계(家系)를 잇게 해야 하고, 가사를 돌보게 해야 한다. 최씨를 납치한 이유도 그것이었다. 군도는 자신들이

23) 거짓 죽음과 재생의 이미지를 활용했고, 죽었다고 생각한 사람이 바다를 건너 제 생일에 맞춰 생환한 것까지 감안하면 더욱 그렇다. 김명순, 앞의 논문(1990), 898~900쪽; 김명순, 앞의 논문(1998), 545~546쪽 참조.

떠나온 세계를 공포와 혼란에 빠뜨려가며 탈취한 재물과 납치해온 사람들로 '그들만의 공간'을 만들었을 뿐이다. 그건 환상이요, 폭력의 다른 이름에 불과하다.

무릉도는 이렇듯 종속성과 폭력성으로 점철된 곳으로, 일종의 아이러니로 기능한다. 체제 밖에 존재하면서도 현실 질서를 긍정케 하기 때문이다. 특히 최씨와 유연에게 무릉도는 어떻게든 벗어나야 할 악몽 같은 곳이었고, 다시 떠올리고 싶지 않은 땅이었다. 그러면서도 무릉도는 재회의 기쁨을 누리고, 서로 의지하면서 두려움을 함께 극복한 장소다. 그리하여 서로에 대한 믿음과 사랑을 확인하고 진정한 부부로 거듭난 뜻깊은 공간이다. 작가가 제목에 이 섬 이름을 붙인 이유도 그것이다.

2) 군도담의 수용 양상과 애정담과의 결합 방식

적장은 장막 뒤에 숨어 있다. 그래서 신비감을 주면서도 공포감을 자아낸다. 후대본인 고려대본에서는 이를 좀더 강화했다. 적장이 본거지인 무릉도에서만 군림하는 게 아니라 다른 집단과도 연계하고 협력한다고, 제법 화려하게 꾸며 놓았다.

> 산곡과 히상의 쳐〻마다 긔귀 굉장ᄒᆞ고 소년 풍유ᄀᆡᆨ과 옥면 장군이 분〻이 셔를 마ᄌᆞ 아외라 형이라 청[칭]ᄒᆞ여 분〻ᄒᆞ고 누ᄃᆡ의 패각이며 젼션과 난창이 십분 부려ᄒᆞ나 이물이 율〻탕〻ᄒᆞ여 셩명을 아지 못ᄒᆞ고 근본을 무를 길이 업ᄉᆞᄃᆡ ᄒᆞ갈ᄂᆞᆯ치[ᄒᆞᆫ갈ᄀᆞᆺ치] 늡[늠]〻ᄒᆞᆫ 듕 최시 탈취ᄒᆞᆫ 바 적댱이 더옥 표표ᄒᆞ더라 (고려대본, 55~56면)

그들은 장대한 전각에 살고, 화려한 기구를 타고 다니면서 서로 호형호제한다. '산간에 오유하면서 호협을 일삼는' 게 그들의 자랑이다. 뭔가 세력화된 비밀조직을 연상케 한다. 이렇게 묘한 분위기를 풍기면서 신비한 이미지를 만들어 내지만, 그들은 손에 잡히는 실체가 없는 신기루 같은 무리다. 숨는 것이 그들의 존재방식이자 생존전략이다. 그들은 은밀하게 뭔가를 꾸미고 있다. 그러나 그게 뭔지는 작품을 끝까지 읽어도 알 수가 없다. 그들은 이상적인 집단을 만들지도 못했고, 고귀한 이상을 제시하지도 않았다. 소굴에 깊이 은신했다가 이따금 출몰하며 질서를 어지럽히고 불안을 조성하는 범죄 집단일 따름이다.

적장은 스스로를 "명화거족(明火巨族)"이라고 자부한다. 따라서 배정희의 주장처럼 조선후기에 횡행하던 명화적(明火賊) 집단을 반영한 게 분명하다. 그러나 작가가 그들의 체제 비판적인 성격을 긍정했다고까지 말하는 건[24] 과도한 해석이다. 서술자는 군도의 우두머리와 그 모친을 '대장' · '적장', '부인' · '적모'라고 부른다. 이처럼 긍정과 부정의 시각이 혼재돼 있는 건 입장이 분명치 않기 때문이다. 작가는 명화적을 강하게 부정하지도 않았지만, 그렇다고 해서 그들의 긍정적인 면모를 구체화하지도 않았다. 적장은 주변을 극도로 경계하고 단속한다. 그게 조직을 보위해야 한다는 강박을 노출한 건지, 제 것을 지키려는 수컷의 본능이 발동한 건지도 분명치 않다. 뭔가를 획책하지만, 그게 무엇인지는 끝까지 드러나지 않는다. 그러니 체제의 어떤 면에 저항하는지, 작가가 그런 집단을 긍정하는지는 말할 계제가 아니다.

그들은 납치와 감금을 일삼으면서도 그게 잘못됐다고 반성하기는커녕 오히려 합리화하려 든다. 그들의 행위는 이렇게 반사회적이다. 특별한 경우를 제외하면 소설이란 대중적인 장르에서 반사회적인 집

---

24) 배정희, 앞의 논문, 203쪽.

단을 대놓고 긍정하기는 어렵다. 그 집단이 사회의 부조리나 거대악에 맞서 싸우는 게 아니라면 독자를 설득할 수 없기 때문이다. 한데 〈서해무릉기〉에서 그런 요소는 전혀 보이지 않는다. 이 작품이 군도의 반체제적 성격을 긍정했으며, 그 때문에 대중성을 얻지 못했고 이본수도 제한됐을 거라는 배정희의 추론은 그래서 일면만 타당하다.

'반사회적 집단'을 옹호하는 건 위험을 감수해야 하는 행동이다. 혹시라도 발각되면 탈이 날 텐데도 지지를 철회하지 않는 건 스스로를 반사회적인 집단과 동일시할 때나 가능하다. 〈서해무릉기〉의 군도담에 심각한 사회적 메시지가 담겼다고 볼 때 예상할 수 있는 독자의 태도는 다음 둘 중 하나다. 아주 구체화해서 사회적 문제의식을 좀더 적극적으로 표출하거나 거꾸로 축소해서 오해 받을 소지를 없애는 것이다. 그런데 〈서해무릉기〉의 이본 가운데 나중에 나온 고려대본·성균관대본은 오히려 명화적을 좀더 구체화했다. 그러면서도 긍정과 부정의 입장을 뒤섞어 놓았다. 다소 신비화한 듯하지만, 적장은 여전히 무뢰배이고, 그의 행태는 반사회적이다. 확대하면서도 긍정은 하지 않은 셈이다. 독자들에게 군도담은 손봐야 할 만큼 심각한 요소로 보이지 않았다는 의미다.

작가에겐 주인공의 애정 전선에 끼어들 훼방꾼이 필요했다. 사실 그런 방해꾼이 꼭 군도 두목이어야 할 이유는 없다. 간특한 권력자가 그 역할을 대신한다고 해도 문제가 되지 않는다. 적장은 누구로라도 대체할 수 있는 기능적 요소에 불과했다. 그럼에도 불구하고 군도가 적대자로 등장하는 이유는 짚어볼 필요가 있다.

남녀 주인공의 부친인 유공과 최공에겐 특별히 악연인 사람이 없다. 가문과 연결된 적대자가 출현할 가능성이 없다는 얘기다. 주인공 유연도 조정사에는 전혀 관심이 없다. 정치적 갈등과는 무관하다는 말이다. 그러니 두 집안이 정치권력과 연계된 적대세력을 만날 가능성은 애초부터 없다. 그건 곧 충신과 간신 사이의 갈등이 중심축인 작품과는 다른 길을 가야 하고, 거기에 맞는 유형의 적대자가 등장해야 한다는 뜻이다. 적대자라면 모름지기 작중인물과 상황을 뒤흔들 만큼 강한 힘의 소유자여야 하고, 그러면서도 부정적인 관념을 떠넘겨도 저항할 수 없는 존재여야 한다. 이런 조건을 갖춘 후보군이 그리 넓지 않다는 게 선택을 제약한다. 작가는 그걸 조선후기 구비설화와 문헌설화에 심심찮게 등장한 군도담에서 찾았다.

그러나 이 선택은 양날의 검이 되고 말았다. 적대자의 갑작스런 틈입, 정체불명의 존재가 주는 신비감, 예기치 않은 상황이 조성한 불안감, 이로 인해 형성된 초반의 긴장감과 속도감은 독자의 이목을 집중시키기에 충분하다. 그러나 암약하는 게 존재 방식인 적장이 사사건건 전면에 나설 수는 없다. 그런 적대자를 자세히 묘사할 수 없다는 게 작가로서는 더 난감한 문제다. 그렇다고 대리자를 내세워 주인공과 대결하게 하는 것도 마땅치 않다. 목표물인 최씨를 뺏으면 그만인 적장으로선 굳이 유연을 더 상대할 이유가 없기 때문이다. 계속 대립하게 해서 갈등의 골이 깊어지게 만들 가능성이 차단된 까닭이다.

더 문제는 해결 과정을 설득력 있게 제시하기 어려워졌다는 데 있다. 어딘지도 모르는 본거지를 찾는 것만도 인력으로는 쉽지 않은 일이다. 게다가 주인공이 군도와 정면으로 맞서는 건 사실상 불가능하다. 그렇기에 초월적 존재의 도움이 없어서는 안 된다. 해결책이라고는 탈출밖에 없고, 더욱이 기회가 한 번밖에 없다는 점도 난제다. 들통나면 끝이기에 단번에 탈출에 성공해야 하고, 그걸로 상황이 모두 정리돼야 한다. 실마리를 조금씩 풀어가면서 독자의 긴장과 흥미를 유도하는 식으로 전개할 수 없다는 말이다. 그러다 보니 장애를 극복하는 과정이 단순해졌고, 독자를 붙들자면 다른 갈등요소를 끌어들여야만 했다. 그것이 귀향 후에 부친의 마음을 돌리는 과정을 길게 끌고간 이유다.

3) 진실한 사랑의 추구와 현실적 규범의 승인

〈서해무릉기〉를 필사하거나 책을 소유한 사람들은 60대 노인, 미혼 여성, 양반가 기혼 여성 등이다.[25] 이들이 체제 질서의 동요나 가치 규범의 충돌에 큰 관심을 기울였을 것 같지는 않다.[26] 그렇다면 그들이 이 작품에서 주목한 건 무엇이었을까. 〈서해무릉기〉 결말부를 〈윤지경전〉과 함께 베낀 경북대본 "윤최ᄌᆡ합녹"에서 실마리를 찾을 수 있다. 경북대본의 필사자가 주목한 건 두 작품 모두 남녀 주인공이 우여곡절 끝에 혼인했다는 점이다.

> 뉴ᄉᆡᆼ에 열부와 최시의 열절을 그이함으로 일권셔를 지어 후세인으로 하여곰 알게 하노라 (김광순본, 53면)

작가는 '유연의 열부'와 '최씨의 열절'을 둘이 재회하게 된 원동력이라고 봤다. 공식적 윤리로 재단한 말이기에 수사적 표현으로 비치기도 하지만, 비슷한 언급이 여러 곳에 있는 걸 보면 작자의 의도를 드러낸 게 틀림없다. 기존 논의에서는 이 점을 간과했는데, 작품 해석에 반영해야 마땅하다. 두 사람이 온전한 부부가 된 건 유연의 변함없는 사랑

25) 앞의 「〈서해무릉기〉 이본의 변이 양상과 그 의미」 참조.

26) "시인이 공이 무릉의 긔특이 상봉ᄒᆞ여 이렷[럿]틋 효셩을 누리고 일ᄉᆡᆼ 회로ᄅᆞᆯ 나라[타]ᄂᆡ지 아니ᄒᆞ고 종ᄂᆡ 무흠ᄒᆞ믈 경찬ᄒᆞ연[여] 인〻이 일ᄏᆞ라 아동 소졸이 입마다 외ᄂᆞᆫ 고로 제목을 무릉긔합놉[녹]이라 젼을 지으이라" 고려대본, 144면.

에 최씨가 마음을 열고 서로 합심해서 시련을 극복했기 때문이다.

이 작품에서 가장 묘미 있는 곳은 여승 행색으로 나타난 유연과 최씨가 도적의 소굴에서 서로 수작하는 대목, 담장을 사이에 두고 서로의 절절한 마음을 토로하는 장면이다. 작가는 떠날 수도, 붙들 수도 없는 두 사람의 애타는 심정을 잘 담아냈다. 그 중 우물가에서 물을 달라면서 서로 수작하는 장면은 전설이나 민담에서 자주 봐 왔기에 삽화 자체로는 특별할 게 없다. 묘미는 둘 사이에 오가는 은근한 말과 은밀한 눈짓, 떨리는 손끝에서 묻어나는 아슬아슬한 긴장을 놓치지 않고 그려낸 섬세한 필치에 있다.

> 삿갓 밋히 옥면 여승은 곳 다름 아니라 ᄌᆞ가의 가부 뉴연이라 용ᄉᆡᆨ이 환형ᄒᆞ고 풍신이 초최ᄒᆞ여 삭발위승ᄒᆞ야 슈참ᄒᆞ미 ᄌᆞ가를 위ᄒᆞ여 이지경의 이라럿스니 허다 풍상과 천신만고를 격것슴이러라 저의 죄처로셔 이갓흠을 보니 그 심경이 엇더ᄒᆞ리요 ᄃᆡ경ᄃᆡ히 즁 ᄎᆞᆷ통ᄒᆞ고 도로혀 위ᄐᆡᄒᆞᆫ지라 심신이 황난ᄒᆞ여 능히 진정치 못ᄒᆞ나 게션이 잇고 좌우 이목이 두려우니 긔ᄉᆡᆨ을 ᄎᆞᆷ고 아무리 ᄒᆞᆯ ᄌᆞᆯ 모르더라 …(중략)… 초최ᄒᆞᆫ 용모와 ᄋᆡ원ᄒᆞᆫ 형용이 아라보기 어려오나 션연 미려ᄒᆞᆫ ᄌᆞ최 완연ᄒᆞᆫ 최시라 정신이 암〻ᄒᆞ고 황홀 어득ᄒᆞ여 어린 다시 셔〻 양목을 흘려 ᄉᆞᆯ피니 …(중략)… 삼년 ᄂᆡ에 변복ᄒᆞ미 업고 운환이 어지러스니 두발을 다ᄉᆞ리지 아녀슴을 가히 아리러라 풍영 눈ᄐᆡᆨᄒᆞᆫ 기골이 소삭ᄒᆞ여 섬〻옥골이 드라나고 가는 허리ᄂᆞᆫ 더욱 요〻ᄒᆞ야 바람의 부칠 ᄃᆞᆺᄒᆞ며 비참 ᄋᆡ절ᄒᆞᆫ 형상을 보니 반가온 졍과 슬픈 ᄒᆞ니 구곡 심장을 촌단ᄒᆞᄂᆞᆫ ᄃᆞᆺᄒᆞ나 ᄯᅩ한 두려오미 극ᄒᆞᆫ 기ᄉᆡᆨ을 감초고 다만 합장ᄇᆡ례ᄒᆞ니 …(중략)… 양인이 셔로 눈을 드러 보나 스ᄉᆞ로 두려워 일언도 못ᄒᆞ고 단슌을 다드며 다만 손을 져어 위ᄐᆡ홈을 이르더니 …(중략)… 소져 ᄂᆡ심에 ᄉᆡᆼ각ᄒᆞᄃᆡ 오ᄅᆡ 상ᄃᆡᄒᆞ야 ᄒᆡᆼ혀 실슈ᄒᆞ면 가부의 ᄒᆡᆼᄉᆡᆨ이 탈노될가 염녀되며 ᄯᅩ한 게션이 의심홈이 마늘가 두려워 일오ᄃᆡ 산승이 오ᄅᆡ 유ᄒᆞ미 불가ᄒᆞ니 ᄲᆞᆯ니 나가미 올타 ᄒᆞ며 선으로 더부러 드러올ᄉᆡ 오ᄂᆡ 촌단ᄒᆞ고

> 회푀 간절ᄒᆞ나 ᄉᆞ기를 게요 츰고 안으로 드러올 제 승이 쏘한 뒤흘 조ᄎᆞ 한가지로 ᄂᆡ실의 드로옴에 최시 더욱 위ᄐᆡ히 너기나 오직 그 거동을 ᄌᆞᆷ간이라도 다시 보고져 ᄒᆞ여 (김광순본, 25~26면)

최씨는 이제껏 '안 하던 짓'만 한다. 말과 행동이 위태롭기 짝이 없다. 몇 년 동안 문밖에 나서는 것도 꺼리던 사람이 바깥 구경을 자청하더니, 외간 스님네와 말을 주고 받질 않나, 게다가 손수 물까지 떠서 건네고, 걸음조차 않던 적모의 방을 제 발로 찾아가 지어낸 꿈 얘기로 심란함을 하소연한다. 의심하려 들면 하나같이 미심쩍은 언행이다.

섬에 붙들려 온 뒤로 최씨는 후원 작은 방에 틀어박혀 있는 듯 없는 듯 지냈다. 마음이 흔들린다고 오해할 빌미를 주지 않으려 했다. 모진 목숨 깨끗이 죽지는 못했어도 결행할 기회만 노리고 있었다. 그런데 뜻밖에도, 바로 눈앞에 정인이 와 있다. 흔들리는 눈동자, 쉴 새 없이 변하는 낯빛, 떨리는 손, 방망이질하는 가슴, 누군가에게 들킬 것만 같다. 불안하고 초조하다는 걸 어떻게든 감춰야 한다는 생각에 몸은 더 뻣뻣해진다. 이 기회를 놓치면 안 된다는 조바심 때문이다.

한데 유연은 눈치도 없이 안채까지 쪼르르 따라 들어온다. 곁을 맴돌면서 떠나지 못한다. 시주 받은 쌀을 일부러 땅에 쏟고는 한 톨 한 톨 주워 담으며 시간을 끈다.[27] 그러다가 자칫 적장에게 정체가 탄로날 뻔했다. 늘 꿈꿔왔지만 이렇게 만날 거라고는 생각도 못했다. 서로를 확인한 순간 머릿속은 하얗게 변하고, 눈에는 뵈는 게 없었다. 정신을 차리고 보니 아찔한 순간이었다. 살아 나온 것만도 다행이라는 생각에 진저리를 친다. 그 자리에서는 이런저런 사정 돌아볼 여유마저

27) "선이 보미를 두 되나 가져 승의게 시쥬ᄒᆞ니 ᄉᆡᆼ이 바다 바랑을 긔울여 붓다가 거짓 실슈ᄒᆞ여 쌀이 ᄯᅡ히 쏘다짐에 안ᄌᆞ 기ᆞ히 쥬을ᄉᆡ ᄊᆡᆨ 느져가ᄃᆡ 이러나지 못ᄒᆞ더니" 김광순본, 27면.

없을 만큼 절박했던 것이다. 이런 감정의 흐름을 놓치지 않았다는 게 이 장면의 매력이다.

서술자는 두 사람에게 고르게 시선을 배분해 왔다. 유연 이야기를 어느 정도 끌고간 뒤에는 어김없이 최소저에게 눈길을 돌렸다. 서술 분량도 얼추 비슷하다. 그만큼 둘의 상황이 서로 맞물리도록 안배했다. 단순히 시간 순서에 따른 게 아니라 교차 서술함으로써 독자가 긴장감을 유지하고 흥미를 유지하려는 전략이었다. 작가는 그런 방식을 이 한 장면에 압축해 놓았다. 서술자는 인물의 외면과 내면을 넘나들며 두 사람의 행동과 심리를 번갈아 묘사한다. 작은 떨림 하나도 놓치지 않으려고 꽤나 공들인 내목임에 분명하다.

사실, 탈출 계획을 세우고 그걸 실행하는 과정을 접할 때 독자의 몰입도는 이 장면보다 떨어진다. 당사자들은 바짝 긴장해서 제풀에 흠칫흠칫 놀라기도 하지만, 독자들로서는 굳이 신경을 곤두세울 이유가 없어서다. 계획한 대로 진행될뿐더러 추적자가 바로 뒤를 쫓는 것도 아니기 때문이다. 그 만큼 여기가 이 작품이 전하려는 메시지를 담은 대목이란 뜻이다. 때론 모든 걸 걸어야만 사랑을 얻을 수 있다는 게 작가의 말이다.

> 장원 밧글 향ᄒᆞ여 축왈 뉴〻창천아 아름이 게시거든 탈신ᄒᆞᆯ 게교를 가라치소셔 뉴ᄉᆡᆼ과 쳡의 ᄌᆞᆫ명을 구ᄒᆞ소셔 ᄒᆞᆫᄃᆡ 이ᄯᆡ 뉴ᄉᆡᆼ이 담 안의 동졍을 술피더니 최시의 ᄋᆡ원ᄒᆞᆫ 셩음을 듯고 맛바다 갈오ᄃᆡ 낭ᄌᆞ 고인을 ᄉᆞ렴ᄒᆞ거던 샹봉할 기약을 졍ᄒᆞ소셔 ᄒᆞ니 최시 이 답언을 드르매 녁〻히 뉴ᄉᆡᆼ이라 신기코 반가오믈 무어시라 형언ᄒᆞ리오 소져 연망히 ᄃᆡ왈 쳡의 졍셩은 창쳔이 비최시니 엇지 무심 헛탄ᄒᆞ리잇가 연이나 원장이 놉고 문이 구드니 능히 통치 못ᄒᆞᆯ지라 명야로 기약ᄒᆞ나니 명야 ᄎᆞ시예 그윽ᄒᆞᆫ 곳의 쳡의 긔약을 져바리지 마르소셔 이목이 두리오니

> 드러가나이다 ᄒᆞ거날 ᄉᆡᆼ이 히심이 그음 업셔 깃붐을 참지 못ᄒᆞ여 두어 말노 당부ᄒᆞ니 발셔 드러가고 ᄃᆡ답이 업ᄉᆞ니 (김광순본 32면)

유연과 최씨가 담장을 사이에 두고 대화하는 장면이 정채를 띠는 것도 그래서다. 이 장면은 두 사람의 모습을 상상하고 읽어야 맛이 있다. 유연은 아내의 그림자라도 볼까 싶어서 떠나지 못한다. 모든 걸 포기하고 삼 년을 찾아 헤맨 아내가 실절했을지도 모른다는 의구심이 밀려들어 괴로웠고, 그런 생각에 흔들리는 자신을 자책했을 터이다. 그런 마음속 갈등을 이겨내고 그는 담밖을 서성인다. 과연 만나게 될지도 알 수 없다. 그래도 하염없이 기다린다. 그런데, 담장 너머에서 아내의 애절한 목소리가 들려온다. 숨이 멎을 듯 반갑지만, 이목이 두려워 몇 마디 나누지도 못한다. 다음날 만나자는 말만 남긴 채 얼른 자리를 뜨고 만다. 눈으로 볼 수 없고 손으로 만질 수도 없지만, 정인이 거기 있다. 두 사람의 떨리는 목소리와 간절한 눈빛이 눈에 선하다. 유연은 사랑을 얻기 위해 모든 걸 버렸고, 마침내 아내의 마음을 얻었다.[28)]

무릉도를 탈출해 본가에 돌아온 뒤의 유연은 작품 초·중반의 그와 전혀 딴판이다. 낯짝도 뵈지 말라며 외면하는 부친 앞에서 몸 둘 바를 몰라 하며 불효자로 자처한다. 최씨를 찾아 헤맬 때는 주위를 돌아볼 여유도 없었을 테지만, 아내와 함께 집으로 돌아갈 때 유연의 심정은 참으로 복잡했을 게 틀림없다. 뿌듯함과 죄책감, 설렘과 망설임 등 만감이 교차했을 것이다. 그는 그 길 끝에서 마주하게 될 부모에게 용서를 구해야 할 처지였고,[29)] 이웃에게도 용인받아야 할 입장이었

---

28) 적장은 이와 반대였다. 상대의 마음을 얻기 전에 몸을 취하려 했고, 자신을 돌아보기보다 상대가 바뀌기를 원했다. 결과는 앞서 살핀 대로다.

29) 이정화, 앞의 논문, 57쪽.

다.[30] 그러니 먼저 자신의 행실을 돌아보며 뼈저리게 반성하고 자숙해야만 했다. 유연이 가족과 이웃에게 다시 인정받으려면 부모 세대가 요구하는 도덕률을 받아들여야 했다. 그렇게 했을 때 부모와 친지들은 두 사람을 다시 품어 주었고, 자랑으로 여겼다.

이렇듯 〈서해무릉기〉는 사회 질서나 윤리 규범을 부정하지 않는다. 오히려 효(孝)·열(烈)·절(節)을 강조한다. 애정의 가치를 절대 긍정하되, 그것을 전통적 예교(禮敎)와 사회적 통념으로 뒷받침하고 추인함으로써 현실 질서 속에 흡수하고 통합한다. 진실한 사랑을 추구하되, 두 사람의 굳건한 믿음과 배려 속에 사랑이 꽃핀다는 것, 그런 경험을 통해 인간적으로 성장하고 성숙해질 수 있음을 보여 주었다. 이 작품의 출발점은 다소 파격적이었어도 전통적 예교에서 아주 벗어나지는 않았다. 종착지는 사회적 통념을 재확인하는 익숙한 곳이다. 성숙한 인격체의 책임 있는 선택일 때 사랑도 존중받을 수 있다고 본 것이다. 독자들이 정서적 안도감을 느끼면서 통속적 쾌감을 맛보게 되는 지점도 바로 거기다.

4. 맺음말

이 글에서는 〈서해무릉기〉를 남녀 주인공이 진정한 사랑에 눈떠 가는 과정을 그린 애정소설이라는 관점에서 설명했다. 군도담에 시선을 빼겨서는 곤란하고 애정담을 중심으로 작품을 읽는 게 필요하다는

---

30) 정윤수, 앞의 논문, 149쪽.

판단에서 작가가 인물을 어떻게 형상화했으며, 거기에 담긴 작가의 의도는 무엇인지 살폈다. 논의한 내용을 요약하면 다음과 같다.

작가는 유연을 사려 깊고 열정이 넘치는 진중한 군자로, 최씨를 미모와 지혜, 강단과 숙덕을 겸비한 요조숙녀로, 적장을 비뚤어진 연정에 집착하는 음험한 야심가로 묘사했다. 예기찮은 풍파를 만난 유연과 최씨는 함께 고난을 극복하면서 한층 깊어진 사랑을 확인한다. 물리적 폭력과 정신적 압박에도 굴하지 않고 정절을 지켜낸 최씨의 오랜 기다림, 아내를 찾겠다는 유연의 열정과 헌신, 이 모든 게 합쳐졌기에 그들은 시련을 극복하고 사랑을 완성할 수 있었다.

서해무릉은 의미 집약적인 장소다. 무릉도는 결코 이상향이 아니며, 매우 현실적인 공간이다. 그곳은 섬 주민들에게는 생활의 터전이며, 군도들에겐 본거지이고, 주인공들에겐 악몽 같은 땅이다. 그러나 섬은 두 사람이 재회의 기쁨을 누리고, 서로를 의지하면서 두려움을 함께 극복한 장소다. 그리하여 서로에 대한 믿음과 사랑을 확인하고 진정한 부부로 거듭 난 뜻깊은 곳이다. 작가가 제목에 이 섬 이름을 붙인 이유다.

작가가 군도담을 수용한 건 주인공들의 애정 전선에 끼어든 훼방꾼을 구체화하기 위해서였다. 그런 방해꾼이 꼭 군도 두목이어야 할 이유는 없다. 적장은 대체 가능한 기능적 요소에 불과했다는 의미다. 한데 군도담을 끌어들인 선택은 긍정적으로 작용하기도 했지만, 부정적 결과를 가져오기도 했다. 적대자의 갑작스런 틈입, 정체불명의 존재가 주는 신비감, 예기치 않은 상황이 조성한 불안감, 이로 인해 형성된 초반의 긴장감과 속도감은 독자의 이목을 끌기에 충분했다. 그러나 구조적 단순성을 초래해 소설적 완성도를 떨어뜨리는 요소가 되고 말았다.

〈서해무릉기〉는 진실한 사랑의 가치를 역설하면서도 사회 질서나 윤리 규범을 부정하지는 않는다. 오히려 효(孝)·열(烈)·절(節)을 강조한다. 애정의 가치를 절대 긍정하되, 그것을 전통적 예교(禮教)와 사회적 통념으로 뒷받침하고 추인함으로써 현실 질서 속에 흡수하고 통합한다. 출발점은 다소 파격적이지만, 종착지는 통념을 확인하게 되는 익숙한 지점이다. 그 결과 독자들은 정서적 안도감을 얻으면서 통속적 쾌감을 맛보게 됐다.

참고문헌

1. 자료

〈김영철전〉, 홍세태본.
〈김영철전〉, 조원경 소장본.
〈김영철전〉, 박재연 소장본.
〈김영텰뎐〉, 서인석 소장본.
〈김철전〉, 단국대도서관 소장본.

〈武陵記 仝〉, 고려대도서관 소장본.
〈셔힉무릉긔 권디단〉, 아단문고 소장본.
〈셔힉무릉긔 권지단〉, 김광순본(김광순 편, 『한국고소설전집』 8, 경인문화사, 1993).
〈셔힉무릉긔 권지단〉, 이화여대본(이화여대 한국문화연구원 편, 『한국고대소설총서』 4, 통문관, 1961).
〈유연젼〉, 성균관대도서관 소장본.

〈빅시황젼〉, 국립중앙도서관 소장본.
김시성, 『금포실기 단(錦浦實記 · 單)』, 국립중앙도서관 소장본.
장지연, 〈북정록(北征錄)〉, 『매일신보』 1916.11.4.~11.12(8회).
신유, 〈북정록(北征錄)〉(고전연구실 편, 『국역 북정일기』, 한국정신문화연구원, 1980).
이규경, 『오주연문장전산고(五洲衍文長箋散藁)』, 동국문화사, 1959.
이익, 〈차한일기(車漢日記)〉, 『국역 성호사설』 3 인사문, 민족문화추진회, 1966.
신경준, 〈차한(車漢)〉, 『여암전서(旅菴全書)』 권7(신재휴 편, 『여암전서』 제2책, 신조선사, 1940).
성해응, 〈신유(申瀏) · 경하창(慶河昌)〉, 『연경재전집(研經齋全集)』 권56(『한국문집총간』 275, 민족문화추진회, 2001).

이덕무, 『청장관전서(青莊館全書)』(『한국문집총간』 257~259, 민족문화추진회, 2000).
이긍익, 『연려실기술(燃藜室記述)』(『국역 연려실기술』, 민족문화추진회, 1967).

이항복, 〈유연전(柳淵傳)〉(김균태 편, 『문집소재전자료집』 1, 태학사, 1997).
권득기, 〈이생송원록(李生訟冤錄)〉, 『만회집(晩悔集)』 권4(『한국문집총간』 76, 민족문화추진회, 1991).
이원익, 『이상국일기(李相國日記)』(심노숭 편, 『정가당본 대동패림』 26, 국학자료원, 1992).

고상안, 『태촌집(泰村集)』(『한국문집총간』 59, 민족문화추진회, 1990).
권응인, 『송계만록(松溪漫錄)』(『국역 대동야승』 14, 민족문화추진회, 1973).
권필, 『석주집(石洲集)』(『한국문집총간』 75, 민족문화추진회, 1991).
김상헌, 『청음집(淸陰集)』(『한국문집총간』 77, 민족문화추진회, 1991).
김시양, 『부계기문(涪溪記聞)』(『국역 대동야승』 17, 민족문화추진회, 1973).
민인백, 『태천집(苔泉集)(『한국문집총간』 59, 민족문화추진회, 1990).
윤선각, 『운소만록(聞韶漫錄)』(『국역 대동야승』 14, 민족문화추진회, 1973).
이시발, 『벽오유고(碧梧遺稿)』(『한국문집총간』 74, 민족문화추진회, 1991).
이익, 『성호사설(星湖僿說)』(『국역 성호사설』, 민족문화추진회, 1977).
이종기, 『만구집(晩求集)』(『한국문집총간』 331, 민족문화추진회, 2004).
이항복, 『백사집(白沙集)』(『한국문집총간』 62, 민족문화추진회, 1991).

2. 논저

강애희, 「서해무릉기 연구」, 『이화어문논집』 5, 이화여대 이화어문학회, 1982.
권택경, 「〈최고운전〉 연구」, 박사학위논문, 한국교원대 대학원, 2006.
권혁래, 「배시황전 연구: 성립, 서사성, 역사의식을 중심으로」, 『고소설연구』 3, 한국고소설학회, 1997.
______, 「나손본 〈김철전〉의 사실성과 여성적 시각의 면모」, 『고전문학연구』 15, 한국고전문학회, 1999.
______, 「〈김영철전〉의 작가와 작가의식」, 『고소설연구』 22, 한국고소설학회, 2006.
김기동, 「배시황전에 대한 일고찰」, 『어문학』 8, 한국어문학회, 1962.
김명순, 「서해무릉기」, 김진세 편, 『한국고전소설작품론』, 집문당, 1990.

______, 「〈서해무릉기〉의 혼사장애 내용과 그 의미」, 간행위원회 편, 『한국고전소설과 서사문학』 상, 집문당, 1998.

김용남, 「유하 홍세태의 전 연구」, 『개신어문연구』 14, 개신어문학회, 1997.

김우기, 「조선 명종대 군신관계의 추이와 성격」, 『국사관논총』, 80, 국사편찬위원회, 1998.

김유진, 「최고운전의 서사특성 연구」, 석사학위논문, 서울대 대학원, 2009.

김일렬, 「조선조 소설에 나타난 효와 애정의 대립: 숙영낭자전을 중심으로」, 『조선조소설의 구조와 의미』, 형설출판사, 1984.

김장동, 「조선조 역사소설연구」, 박사학위논문, 한양대 대학원, 1985.

김정녀, 「17세기 임경업을 보는 두 시각과 그 의미」, 『어문논집』 40, 안암어문학회, 1999.

김채인, 「〈서해무릉기〉 연구」, 석사학위논문, 한국교원대 대학원, 2003.

김충실, 「신소설에 나타난 혼사장애에 대한 연구」, 석사학위논문, 이화여대 대학원, 1981.

김태준, 『조선소설사』, 학예사, 1939.

김현룡, 「옹고집전의 근원설화 연구」, 『국어국문학』 62 · 63합집, 국어국문학회, 1973.

______, 『한중소설설화비교연구』, 일지사, 1976.

______, 「최고운전의 형성 시기와 출생담고」, 『고소설연구』 4, 한국고소설학회, 1998.

김호, 「영조의 대보단 증수와 명 三皇의 享祀」, 『한국문화』 32, 서울대 한국문화연구소, 2003

노꽃분이, 「유연전의 구성적 특징과 서술의식」, 『한국고전연구』 창간호, 한국고전연구회, 1995.

민영대, 「최충전 이본연구」, 『한남어문학』 7 · 8합, 한남대 국문과, 1982.

박일용, 「〈최고운전〉의 작가의식과 소설사적 위상」, 『고전문학연구』 16, 한국고전문학회, 1999.

______, 「〈최고운전〉의 창작 시기와 초기본의 특징」, 『고소설연구』 29, 한국고소설학회, 2010.

______, 「〈최고운전〉과 『삼국사기』 〈최치원전〉에 그려진 최치원의 인물 형상」, 『고소설연구』 32, 한국고소설학회, 2011.

박희병, 「17세기 동아시아의 전란과 민중의 삶: 〈김영철전〉의 분석」, 『한국근대문학사의 쟁점』, 창작과비평사, 1990.

______, 『조선후기 전의 소설적 성향 연구』, 성균관대 대동문화연구원, 1993.

______, 「17세기 숭명배호론과 부정적 소설주인공의 등장」, 『한국고전소설과 서사문학(상)』, 집문당, 1998.
배정희, 「〈서해무릉기〉의 신고찰」, 『문학과언어』 26, 문학과언어학회, 2004.
서인석, 「국문본 〈김영텰뎐〉의 이본적 위상과 특징」, 『국어국문학』 157, 국어국문학회, 2011.
서혜은, 「고전소설 속 도적들의 근거지로서의 해도 공간 연구」, 『한국고전연구』 26, 한국고전연구학회, 2012.
송하준, 『조선후기 역사소설과 민족 정체성의 재구성』, 학자원, 2015.
신동흔, 「설화와 소설의 장르적 본질 및 문학사적 위상」, 『국어국문학』 138, 국어국문학회, 2004.
양승민, 「〈김영철전〉의 형상화 방식과 작가의식」, 『국어국문학』 138, 국어국문학회, 2004.
양승민 · 박재연, 「원작계열 〈김영철전〉의 발견과 그 자료적 가치」, 『고소설연구』 18, 한국고소설학회, 2004.
유광수, 「〈최고운전〉의 설화적 전승과 '최치원설화'의 연원」, 『한국문학연구』 39, 동국대 한국문학연구소, 2010.
윤영옥, 「최고운전고」, 『영남어문학』 3, 영남어문학회, 1976.
이가원, 『한국한문학사』(재판), 민중서관, 1991.
이경선, 「배시황전 연구」, 『논문집』 1, 한양대, 1964.
이민희, 「한국고전문학에서의 주체와 타자」, 『국문학연구』 17, 국문학회, 2008.
이복규, 『임경업전연구』, 집문당, 1993.
이상택, 「낙선재본소설 연구: 그 예비적 작업으로서의 혼사장애 주지의 문제를 중심으로」, 『한국고전소설의 탐구』, 중앙출판, 1981.
이수봉, 「유연전연구」, 『호서문화연구』 3, 충북대 호서문화연구소, 1983.
이승수, 「김영철전의 갈래와 독법: 홍세태의 작품을 중심으로」, 『정신문화연구』 통권 107, 한국학중앙연구원, 2007.
이정화, 「〈서해무릉기〉의 탐색모티프 연구」, 석사학위논문, 경북대 교육대학원, 1997.
이종필, 「〈최고운전〉의 초기 소설사적 의의에 관한 연구」, 석사학위논문, 고려대 대학원, 2006.
이채연, 「대적퇴치설화의 탐색담적 구조와 의미」, 『한국문학논총』 11, 한국문학회, 1990.
이헌홍, 「實事의 소설화: 유연전을 중심으로」, 한국고소설연구회 편, 『한국고소설의 조명』, 아세아문화사, 1990.

장덕순, 「최치원과 설화문학: 고운전설을 중심으로」, 『아카데미논총』 4, 1976.
장준기, 「유하 홍세태의 傳 문학 연구」, 석사학위논문, 부산대 대학원, 1996, 2쪽.
장효현, 「박씨전의 문체의 특성과 작품 형성 배경」, 『한글』 226, 한글학회, 1994.
정병욱, 「최문헌전소개」, 『백낙준박사 환갑기념 국학논총』, 사상세계사, 1955.
______, 「최문헌전에 대하여」, 『한국고전의 재인식』, 홍성사, 1979.
정병호, 「홍세태의 전과 소설」, 『복현한문학』 9, 복현한문학회, 1993.
정윤수, 「〈서히무룽기〉의 구성과 의미」, 『어문연구』 90, 한국어문교육연구회, 1996.
정출헌, 「〈최고운전〉을 통해 읽는 초기 고전소설사의 한 국면」, 『고소설연구』 14, 한국고소설학회, 2002.
정학성, 『역주 17세기 한문소설집』, 삼경문화사, 2000.
조상우, 「〈최고운전〉에 표출된 대중화의식의 형성 배경과 의미」, 『민족문학사연구』 25, 민족문학사학회, 2004.
조희웅, 「설화와 탐색모티프」, 『어문학논총』 5, 국민대 어문학연구소, 1986.
주명희, 「부녀납치형 대적퇴치설화고」, 장덕순선생 화갑기념논문집 간행위원회 편, 『한국고전산문연구』, 동화문화사, 1981.
최기숙, 「권력담론으로 본 최치원전」, 『연민학지』 5, 연민학회, 1997.
최길용, 「고소설에 나타나는 생혈화소의 서사 실상과 의미」, 『고소설연구』 29, 한국고소설학회, 2010.
한석수, 『최치원전승의 연구』, 계명문화사, 1989.

稲葉岩吉, 「朝鮮朝孝宗に於けろ兩次の滿洲出兵に就いて(上下)」, 『청구학총』 15~16, 청구학회, 1934.
블라디미르 프로프, 유영대 역, 『민담형태론』, 새문사, 1987.
시몬느 비에른느, 이재실 역, 『통과제의와 문학』, 문학동네, 1996.

자료편

▌자료편 목차▌

柳淵傳(유연전) ········· 197
(김균태 편, 『문집소재전자료집』 1, 계명문화사, 1986).

李生訟冤錄(이생송원록) ········· 204
(『한국문집총간』 76, 민족문화추진회, 1991).

비시황젼 국립중앙도서관본 ········· 218

金英哲傳(김영철전) 조원경본 ········· 233

金英哲傳(김영철전) 홍세태본 ········· 255
(『한국문집총간』 167, 민족문화추진회, 1995).

崔孤雲傳(최고운전) 영남대본 ········· 261
(윤영옥, 「최고운전고」, 『영남어문학』 3, 영남어문학회, 1976).

文昌公事蹟(문창공사적) ········· 274
(『한국야담자료집성』 9, 계명문화사, 1987).

話東人物叢記(화동인물총기) 전남대본 ········· 278
(『화동인물총기』, 전남대 출판부, 1993).

서해무릉기 김광순본 ········· 285
(『김광순 소장 필사본 한국고소설전집』 8, 경인문화사, 1993).

서해무릉기 고려대본 ········· 319

柳淵傳

【498】柳淵字震甫, 大丘人也. 父縣監禮源有三子治游淵. 游也, 善屬文, 淵也, 好禮法, 俱爲鄉里所稱. 游妻曰同府武人白居鰍女, 淵妻曰參奉李寬女. 淵之姊曰宗室達城令禔, 先亡, 次姊適同府士人崔守寅, 次適晉州舍人河沆, 又有從妹夫曰前縣監沈隧. 游嘗入山讀書, 因忽不返, 禮源與白氏言'狂易而奔', 言出門庭, 旣父與妻爲徵, 鄉人信之不疑, 唯淵獨懸泣無與晤.

【499】後五年, 禮源死, 淵持喪守廬. 明年壬戌, 禔抵書於淵曰:「聞有海州蔡應珪者, 實迺兄, 汝可迎還.」淵得書, 差奴以迎, 奴空歸曰: "非游也." 夏, 禔又以書, 證其無疑, 淵再送人, 再空歸, 言如前.

明年癸亥冬, 禔委送奴三伊來言, '前所稱蔡上舍, 挈妾到吾門, 果游也. 汝可來會.' 淵急先送奴, 身自繼發, 及奴到禔家, 上謁應珪, 方與禔同座, 伏奴於庭, 促具楚扑曰: "咄. 汝廝與淵陰謀, 前到海州, 反欲王郎我也, 奴而忘主, 罪當死." 奴懼曰: "負負. 第吾主不晩當到, 乞少竢之." 禔佯止之, 應珪曰: "待【500】弟來斷, 不饒爾."

居數日, 淵至, 直入應珪所, 則引衣覆面, 托言病苦, 而僵臥者, 果不知爲何許人. 徐而字淵曰: "震甫, 近前." 遽執淵手曰: "見汝, 驚定感淚自迸, 覺沈痾洒然若醒矣. 汝獨無改容, 同氣之情, 何若是恝耶?" 淵偭惶而退, 計不知所出, 博謀於衆, '禔與沈隧交口言, 眞游無疑.' 或云, '宜告官庭辨.' 或云, '與歸故鄉, 會諸鄉族, 公同質驗.'

淵從其庶族金百千計, 善視而俱歸大丘, 行到八莒, 白氏聞其至, 掃一家藏獲, 羣而逆於境, 男女無少長, 如墻而立, 引領而佇之, 有白氏嫁時【501】新婢訥叱非, 於衆中望應珪來, 迎叱曰: "你是何人, 拚作吾主, 敢至此耶?" 一羣大愕, 應珪色沮, 擧止異常, 淵叱奴, 反接之, 應珪呼淵兒名曰: "無恙, 何相厄耶?"

到官, 會鄕人禹希績 · 徐泂 · 趙祥珪及淵妹夫崔守寅 · 庶屬洪明, 坐列而問曰: "汝何爲者?" 曰: "我是柳游." 府使朴應川詢問, 一座咸曰: "非也." 因歷指一座而詰曰: "坐此者, 皆汝親戚鄕人, 汝試言之. 此爲誰? 彼爲誰?" 其人俛而不能對, 卽推下庭, 具三木以東之曰: "服改矣, 面衰矣, 其友雖不識汝, 汝若眞游, 豈不識友生? 今汝吐實, 庶【502】或見原, 否者, 當以官刑從事." 其人計窮, 則或稱柳游, 或稱應珪, 狂言無倫, 故爲迷亂無何. 應珪妾春守者, 聞卽馳到, 訴曰: 「妾夫不幸疾革, 乞脫囹圄, 保置私室.」 府使許置官奴朴石家. 五日, 果與春守乘夜偕逃, 朴石覺之, 追捕春守, 則應珪已免脫無蹤矣.

白氏纍然服斬, 日夜哭訴監司曰: 「夫有不良弟淵, 貪貨無厭, 指眞爲僞, 縛兄官囚, 圖嫁淫禍. 夫本病狂, 被拘益重, 幸蒙太守免監治疾, 淵賂守者, 賊殺掩迹, 乞論淵罪, 以洩婦冤.」 監司令本官, 囚淵及春守 · 朴石. 淵妻李氏訴, 【503】則監司言, "逃者非游, 卽應珪也, 且逃有明驗, 我亦知淵冤. 但白氏訴不已, 事體不得不爾. 第退而待之. 鞫畢, 當直之."

白氏乞移隣邑, 遂移囚玄風, 未及, 上讞諫官, 論'以爲游於遷徙困頓之餘, 形容雖變, 言語動靜, 實是柳游. 其弟謀欲奪嫡專財, 脅縛告官, 爲府使者, 當并守柳淵, 而先信弟訴, 獨囚其兄, 已失獄體, 又延淵獄, 使賊兄亂常之罪掩置, 至今, 一道之人, 莫不憤罵, 請拿淵按律, 并罷應川.' 上允之.

時, 淵將就獄, 禔 · 𡒉謀對密問金百千曰: "淵至, 則吾等亦將就鞫, 汝欲【504】何言?" 百千曰: "以吾所見, 非游也." 禔等曰: "汝與淵, 騈首戮矣.” 百千曰: “然則將何辭?” 禔等縱臾曰: “與吾等同辭, 則保無他虞.”

是歲甲子三月十一日, 拿淵等至, 命三省交坐, 沈通源以委官按獄. 淵供略曰:「一日, 臣姊夫達城令禔, 與臣書云, ‘家奴三伊, 因事往海州, 聞本州有蔡應珪者, 疑其爲游, 往見, 則果游也.’ 臣與白氏議, 卽差奴, 賚白氏書及衣服, 往海州, 則非臣之兄, 且自言, ‘俺乃蔡應珪, 汝等聞三伊誤傳, 遠來, 良苦.’ 因答白氏書, 以還之. 如是者再. 又於冬間, 禔委差奴三伊【505】來, 臣問, ‘兄當有書.’ 三伊曰: ‘於白家已有書矣.’ 臣於白氏求見兄書, 則托言已失. 臣入京, 尋見所謂臣兄者, 不類, 有三驗. 臣兄弱人也, 身本短小, 今乃長大, 臣兄面小而黃, 有痲子無髯, 今乃豊顏赤黑而密髯. 臣兄音如婦人, 今乃洪暢, 三驗備矣. 心固疑之, 及到八莒, 決知其詐, 縛致本官. 遂見白氏, 白氏怒不言, 臣曰: ‘壬戌以後, 奴再往還, 嫂輒付書, 察其答辭, 可辨眞僞. 一信禔言, 恒畜疑惑, 故弟冒寒登程, 歸與鄕族對辨, 及至見監, 嫂當親至官庭, 見面決之, 可也. 此之不爲, 今【506】何遽怒耶?’ 白氏言, ‘如僞也, 何認爲眞, 以相欺耶?’ 監司令白氏親辨, 則拒不就曰: ‘家人族黨咸曰非游, 妾以士族, 豈宜與所不知何人者面對也?’ 及應珪逃然後, 白氏反構臣以弑兄, 先竪赤幟, 禔・㴺二人, 遙爲聲勢, 響應影附, 必欲成獄者, 亦厥有由. 盖禔以臣父別給良田, 忌臣怙寵, 㴺以臣伯叔母柳, 嘗以家貨畀之其妻曰: ‘汝若無子, 可傳禮源之子.’ 㴺常懼奪貨, 猜視於臣. 今禔・㴺二人, 迭爲雌雄, 唱和聲勢, 剝亂單辭.」

推官問, “游緣何出家?” 淵言, “人言發狂, 實非狂也. 有些家變, 【507】不得已去之.” 繼鞫達城令, 禔云,「初非臣尋游, 游到臣家, 形容已變, 初不識之, 坐語良久, 徵一家事, 輒響答, 如符契, 言辭動止, 果游無疑. 及淵之來, 相持痛哭, 因病移寓, 適見壁上有父所書, 亦相向而哭.」沈㴺云,「禔使其子慶億來言, ‘柳游到家’, 臣卽就見, 形貌已變, 雖不詳知, 具道其一家事, 無遺失, 且禔等云然, 臣亦信之.」金百千旣齊言矣, 無異辭, 春守云, 「臣隨夫柳游, 嘗主太僕川上, 禔及子慶億來見曰: '果游也.' 㵽與百千亦云, '眞游.' 及淵至, 以游及子貞白還鄕, 臣獨在寓, 俄【508】聞囚游, 卽往看獄, 出獄治疾, 臣適夜半如廁, 入見, 燈滅, 游不在, 故疑淵賊殺.」 獄具, 推官上備云, 「禔·㵽與百千咸稱眞游, 則明是柳游, 淵獨謂非眞, 路縛告官, 則賊殺掩迹, 明矣. 請杖之.」

杖至四十二度, 遂誣服, 結勘將刑, 淵臨案, 號曰: "臣旣以弑兄成名, 固當死, 竊恐國家終累祥刑, 達城欺罔國家, 致辟於臣, 乞囚臣一年, 蹤迹應珪及臣兄然後, 明定厥罪, 臣乃無寃. 若臣死之後, 眞柳游出, 則死者不可復生, 國其悔是哉." 且曰: "推官與臣, 本無私讐, 何乃爾耶?" 通源怒, 令羅【509】卒捽髮而毆其口曰: "峭毒如是, 弑兄固也." 時, 奇大恒在座曰: "自有法典, 何至毆其口?" 問事郞洪仁慶曰: "弑兄大獄, 事多踈漏, 徑取決案, 於獄體, 何如?" 通源曰: "大惡之人, 何所顧惜?" 大恒目止仁慶, 二人不悅而罷. 淵奴今石·夢合亦誣服, 遂幷淵誅.

淵死時, 年二十七, 淵在大丘獄, 爲書與妻曰: "嗟來! 室人李, 從我遠來, 拮据槖饘, 我以天地間至寃, 幽囚累月, 理難再生, 遺汝後言念惟眇眇爾. 禔之謀, 㵽之謀, 白氏之謀, 應珪之謀, 能掩弊擧國人心目, 乃至是耶? 我不惟勤恤我一介【510】身, 念我先父母之靈, 五內如削, 顧惟彼禔等姦狀, 汝亦知之, 明矣. 今吾所云, 無毫毛僞, 汝必持此入京, 白我至寃. 尋思禍本, 職由橫財, 汝以先父別給及伯叔母柳氏之文券, 告官而毁棄之, 猶且不白, 則皇天后土及父母之靈, 昭布上下, 汝其夜夜祝禱, 幸假冥佑, 冀獲應珪, 以慰我九地之寃, 神昏氣乏, 不盡書末." 有'家翁無辜人柳淵哭死'等九字, 遠近聞而悲之.

淵旣死, 國言未已, 掌令鄭淹於經筵, 論其寃. 於是, 領議政洪暹亦言, "昔臣參鞫淵獄, 心疑其寃, 而不能救, 請令【511】更覈." 事竟不行. 後十六年癸卯冬, 修撰尹先覺(今改國馨), 於經筵, 啓曰: "往在庚申年, 臣於順安縣, 遇一丐子, 曰: '天裕勇名.' 能文周游, 訓小兒, 以糊口, 臣與同寺數月, 頗能言嶺南山川及士子名姓. 且自言, ‘於己酉年, 中永川試, 以賓貢削名.’ 臣因問, ‘旣是南士, 何緣到此?’ 其人默而止. 後見臣鄕人, 語及, 則朴長春愕曰: ‘且必柳游. 其時, 吾亦同削.’ 後於甲子, 臣又在价川郡, 山僧時致裕勇書, 繼聞淵弑游於大丘, 伏重誅. 臣私訝曰: ‘我見裕勇書屬耳, 此若眞游, 則自西而南, 爲弟所弑, 【512】其間日子, 無幾何矣. 何若是遽歟!’ 自是, 臣每見西人, 必問裕勇存否. 臣意宜令究問果游也, 足雪淵寃.” 於是, 法府逮致之.

自淵死, 李氏泯泯伏窮里, 每日昧爽, 輒焚香祝天, 願雪夫寃. 一日, 夢淵來告曰: “吾兄來矣. 你亦知否?” 李氏覺而哭曰: “噫! 靈也. 其徵之矣.” 焚香祝天如初. 翌夕, 裕勇就法府, 李聞, 卽訴府曰: 「强死人淵, 因褆爭財, 枉伏極典, 其未亡人某, 叩地叫天, 雪冤無路. 今聞眞柳游出, 謹以淵臨絶遺言一道, 呈上.」 及游至, 言, “非天裕勇, 實柳游也.” 具道其父履歷, 族黨婢【513】僕及平日所交, 游應口對無疑, 因問出家之由, 則云, “娶妻三歲, 猶無子, 父謂業薄, 責令毋得近膝下, 因轉入西方後, 絶不聞弟之死也.” 乃令達城令 · 沈隆及同里少所善正字金鍵 · 生員韓克諶等, 諦視之, 皆云, ‘眞游.’

於是, 禁府請蹤迹蔡應珪 · 春守等, 得應珪於長連, 未至海州五里許, 自刎, 得春守於海州以來. 乃言, 「自嫁應珪, 生子二人, 當是時, 絶不聞柳游名字. 壬戌年間, 達城令使奴三伊, 來見應珪曰: ‘乃柳游也.’ 白氏亦送人致意. 癸亥春, 應珪入京, 留三月乃還, 便自稱【514】柳游. 是年冬, 應珪與妾入京曰: ‘達城邀我耳.’ 至京, 則達城令父子果數來, 問遺不絶. 應珪因暗記三伊與白氏家奴與達城令父子等所言, 凡白家本家一門之事, 甚悉折藏衣領, 時或開見. 達城令亦潛謂曰: ‘汝自謂游, 我亦曰游也, 誰能辨之? 萬一白氏見疑, 便可逃去.’ 談間或言, ‘河邊麥田, 淵敢獨占耶?’ 又曰: ‘吾妻家産, 淵獨專擅, 可乎?’ 一日, 慶億來言, ‘沈隆 · 金百千疑信未定, 明日, 隆與百千當到吾家, 汝亦見訪, 食時, 當使婢欣介擧案, 汝見卽指謂曰: 此是欣介, 舊嘗許我, 兄其忘諸? 使【515】隆等聞之, 前疑氷釋矣.' 及歸大丘, 未幾, 流聞見逮, 達城請沈丞相通源書, 因附妾, 抵本府使朴應川, 且以其奴馬與之. 隆亦囑其族兄, 爲掌樂院官者, 圖得一伶人跟妾. 至大丘, 應珪拘朴石家, 三日, 忽夜有叩門, 應珪起視, 因持書而入, 顧謂賚書人曰: '吾亦作計, 如是已. 汝可急歸.' 妾問, '何人?' 答言, '達城令家奴.' 因問, '簡辭云何?' 曰: '其辭云, 事已露矣. 汝欲何爲? 可急逸去.' 妾泣曰: '任汝逃去, 置我何地?' 應珪叱止曰: '愚婦休怖. 脫有不虞. 汝但云, 不知.' 其時, 妾到龍仁縣, 店主老嫗, 傳致【516】慶億書云, '今淵方以弑兄論, 父親亦當對獄, 汝宜同辭, 免致異同云爾.' 獄竟, 妾流落海西, 一日, 慶億走人報云, '我方保納爾夫, 夫亦心欲見汝, 汝可來見.' 妾問諸叔父, 叔父叱退其人. 其年, 白氏遣騎, 欲以貞白歸養, 妾不許. 後, 見禔問之, 禔云, '聞諸道路, 多言淵獄可疑, 或傳應珪逃生尙在, 事將不測, 汝若不許貞白歸, 祗益人疑.', 勸妾許送, 所供是實."

於是, 李氏上書, 具陳禔·隆及白氏之罪, 請論如法, 臺官又追論鞫淵時推官及郎官. 上允之, 有司論游, 以不奔父喪, 流之龍【517】岡, 禔杖斃獄中, 春守絞死. 先是, 游方在獄, 朝議有言, 白氏不宜在鄕, 越視其獄, 白氏聞而入京, 及游出獄, 直往白氏寓, 立而咳曰: "汝前以蔡奴爲我, 而賊吾弟, 異日, 勿謂今日我爲非游也." 言訖, 拂衣去, 不顧, 白氏曰: "是夫也. 舊嘗加我以不測之言, 今又有是說耶?" 游謫龍岡, 期滿歸大丘, 二年死. 時, 白氏尙無恙在, 游終始不與交私訊, 白氏所取養春守之子貞白, 從應珪往大丘者, 在白家已十年, 及游獄起, 白氏縛以告官云, "今聞眞柳游出, 蔡應珪自裁, 請鞫貞白." 朝廷置不【518】問.

先是, 李氏常宴居, 深念謀所以白淵寃萬方, 乙丑年間, 春守兄永守及其夫金憲來言, "僞柳游不死, 與春守居自如, 若重賂我, 我能爲爾迹之." 李信之, 盡以嫁時粧, 直數十金, 啗之. 自是, 憲等密密通書, 抵言於海西, 已伺其出處, 垂將獲之間, 使往來不絕. 及鄭淹論淵疑獄, 永守聞懼而逃. 李氏密捕其家小數人, 囚之私屋, 永守乃出就獄, 終不能治法. 至是, 李氏更訴刑曹, 捕得永守及憲, 徵償前賂.

亂後, 李相元翼治第于金虎門畏, 與李氏連門, 停具聞事始終, 而傷其寃.【519】會上寢疾, 與余日日同入闕起居, 爲余言之, 且曰: "願托知言者, 以圖不朽." 退會盡取其家乘, 使來速譔曰: "此事若成, 至冤可雪, 官訓可立, 子盍圖之?" 余竊悲淵之寃, 惜不令白氏先驗, 而徑造官, 重恨禔終不服正術而得追甸人之磬也. 幸矣, 當時網踈而鏖獨漏也. 雖然, 事有不幸而幸者, 不有尹李諸公, 爲之先後而左右之, 使淵有附驥之幸, 則又惡能暴於當時, 而施於後世哉? 世或稱游不良逃也, 子而逃父, 人理滅矣. 逃將焉往? 世安有無父之國哉? 古有賢子, 死於【520】父命, 朱夫子論之曰: '義當逃避, 乃爲得禮.' 設令柳游大不得已而違親遠逝, 晉公子在秦, 天下無不知, 何乃過爲泯迹隱端, 致弟枉死也. 權聘君嘗言, '少時, 數遇淵於姻席, 短小精悍, 慷慨自好, 罹禍之後, 妻能囚首喪面, 竭情祈告, 至白首如一日, 宗黨謂爲能處慘禍云.

萬曆三十五年丁未, 十二月下澣, 大匡輔國崇祿大夫鰲城府院君李恒福謹撰.

李生訟寃錄

【62b】九月己丑, 余在南陽村舍, 鄕人李君彦容來訪, 授余以柳淵傳後叙一册曰: "吾先人抱重泉之寃, 賴此序而小伸矣. 【62c】尙恨其詳有未能盡擧者, 我爲子略陳一二, 而子盍爲我揚之?" 余曰: "不敢. 人微言輕, 誰則信之?" 李君曰: "不然. 此理之在天地間, 有不容僞者, 雖或有時而晦, 亦將有時而顯. 先人之寃, 固不可家喩而戶曉. 但我以是告於子, 子亦以是告於人, 則知之者兩人矣. 我又以是告於人, 人又以是告於別人, 則知之者四人矣. 四人之所傳, 亦將轉及於百千萬人, 豈必籍子之一言, 以白於世哉? 聞者信之, 則天也, 其或不信, 則亦天也. 吾如天何哉? 固以盡吾之心耳." 余曰: "然則願聞其詳."

李君曰: "先人於嘉靖庚子冬, 娶于大丘居縣監柳禮源. 翌年春, 逆以來京, 越四年, 癸卯, 柳氏棄世, 卽余【62d】前母. 前母有兄弟四人, 曰治曰游曰淵曰泗, 妹二人, 則崔守寅・河沆其壻也. 庚子歲, 游始成童, 爾後先人在京, 游處嶺南, 莫不相見者, 一紀有餘. 逮至丁巳歲, 聞游病狂出亡.

壬戌歲, 游表兄李子瞻, 來自關西, 說與先人曰: '海州遇游, 變姓名爲蔡應珪, 吾已訪得大丘邸, 歸便作書, 報其家君, 亦可並通也.' 先人卽作書, 遆與子瞻, 以報於淵.

癸亥冬, 珪率妾上京, 來訪先人, 先人怪其容貌異昔, 疑子瞻之誤, 謂曰: '你是何人, 敢稱柳游?' 蔡太息曰: '我實游也. 出亡之後, 草行露宿,舊容變矣. 兄不認我, 心實惻然.' 遂低頭涕泣, 話間時, 及柳家舊事, 纖悉不遺, 先人乍疑乍信, 眞贋未辨. 應珪【63a】遽辭去後, 得淵家歸便, 報珪上來.

甲子正月十四日, 淵與游妻白氏婢夫(國俗, 婢與妾異, 婢有外夫, 任其自配, 不閑出入)許義孫, 率騎僕來迎, 以旅寓荒凉, 邀歸淵妻家(俗呼妻父母家曰妻家). 留三日, 發向大丘去了, 後聞淵以應珪爲妄, 訴大丘府囚繫云. 後又聞應珪病重, 府使保放(囚人出獄而使人保守曰保放), 仍躱去, 珪妾春秀以淵爲戕殺, 告府訴理云. 継又聞應珪非躱也, 淵實戕之無疑云. 道路行言, 不一而足.

時, 朴判書啓賢爲諫官, 朴有庶出從妹名存心, 卽淵妻家婢了, 淵之得兄懽喜之狀, 朴因存心曾得其詳, 故遂指淵爲弑兄啓請, 逮致詔獄, 三省交坐, 先鞫在京事于李子瞻 · 金百千 · 沈隆等及先人. 子瞻【63b】供略曰:「臣替平安兵使軍官, 歸途宿海州城內, 有蔡應珪來訪, 容貌辭氣, 怳如舊識, 話間問及外舅存沒, 親舊寒暄, 仍嗚咽泣下. 臣問, '昔聞柳游漂泊此地, 你莫是游否?' 卽握臣手曰: '游望見表兄, 顚倒而來, 始聞親訃.' 遂慟哭移時, 臣亦感泣, 及入京, 適有歸便, 以報其家, 並取達城書以送. 癸亥冬, 應珪上來, 臣常往訪, 今年正月十四日, 淵來相見, 亦不致訝, 迎歸妻家, 仍向大丘, 則這人的是柳游云.」

百千供略曰:「臣聞游來, 往訪則輒呼臣字曰: '斗翁無恙, 吾以病人, 賴君醫藥以活, 情豈忘乎?' 游兄治之奴乾夷來臣家買藥, 謂臣曰: '路遇一人, 呼曰: 汝非乾夷耶? 嫂氏安麽? 亡兄發引【63c】鳥嶺翻輀之事, 因汝省記.' 不覺淚下. 遂携歸所寓饋飯, 而寄書其人, 盖卽應珪也. 及淵上來, 臣訪達城家, 淵及應珪子景白亦至, 景白戴着淵貂皮耳掩, 達城問淵曰: '君之兄, 吾未詳眞假, 君謂何如?' 淵曰: '此兒面目, 彷彿先人, 又何疑也?' 因指景白以示云.」

先人供略曰:「臣將子瞻語, 報于柳淵後, 大丘奴蒙合 · 億種等, 之海西, 訪應珪而歸. 癸亥冬, 應珪來都下訪臣, 臣問, '汝雖稱游, 形容頓異, 莫知其眞也.' 答曰: '得病播遷, 飢飽失時, 形容之異, 勢固然也. 況先姊沒後, 與兄相阻, 踰二十年, 兄何以知我?' 因涕泣. 柳家舊事, 一一記問, 心甚疑之. 適得歸便, 以通于淵. 正月十二日, 臣入番【63d】文昭殿(殿, 原廟也, 今廢. 凡直宿及替直者, 謂之出入番), 十四日, 聞淵上來. 十五日, 出番, 則淵・百千・景白俱來, 臣問, '汝兄眞僞, 我未詳知.' 淵曰: '景白面目, 可驗其眞.' 百千亦云, '柳游明白.' 十七日, 淵與俱歸, 春秀則留待人馬, 廿日下去. 此後則臣在京城, 專不聞知云.」

　㦒供略曰:「曾因子瞻, 聞游變稱蔡某, 後蔡某來京訪臣, 臣適出不得相見. 後於妻亡母生辰少茶, 送餕與蔡, 蔡見泣曰: '今日是先姑晬日, 汝卽先姑侍婢宣德, 見汝感愴何極?' 先德亦感泣, 來報, 臣妻信之, 邀與相見, 而臣不能無疑, 後語達城曰: '言雖相符, 面則非眞. 但乾夷・斗翁・宣德之容貌, 一見認之, 此則可怪.' 達城曰: '吾見亦然也. 但不相【64a】見者廿年有餘, 而自言爲風霜凍餒之所變移, 則君與我固難辨也.' 後日淵以親弟, 一見呼兄, 叙懷慟哭, 與歸妻家, 待之無疑云.」

　次鞫嶺南事于奴億種, 供略曰:「與蒙合偕到海州, 見蔡某, 面肥足大, 有異上典(俗奴呼主人之稱). 蒙合曰: '我是老奴, 慣熟面貌, 宜莫我若也. 得病奔竄, 備嘗凍餒, 寧復故態哉?' 淵與白氏曰: '兄使億種未久而出亡, 容有不能審者, 殆蒙合之見是也.' 遂更送奴及尹喜請迎, 則曰: '父喪不奔, 何顏見親舊?' 拒而不來. 癸亥冬, 白氏聞蔡到京, 送奴候安否, 且寄襪子一雙, 蔡穿着襪兒示之曰: '余足果大乎! 此襪何以穩愜我足? 汝罪大矣.' 杖奴眼二十, 下使歸曰: '省汝內【64b】上典書(主母曰內上典), 審病重, 吾當下去, 汝宜往速具盤纏以來.' 正月十四日, 跟淵上來, 淵呼兄話舊, 且曰: '這炕兒甚冷, 兄恐見傷.' 遂先歸妻家, 送轎舁. 至三日, 俱向大丘, 到八莒, 與蒙合等潛議縛囚府獄, 使白氏家人不得見. 後因病重, 伊妾春秀哭訴府庭, 保放朴石家. 一日, 春秀如廁還,蔡無去處, 春秀卽將此由告官. 大槩雖不敢明言, 疑淵與朴石共謀殺害, 則衆口同然云.」

許義孫供略曰:「臣偕淵上來, 游呼淵兒名曰:'無恙? 夜夢與汝侍先君話, 今見汝來, 此夢驗矣.' 淵握游手曰:'相離八載, 得有今日, 但先君念兄不見而終, 終天之痛, 如何?' 相與感泣, 臣令蒙合通曰:'大丘正兵請見.'【64c】游望而呼曰:'你何以泛稱正兵? 婦家婢玉臺, 汝不與有情乎? 你少多才善射與漁, 婦翁平日, 與你釣戈以嬉, 今豈忘之?' 淵益信之. 至八莒, 令臣先報, 臣過一坪適回顧, 乍見擒縛之形, 驚回問之, 淵曰:'家嫂尊旨, 以兄久亡初廻, 恐有不祥, 宜令結縛還家以禳之. 這是方法也.' 臣具報白氏, 白氏曰:'誣也.' 令臣疾快回救, 則已在獄矣. 臣詰淵, 淵曰:'今審其妄, 欲辨治奸詐耳.' 歸見白氏, 白氏曰:'始以爲兄而俱來者, 何心? 今縛以詣府, 不使我相見者, 何心? 果僞也, 始與我書, 何以爲眞? 而億種眼珠, 何事欲剔去耶?' 淵曰:'專嫂欲見這漢, 則行道之人, 盡可牢來也.' 白氏曰:'何忍忍出此言耶? 斷婦【64d】寧死於小節之前, 卽墜樓下.'(樓疑卽抹樓也) 淵驚起避之. 及辨官庭, 游曰:'若言非眞, 當徵密事. 婚夕, 拙婦有月事, 透染短衣, 且左脚僻處, 有黑子大如菽, 此兩事實爲左驗, 可問白氏.' 府使卽遣驗之, 果然. 游故人徐時雄, 隔壁呼游曰:'汝果柳游, 當認我聲, 我果誰的?' 應聲曰:'子非吾故人徐某耶? 智藏寺讀易之時, 獵雪酬唱之什, 寧忘之乎?' 一鄉驚服, 柳游實, 據此可知. 淵之戕殺, 少無可疑云.」

奴尹喜供略曰:「淵在京送書與白曰:'今見兄眞實無疑, 億種之見, 妄也. 殆欲拔其眼晴[睛]也. 當以十七日發, 宜速葺新寢以待之.' 於是, 白信之, 日夜苦待云.」

春秀供略曰:「壬戌春, 平安兵使軍官, 來宿【65a】海州城內, 妾夫往訪, 久乃還, 妾問,'甚麽人?' 曰:'吾表兄李某也.' 始聞父親訃音, 不勝哀痛. 又問,'前云早失怙恃, 今云始聞親訃, 何也?' 曰:'我實柳游, 前言蓋欲秘迹耳.' 翌朝, 李來訪感泣而去. 是秋, 有二人傳封書及襦衣, 珪出見痛哭, 妾問, '甚麽人傳甚麽人書, 你如此痛哭則甚?' 曰: '鄕奴傳家書, 一箇是父親生時使喚蒙合, 一箇是吾少時信任億種也.' 留三箇日, 答書以送. 後億種·尹喜來迎, 則曰: '叛父之人, 無面還鄕.' 留二日, 又徒歸. 癸亥冬, 跟珪到京. 一日, 珪自外還曰: '今訪姐夫達城都正, 不認我, 又訪表姐夫沈㶅, 沈不在, 姐不見我, 可憾.' 及淵上來, 相與感泣, 與歸淵妻家, 見壁上有【65b】字, 珪卽認曰: '這是先君手迹.' 卽令剔取相看, 涕泣. 留三日, 淵與俱南, 謂妾曰: '留此以待人馬, 若値於路, 當兼程上送.' 卄一日, 尹喜牢馬入來, 卄二日, 趂逐下去, 至則珪已繫獄, 口鼻流血, 病勢危重. 妾訴官庭, 保放調理. 一日, 保主朴石之妻, 邀妾于土室, 溫酒打話, 故意挽留, 妾心懷疑, 催辭忙還, 則燈滅而夫不在矣. 問其在獄, 淵賂鎖匠枷大枷, 以促其死. 及是從臾朴石, 乘妾不在, 戕殺滅迹, 昭不可掩云.」

奴金碩·蒙合等供, 皆以爲行到八莒, 審其爲妄, 縛囚府獄, 欲窮其詐, 而春秀瞞官保放, 同謀逸送, 後反以弑兄, 誣陷上典. 其爲奸詐, 實所難測云. 推官直義孫·春秀, 以蒙合等【65c】爲隱諱, 更推刑訊, 則皆服曰: '賂布鐵壽(鎖匠名), 枷重枷以促其死, 保放之後, 贈牛朴石, 乘夜曳出, 將欲結縛投水, 會東方欲明, 獵人且逼, 倉皇碎頭, 投諸琴灘. 大槩倣春秀訴. 遂以爲歸一, 而訊鞫正犯, 淵初供則曰: 「臣兄出亡, 無迹可尋. 尋常懸慕, 得見表兄李子瞻書曰: '行到海州見汝兄, 可速迎來.' 臣姊夫達城書, 亦同封以來, 臣與嫂白議送奴蒙合·億種往尋之, 回說互有異同, 從老奴蒙合之見, 定以爲眞, 送馬迎之, 則托以叛親不來. 癸亥冬, 達城通曰: '前日蔡某上來訪我, 容貌頓異, 未能的知, 君可來辨.' 臣卽與義孫上來相見, 則八年相阻之餘, 形容改易, 將信將疑, 莫適所【65d】從, 見達城則曰: '觀其容, 實非汝兄, 聽其言, 多涉疑似, 莫知其故也.' 沈㶅亦曰: '游之眞妄, 實所未詳, 而見人輒認呼名與字, 此則可怪.' 臣以爲子瞻·百千·蒙合, 皆以爲眞, 臣以親弟, 遽以爲妄, 亦似甚難, 意欲同歸故鄕, 與親舊共辨之, 俱向大丘, 到八莒, 的審其妄, 縛致府庭, 將欲窮治奸詐. 春秀瞞訴, 府使過信, 率爾保放, 以致潛身逸去, 而誣臣弑兄. 春秀誣告之狀, 極其兇慘, 而白則不於應珪在時親審眞假, 反與春秀共搆臣身, 臣雖無狀, 尙忝人類, 欲奪奉祀, 戕殺同氣, 萬萬無理, 天日昭臨, 臣之寃枉, 不須發明. 囚臣一兩年, 臣兄存沒, 訪得其詳, 然後虀粉臣身, 亦所未晩云.」

至加【66a】杖訊, 則誣服如金碩等所承. 仍呼曰: '淵死之後, 淵兄若出, 則推官雖悔, 能續淵命乎?' 委官沈丞相大怒曰: '弑兄之賊, 更出甚麽話?' 命以瓦礫擊其口.

而獄成, 涉十六年, 己卯冬, 修撰尹先覺(今尹判書國馨舊名)於筵中啓曰: '平安道有天裕勇, 敎誨小兒, 觀其蹤跡, 似是柳游. 請逮捕問之.' 於是, 令該道密捕天裕勇者, 到京, 一問, 卽承柳游, 使先人及沈㻐·金鍵·韓克諶等諦視之, 皆曰: '眞游.' 而時議遂以淵之寃死, 歸獄於先人. 先人供,「甲子所見, 實非此人, 故身以爲難辨眞僞, 而淵遽認爲兄, 與之俱歸, 輾轉推遷, 終成大獄. 甲子推案, 今若査攷, 則身之初不以應珪必指爲游之意, 可見. 珪妾【66b】春秀, 跟捕窮問, 則其奸詐可以得實云.」

禁府啓會海西, 跟捕兩人, 春秀則得於海州, 應珪則得於長連, 而自刎於海州. 而先人之寃, 終不得直, 以至瘐死. 此余兄弟之所以隕首而碎心者也. 以今觀之, 謂淵弑兄, 實春秀與白時之誣, 而當時之人不察也. 雷同其說, 吠形吠聲, 以成其獄. 盖人之常情, 疾惡如讐, 此固良心也. 良心之發, 不免於過激, 聞淵弑兄, 則不察其誣, 必殺之乃已. 及游既出, 淵寃自白, 則又以加於淵者, 加於別人, 謂先人誘蔡稱游, 而搆淵而殺之.

噫! 今日疑先人之心, 卽前日疑淵之心也. 當甲子起獄之時, 衆口鑠金, 大小同辭. 凡省獄事體, 威風凜凜, 至於【66c】是者, 率皆震慴失措, 莫知置辭, 故推官意有左右, 則獄無不成之理, 雖威刑之下, 衆證乍若歸一, 就其中論之, 不免有可疑者. 億種之始謂非眞而終證弑兄, 必非其情, 順之則生, 逆之則死, 何苦而不爲誣證耶? 蒙合之始以爲眞而終與淵共縛者, 必累日審熟而覺其妄故也. 苟使其眞, 豈肯右弟而殺兄哉? 且春在土室而曳珪以出, 則珪之室與土室, 必不甚遠, 珪其不能大聲呼之, 而春豈容有不聞之理乎? 設其室僻遠, 雖呼將不聞, 則必將併春滅迹, 而誣以俱逃, 何必誘春出外而曳珪以去哉? 是俱可疑, 而略不致疑. 且不聞行兇器仗屍軀所在, 而經斷疑獄, 以累祥刑, 此【66d】實推官之罪, 而豈先人之所知哉? 先人甲子供辭, 有'形容頓異'之問, '眞僞未詳'之語, 則皆渠致疑於應珪之妄, 初未嘗證之爲游也. 設使證之, 大丘之事, 非先人所可知而所可證也. 弑兄之證, 皆出於義孫·春秀之招.

夫春秀珪之妾也. 珪逸而春尙在, 則珪之去處, 春宜當問者也. 故誣淵以自脫, 固其所也. 義孫何爲而證之耶? 珪之逃也, 春旣訟府, 白又服斬而哭訴, 監司未見其形, 未辨眞假, 而遽如許者, 何意耶?

蔡之本末, 未得其詳. 『松溪漫錄』載'蔡某慶山縣官屬也, 嘗私游女奴, 覘知其家事而出亡, 遇游於西方, 柳之有心, 蔡悉志之, 雖纖毫微事, 無不知之.'云. 然則蔡之知柳【67a】家事, 殆必權輿於此. 而春秀云, '蔡以方技惑衆, 聚巫覡爲道場, 遊戲閭閻, 村婦多被其淫.' 中和守安瑞聞而惡之, 發吏捕不得. 長連有韓必成女, 嫁李正郎, 三日而見棄, 孤居有年, 蔡聞之, 假裝李正郎, 乘夜投韓, 韓信之不疑, 此卽稱游之手段, 而見人輒認, 呼名字者, 殆由於左道乎! 而其淫慝之性, 亦可想矣.

嶺南人或說, '蔡與白有私, 以欺一時'云爾, 則短衣之汚, 黑子之徵, 亦安知非夙有密約乎? 是故眞僞未審, 而送衣與襪, 累見筆跡而不辨其妄, 及其躱也, 與春搆淵, 其情可見矣. 義孫白婢之私夫, 殆亦與白共謀而誣之也, 則今之議者, 捨白與義孫, 而歸罪於先人, 不亦寃【67b】乎?

昔高麗永興君環流茂陵島, 不知存沒者, 有年. 夫人辛氏聞漂到日本, 請贖之, 數年而來, 朝臣姻戚, 皆以爲非, 辛一見卽曰: '人之見知, 孰愈於妻?' 上疏稱其眞, 更驗之, 則宗室諸君, 皆以爲眞, 遂定爲永興, 而罪其言非者. 當初白氏若親驗應珪, 則一見快矣. 設使妄認, 而淵受不認其兄之罪, 不猶逾於弑兄之名耶?

淵雖不能審察於在京, 及其累日同處而覺其妄, 則至家與白氏·親舊共辨而治之, 未爲晩也. 而直囚於府, 不使白相見者, 安知非覘白心事, 疑其或有永興之認, 故爲是輕擧耶? 是故淵將死之招, 初未嘗怨及先人, 但以白氏不爲親驗, 與春共搆爲咎, 其意亦可【67c】見矣. 夫蔡之疑於游, 衆人之所惑也. 淵以親弟, 尙不能辨, 至以景白之容, 彷彿於其父. 嶺南獨有徐泂斥其非游, 而終受黨淵之名, 士類不齒以沒. 先人以少時罕見之姊夫, 相遇於二十年之後, 致疑之端, 不一而足, 見於嶐·百千諸證之招, 而淵招亦可叅驗. 然則先人之見, 可謂獨明於淵, 而殆與徐泂一樣矣. 但不能直斥者, 姊夫之見, 恐不詳於親弟之見故也.

夫謂先人搆淵者, 固爲無理. 盖南北遼夐邈不知事實, 雖欲搆之, 推官非所可問, 先人非所可證, 固不待辨說而明矣. 抑謂先人以柳家陰事告蔡, 而誘使稱游, 此亦不近情理之言也. 人之造意建謀, 以行兇悖之事【67d】者, 非有利益於己, 則不爲也. 使珪冒稱柳游, 占游家財, 而於先人何利焉?

若曰: '分利.' 則使游八年於外, 一朝來歸, 而遽分己財之一半, 以與不當與之人, 則人情豈不致疑乎? 况妻與弟尙存, 未必見認, 則徒自取敗耳. 先人雖無狀, 豈不能慮及於此乎? 若曰: '忌淵怙寵, 欲搆殺而取其財'云爾, 則使淵見蔡而不認, 固無奈何. 設使淵認爲兄, 蔡占游室, 淵之財物, 固自若也. 必使始認而終覺其妄, 繫於官而駮去, 然後可搆而殺之, 先人豈能逆料其如此乎? 且殺淵而取其財, 逆而且難. 不如占亡游之財, 順而且易耶? 况淵身雖死, 淵妻以氏乃先人執友寬之女也.

比屋而居, 契分甚【68a】厚, 將死而托女於先人, 故及笄而薦淵爲壻, 此其年甚少, 非所望於待死而取其財也. 或謂, '先人力證爲游, 劫淵率歸'云, 是又不然. 游亡之時, 淵年二十, 則游之面貌, 非不能詳也. 兄弟天性之親, 非可以人言而認之也. 淵非癡人, 豈肯迫於姐夫, 而謂他人兄哉?

先人平日, 嘗學問知義理, 恬於財利, 而厚於親舊, 先祖父臨終, 以先人及叔父未家(俗謂未成家業曰未家), 手草遺書, 令各給奴婢八十口. 其後分財, 世父不准遺書, 叔父欲訴理, 先人以爲不可與嫡兄爭財, 終不訟. 察訪趙璡, 先人之友也. 嘗眷先人婢子, 蓄以爲妾, 生一男一女, 疾革, 握先人手曰: '兩兒未贖(國俗, 奴婢皆世賤, 非本主許贖, 不得爲良)【68b】而死, 吾有遺憾矣.' 先人憐之, 卽書契券贖出之, 不受一錢, 其高義如此. 且孝陵康陵賓天, 皆素以三年, 毁瘠成疾, 此皆取信於鄕黨宗族者然也. 豈料今日人遂謂之害婦弟而圖取其財乎? 此固窮天極地之寃, 而今日之尤所痛恨者.

春秀之刑訊三次, 初無一語及先人, 但曰: '與徐輔德 · 柳弼善等人, 晝夜同處, 今若捕問, 則可知'云. 或謂, '應珪本呼應教.' 當時以應教爲名無意義, 改以應珪, 其徒有蔡應教 · 徐輔德 · 柳弼善等語, 傳播一時, 與此招相符, 則所謂柳弼善, 抑或柳游? 而松溪之說, 亦相符矣. 推官不此之問, 諉以春秀不可以妾證夫, 啓請停刑.

於是, 余兄弟呈訴【68c】本府, 或呈法司, 至於筵官出入之際, 朝廷大會之處, 無不號哭奔訴. 憲府以此論列, 更訊春秀一次, 猶不攀指先人. 有色郎公然抵語春秀(色郎, 郎官, 主是獄者)曰: '衆論皆歸獄達城, 汝何抵死不言?'云爾, 則春秀何苦而不爲誣引耶? 始更納招, 肆意誣陷, 此實色郎之所搆, 而與前日搆淵之心, 同一轍也. 夫色郎之於先人, 非有憎怨, 不過恨淵寃死, 而移怒於先人. 騁其機巧, 至於誂囚以引之, 使柳淵之寃, 旣死於前, 而先人之寃, 更尋於後. 十數年之間, 寃殺兩人,其用心不亦誤乎? 先人果敎誘應珪, 則其於春秀, 將恐庇護之不暇, 先人之供, 豈敢請問? 余等之號訴, 亦豈願更鞫哉? 惟先【68d】人本無是事, 故當甲子鞫淵之時, 非眞之語, 獨發於衆是之中. 逮己卯辨游之日, 果是之對, 亦先於諸招之右, 其所以審僞而斥之以非, 知眞而直之以是者, 悉出眞心, 而亦可爲不敎誘之驗矣. 聽者不察乎此, 而雷同而議之, 猶前日之雷同, 謂淵弑兄也.

夫春之誣引, 出於人之指嗾, 而非其事實, 故語多相悖, 互有違端, 姑就其招而歷辨之. 其招曰: '先人送奴來見曰: 游也.'云, 蔡乃海西一兇人, 不有子瞻之誤認, 則先人實無由聞名, 況送奴見之乎? 甲子之招, 旣云, '子瞻相遇.' 而今又變稱先人送奴, 其奸僞於此見矣. 又曰: '蔡私先人婢欣哥, 出入十餘年.'云, 淵妻家與先人家, 隔【69a】垣幷門, 彼此婢夫, 兩無不知, 蔡之出入, 若是其久遠, 則當詐稱之日, 淵之妻家, 豈不認其爲欣哥之壻乎? 況欣哥嫁與淵奴茗張爲妻, 自少偕老, 蔡之有私, 實無其隙矣. 又曰: '先人云妻家財產, 淵專擅, 可乎?'云, 淵父在時, 將他財物, 分與七男女, 各成契劵, 一畝之畬, 五天之僮, 亦各有主, 則淵固未嘗專擅, 而先人固無由發此言也. 又曰: '先人謂珪曰: 汝自稱游, 我亦曰游也, 誰能辨之?'云, 游旣有其弟有其妻, 姊妹夫亦有兩人, 一家奴僕, 亦不下數十人, 京外姻戚, 一鄕親舊, 豈敢謂皆無能辨之者, 而發誰辨之語乎? 又曰: '聞珪被囚, 先人資伊奴馬下送'云, 珪之南下, 正月十七日也,【69b】春之跟去, 是月念一日也. 其間僅五箇日子, 而大丘距京, 乃十日程, 則謂之聞囚下去者, 誣矣. 況尹喜持馬踵至, 則初非資先人之奴馬也. 先后發行之日, 尹喜來迎之事, 已載於甲子推案, 而昭不可掩. 渠之初招, 亦曰: '淵發於十七, 渠發於廾二.' 而後乃變辭納招, 其爲誣罔, 一可反三. 噫! 春秀始怨於先人之請拿, 繼惑於色郎之指嗾, 騁其兇詞, 搆以財利之說, 使聽者眩亂而莫之察. 雖然, 苟使智者平心以察之, 推理以辨之, 徵之於前後推案, 則先人之寃, 有不難辨者矣.

迺者, 淵妻李氏, 以諺字抄錄淵枉死之狀, 完平·鰲城兩丞相, 因之以作傳. 夫李氏一婦人耳. 其於淵寃枉之【69c】心, 曲知之者, 固莫能先也. 至於當時鞫獄之情, 證佐供招之辭, 則有未能詳者. 其所聞, 盖出於奴僕信口之傳, 道聽塗說之訛, 數十年後追抄之語, 容有未得其實, 其主意盖在於明夫之寃, 而於當時事情, 不免有失, 而涉於誣枉, 則淵傳之語, 亦多有違誤而相背者. 今且擧其一二而辨之.

淵傳曰: '先人抵書於淵, 差奴以迎, 奴空歸曰非也. 夏又以書證其無疑, 淵再送奴再空歸.'云, 應珪之發蹤, 實由子瞻之誤, 先人壬戌之通書, 亦不過報子瞻之語耳. 倘非子瞻, 先人未嘗聞名, 况得見形乎? 未嘗見形而再書以證之, 豈有是理? 且不信親奴之面驗, 而信姐夫傳聞之語,【69d】又豈有是理? 再送奴, 再驗其非眞, 則斯可已矣. 甲子之春, 淵何故上來而俱歸耶? 夫億種·蒙合之往驗, 在於壬秋, 而或謂眞或謂非, 眞則此所謂空歸者也. 旣從蒙合之見, 而億種·尹喜之請迎, 此所謂再送奴也, 則其事當在冬間, 或明年矣. 而謂之夏證者, 妄也. 噫! 只報子瞻之語, 而謂先人之通書, 兩奴之疑信相叅, 因是更仟而謂先人之再證, 豈不謬哉? 子瞻之送書, 差奴之驗定, 置而不論, 而歸咎於先人, 此淵妻之謬也.

淵傳曰: '掃一家藏獲, 群而逆於境, 婢訥飛迎叱曰: 你是何人, 敢稱吾主? 及到官, 會鄕人以問, 咸曰非也.'云, 一家奴僕, 旣斥其非, 一鄕親舊, 咸曰非也, 則其奸【70a】詐已敗露矣. 應珪之逃也, 白氏何故服斬而哭訴耶? 是未可知也. 且義孫供辭, '路縛應珪, 使白家人不得相見'云爾, 則訥飛之迎叱, 妄矣. 訥飛之事是, 則義孫之招, 誣矣. 二者必居一於此, 而義孫白之婢夫也, 則搆淵之事, 果由於白, 而不由於先人矣.

淵傳曰: '從金百千計, 善視而俱歸, 淵將就獄, 先人密問百千, 百千曰: 以吾所見, 非游也.'云, 當珪之詐也. 百千以游之近族, 異其一見呼字, 而信之不疑, 故時人翕然信之, 寧有謂之非游, 而畫善視之計之理乎? 設爲余言之不信, 則淵之於百千, 固爲切族, 而先人則族之外姻也. 其親疎, 盖有較矣. 若審非游, 則豈肯從先人搆淵之【70b】計, 而使之受誣而枉死乎? 此亦淵妻之謬也.

淵傳曰: '應珪與春秀偕逃, 朴石覺之, 追捕春秀.'云, 當珪之逃也, 春秀卽訴半門(主縣守令宅舍設小門, 當人兒上, 以通暮夜言語出納, 謂之半門), 以夜半自厠還, 燈滅而夫不在爲辭, 以起此獄, 則初不與妾而偕逃矣. 且蔡保於朴而逃, 朴覺而追捕春秀, 則必將縛春以詣官, 春無賴於巧言矣. 此獄何由以起乎?

淵傳載淵招辭曰: '忌淵之別給良田'云, 淵之壻於李寬, 先人之所薦也. 其父禮源以治死游亡, 而淵爲次長, 旣娶而妻, 又甚賢, 故不任喜慶, 別給數頃, 而先人亦證叅, 所謂河邊麥田者, 是也, 則非可萌於忌克之心. 縱使忌克殺淵, 而妻尙在, 何以取其財乎?【70c】淵招原無此辭, 今乃增之, 此亦淵妻之謬也.

又曰: '先人與㦖必欲成獄, 迭爲雌雄'云云, 而其下有繼鞫先人・沈㦖等語, 先人與㦖之招, 雖以淵傳觀之, 不過證蔡之爲游耳. 而中間有'形容已變'四字, 則亦未嘗必證其是也. 况先人未招之前, 淵何以預占其辭, 而謂之必欲成獄哉? 假令先人以蔡疑於游, 而蔡之或逃或死, 則非在京之人所可知也. 淵招但當言己之未嘗戕殺, 而請鞫朴石・春秀, 詰其逃躱之狀耳, 安有逆探未形之意, 攀指他人, 爲自已立敵之理哉? 此亦淵招所無, 抑必無之辭, 而淵妻之謬也.

又載春秀招辭曰: '慶億來見曰: 果游也.'云, 慶億是余亡兄小字, 而游【70d】之甥也. 前母生吾兄一月而見背, 兄與游各在南北, 未嘗識面, 雖指路人謂之汝舅, 兄無以辯, 何能證其爲游? 此亦春招之所無, 而淵妻之謬也.

淵傳曰: '在大丘獄, 爲書與妻'云云, 今觀其辭, 有'某之謀(某者, 李君自諱其先人名褆), 㦖之謀, 白氏之謀, 應珪之謀'等語, 夫謂白氏・應珪之謀, 則是矣. 淵繫大丘時, 隆與先人, 未嘗言弑兄, 亦未嘗證游, 則何爲而並怨二人耶? 先人則縱怨其傳子瞻之語, 隆則無可怨矣. 且其所謂, '遺汝後言', '慰我九地之寃, 神昏氣乏, 哭死'等語, 詞氣悲痛慘怛, 皆將死哀愿之語, 若曰: 在王獄杖訊時, 則是矣. 在大丘則獄未必成, 而監司許爲直之, 何苦而爲此語耶?【71a】若然則李氏何不於其時叫呼天閽, 以彰夫寃, 眞游出後, 又不此書, 而始出於今日耶? 不知此亦家乘所載耶? 下有'遠近聞而悲之'六字, 則抑或出於傳聞之訛耶? 是未可知也.

又載春秀己卯之供曰: '密約欣哥擧案, 而使隆疑氷釋'云, 春秀原招, 則'蔡與欣哥有私, 出入十餘年'云, 而今乃云云, 此亦淵妻之誤也.

又曰: '取沈通源書以送'云, 先人之與沈相, 雖居止不甚相遠, 先人不喜交遊, 未嘗干謁, 故其於沈相, 初無契分. 且有宿嫌, 此實隣里之所共知, 焉能取其關節哉? 此亦妄也.

又曰: '夜叩朴石家, 報以事露, 可逸去, 店嫗傳簡於龍仁, 敎以同辭'云, 事露與否, 蔡當自知, 而【71b】自逸去, 不待先人千里之通也. 謂蔡爲逃, 則春宜窮問, 故證淵弑兄, 春自致力, 亦不待吾家之通書也. 先人則雖曰疑蔡於游, 而初非大罪過, 何苦爲此詭秘之迹, 以通於各自致力之人耶? 而況昏夜叩門, 縱跡荒唐, 省囚拿來, 耳目甚長, 脫或爲人指認, 禍且不測, 先人雖始與之同謀, 必不爲此也. 是俱不思之言, 傳聞之謬, 而原招之所無也.

噫! 春秀之誣, 旣如彼, 而淵傳之誤, 又如此, 其原蓋出於李氏家乘之誣也. 李氏非素怨先人而誣之也, 特以己卯之獄, 歸罪於先人, 故李氏從而尤之耳. 珪之發蹤, 始由子瞻, 而己卯獄興, 子瞻已死, 無從質問, 故衆人遂疑先人之誘蔡, 以【71c】竟其獄, 則李之仇怨先人, 亦豈初心哉? 日月之久也, 傳聞之謬也. 經亂而愈失其眞, 則彼所謂家乘, 亦豈必可信哉? 不肖家藏兩年推案, 再經兵火, 幸而獲存, 是猶可徵, 豈敢厚誣?

噫! 眞游出, 蔡應珪又出, 則淵之寃, 不待暴白而自明矣. 先人以淵一家之親, 亦嘗與有所喜, 不幸淵寃纔白, 而先人之寃, 又類於淵. 至於當時供辭, 亦有傳訛失實, 增搆其所無, 至於今而益甚, 則以淵友愛, 吾恐其寃雖白, 而其目尙不瞑於地下也. 向者, 將此至寃, 控籲於兩丞相, 兩丞相幸賜憐察, 略以梗槩續之於前後, 而其詳有如此者. 仁人君子, 倘以公心察之, 則先人罔極之寃, 亦有獲伸之路【71d】矣."

余曰: "果如子言, 則子之先人, 伸寃矣. 而輿言之洶洶, 方歸咎於先令尊, 其故何耶? 以愚揣之, 認蔡爲游, 使占游室, 初無損益於先令尊, 令尊殆不爲此也. 若所謂忌淵怙寵一節, 亦不近情理. 淵之認游, 初不可預料, 始認而終斥其妄, 以至府使之保放, 應珪之躱去, 白氏之哭訴, 尤不可預料, 子之言是也. 先令尊雖使聖智兼備, 若非他心通, 恐不能慮及乎此也. 以理推之, 蓋不過如此, 而輿言猶若此, 宜子之痛心而疾首也. 子之所言, 如可以質諸幽明而無憾, 則亦足以補太史氏之缺. 但蒼蒼者, 終不可誣, 而有不容人力於其間. 淵寃之白於己卯, 亦其驗也. 先令尊之至寃, 【72a】果如許, 則天亦殆將相之, 而終當白於世. 然則信與不信, 皆係乎天, 不係乎子之能言與我之能傳也. 抑伸寃之義, 有先於此者, 其不在子之身乎." 李君揮涕而謝曰: "然. 敢不服膺?"

李君退, 恐其遺忘, 錄其往復以告人, 而目之曰: '李君訟寃錄'.

빅시황젼 국립즁앙도서관본

【1】아죠 효묘 구년 무술에 빅시황(裵是愰)이란 자 신류(申瀏)을 죠차 나션올냥키(羅善兀良哈) 토멸ᄒᆞ든 사젹이라 녀진올냥키(女眞兀良哈) 더욱 북으로 퍅기(愎介)와 왈기(曰介)와 기부(介夫)라 ᄒᆞᄂᆞᆫ 셰 올냥키(兀良哈) 나라이 잇스니 나션의 막는 바이 되어 청나라에 죠공길이 끈친지라 삼국이 청나라에 하쇼ᄒᆞ니 청이 쳘긔(鐵騎) 일만 오쳔을 발ᄒᆞ야 나션을 치다가 픽ᄒᆞ여 도라온 자 겨우 이빅인이라 써ᄂᆞᆫ 청나라 순치 팔년 신묘 십월일너라 황뎨 대노ᄒᆞ야 년〻히 흥병ᄒᆞ야 치되 토평 못ᄒᆞᆫ지라 갑오년에 칙사를 아국에 보ᄂᆡ여 군사 죠발ᄒᆞ야 갓치 치라 ᄒᆞᆫ니 드듸여 【2】북도 뉵진 션방(善放 포수(砲手) 오빅을 죠발ᄒᆞ고 변급(邊岌)으로 녕솔ᄒᆞ야 북경에 가셔 청장을 죠차 나아가 치다가 사상(死傷)ᄒᆞ여 다ᄒᆞ고 아국병 싱환자 삼십인이라 변급이 주복야힝ᄒᆞ야 가치 도라오니라

뎡유년에 쏘 칙사 와셔 발병ᄒᆞ라커늘 드듸여 뉵진 군사 오쳔을 발ᄒᆞ고 북도 병마우후 신류로 장수ᄒᆞ야 부젼(赴戰)ᄒᆞᆫ[ᄒᆞᆯ]ᄉᆡ 빅시황이 비장으로 죵힝ᄒᆞ니 신우후와 빅비쟝이 다 경상도 인동부(仁東府) 약목니인(若木里人)이라 신우우가 시황을 자벽(自辟)ᄒᆞ야 듕군 삼우니 시황이 길쥬 명쳔 등 아홉 군현에 슌힝ᄒᆞ야 경예(精銳)병 오쳔을 읏고 죠졍 명녕을 기다리더니 무술 뎡월 쵸십일에 션젼관 신명【3】젼

(申命全)이 표신(標信) 밧드러 군듕에 니르러 신류를 명ᄒᆞ야 군사 거나려 발ᄒᆡᆼᄒᆞ라 ᄒᆞ니 명젼은 신우후의 죵자(從子)라 숙질이 셔로 붓들고 통곡ᄒᆞ야 니별ᄒᆞ니 ᄯᆡ에 신우후의 부모 다 녕남에 ᄉᆡᆼ존ᄒᆞ얏더라

이월 닙칠일에 ᄒᆡᆼ군ᄒᆞ야 회령에 니르니 쳥(淸) 통관(通官) 김ᄃᆡ언(金大彦)과 윤슈(尹壽) 대령ᄒᆞ니라 어시에 군식을 두량ᄒᆞ니 대장 이하로 군사와 치즁 인마 합ᄒᆞ야 팔만 팔쳔 칠ᄇᆡᆨ 팔십오일너라 경원녕장(慶源領將) 박대영(朴大榮) 죵셩녕장(鍾城領將) 니일ᄇᆡᆨ(李一白) 김즁명(金重鳴)은 군긔를 녕ᄉᆞᆯᄒᆞ고 죵셩 뉴응텬(劉應天)은 녜방(禮房)을 치지ᄒᆞ고 그 남져시 상관은 온셩(穩城) 신쳥일(申淸一) 부령(富寧) 박셰웅(朴世雄) 죵셩 김대웅(金大雄) 경원 박셰문(朴世文) 홍일검(洪一儉) 회령(會寧) 니긔신(李起新)이요 통사(通事)【4】ᄂᆞᆫ 길쥬(吉州) 김명길(金命吉) 회령 엄ᄋᆡ남(嚴愛男)이 죵ᄒᆡᆼᄒᆞ니라

삼월 쵸릴릴에 ᄒᆡᆼ군ᄒᆞ야 두만강(豆滿江)에 니르니 뉵진 슈령 변장이 다 젼송헐 쎄 쵸창키 측냥 업더라 고강ᄒᆞ야 오리허(五里許) ᄒᆡᆼᄒᆞᄆᆡ 슈목(樹木)이 참텬(參天)ᄒᆞ고 한풍(寒風)이 소〻(蕭〻)ᄒᆞᆫ지라 고향을 도라보니 운ᄋᆡ(運靉)가 호묘(浩杳)ᄒᆞᄆᆡ 장사 다 타루ᄒᆞᄂᆞᆫ지라 신공이 시황다려 일너 가로ᄃᆡ 금ᄒᆡᆼ에 하나이 죽고 하나이 살거든 죽은 자의 무명지을 ᄭᅳᆫ허 도라가 가인(家人)을 보이게 허리라 약쇽을 필ᄒᆞᄆᆡ 셔로 더부로 울고 비가강ᄀᆡ(悲歌慷慨)ᄒᆞ니라

시일에 어제강(魚濟江)에 자니 산이 낫고 들이 널은데 강에 가득ᄒᆞᆫ 고기 사람 보고 놀나지 아니ᄒᆞ더라 어우지(於于只)란 고기와 렴곡(列目)어란 고기 길릐 한【5】길식 되고 젹어(赤魚)란 고기는 길릐 길 반일너라 드듸여 쏘아 잡우니 맛시 농후ᄒᆞ고 겁즐이 둑겁고 질긔여 북어염즉ᄒᆞ더라

강에 빅 업서 남무 베혀 다리 노코 십삼일에 도군ᄒᆞ니 대우(大雨) 죵일ᄒᆞ여 계우 사십니 힝ᄒᆞᆫ지라 통관이 근심ᄒᆞ야 가로ᄃᆡ 청나라 냥원슈(兩元帥)가 제국병을 녕거ᄒᆞ여 빅야흐로 녕고탑(寧古塔)에 머물너 잇스니 장군이 더듸 힝ᄒᆞᆫ즉 군사 긔약을 일흐니 엇지 홀고 ᄒᆞ더라

십오일에 모단강(毛段江)에 니르러 자니 강이 븨고 밤이 고요ᄒᆞᆫᄃᆡ 다만 긔금리슈 쇼ᄅᆡ만 들니더라 십뉵일 텬명에 삼십니 힝ᄒᆞ니 힝ᄒᆞ니 평연ᄒᆞᆫ 들에 갈ᄃᆡ가 묵근 듯ᄒᆞᆫᄃᆡ 움주기ᄂᆞᆫ 곳에 사슴 무리 사람보고 목을 【6】길게 들러 웃둑웃둑 바라보거를[늘] 드듸여 에워ᄊᆞ고 통 노아 사슴 팔십여을 잡바[아] 사졸을 크게 호괴[궤]ᄒᆞ고 녹피는 통관이 다 가지더라

십구일에 비로소 녕고탑에 니르니 청원슈(淸元帥) 장(帳)을 열고 큰 창을 빗기고 병위을 셩히 베풀러 군례 힝ᄒᆞ야 맛즌 후에 사좌(賜座)ᄒᆞ고 무러 가로ᄃᆡ 칙사 나간 지 오ᄅᆡ여는 데 군사 오ᄅᆡ 발치 아니ᄒᆞ기ᄂᆞᆫ 엇진 일인요 아장(我將)이 대답ᄒᆞ야 가로ᄃᆡ 감히 완만(緩慢)홈이 아니라 길이 멀고 치중이 만흐며 ᄯᅩ한 하날이 오ᄅᆡ 비 와 길이 막혀노이다 원슈 명ᄒᆞ야 강상(江上)에 진 치라 ᄒᆞ니 이ᄯᅦ에 몽고(蒙古)병 등ᄂᆡ쥬(登萊州)병이 다 와 모이엿더라 녕고탑 번화 부셩【7】험을 통관이 일르되 셩경이여셔 못ᄒᆞ지 아니타 ᄒᆞ더라

청원슈 제장 더부러 렬닙(列立)ᄒᆞ야 차례로 군례 밧드니 아국 장사는 본국례로 삼빅 삼고두 힝ᄒᆞ야 례필ᄒᆞᄆᆡ 인ᄒᆞ야 호군(犒軍)ᄒᆞ니 항오마다 큰 돗 한나와 큰 화로 한나식 노코 칼을 체견에 언져 군사로 ᄒᆞ여곰 스ᄉᆞ로 버혀 구어 먹게 ᄒᆞ고 각ᄀᆞ 쇼쥬 삼빅식 힝ᄒᆞ니 심히 쥰렬ᄒᆞ더라

례필ᄒᆞ야 원슈 환차 후에 통관으로 ᄒᆞ여곰 전녕ᄒᆞ야 가로ᄃᆡ 힝군

과 치즁을 당일 발힝ᄒᆞ라 ᄒᆞ니 시황이 그 최힝(催行)하기 이러틋 급홈을 쓰 못ᄒᆞᆫ지라 곳 달녀 셩에 드러가 원슈을 뵈와 가로ᄃᆡ 금일 힝군은 전령이 비록 엄ᄒᆞ시나 【8】인마가 피쳑ᄒᆞ여 죽기에 니르러쓰니 결단코 졸발키 극난ᄒᆞ오이다 원슈 왈 혹후혹션 못ᄒᆞ리라 시황이 왈 이곳에 큰 슈릐와 건장ᄒᆞᆫ 소가 집마다 잇스니 이것슬 웃드년 가히 일을 건네이갯노이다 원슈 묵연 냥구에 통관을 불너 두어 말 잇스니 시황이 그 말을 풀러 알지 못ᄒᆞ야 통관더러 무른즉 군량 운젼ᄒᆞᆯ 일일너라 원슈 시황을 머물너 필담(筆談)ᄒᆞ야 이시(移時)ᄒᆞᆫ 후에 노히여 진듕으로 도라오니 대차(大車) 여러 ᄎᆡ와 멍에ᄒᆞᆯ 소와 탁타(橐駝) 두어 필이 임희 등ᄃᆡᄒᆞ얏더라

드듸여 치즁을 싯고 곳 힝군ᄒᆞ니 대강이 압헤 빗ᄭᅵᆫ지라 강 일홈은 후통(後通)강이니 너뷔 십여 리라 병션(兵船) 슈천수(數千수艘)가 임희 강【9】에 다하스니 도군ᄒᆞ야 힝ᄒᆞᆫ 지 십여 일만에 몽고에 니르니 사십팔부동진두(四十八部東盡頭)라 ᄒᆞ더라

몽고 사람이 다 웅위헌 얼굴이요 계집은 무비졀ᄉᆡᆨ일너라

사월 십구일에 우가리강(虞加里江)에 니르니 강파 호묘ᄒᆞᆫ데 콩깍지 가튼 젓근 ᄇᆡ 오락가락ᄒᆞ기을 베 ᄶᆞ는 북 갓치 ᄒᆞ니다 강 근쳐 쟝사ᄒᆞ는 계집이라 ᄒᆞ더라

금천강(金泉江)에 니르러 자고 익일(翌日)에 도군ᄒᆞ니 이ᄯᅴ에 길쥬군 일인 회령군 일인 경원군 이인이 챵질이 심ᄒᆞᆫ지라 시황이 다 입으로 빨아 득효ᄒᆞ니라 시황이 청인더러 무러 가로ᄃᆡ 여긔셔 가믹장셩(長城)은 몃니며 녀진은 몃니며 막듕(漠中)은 몃니오 답왈 장【10】셩은 늑일졍이요 녀진은 십일이요 막듕은 이십일에 가히 니른다 ᄒᆞ더라 삼월 닙구일에 퍅개부에 니르니 남녀가 다 단뎡ᄒᆞ고 미려ᄒᆞ야 슈염 유무로 사나희 계집을 분별ᄒᆞᆯ너라

오월 오일에 왈개부에 니르니 근본 청인과 한 뉴ᄆᆡ 풍속이 ᄯᅩ한 대동ᄒᆞ더라 십오일에 송가라강(宋家羅江)에 니르니 강 너뷔 십여 리라 청인이 가로ᄃᆡ 나션이 이 강에 왕ᄂᆡᄒᆞ야 사람의 ᄌᆡ물을 침냑ᄒᆞ야 산업을 삼아 스스로 한 부락(部落)을 일루어스니 수젼(水戰)이 아니면 이긔기 어려운지라 바야흐로 젼션(戰船)을 뎡제ᄒᆞ니 비구(匪久)에 ᄯᅩ한 니르개스【11】니 가(可)히 쥬병(駐兵)ᄒᆞ야 기다린다 ᄒᆞ고 드듸여 강상에 머문 지 여드ᄅᆡ라

닙(廿)삼일에 젼션이 쳔사ᄇᆡᆨ뉵십 쳑이 상뉴(上流)로부터 니르니 그 ᄇᆡ 제작(制作)이 남무을 작판 아니코 두어 아름 대량목을 년복ᄒᆞ야 바닥 ᄆᆡᆫ들고 ᄇᆡ 왼 기릐 십오뉵 장이요 놉희 사 장이요 년복ᄒᆞᆫ 틈에 ᄉᆡᆼ콩가루을 부레풀에 화합ᄒᆞ야 메히고 ᄯᅩ 밀ᄭᅡ루을 옷칠에 혼합ᄒᆞ야 넙혀스니 그 둑께 일촌이요 둑써운 판목으로 삼층 누를 쑤며 쓰니 놉희 다 길이 넘우니 하층에는 군식을 두어스니 가히 ᄇᆡᆨ 석 곡식 두깃고 듕층에는 갑쥬 궁시 병긔을 감츄우고 상층은 가히 오뉵ᄇᆡᆨ 인 쥬션ᄒᆞ깃고 왼통 오ᄎᆡ로 단청 그림 우헤 듀유【12】로 덥허스니 광ᄎᆡ ᄒᆡ쌧데 번득여 눈이 부ᄉᆡ더라 이러ᄒᆞᆫ 긔구를 우리 사람이 뉘 듯ᄯᅵ나 ᄒᆞ얏스리요

원슈 하령ᄒᆞ야 각션을 뎡제ᄒᆞ니 ᄆᆡ션(每船)에 죵선(從船)이 오 쳑이요 격군(格軍)이 삼십이요 갑옷 닙운 군사을 ᄇᆡᆨ이식 실어더라 제국 장슈와 군사는 다 훗터 나노아 실르니 아국 장수 올은 빈즉 북경 녕고탑 몽고 등쥬 왈개 팍개 개부 병 각 오십 명과 우리 군사 삼 명과 듕군과 통사와 군관과 구죵 급창일 ᄡᅡ름이요 우리 군사 사쳔구ᄇᆡᆨ구십칠인과 군관 장관은 다 타션(他船)에 실어쓰니 그 ᄉᆡᆨ막(索寞)ᄒᆞ기 측냥업고 그 뜻을 가히 알지라

시일(是日)에 오라ᄀᆡ 국인이 큰 고기 하나를 장【13】창을로 에워

잡우니 고기 일홈은 악지어라 장이 오 쟝이요 몸픠는 네 알름이 넘더라 반을 나노아 우리 군듕에 보ᄂᆡ니 일군이 죡히 먹더라

팔국이 다 인마와 불긴헌 치중을 강상에 머물너 두고 각〻 싸홈제구를 다스려 ᄇᆡ에 올나 발힝ᄒᆞ야 뉵월 삼일에 흑농강(黑龍江)에 니르니 강 너븨 삼십여 리라 심불가측(深不可測)이요 수ᄉᆡᆨ이 칠(漆)갓고 물고기와 강변 금수가 다 빗치 검더라 시황이 청인더러 무러 가로ᄃᆡ 이 강이 어늬 지방으로죠차 오넌냐 답왈 숑가라강은 장셩 북으로 시작ᄒᆞ야 몽고로 오고 흑농강은 녀진으로죠차 몽고를 진ᄂᆡ 예 【14】오너니라 나션이 물노 ᄯᅡ을 삼고 ᄇᆡ로 집을 삼고 불경부직(不耕不織)ᄒᆞ고 디만 겁탈노 산업을 ᄒᆞᆫ나 ᄒᆞ더라

뉵월 십일에 닷츨 거두어 숑가라강 흑농강 냥수 합뉴쳐에 정박(碇泊)ᄒᆞ고 물 우헤 자다 익일 ᄉᆡ벽에 원수 하령 왈 각션 장졸은 아참을 ᄌᆡ촉ᄒᆞ라 ᄒᆞ니 제군(諸軍)이 방장 밥 지을 ᄯᆡ 드른즉 적(賊)병이 하뉴(下流)로붓터 크게 니른다 ᄒᆞ니 ᄃᆡ기 바야흐로 둔피(遁避)ᄒᆞ랴다가 강듕에 한 셤이 잇스니 삼면이 싸근 슨ᄒᆞᆫ 수십 장 셕벽이 둘니여 본ᄃᆡ 젹의 쇼굴이라 젹이 이 셤을 의탁ᄒᆞ야 져의 젼션을 벌너 정박ᄒᆞ고 군졸 병긔를 난호아 반은 【15】ᄇᆡ에 ᄒᆞ고 반은 셤에 ᄒᆞ니 슈륙 합녁ᄒᆞᆯ 뜻일너라 ᄯᅩ 상뉴(上流)에 잇는 젹이 다쇼(多少)를 한량 못ᄒᆞᆯ지라 도듕지적(島中之賊)이 둔결(屯結)ᄒᆞ기를 구룸갓고 검극이 요일(耀日)ᄒᆞ더라

청군듕(淸軍中)에셔 향포명고(嚮砲鳴鼓) 후에 먼져 군사 일만오쳔을 발ᄒᆞ야 일ᄇᆡᆨ오십 션에 실러 슌류ᄒᆞ야 나려가 젹션이 갓차우ᄆᆡ 방ᄑᆡ 밋쳐 막지 못ᄒᆞ야 슈륙지적(水陸之賊)이 일시에 통을 노흐니 ᄇᆡᆨ오십 션이 일시에 복ᄑᆡᄒᆞ여 도라온 자 겨오 쳔여 인이라 원슈 대공(大恐)ᄒᆞ야 ᄯᅩ 갑사(甲士) 사만(四萬)을 발ᄒᆞ야 사ᄇᆡᆨ수(四百艘)에

싯고 급히 진공(進攻)ᄒᆞ니 젹의 쳘환(鐵丸)이 ᄯᅩ 비 붓듯ᄒᆞ여 사상(死傷)홈이 반에 지나니 ᄯᅩ 젼봉(前鋒)을 뎡졔ᄒᆞ야【16】장찻 발홀 ᄶᅦ 나는 듯ᄒᆞᆫ ᄇᆡ 하나이 긔를 두루며 곳 원슈의 ᄇᆡ로 향ᄒᆞ니 ᄲᅡ르기 뉴셩 일반이라 시황이 급히 통관을 더불고 가 살핀즉 이예 황졔의 급ᄒᆞᆫ 칙셔러라 통관으로 ᄒᆞ여곰 가만히 사연을 탐지ᄒᆞ니 대강 말이 왈ᄀᆡ ᄀᆡ부 두 부락(部落)이 만히 군사 죠발ᄒᆞ야 년ᄒᆞ히 왕사(王師)를 도앗스니 졔의 사상(死傷)ᄒᆞ고 모숀(耗損)ᄒᆞ기가 젹의게 ᄒᆡ 밧는 것세 비길 ᄲᅮᆫ 아닌즉 즉금에 ᄯᅩ 군사 ᄂᆡ얏슬 것시니 만일 왕사가 니롭지 못ᄒᆞ면 나션이 냥국을 함독(含毒)ᄒᆞ야 ᄒᆡ침이 젼이여셔 십 ᄇᆡ 되리니 냥국이 ᄯᅩ한 일변 셩픠를 관망(觀望)ᄒᆞ야 스ᄉᆞ로 보젼홈을 도모허리【17】니 이 향ᄇᆡ(向背)에 안위(安危)를 닙판(立判)ᄒᆞ리라 운ᄒᆞ(云ᄒᆞ)ᄒᆞ고 방냑(方略)을 지슈(指授)하얏스나 그 쇽은 비밀ᄒᆞ여 더 알 슈 업더라

원슈가 거듭 하령 왈 금일에 흑농강에셔 쵸멸(勦滅)하갯노라 ᄒᆞ고 다시 군사 뉵만을 졍(精)히 ᄲᅢ 각션에 난호아 싯고 방픠 시무고 긔 두루며 북 쳐 곳 도젹(島賊)으로 향ᄒᆞ니 병인(兵刃) 겨우 졉ᄒᆞᄆᆡ 슈상젹이 다 와셔 장창(長槍) 화포(火砲)로 슈뉵상응ᄒᆞ야 함셩이 대진ᄒᆞ고 연진이 폐텬이라 각션이 쳘환과 장창에 사상홈이 무슈ᄒᆞ니 아국인 통에 죽은 자 아홉이요 쳘환이 얏치 들러가 죽지 아니ᄒᆞᆫ 자 네시니 시황이 네 사람에 참예ᄒᆞ니라

팔쳐 병이 합젼 십여 일【18】에 년픠ᄒᆞ니 원슈 하령ᄒᆞ야 젼함(戰艦)을 두 편으로 난호아 한 편은 수(水)젹을 치고 한 편은 도젹(島賊)을 치라 ᄒᆞ니 도젹 맛튼 젼함이 급히 틈을 타 물과 셤을 버히쳐 녈션(列船)ᄒᆞ되 한 편에 둑거운 판목으로 층ᄒᆞ히 ᄆᆡ쟈 셰워 셩(城)을 이루어 수젹을 방비ᄒᆞ고 한 편으로 도듕젹(島中賊)을 치니 도듕

젹이 져의 수군(水軍) 길 쓴힘을 보고 참식 슈풀에 더지듯 ᄒᆞ야 한창으로 셔너슬 쒜치는지라 제(諸)국병도 갓치 궁구(窮寇) 형세 되엿스ᄆᆡ 죽기로 싸와 호셩이 진텬ᄒᆞ고 포뢰(砲雷)동지라 젹병이 살 넙기를 고숨돗치 갓튼지라 드듸여 쏘차 드러가 도(島)젹 장수 십여 명을 결【19】박ᄒᆞ야 ᄇᆡ에 가두우고 젹의 노략ᄒᆞ얏든 왈ᄀᆡ ᄀᆡ부 팍ᄀᆡ 삼국 여자(女子)를 거두어 각션에 분치(分置)ᄒᆞ고 젹의 병긔를 만히 어든지라 날이 져물고 복병을 념녀ᄒᆞ야 급히 군사 거두우니라

시일(是日)에 한 편 슈전(水戰)ᄒᆞᆫ 공은 그 셔로 구ᄒᆞ는 형셰을 져희ᄒᆞ야 막을 ᄶᆞ름이니 그 공도 젹지 아니ᄒᆞ더라 익일 효두에 수젹(水賊) 큰ᄇᆡ 하나이 셤 뒤으로 물니와 셤 모동이에 엿보니 원슈 급히 그 ᄇᆡ로 나아가 쳐셔 손으로 켸 젹을 죽이니 녀력효용(膂力驍勇)도 장터라 ᄯᅩ 셰 젹(賊)이 돗ᄃᆡ로 치다라 올나가 두판(斗板) 우헤 안져셔 크게 불너 물리를 청ᄒᆞ【20】니 원슈 심히 슬희여 급히 뭇지르랴 ᄒᆞ되 투구와 갑옷 견후(堅厚)ᄒᆞ여 살과 쳘환이 ᄯᅮᆯ지 못ᄒᆞᄂᆞᆫ지라

아국병이 큰 독긔로 그 돗ᄃᆡ를 씩어 넘기니 삼 젹이 물에 ᄶᅥ러지니라 쥬듕젹(舟中賊) ᄇᆡᆨ여 명을 뭇지르ᄆᆡ 어시에 원슈 이긤을 타 인ᄒᆞ야 수젹을 치니 튝노(舳艫)가 겨우 상졉허ᄆᆡ 젹이 판공(版孔)으로 화포 장창을 부려 삽시(霎時)간에 청병이 진픽ᄒᆞ니 원슈 겨우 몸이 사라 도라와 칠일이 되도록 쓰홈홀 ᄯᅳᆺ시 업ᄂᆞᆫ지라

시황이 신공ᄭᅦ 헌계ᄒᆞ야 왈 청병이 일픽지차(一敗至此)ᄒᆞ니 위금일계(爲今日計)컨ᄃᆡ 화공(火攻)에 지남이 업소이다 ᄒᆞ고 인ᄒᆞ야 화젼(火箭)【21】하나를 ᄆᆡᆫ드러 보이니 그 법은 활살에 화약 봉지와 화승을 ᄆᆡᆺ자셔 쏘면 살 ᄇᆡᆨ킬 ᄲᅦ에 화약 뫼끔이 밀니여 화승불에 다닥치게 ᄒᆞ얏스니 심히 편리ᄒᆞᆫ지라 신공이 그 화젼 가져 원수를 보이고 화공 계칙으로 달ᄂᆡ인ᄃᆡ 원슈 청파에 묵연ᄒᆞᄆᆡ 신공이 무연히

물너나니라

원수 하령 왈 파젹 후 감히 진물 은닉(隱匿)ᄒᆞ는 자는 참ᄒᆞ리라 인ᄒᆞ야 스ᄉᆞ로 션봉(先鋒)을 거ᄂᆞᆫ[ᄂᆞ]려 치니 기세(其勢) 장(壯)터니 또 복픽ᄒᆞ여 사상(死傷)이 반에 넘운지라 신공이 시황 더불어 원슈 보고 다시 달닉인ᄃᆡ 또 불청ᄒᆞ고 년젼년픽 또 오일 되자 칠월 칠일 앗참에 홀연히 우리 군듕에 녕ᄒᆞ야 왈 화공 모칙(謀策)을 허락ᄒᆞ노니 당일노 힝ᄒᆞ라【22】커늘

어시에 신공이 빅시황 뉴응텬을 녕ᄒᆞ야 츌젼ᄒᆞ라 ᄒᆞ니 시황 응텬이 청녕ᄒᆞ고 하직할 쩨 시황이 신공의 찬 눈도을 청ᄒᆞ야 스ᄉᆞ로 차고져 찻든 눈도를 응쳔 쥬어 ᄎᆡ우고 응텬더러 일너 왈 드른즉 젹션에 화약이 만흔데 그 봉과(封裹)와 ᄇᆡ 안헤 입힌 것 다 볏 겹질이라 ᄒᆞ니 이게 인화ᄒᆞ기에 극품이니 우리 화젼을 일제히 쏘아 불만 질너 놋코 화약에 당긔기ᄂᆞᆫ 기다리지 말고 급히 회션ᄒᆞ야 살니라 ᄒᆞ고

드듸여 각ᄉᆞ 죵션(從船) 타고 궁수(弓手) 오십 인 각ᄉᆞ 화젼 십기식 가지고 겹갑옷 닙고 쳘방픽 벌녀 심무고 슌뉴ᄒᆞ야 노를 쌜니 져어 나려가니 비연(飛燕) 갓큰[튼]지라 젹둔【23】셔너 관혁 되ᄆᆡ두어 군사로 션두(船頭)에 녈립(列立)ᄒᆞ야 혹 긔도 두루며 혹 즁의 녜불ᄒᆞ는 합장(合掌)도 ᄒᆞ야 쌜니 들어가니 젹이 천리경(千里鏡)을[으]로 바라보고 년ᄒᆞ야 응포(應砲)만 놋코 쳘환 아니 발터라

어시에 시황이 먼져 한 살을 발흔ᄃᆡ 젹의 ᄇᆡ집 난간에 써러져셔 불이 허여지니 젹이 바야흐로 왕급히 불을 두둘기며 크게 짓거릴ᄉᆡ 모든 궁수가 살을 일제히 발ᄒᆞ야 혹 담장막도 맛치고 혹 시쵸(柴草) 셤이도 맛치ᄆᆡ 불을 쾌히 질넌는지라 바야흐로 급히 회션ᄒᆞ랄 제 듕간 큰 ᄇᆡ에 벽녁이 이니 두 귀가 먹ᄉᆞ허더라 화광 속에 사람과 물건이 튀여 반공듕에 쏘아 오르더니 도루 휘여 거ᄉᆞ루 ᄇᆡ기【24】더라 그 ᄇᆡ

화약이 터지면서 불끌엄지 두루 튀여 홋터져 여러 빅 연쇼(燃燒)홈이 더욱 쟝(壯)터라

노를 급히 져어 회션허더니 쏘 한 빅가 터지니 격동흔 물결 산썹이처럼 쫏차 덥쳐 빅를 업치갯는지라 정신 차려 둘너보니 응천의 빅간 데 업스니 시황이 쒸여 가로딕 응텬이 죽어다 ᄒ고 힘을 다ᄒ야 쌜니 져어 사오 리 동안 되믹 파도가 져으기 정ᄒ는지라 적둔을 바라보니 산쌩갓튼 불쏫치 벌녀 퍼졋고 구룸갓튼 연긔는 겻트로 쌤고 우흐로 솟스며 놉푼 하날에는 흑운이 일짜로 빗겟더라 진에 도라오니 날이 져물더라

신공이 션도히 붓들고 썰러 가로딕 살라오는냐 살라오【25】는냐 화약 터지는 쇼릭 드런 지 냥구ᄒ여 적파가 모라닥쳐셔 큰 빅는 돗딕 기울리고 져근 빅는 물 드러 송구ᄒ엿스니 화약 터진 근쳐야 불언가상(不言可想)인즉 너 반드시 죽엇다 ᄒ얏노라 응천은 어딕 잇나냐 대왈 죽어너이다 셔로 대ᄒ야 슬퍼ᄒ더니 식경만에 응텬이 니르니 바야흐로 급히 회션홀 졔 향방을 일허 하류(下流)편으로 관혁몃 솔 밧탕을 더나려 가다가 올너오랴니 더듸엇노라 삼인이 비희ᄒ여 말ᄒ되 죽지 아니키는 돗대 업는 쇼션 타기와 지남침 가진 데 잇스니 만일 돗딕 셧드면 기우러질 졔 살아쌘너냐 지남침 안닐넌달 갈썩 향방 거슬녀 밤 【26】젼에 왓개너냐 이 두 가지 실수ᄒ얏든달 이 시각에 물즘싱의 복즁에 드럿스리니 인싱의 일이 엇지 긔ᄒ지 아니리요 돗딕는 아니 가지기로 사랏고 반침(盤針)은 가지기로 사랏스며 한 가루 부쇠블을 쓰고 아니씀에 이 편 빅만 인명 싱사와 져편 빅만 인명 사싱이 달녓스니 이것슨 오히려 형용이 잇거니와 형용도 업는 것 엇지 무셥지 안흐리요

익일 아참에 청원슈 제국 장졸 더불고 방포명고ᄒ야 적 둔쳐를 가

본즉 만수몽츙(萬艘艨艟)이 변ᄒᆞ여 일대부벌(一帶桴筏)이 되엿ᄂᆞᆫᄃᆡ 왕〻히 허러진 담과 무너진 벽이 죵횡(縱橫)허여 회탄(灰炭) 우에 드러나쓰니 ᄇᆡ쪈 덜 탄 겔너라 져즌 연긔와 쇠잔ᄒᆞᆫ 불ᄭᅩᆺ시 오히려 【27】남아 쉬지 아니코 예악(穢惡)ᄒᆞᆫ 독취 훈증ᄒᆞᆫ 열긔ᄅᆞᆯ 갓차이 못 ᄒᆞᆯ지라 각〻 진으로 도라와ᄶᅥ니 제국 장수 즉시 다 우리 션듕에 일제히 와셔 우리 장슈을 둘너 읍(揖)ᄒᆞ고 통관을 인(因)ᄒᆞ야 치샤(致謝)ᄒᆞ야 가로ᄃᆡ 화공 긔칙이 쟝군에 나고 토멸 대공이 쟝군에 잇스니 이ᄂᆞᆫ 자못 하날이 쟝군을 쥬서셔 제국 만인의 명을 살녀기셧다 아쟝이 사례ᄒᆞ야 가로ᄃᆡ 하날 신령과 원슈 복녁을 힘닙어 흉취를 쇼탕ᄒᆞ얏고 ᄯᅩ한 오직 제위(諸位) 장군의 정셩 쇼감이라 외람ᄒᆞᆫ 쟝허(奬詡)ᄅᆞᆯ 황괴ᄒᆞ야 감히 당치 못ᄒᆞ갯노라

원슈 군졸을 녕ᄒᆞ야 셤으로 드러가 젼망ᄒᆞᆫ 죽엄을 돌녀오고 남은 젹을 뒤져 잡아 뭇지르니라 젹이 다 신장이 십 쳑【28】이요

두면(頭面)이 크기가 마면(馬面)갓고 흰 눈에 거문 안졍이요 털이 불 ᄭᅬ자르며 의복은 청흑ᄉᆡᆨ이요 군긔ᄂᆞᆫ 대소 화포 쟝챵이요 궁시는 업고 춍을 노흐ᄆᆡ 화승 아니 쓰고 수만호 죠각을 화문에 동여 방아쇠 통긔여 발ᄒᆞ니 심히 편리ᄒᆞ더라 ᄇᆡ는 청젼션(淸戰船)이여셔 쟝광고(長廣高)가 사오 분에 일이 분 더ᄒᆞ고 션ᄂᆡ에 화피(樺皮) 닙피고 ᄆᆡ션에 큰 방 두 간식 ᄭᅮ미고 나물밧과 즘ᄉᆡᆼ울이와 긔틀방아와 박휘 ᄭᅮ며 절노 도ᄂᆞᆫ ᄆᆡ등속이 다 가추와스니 삼개국인(三介國人)이 자세히 젼ᄒᆞ더라 대져 강약을 교량ᄒᆞᆯ진ᄃᆡ 이번 모인 군샤로ᄂᆞᆫ 진실노 가히 대적 못ᄒᆞᆯ지라 만일 화공 아닐넌ᄃᆞᆯ 팔국 쟝사 다 흑【29】농강 어복에 쟝사ᄒᆞ얏슬너라

어시에 군졸 죽엄의 찬 명ᄑᆡ(名牌)로 아병(我兵) 구십팔 인 시(屍)를 웃드니 젼에 별치(別置)ᄒᆞ얏쓴 아홉 죽엄과 합ᄒᆞ니 일ᄇᆡᆨ칠 인이

된지라 춍녹(總錄)에 타졈(打點)ᄒᆞᆫ 후에 귀록(鬼錄)을 다시 뎡셔(正書)ᄒᆞ고 ᄯᅩ다시 나무로 명ᄑᆡ ᄆᆡᆫ드러 각〻 ᄎᆡ우고 다 무명지(無名指) 하나를 ᄭᅳᆫ어 그 본ᄃᆡ 찻든 명ᄑᆡ에 동여노코 군듕 음식을 합ᄒᆞ야 베풀고 신공이 귀록을 손으로 펴 들려 일ᄇᆡᆨ칠 인 셩명을 불너 합고왈(合告曰) 네 혼(魂)과 네 ᄇᆡᆨ(魄)이 이 명ᄑᆡ(名牌)와 이 지골(指骨)에 의탁ᄒᆞ야 날과 갓치 나라에 도라가셔 각〻 갈 바으로 가라 고(告)ᄒᆞ야 맛츠고 드듸여 대곡(大哭)헌ᄃᆡ 군듕이 다 울더라 이에 죽엄을 도듕(島中)에 뭇고 졀지(切指) 명ᄑᆡ(名牌)를 ᄒᆞᆫ 궤에 너허 봉ᄒᆞ고【30】젼님과 가졋든 졔구를 다 표ᄒᆞ야 치듕에 두니라 칠쳐(七處) 군인은 다 죽엄을 불질너 ᄲᆡ를 기져 건ᄃᆡ에 니혀 가너라

칠월 십일에 원수 셤에셔 황뎨ᄭᅦ 쳡셔(捷書)을 올니고 드디여 발션ᄒᆞ야 물을 거슬려 ᄯᅥ나니 졔쳐 장사 실닌 ᄇᆡ 다 뒤에 죠찻더라 남텬을 바라보니 창파가 하날에 졉헌지라 아인이 슬픈 감회 이긔지 못ᄒᆞ야 관예(官隷) 슈ᄇᆡ로 혹 져도 불니며 혹 ᄒᆡ금도 켜이니 원수 듯고 졔장더러 뭇되 가취가 어ᄂᆡ ᄇᆡᆫ고 대왈 죠션 쟝션이니이다 원수 대희ᄒᆞ야 부슈(副帥)를 불러 아션으로 올나 안즈며 일변 쥬식을 분부ᄒᆞ니 이ᄯᆡ 마음에 사랑홉기가 ᄂᆡ 샹관이나 다름업써【31】라 시황이 젼포(戰袍)을 벗고 이러나 츔츄어 승젼곡을 노ᄅᆡᄒᆞ고 니어셔 여민낙을 주ᄒᆞ니 청한(淸漢)인이 무릅흘 두다려 들르ᄆᆡ ᄐᆡ평안락 음악에 곡졀 몰루건마는 다만 흠션ᄒᆞ여 져의 신세 셜웟썬지 모도 타루ᄒᆞ다가 ᄯᅩ한 다 이러나 츔추니 원부수 셔로 도라보아 가로ᄃᆡ ᄌᆡ예(才藝)와 긔개(氣槩)가 심히 범상치 안흐니 우리 잡아 두세 ᄒᆞ니 괘씸터라

쥬힝(舟行) 열사흘 되자 닙이일에 비로소 뭇에 올르니 차이젼(此以前)은 다 흑농강일너라 팔월 오일에 송가라강에 니르니 우리 사람이 둔취ᄒᆞ얏다가 닷토와 달녀드러 ᄲᅢᆷ을 부뷔며 슬퍼셔 통곡ᄒᆞ는

자 잇더라 이ᄯᆡ 우리 군냥이 졀핍ᄒᆞ여 쳥나【32】라 쟝수의게 쳥대ᄒᆞ니라 이십일에 몽고에 니르니 근지(近地)에 부젼(赴戰)ᄒᆞ얏ᄯᅳᆫ 군졸의 집 가속이 닷토와 주식을 가져 아쟝ᄭᅦ 드려 가로ᄃᆡ 우리 부형냥인 ᄉᆡᆼ환ᄒᆞᆷ이 쟝군의 주신 바이라 야양은덕(爺孃恩德)을 결쵸(結草)로 갑지 못ᄒᆞ갯노라 ᄒᆞ더라 구월 십칠일에 녕고탑 니르니 원수 머물너 회칙(回勅) 기다련 지 여듸ᄅᆡ예 ᄎᆡᆨ셔 ᄂᆡ리니 일이 아국에 관셥ᄒᆞᆷ은 쟝사을 호궤호송허란 말과 ᄉᆡ인 군냥은 탕감ᄒᆞ란 말일너라 원수 농골대 부수 부골대 각〻 상이 ᄎᆡ증(彩繒) 이십 필 션자(扇子) 오 병 쟝도(裝刀) 삼 병 수랑(繡囊) 이 개식 일너라

원수자(者)ᄂᆞᆫ 병자셰에 년십구(年十九) 동ᄂᆡ(東來)ᄒᆞᆫ 자(者)일너라 이ᄯᆡ예 녕고탑 부도통(副都統) 벼슬일너라 원수 군듕【33】에 잇스뫼 긔률이 심히 엄숙ᄒᆞ더니 토평 준사(竣事)ᄒᆞᆫ 후는 관후낙이(寬厚樂易)ᄒᆞ며 아쟝의게 특별히 관곡ᄒᆞ더라 하로ᄂᆞᆫ 시황더러 일너 가로ᄃᆡ 여긔셔 ᄂᆡ 집 가기가 십 니라 바라노니 날을 가릇쳐 한 번 차즈라 시황이 허락ᄒᆞ고 날 밋쳐 신공의게 고ᄒᆞ고 가니 원수 집 문에 나와 영졉ᄒᆞ니 제ᄐᆡᆨ이 장녀ᄒᆞ고 포진ᄇᆡ셜이 심히 화치ᄒᆞ더라 원수 두 아달을 보이니 나히 계우 십삼 십일일너라 원수 시비(侍婢)ᄅᆞᆯ 눈으로 지휘ᄒᆞᆫᄃᆡ 시비 물너가더라 원수 왈 가권(家眷)이 쟝군을 뵈압고쟈ᄒᆞᆷ이 날이 잇셔너니라 이시ᄒᆞ여 환ᄑᆡ(環佩) 소ᄅᆡ 낭〻ᄒᆞ고 시비가 셰 부인을 젼도(前導)ᄒᆞ야 니르니 시황이 돗틀 폐ᄒᆞ야 북향ᄒᆞ【34】야 서ᄆᆡ 일부는 나히 사십지음 되고 이부는 다 이십 셰 젼후일너라 다 용모가 단쟝(端莊)ᄒᆞ고 주취(朱翠) 현황(炫煌)ᄒᆞ더라 삼부 다 시황의게 졀ᄒᆞ니 시황이 답ᄇᆡᄒᆞᆫᄃᆡ 삼부 다 시황의게 향ᄒᆞ야 말이 잇스니 아라 듯지 못ᄒᆞ나 응당 ᄯᅩ한 그 말이 야양은덕(爺孃恩德) 가튼 사연이리라 삼부 좌ᄒᆞ니 시황이 역좌ᄒᆞ야 이시에 셩비ᄒᆞᆫ 음식을 압헤 베

푸니 시황이 져(箸)을 드러 쌍수로 잡아 읍(揖)ᄒᆞ듯 ᄒᆞ야 가로ᄃᆡ 셩찬을 실어 도라가 상관를 더부러 영광을 한가지 ᄒᆞ야지이다 원수 왈 임의 별노히 갓초아 보ᄂᆡ얏노라 엇시에 시황이 냑간 먹는 모양 ᄒᆞ고 물녀 죵자 쥬어 가로ᄃᆡ 도라가 사졸과 한가지 ᄒᆞ【35】게 허라 ᄒᆞ고 차 마신 담에 고퇴(告退)ᄒᆞᆫᄃᆡ 삼부 찻든 향낭(香囊)ᄋᆞᆯ 글너 아달노 ᄒᆞ여곰 ᄉᆞ려 드리니 시황이 밧아 졀ᄒᆞᆫᄃᆡ 삼부 답ᄇᆡᄒᆞ니 드듸여 셔로 진즁(珍重)ᄒᆞᆷ을 축슈ᄒᆞ야 작별ᄒᆞ다

십일월 십일에 호군ᄋᆞᆯ 셩히 ᄒᆞ고 원슈 별노히 쥰합(樽榼)을 가져 숑별ᄒᆞ고 신ᄇᆡ(申裵) 이쟝ᄋᆞᆯ 다 ᄇᆡᆨ금 십냥 호ᄇᆡᆨ구 일녕으로 신힝ᄒᆞ더라 십오일에 아쟝(我將)이 나라에 나션 토평ᄒᆞ고 환군ᄒᆞ압ᄂᆞᆫ 연유로 장개 슈뎡ᄒᆞ야 군관 오인을 뎡ᄒᆞ야 쥬마 발숑ᄒᆞ니라 이 날에 신공이 통음 대취ᄒᆞ여 곡일장(哭一場) 쇼일장(笑一場) 무일장(舞一場)ᄒᆞ더니 시황더러 일너 가로ᄃᆡ 하날이 엇지ᄒᆞ여 동토 사람으로 ᄒᆞ여곰 졍셩ᄋᆡᄃᆡ(精誠愛戴)ᄒᆞ는 데ᄂᆞᆫ 효듕 못ᄒᆞ고 핍박구ᄎᆡᆨ(逼迫驅策)ᄒᆞ는 데ᄂᆞᆫ 듕ᄋᆞᆯ 이【36】러틋 편벽되뇨 돌녀 ᄉᆡᆼ각ᄒᆞ니 ᄌᆡ텬ᄒᆞ신 고황뎨게셔 져 사사업ᄂᆞᆫ 하날과 가트셧스니 ᄉᆡᆼ녕권고(生靈眷顧ᄒᆞ시ᄂᆞᆫ 마음이 나라 기실 ᄶᅦᄂᆞ 다름 업스시리라 나션이 치ᄂᆞᆫ 데 청나라이 징병ᄒᆞ야 합녁ᄒᆞᆷ을 바다슬 다름이요 젼공ᄎᆡᆨ셩(全功責成) 업셧는데 우리 손에 쵸멸(剿滅)되여스니 이 엇지 심샹ᄒᆞᆫ 일이리요 나션을 이번에 멸치 못ᄒᆞ드면 청나라의 징병을 ᄯᅩ 당ᄒᆞ리니 아국은 무슨 운슈며 듕원 유려(遺黎)의 ᄋᆡᆨ회ᄂᆞᆫ 엇ᄶᅥᄒᆞ갯너노 합병(合兵)ᄒᆞ든 쳐음에 장슈와 군사을 분치(分置)ᄒᆞ든 일과 황뎨의 급칙(急勑) 나려 개부(介夫) 왈개(曰介)의 향ᄇᆡ(向背) 살픠라든 일과 토평 후에 졔국 사녀(士女)의 환텬희지ᄒᆞᄂᆞᆫ 모양으로 볼진ᄃᆡᆫ 청인의 계엄(戒嚴)【37】ᄒᆞᄂᆞᆫ 바와 각국의 진공(震恐)ᄒᆞᄂᆞᆫ 바를 가히 알지라 일

노 말ᄒᆞᆯ진ᄃᆡᆫ 우리 일을 비록 일으되 대명 조종(祖宗)에 보답(報答)이라 ᄒᆞ야도 가ᄒᆞ니라

북경이 통관 이인 갑군 이십 인을 차뎡ᄒᆞ야 호숑ᄒᆞ더라 십팔일에 녕고탑에셔 니발ᄒᆞ야 십이월 십오일에 도라와 두만강에 니르니 어름이 늑지 갓더라 남안(南岸)을 바라보니 셩 우희 사람이 총〻ᄒᆞ엿고 호망(呼望)ᄒᆞᄂᆞᆫ 나발 쇼ᄅᆡ 드르니 반가온 마음 지향 못ᄒᆞ여 인ᄒᆞ여 텬하에 반가운 정경이 ᄉᆡᆼ각키는지라 년젼 강진(康津) 갓슬 ᄢᆡ에 표풍ᄒᆞ엿든 사람의게 들으니 즉금 명 텬자게셔 영녁(永曆) 황뎨시라 ᄒᆞᄂᆞᆫ데 튱신렬사 구룸쳐럼 못취여셔 구혈통곡(嘔血痛哭)ᄒᆞ야 못ᄂᆡ 일 경영이 업스ᄆᆡ 심지어(甚至於) 【38】작쳑ᄒᆞᆫ 일본국에 원병(援兵) 쳥ᄒᆞᆯ 의논이 잇다 ᄒᆞ니 슈은망극ᄒᆞᆫ 우리 죠션이 쳥나라 징병 되여 조대슈(祖大壽) 진을 함몰ᄒᆞᆷ으로 징병 ᄉᆡᆼ의 업스신가 즉금에도 셩쥬 포수 니사룡(李士龍) 한둘ᄲᅮᆫ 아니언마는 만일 남듕(南中)이 쥬사(舟師)를 불으시면 죠정이 필연코 우러 보닐 다름이니 그 일 더욱 셜ᄯᅩ다 어ᄂᆡ 날에 연경 환도(還都) 되실ᄭᅩ 한창 늣기더니 부지불각에 하마포를 무지ᄒᆞ게 귀겻테 노흐ᄆᆡ ᄭᅡᆷ짝 놀나 ᄯᅥ러질제 얼는 붓드러 등대ᄒᆞ엿든 남여에 안치니 한 ᄭᅮᆷ과 갓더라 여러 군악을 일시에 합쥬(合奏)ᄒᆞ야 마즈니 쇼ᄅᆡ 굉장ᄒᆞᆷ이 헌원씨 동졍악이 아마도 이럿튼 듯ᄒᆞ더라 모라 셩문 드러 문루 올으니 늑진 슈령 변장이 다 모이여 기다

金英哲傳 조원경본

【1】金英哲, 永柔縣人也. 曾祖玉漢登武科. 祖永可有弟曰永和, 亦中武科. 永可有一子曰汝灌. 汝灌有一子卽英哲. 自少好馳馬彎弓, 名屬縣武學. 生年二十未娶. 萬曆戊午, 天子怒奴酋數寇邊, 遣楊經略劉提督喬遊擊等, 大發兵將, 攻滅建州衛, 徵兵朝鮮, 姜弘立爲都元帥, 金景瑞爲副元帥, 選卒三萬以行. 而永柔縣令李惟吉, 以左營千摠, 領縣兵, 會元帥.

英哲與永和, 皆當行. 出軍之日, 永可謂永和曰: "今吾弟吾孫, 同赴死地, 我只有此孫英哲, 不歸則吾後嗣絶矣." 於是, 父子兄弟, 相與泣別. 英哲曰: "人皆言: '滅虜在此行.' 倘不幸王師失□, 死自吾分. 如或無死見俘, 當百計得歸, 再見大父與父母, 不亦樂乎? 幸勿傷懷."

八月, 我兵皆集昌城, 而中原士馬聚於遼瀋, 將以季秋孟冬, 屠虜巢穴. 我兵二萬皆選精銳, 〻氣方盛, 莫不奮臂思鬪. 楊柳[劉]諸將, 以爲虜地早雪, 南方軍馬, 不能耐寒, 奏聞於朝, 願待【2】明春, 與朝鮮夾功[攻], 乃爲萬全. 以故我軍留昌城, 踰冬則積雪沒脛, 嚴風裂膚, 士馬疲困, 皆無鬪心. 而楊劉兵屯遼瀋者, 三十萬之師, 旣而不可用矣.

己未二月, 檄始至, 催兵. 主將下令: "父子俱在軍中者, 父歸. 兄弟俱在軍中者, 兄歸." 〻者亦多矣. 於是, 永和挈英哲手, 告軍前曰: "小人有兄而年旣老, 惟有此孫. 臨別, 以絶後爲念, 涕泣日夜. 小人與英哲, 亦一家同在軍中. 願歸英哲, 以慰老兄心." 主將不聽, 亦嘉其義.

我軍與楊劉兵, 爭道深入, 殺掠甚多. 二十五日, 兩軍會于景馬田. 都元帥副[都副元副帥]見楊經畧劉提督喬遊擊, 議猗角進功[攻]. 時左營將宣川郡守金應河, 以所領兵五千, 爲前鋒. 永柔兵屬左營, 故永和英哲俱隷焉.

三月二日兵至牛毛嶺. 四日平明, 天兵啓行, 亦以猗角行. 奴酋悉精兵數萬, 遣長子貴盈哥, 先破楊劉兵盡殲, 而□攻我軍, 左營金應河拒戰, 呼大軍急援. 都元帥姜弘立, 以兵列陣山上, 揮【3】左營, 陣于山下, 擁兵不救. 副元帥金景瑞, 馳馬獨進, 觀戰狀還, 謂主將曰: "虜兵與大軍, 相持日久, 今已破天兵矣, 心懈力疲, 抱鞍眠而墜馬者, 多矣. 急進大兵, 援左營, 破虜必矣." 弘立招景瑞, 下馬出示錦囊中密旨. 此弘立辭行時, 廢主手書, 密授弘立者. 書言: 我與虜, 未嘗構釁. 今從天兵, 得破滅虜, 大善. 或不利, 宜見幾, 勿輕動. 景瑞見書, 色沮不敢復請. 從事官李民渙及諸將, 亦皆喪氣, 莫敢出一言也.

應河奮力[身]血戰, 士卒無一人走散, 自晝至晩, 主客相搏, 聲震天地, 勢崩雷電. 奴酋次子大呼, 單騎衝陣, 爲應河所射死, 虜兵少却. 貴盈哥拔劍督戰, 三面攻圍. 千摠李惟吉李高秀等, 皆死. 應河見勢已去, 倚柳樹, 抽矢射之, 虜無不應弦而倒. 至弓折矢盡, 虜箭如雨. 應河多被瘡, 猶握劍, 死而瞋目立.

是時, 英哲矢中左臂, 永和亦重傷, 日暮登山, 投入元帥軍中, 左營五千兵, 僅百餘人. 弘立陰使通事河瑞國, 前一日見奴酋請和, 至初五日, 率師降虜. 奴酋滿住大喜, 厚遇弘立. ヽ出師之初, 選降倭三百餘人, 以爲帳前親兵. 至是, 言於滿住曰: "北朝與南朝, 不兩立. 如欲經營天下, 必用此【4】倭兵. 其人勇悍, 劍術無敵." 滿住大喜. 出令期以來日試倭人劍術. 諸倭聞令, 皆潛喜, 手磨刀, 私相謂曰: "吾三百人, 爲一心, 可當百. 先刺滿住, 次盡殲諸虜而後, 護吾將歸朝鮮, 誰敢追我?" 是夜謀泄. 滿住以計盡斬倭兵, 胡人之被殺於倭, 亦多. 擧國大驚, 又見朝鮮兵分屬虜將者, 皆有發憤歎息之形, 懼其爲變, 欲盡殺, 憚無名.

適嶺南一將官, 嘗斬一虜, 盛其首飯盂中裹而藏之, 當降時, 未及棄擲, 至是爲虜所覺, 獻之, 滿住大怒. 乃於二十四日, 盡聚朝鮮降卒, 擇衣冠華盛身手美好者四百餘人, 曰: "此則所謂兩班將官流也, 終不爲吾用." 驅出東門外, 盡坑殺之.

永和是日, 英哲亦在當斬中. 方驅出時, 忽一胡將執, 見滿住曰: "此人年少, 不應爲將官. 其容貌甚似我與蠻子戰亡弟, 願不殺, 畜于阿羅那." 滿住曰: "阿羅那弟, 力戰死敵, 我心憖惜也. 此人年貌, 實似爾弟, 爾善畜之." 又嘗以漢卒降者五人, 賞阿羅那戰功. 阿羅那此胡將名也. 携英哲歸其家, 丶人見英哲皆驚, 如見阿羅那戰亡弟也. 阿羅那所得漢降卒, 有田有年者, 本登州人, 狀貌最俊, 能識字, 有智【5】慮, 同輩敬之, 稱田百摠. 方是時, 虜與中國結怨, 戰殺不已, 故主胡待漢卒薄, 而遇英哲獨厚者, 以貌如亡弟故也. 非獨主胡然, 擧家皆然.

英哲旣被拘虜中, 思念父母, 每夜涕泣, 降漢五人, 亦相與對泣. 初時, 語音各異, 不通彼此之情, 同處半年, 稍復相親, 亦能通言語. 其年八月, 英哲乘夜逃走, 由山谷向昌城, 爲主胡追及, 刖其左跟. 明年庚申四月, 再逃再被擒, 刖右跟. 時虜治降人逃者, 罪如此, 至三而後, 乃殺. 於是, 阿羅那責數英哲曰: "去年八月, 汝當斬, 而所以不死者, 由憐汝年貌似吾亡弟, 請赦汝刑畜于家. 待汝之厚, 與蠻子異, 汝今再逃何也? 後更如此, 法必殺, 我不敢私." 英哲謝曰: "懷土慕親, 人情所同. 況我在家未娶, 今流落異國, 此爲縱得不死, 復有何樂乎? 人生一死, 固所不免, 是以, 不知畏死, 背主人活我恩, 至再逃." 阿羅那動色, 憐其意, 顧謂其妻曰: "男子好色, 天下同然, 此人敢逃, 實非背恩. 年過二十, 獨無情乎?" 乃指其亡弟妻曰: "與此人爲妻, 我雖從戰, 留此人幹家事, 好矣. 且此人頗有弓馬之勇, 我或有故, 則代我從軍, 可也." 其妻熟視英哲, 徐應曰: "是合吾意. 吾視此人, 正似亡叔, 常有此意, 而未發也." 蓋阿羅那妻與【6】弟婦, 本姊妹, 而爲兄弟妻. 弟死而妻未去. 二女容色俱美. 英哲辛苦數月, 跟瘡已痊, 其疾走所跛. 阿羅那恨之, 然胡性本直, 不負前言, 竟以弟妻ㄟ之, 待之盖厚. 是時, 英哲年二十有二, 胡女年二十四. 田有年輩朝鮮降人在此者, 大羨英哲.

明年辛酉, 奴酋攻陷遼瀋, 移都瀋陽. 阿羅那率妻子隨往, 而留英哲於建州田業, 爲治農事, 時相與往來. 是歲, 英哲胡婦生子, 名之曰得北. 癸亥又生子, 名得建. 妻常語英哲曰: "子卽朝鮮人, 我卽女眞女也. 各生異國, 得爲夫婦, 生此二子, 實有天緣. 然聞子有父母, 有棄我思歸之心乎?" 英哲曰: "前者再逃, 非專欲見父母, 實欲娶妻. 今蒙主人厚恩, 不惟免死, 至以汝爲妻, 生此二子, 天也. 豈敢違天而背恩乎?" 妻曰: "女眞稱高麗人爲率巧[胡名鼠狼爲率巧也], 以多詐也. 子言寧可信也?" 且罵且笑. 英哲亦笑而不答.

乙丑五月, 英哲至瀋陽, 見主胡. ㄟ曰: "何來遲?" 英哲謝多事. 及告歸, 主胡與之戰馬三匹, 及令田有年等二人同往, 牧馬於建州江邊. 曰: "善養戰馬, 待馬肥天寒, 攻寧遠衛, 其時, 汝亦從戰." 又陰謂英哲曰: "吾【7】與若, 今爲一家, 義同兄弟, 信之不疑, 而蠻子未有妻子於吾地, 汝日夜同處, 宜察其情, 無令盜馬而走." 英哲曰: "我在彼, 何敢逃?" 其時, 瀋陽胡人遣人牧馬於此江邊者, 亦多. 英哲與有年等, 還建州. 妻問其事, 詳道主人之語. 妻乃愕然失色曰: "妾本薄命, 前日, 夫年少戰亡, 今又將赴戰場, 豈非妾之不幸也?" 英哲亦爲之悽然. 英哲與有年等, 具資粮, 牧馬江邊, 與他牧馬者七人, 同起居, 皆漢降人, 爲奴于胡者也.

八月十五日, 英哲還其家, 妻大具酒食, 同飮樂. 又分遺其餘, 使返牧馬處, 與同輩共之. 送之出門曰: "與子居此, 不見一日, 猶不能忘, 馬今肥澤, 天寒不遠. 子將赴戰, 生還未定, 妾何以堪? 子所携酒饌, 是妾盡心供具. 今夕月明, 與同苦人, 痛飮共醉, 可矣. 但此非遠別, 妾心悲傷, 不能定情, 須異於曩時, 不知何故." 如此泣下如雨, 英哲亦不覺淚下. 因別去.

是夕, 返于牧馬處, 同輩九人, 望其來, 久矣. 見携酒饋至, 皆大喜稱謝. 相與賞月, 飮酒爲樂. 醉則放歌, 田有年歎息曰: "今夜此月, 應照吾父母妻子. ヽヽ此時亦念我存沒, 【8】向月悲痛, 彼此必同." 於是, 坐中皆痛哭. 有年又曰: "若金英哲者, 雖其父母在東, 此地旣有妻子, 思歸一念, 必與吾輩九人, 異矣." 英哲亦歎曰: "首丘之心, 在狐亦然, 吾豈顧戀妻子之故, 而懷土慕親, 視公等, 獨輕乎? 生還故國, 一見父母, 雖死之日, 猶生之年. 但以再逃被獲, 幸不死耳. 若又逃而見獲, 明知必死, 是故不敢也." 有年曰: "自遼瀋陷虜之後, 陸路雖絶, 東方朝貢之使, 泛海泊登州, 以趨帝都. 從吾計, 與我同至登, 則欲歸故國, 必得其便矣." 英哲笑曰: "子之計, 難矣哉! 遼瀋不可飛越, 安能至登州乎?" 有年曰: "不然. 自吾從征, 慣聞胡地山川道路經由. 又嘗觀輿地圖誌, 朔漠形勢, 如在目中. 過此江, 沿江西北, 行數百里, 乃沙漠無人地. 又向西, 行數百里, 已背遼瀋矣. 又西南行, 可以至寧遠, 此地乃中國屯守處. 旣達寧遠, 各得歸其鄕土, 可不論矣. 吾所養馬, 一日一夜, 且行千里, 不過四五日, 能至矣." 於是, 同輩皆慨然曰: "田百摠之計, 善矣. 吾輩從此言. 出百死得一生, 天也, 不【9】幸死於道路, 亦天也. 願決計, 勿復疑!" 英哲曰: "子九人, 賴天幸歸故國, 可以見父母妻子. 我雖幸以得登州, 回望故國, 滄波萬里, 此計薄不如在此地, 守此妻子也." 有年曰: "子言亦是. 我爲子, 願陳一片悃誠. 我有二妹, 長者年今十八, 少者年十六, 皆有容色, 工針繡. 我今與子同歸故鄕, 長妹未婚, 妻以長妹. 已嫁, 以少妹歸君. 若皆有故, 可且寄留吾家, 以俟朝鮮往來使船, 附之以歸. 二者, 當不失一. 謂我不信, 有此皎月." 同輩皆曰: "苟如此, 兩人酌酒, 向月同盟, 可也." 英哲念其妻朝日分手之語, 心甚不忍, 又思: '不從九人, 則殺我必矣.' 乃應曰: "諾." 有年大悅. 嚙指出血, 和酒對飮, 拜月定盟曰: "今夜之盟, 後日違約, 靑天有月, 明神必殛." 其餘八人, 亦共叅拜爲證.

於是, 十人皆持五日粮, 一時上馬. 時夜將半, 月光如晝, 潛魚或躍江中. 過江灘, 向北直馳, 黎明. 至一處, 前有江灘, 所未經涉, 不知淺深. 亂流爭渡, 爲守者所覺. 叫呼逐之, 諸騎大【10】駭, 不擇所向, 一擁滾入江中. 水深, 人馬俱沒. 六騎擧岸得出, 三騎人與馬俱沒於水, 一騎, 人死而馬獨登陸, 隨群馬來矣. 於是, 六騎又疾馳百餘里, 則月落西天, 日出東嶺, 登高以望見, 野多部落, 路有行人. 急避入大林中, 皆下馬, 縱馬齕草. 先在江中, 遺下炊器, 所持粮, 失亡亦多. 六人相持以泣, 旣哀死者, 又自念求生之無地, 齊跪祝天曰: "天乎, ㆍ, 活我! ㆍ!" 飢甚, 嚼乾米飮水, 終日對泣而已. 候月出, 又疾馳數百餘里. 明朝視之, 乃沙漠地, 遠近無人, 心稍安. 然飢困頗甚, 不能馳驅, 相顧信馬徐行. 日將午, 偶出古戰場, 得一破鏜[鐺]. 六人大喜, 磨沙土, 炊飯共飽. 有年曰: "今日得此器炊食, 或者天意欲生我也. 吾輩必得好歸." 然所持粮只餘數升, 同輩憂之. 有年曰: "毋憂也. 有一事, 徐與公等計之." 又馳一日一夜, 及天明. 有年遠望謂同輩曰: "已背遼瀋矣. 吾行適向西南矣." 同輩問有年曰: "今餘粮, 才一炊而已. 昨日君言有一事者, 何謂也?" 有年曰: "向一馬隨至於此, 念之可哀, 然當急時, 寧不忍於馬, 而人不免死乎?" 五人曰: "諾."【11】乃殺是馬, 先以祭天, 烹之, 分其肉, 各縛置馬後, 有年曰: "從今惟以一握米, 同肉嚼呑, 充飢. 但期無死胡地, 得至邊境, 可矣."

又馳二日夜, 有年望見烟火曰: "寧遠在彼." 五人皆服曰: "田百摠初計, 果不謬矣." 馳至邊障下, 守障卒望見, 以爲胡騎犯境, 卽擧烽, 列陣以待. 於是, 六人按轡徐行, 邊兵列陣, 來鼓角馳圍之. 六人皆下馬羅拜曰: "我是走回華人, 勿殺." 邊兵以斬虜請功爲意, 不肯聽, 將就斫殺之. 同行一人, 適見其兄在軍中號令, 急呼曰: "兄! 救我, ㆍㆍㆍ!" 其人大驚視之, 乃其弟之昔年從軍建州役而不還者. 乃皆不殺, 執詣寧遠軍前. 於是, 主將馳奏其事, 又聞胡兵冬必犯邊, 爲奏以聞曰: "此走回六人, 久在虜中, 深知虜情, 且勿聽歸, 以便詢防邊事, 從之." 於是, 六人皆編行伍, 厚賜衣粮軍裝. 至冬, 虜兵果犯寧遠, 城中先有備, 以故虜不得志, 至春, 解圍去.

有年等六人, 日ㆍ悲訴言: "吾輩在虜多年, 思慕故國, 相與乘時逃歸, 犯萬死以至此【12】者, 本欲一見父母妻子也. 今留此, 不得還歸故土, 父母妻子之阻隔, 與在虜無異." 邊將以狀聞之, 朝廷聽. 六人皆詣京, 備問虜情, 又各詢鄕里父母姓名. 方許歸, 而皆令其郡邑復除. 獨金英哲乃朝鮮人, 問將欲何歸. 英哲對言: "與此五人, 同一死生, 無異骨肉. 其中田有年, 在虜時, 與之同居, 約爲兄弟, 願從有年歸." 諸公爲之動色曰: "此義人也. 此土亦非故國, 乃棄其妻子背胡地, 與其徒同死生, 以來此, 非其心向慕中國, 能如是乎?" 乃聽與有年同歸, 而具其事以聞. 令登州, 賜之衣粮田宅, 又許娶良家女爲妻, 所經道路, 皆供饋人馬. 行過住宿之處, 觀者塡咽.

及英哲與有年同歸登州, 田乃登之大族. 有年父母兄弟及親戚故舊, 聞其生還, 遠近相告, 奔走而迎于道, 相與抱持, 痛哭嗚咽, 不能言. 傍人亦皆流涕. 旣詢所以得還之由, 然後詣[指]英哲問曰: "此又何如人也?" 有年言: "此不是中國人, 乃朝鮮人, 姓名金英哲. 自己未降虜之初, 吾與【13】此人, 同在一胡將家, 爲其奴. 此人嘗再逃而再獲, 今又與吾同逃, 隨至此云." 其家大驚, 以爲實天作兄弟也, 與英哲相携以歸.

於是, 本州遵朝命, 先給英哲衣粮, 且贈以白金, 謂有年曰: "以所賜金一半, 爲英哲買宅舍, 以其一半, 爲求良家女. 然後來告于州, 本州又當回奏." 於是, 田氏親戚及遠近相知, 乃携酒食, 日ㆍ來問. 來客先問有年, 次訪英哲鄕里與父母妻子有無. 英哲與有年等, 年久同處, 又在寧遠半年, 能習華語, 應對無失, 聞者皆喜勸酒, 益殷勤.

英哲見有年二妹, 其長已嫁, 少猶未笄, 貌美而貞信著色, 不虛有年所言. 英哲潛喜, 常察其擧止言語, 女與父母, 未知覺也. 時田氏父母, 視英哲如子, 其二妹, 亦待之如兄, 未有內外之阻. 一日, 英哲謂有年曰:

"公等得歸, 皆有父母妻子之樂, 我獨流落在此, 故國杳然, 鯨波萬里, 不能飛越, 奈如之何?" 有年曰: "子之意, 我知之矣. 去年江頭向月之盟, 天知月知, 其夜之月, 尙明今夜. 我固不敢頃刻忘, 但新歸忽卒, 未可以發耳. 吾豈棄盟負心者? 長妹雖嫁, 少妹未笄, 此實天意."

乃與英哲共出金, 大具酒食, 以三月十五日, 請【14】族人故舊, 內外分坐, 飮宴終日. 有年·英哲, 並進獻觴, 對舞爲壽. 于時, 花香滿室, 月光入扉. 樂極哀來, 歡盡悲生. 有年對英哲, 備說虜中辛苦之狀, 相視泣下. 坐中莫不停盃流涕. 有年乃離席斂衽曰: "父母在上, 兄弟姊妹在前, 願進一言, 而不敢也." 父母曰: "在此坐者, 無非骨肉至親, 汝有何事而難言也?" 有年對曰: "去年仲秋, 同謀逃歸, 兒與英哲, 歃血指月爲盟. 今夜, 月如去年之明, 前言猶在, 兒獨未之踐也. 父母同胞能許我, 則幸矣. 不然, 兒終爲欺天負心之人, 何面目立於世乎?" 父母又曰: "何事也? 第言之." 再三强之, 有年猶不肯言. 父母咢然曰: "咄〻, 吾兒! 無憚一言, 以釋汝父母疑." 坐中亦同然一辭. 於是, 有年乃指英哲, 具述其約以妹嫁之. 父母仰屋歎息, 徐謂曰: "送汝從軍, 天兵敗沒, 北望沙場, 日夜呼痛, 只料兒死, 不料兒生. 今見生還, 夢寐不及於此. 兒實再生之人, 而我見再生之子, 凡汝所欲, 豈忍違之? 況兒又有歃血之盟乎? 但吾女在此, 渠若不肯, 【15】奈何?"

於是, 父母顧女而問之. 女垂頭良久, 起而對曰: "父母之命, 雖死不可違, 況旣與人指月成誓, 孩兒不聽, 是將使兄食言而爲不義之人矣. 但聞此人在其國未娶, 及沒於胡, 而有婦有子. 夫婦之恩, 父子之愛, 人情之所難舍, 而今不難棄彼妻子而逃歸于此者, 意實非他, 將欲得便, 以歸故國也. 如使孩兒爲之室, 異日彼幸有故國之路, 棄此地妻子, 無異於棄胡地妻子, 又將如之何?" 言畢, 向壁而坐, 父母及有年不能復言. 坐中亦皆罷酒而散. 明日, 隣里聞此言, 皆曰: "有年不敢棄盟, 固不失信義. 其妹亦非凡人思慮所到也. 然英哲之娶於此地, 旣有朝命, 本州使有年行媒. 若有女之家, 或不肯焉, 縣官必督責有年. 有年旣有成言如此, 則必不敢更議他人." 以此, 知其事可諧矣.

有年謂英哲曰: "吾妹生長深閨, 當托昏高門, 行六禮, 以見舅姑, 此女子平生一大事. 非渠心, 是亦父母之心也. 子以異國人, 飄轉至此, 年非妙少, 貌亦憔悴, 四顧無親, 形影相吊. 若使吾妹, 以死自誓, 終不聽許, 雖父母兄弟, 誠難棄其志也. 【16】今此, 君所受賜於官百金, 騎來胡馬, 日行千里, 聞此州中軍, 欲以數百金得之, 鬻此馬, 亦足爲鄕里中人之產. 先以百金, 置家宅居, 備樵汲, 具器用, 治冠服, 則各入數十金, 亦可之矣. 乃更以百金, 具聘幣, 鄕里共稱譽而傾慕君, 妹亦不羞爲君之妻. 女兒家易悅, 而萬一爲意回也." 英哲曰: "善."

一如有年所敎然後, 有年請其鄕里長老爲人所信者, 爲之主婚, 行媒納幣. 家人又恐女決意不從, 凡粧奩之備, 亦盛於其姊. 有年亦以聘金, 多買綺繡金玉珍異之物, 燦爛華耀, 照人眼目. 父母親隣, 皆有喜氣, 而女亦畧釋羞色矣. 會本州召有年, 責其爲英哲娶婦得否. 有年具對以前後事, 州官亦大加稱歎, 以此還奏.

及親迎之日, 來觀者皆曰: "此月老結緣, 天作之合. 不然各自異國萬里外之人, 安能會合得成配匹乎?" 是夜, 女謂英哲曰: "君是朝鮮西土人, 妾乃中國齊東人也. 不謂今日合爲夫婦, 似眞非眞, 似夢似[非]夢." 又曰: "君之父母在東, 君之妻子在北, 今亦思故國之父母與胡地之妻子乎?" 英哲曰: "辭離父母, 今將十年, 此生再見, 已自[不可]望. 雖【17】決棄妻子, 去夷就華, 過日慈愛之情, 亦置度外. 今對新人, 何有思舊之心乎?" 女曰: "此言所以誑我也. 生我育我, 惟此父母而已, 人不可以易其恩. 妻妾行媒納幣, 天下之女, 皆可娶也. 君之棄胡地妻子, 似非得已. 若思故國父母, 發中心, 何日忘之乎? 異時脫有得歸之便, 又棄妾身必不難矣. 吾欲以死自誓不爲君之妻, 則雖吾父母, 不能奪吾志. 第念兄生還於萬死之餘, 同氣之情, 如見死人. 若堅執吾意,牢拒兄言, 在兄有食言負心之醜, 必爲終身餘恨, 反失生還之樂矣. 妾以是忍而不死, 甘爲君之妻. 君幸勿棄我, 幸勿負我." 英哲謝曰: "今吾二人, 實是三生之緣, 偕老百年, 有子有孫, 是心中至願也." 女曰: "能如此, 則幸矣." 相與昵枕, 意甚繾綣.

朝日, 女見父母, 含淚言曰: "女子旣嫁, 拜見舅姑, 此人倫大節. 人皆有此, 我獨無之." 父母愀然曰: "汝命如此, 無自傷也." 女曰: "聞府中有善畫工, 能爲人寫眞, 毫髮不差. 願請此人, 畫吾舅姑像, 日常奠謁, 其子在此, 父母容貌, 必能詳記." 父母許之, 使有年請致畫工. 英哲迎入, 陳弊[幣]物, 備言父母年貌及東方男女衣裳之制. 畫工留數日模寫, 再三改易而後, 乃成眞容, 宛如【18】戊午別時, 而差有老色也. 於是, 英哲迎婦歸家, 掛二像於東壁上, 具奠儀. 夫婦流涕, 焚香行拜, 觀者莫不歎息泣下, 稱其賢孝也. 旣而女謂英哲曰: "君於二親, 雖不獲親侍, 畫中之眞, 依然如在, 無以思慕傷神, 努力加飡." 英哲曰: "諾. 如子言."

英哲留登旣久, 登人大小宴飮, 必請有年英哲, 爲胡歌胡舞, 皆有所贈. 又令英哲, 爲東國歌舞, 加賜禮物. 婦女登樓而觀者, 多矣. 一日, 諸人大張宴飮, 俄有二客衣冠齊楚, 並轡而至. 會者奔走, 延之上坐, 環立不敢問事. 二客乃言曰: "近聞朝鮮人來此者, 能歌舞, 欲觀之." 英哲前拜俯伏. 客曰: "試爲我, 作東國歌舞, 可乎?" 英哲不敢辭, 跪歌起舞. 客曰: "舞節可見. 歌曲雖聞其聲, 不能通其意, 可爲我譯之." 英哲乃釋以華語. 二客執筆寫帋. 旣又曰: "短歌已聞之矣, 必有長歌, 亦爲我歌之." 乃爲歌關東關西等別曲. 客又傳寫如前, 大加稱賞曰: "古今長短歌曲, 見稱於世者多矣, 亦無踰東國之氣韻豪邁. 又其舞節次徐緩, 勝於中國之舞. 此人一軍伍耳, 況其善爲者乎? 恨不可以得見." 且問其流落之由. 留連【19】不覺至日暮, 各賜一疋帛而起. 是後, 貴人來訪者, 亦多. 英哲旣有官賜粮衣, 又每出必厭酒肉, 携錢帛而歸, 因是居計漸豊, 其妻亦喜. 至丁卯庚午, 生二男, 名得達得吉, 與田氏恩情轉密. 時節, 妻必具酒饌, 夫婦拜奠舅姑像, 常曰: "敎子孫, 永世如此也."

是年十月, 我進賀使抵登州, 去英哲所居十餘里. 英哲往至停泊處, 見都船主, 乃永柔釜蓋浦篙工李連生, 李同鄉相厚. 呼曰: "爾是李連生乎?" 連生驚曰: "汝爲何人, 能名呼我?" 英哲曰: "我永柔金英哲. 戊午從軍, 幸不死, 轉至於此." 連生熟視大驚, 相與執手號慟, 舟人皆驚. 良久, 英哲問其家人親屬存沒, 連生曰: "丁卯之亂, 汝父死於安州. 寇退, 而家人往求屍, 竟不得. 汝大父旣歸, 傷痛不已曰: '英哲不歸, 汝灌又死, 老身獨居, 不死何爲?' 盡鬻田庄, 禱神祈佛, 無所不爲, 祝曰: '英哲萬一不死, 願歸故土. 皇天有知, 能不哀我?' 家業旣敗, 無以自聊, 汝大父托食從子爾龍家, 爾母歸本家蘇湖里, 依其兄弟." 英哲聞言, 失聲痛哭. 使臣憐之, 問英哲: "有懷土之心乎? 吾歸時, 欲潛載而去, 汝意如何?" 英哲扣頭謝曰: "自虜中逃來于此者, 本非【20】在此之意. 今但不敢請耳." 使臣曰: "誠若是, 還家對汝妻子, 但言: '父母親屬, 經亂盡沒, 更無存者.' 使此地人信之知之, 以已絶思戀故國之心, 然後汝乃得去矣." 英哲曰: "謹受敎矣."

於是, 英哲奔還其家痛哭, 聲徹于天. 妻子與隣人, 皆驚問其故. 具言: 得逢鄕人, 訪知父母親屬皆死無餘. 妻亦失聲對哭, 卽奠其舅姑像, 且哭且拜. 有年及田氏父母同產, 皆來吊哭. 遠近相知來吊者, 數日不止. 妻謂英哲曰: "君之父母旣沒, 而無後於故國, 幸君生存, 舅姑眞容又在此, 吾夫婦盡誠, 敬以奉祭祀, 則精靈在天, 必能來享矣." 於是, 具奠成服, 極其哀慕. 英哲有時, 東望海而哭, 妻不悅曰: "近向靈座哭, 可也, 何用望哭而傷神乎?" 英哲察其色, 知其心有疑. 自是, 但於靈座, 與其妻相對哭, 不復望哭, 然心每在東. 英哲又時, 至使船停泊處, 然一未嘗饋舟中人, 以酒食與行資, 蓋恐妻之心疑也. 其妻亦無日不點檢家貨, 恐夫之潛取也. 英哲知其意, 固不敢移邊一錢, 以專取信於其妻.

明年辛未春, 貢使還自帝都, 卜日發船. 【21】英哲潛往謁之. 使臣曰:

“向吾憐汝情, 欲載汝以歸. 追聞天子詔州縣衣食汝, 又令汝娶婦留居此土. 今非有詔命, 而私載汝去, 未可也. 更無以東歸爲意. 珍重保汝身.”

英哲含淚再拜告辭, 抵暮還家. 其妻懸待甚苦, 見英哲大怒曰: “子又今日往見朝鮮使臣, 必有故也.” 英哲曰: “雖父母已沒, 寄信無處. 見故國人之歸, 一往送之, 乃人之情, 寧有他意?” 是夜, 與其妻明燈相對, 說百年心事, 因自念去留之計: “期於一決, 戀此妻子, 因留此地, 則父沒而未能收骨, 母存不得養, 爲終天之痛. 舍此妻子, 歸于故國, 則信誓恩情, 從此絶矣, 亦人生之至恨.” 兩者交戰方寸, 不能自定, 凝淚滿眶. 妻怪問: “何故如此?” 英哲曰: “故國歸船, 明日掛帆, 而二親旣亡, 又無兄弟, 一字音信, 無有寄處. 人非木石, 寧不悲痛?”

妻亦爲之垂淚, 因徐謂曰: “古人有言: ‘天雖高, 亦可度也. 地雖廣, 亦可量也. 惟有人心相對只尺不可料也.’ 近觀子顔色, 常慽ㆍ, 形雖存而神魂若飛. 妾切怪之.” 英哲大驚曰: “是何言也? 吾兩人, 各生異國, 東西萬里, 卒爲夫【22】婦, 因生二子, 非三生緣, 豈定得至是乎?” 妻曰: “子以妻子情所眷戀, 不可舍也, 則昔日建州妻子, 何遽棄於一夜間乎?” 英哲曰: “此實迫於同輩, 不得已也. 其時, 我有妻子戀而不從九人, 則彼九人者, 殺我必矣, 故從而至此, 我豈輕其妻子耶?” 妻頷之. 相與歡笑, 英哲問: “前日之酒, 幸有餘乎? 今夜對酌, 勿虛良辰, 可也.” 妻曰: “我有餘酒, 以待東方使臣放船之後, 與子暢飮以開懷.” 英哲曰: “旣有酒矣, 此夜不可孤. 飮又有餘, 明日復酌可乎!” 妻不得已出酒, 與之同飮. 妻性嗜酒, 然酒量自小, 數盃先醉. 乃罷酒就寢, 交臂相抱. 俄而小兒□ㆍ而啼, 妻不得, 哺兒以乳, 兒啼聲止, 母亦熟睡, 鼻息齁ㆍ.

曉鷄才鳴, 英哲潛起, 穿衣袴, 啓戶脫身, 走至船泊處, 躍入舟中, 陰謂連生曰: “故人能生我乎? 明當有使者來, 搜諸船, 驗視禁物, 幸深藏我.” 連生發泥障, 令英哲投入其內, 還加障板, 下以大釘, 舟人亦無知者. 英哲潛伏其下, 不敢喘息.

平明, 使舶欲發, 護送使者至, 遍搜諸船, 驗禁物有無, 未畢, 【23】而英哲妻與田有年及親黨十餘人奔呼而來, 悲訴於護送使者曰: “妾之夫金英哲, 本朝鮮人, 今曉亡去, 不知所往, 此必逃入東來使舶中, 妾不得見夫, 船未可以發.” 護送使及我使臣皆大驚, 窮船自朝至午, 反覆再三, 終不可得, 人皆疑駭. 於是, 我使臣言於衆曰: “金英哲不入東船, 恐有不測, 無亦其勢有奸, 故乘此時, 陰殺夫, 惧事發覺, 則揮來搜船, 以誑人目, 不然英哲不投我行, 當在何處?” 護送使者曰: “今其人旣失所在, 亦安保其必無此事.” 田氏其是[失]其夫, 腸摧肝裂, 計不難生, 又聞此言, 大恚大痛, 號天仰訴曰: “妾夫所在, 蒼天必知, 而妾獨不知, 受此寃屈, 不如一死. 念妾失夫, 是終身不幸, 碧落黃泉欲求之遍, 東來使臣之又何爲至於此也?” 叫天叩額, 其顙流血, 二國人見者, 莫不哀其意焉. 如是爭鬧, 日將頹矣. 於是, 使行登舟, 便風送帆. 田氏擗踴海岸, 過望去舟, 號哭不已. 舟中人經此一番聒噪, 心皆怪之, 亦莫知其所以然也. 於是, 柁工等整理維楫, 東望發船.

明日早朝, 忽船底有聲曰: “活我! ﹅﹅.” 連呼不已, 使臣驚問: “是何聲也?” 急使視之, 舟人進言: “昨日金英哲搜覓不得, 今匿在船板下矣.” 使臣大驚, 卽令呼出, 去釘【24】啓板, 俯伏於前, 使臣見之駭然, 已復沈吟曰: “故國人投歸於我, ﹅今殺之, 所不忍也. 異時跡露, 咎責又難經也. 然由連生, 後來, 有事無事, 有罪無罪, 連生宜當之. 吾之歸, 不敢以此事聞於朝. 連生第與之同歸故鄕, 見人言: ‘我逢同鄕人, 不忍相棄, 紿使臣潛匿之泥障下以歸.’ 後雖事發, 罪亦不大.” 衆皆曰: “大善.” 於是, 與之以飮食, 易其衣服以行焉. 果一風三日不停, 夕抵平壤之石多山釜蓋浦下岸. 英哲附連生舡至其家, 明日歸故里, 首尾凡十四年事也.

訪問於村里, 訪其大父永可所在, 則永可適出門, 倚杖南望, 見有人池﹅來近前, 未及問爲誰, 英哲趨進, 投拜痛哭, 大聲呼曰: “大父乎! 英哲來矣. 英哲不死, 今得生還.” 於是, 祖與孫相抱大哭, 移時問曰: “汝是鬼耶? 我是夢耶? 送汝從軍, 分之必死, 豈意今日復與相見耶?" 嗚咽不能言, 隣里聚觀, 無不歎咤. 爾龍問其父永和所在, 英哲具言其初軍覆而偶免及後所以死狀, 爾龍家北望擧哀. 永可率英哲, 同往蘇湖里英哲母所在處, 呼其婦曰: "英哲來此." 母驚走出門, 果其子至矣. 三人相【25】扶持大哭, 家中老少皆哭, 隣里聚觀, 皆如昨日. 英哲留家三日, 走往安州其父戰亡處, 遍求遺骸, 而終不可得, 以其母所藏招魂之衣, 再招未歸之魂而返, 追服其喪, 母謂子曰: "吾死後, 必以此衣同葬."

英哲旣得歸, 無宅無田, 生意索然, 大父與老母皆寄托衣食於親戚, 所在東西, 且二十里, 每往來, 號泣道路, 不欲生也. 每見李連生輒言: "我之生還故國, 實藉君力, 予無由相報." 時與之同舟海上, 輒西望歎曰: "此海西乃登州, 而海路險遠, 信使無便, 父子之恩, 伉儷之義, 噫! 已絶矣. 妻非負我, 〻實負妻, 我之爲此者, 徒以二親之尙在也." 連生勸之曰: "君勿過悲也. 吾隣李群秀家饒, 而女年十八, 有儀容柔順, 勤職業, 必能宜家室, 善事舅姑, 吾爲子行媒." 英哲謝曰: "能如此言, 子之於吾, 終始有再造之恩."

是夕, 連生見群秀言之, 群秀曰: "吾聞英哲數奇命薄人也. 在胡地六七年, 不能保胡之妻子而去之, 在漢之六七年, 又不能保漢之妻子而去之, 一身累化萬里飄轉, 不知此人將來又有何事也. 幸勿復言." 連生曰: "男女配合, 莫非天緣. 英哲生【26】於此土, 長於此鄕. 俄胡地有妻有子, 此非天乎? 轉入中國, 又有妻子, 亦非天耶? 今歸故國, 必欲娶於君之女者, 又安知非天耶? 彼雖有四子於二方, 南北東西, 相距萬里, 有子與無子同, 將無以續其先代血祀, 故君之女若復生男, 天之厚英哲也, 至矣. 君何疑嫌焉?" 自是累言之, 猶不聽.

後英哲大父求見群秀, 而語及親事, 群秀旣聞英哲之孝, 又感長者之言, 乃許曰: "吾擇女壻, 得孝子, 足矣." 於是, 不告其妻子, 卽就坐約定. 是時, 英哲纔畢父喪, 擇吉迎婦, 是歲壬申冬十二月也.

英哲與新婦備言登州妻向慕舅姑事, 李氏怒曰: "與向慕眞像, 豈若於吾身親事之乎?" 卽具酒饌, 往拜大舅與姑, 奉觴爲壽, 鄕里稱歎, 婦歸謂其父母曰: "女子歸夫家, 仰事舅姑, 是常事. 今夫家零落殆盡, 大舅寄食於猶子, 姑托兄弟, 所不忍見. 聞女有其子婦, 不能奉其親, 獨無愧乎?" 父母聞而惘然. 癸酉春, 構一室於所居之側, 以居焉. 於是, 英哲夫婦迎歸二親, 以【27】爲子婦之道. 甲戌歲, 生男子, 丙子秋, 英哲祖父病沒. 臨終, 呼英哲曰: "我昔無子無孫, 一身孑. 然今得汝, 於已失之久, 而又見汝生子, 雖死無恨矣."

是冬, 淸兵卒至, 南漢被圍, 丁丑三月和成, 兵解而歸, 留一孤山. 以孔有德耿仲明之兵聚船, 將攻皮島, 永柔縣令李晦督治舟楫, 邑令以英哲能通三國語, 召至行中任使. 時世子與大君留永柔之德池, 寓土人姜熊卿等庄舍. 叛將韓潤, 以兵留文化, 世子隨行孤山, 以大兵留永柔, 亦半月, 韓潤渡江津而西然後, 孤山亦行. 邑令謁見世子大君, 以魚菜進, 而使英哲於孤山軍門. 忽一胡見英哲, 縛之曰: "汝在吾叔阿羅那家, 服事爲奴六七年, 吾叔待之甚厚, 以妻之妹嫁焉, 旣生二子矣. 後與蠻子謀, 共盜主人千里馬三, 一夜逃去, 意謂與蠻子同歸漢土, 不意見汝於此. 吾今執汝而歸, 則吾叔必殺汝也." 邑令喩之曰: "徒殺此人, 無益. 且當初竊馬而逃, 計出漢人, 非其主謀. 然盜戰馬而來, 不可無背主之罪, 今以我馬歸, 償其所失. 釋此人, 何如?" 因饋以烟草, 胡人受其饋, 又求烟筒曰: "必得三十餘箇然後, 釋此人去【28】矣" 李令歛於下輩, 纔得六七箇, 餘不可得. 世子大君見而憐之, 喩從行諸人合聚, 備三十之數. 胡人乃曰: "此人罪大, 縣令以其馬貫人命, 義亦高矣. 姑舍此, 當以此馬, 歸遺吾叔耳." 謂英哲曰: "吾叔從皇帝東來, 才歸. 而汝建州妻子皆無恙, 我當傳汝在此消息也."

李連生丙子秋又以都船主從貢使行, 泊於登州海口, 田氏携其二子與田有年, 至停船處, 問連生曰: "金英哲昔年必東歸, 無由得其眞正消息, 悲寃之情, 無處告訴, 幸爲我明白說道, 釋此方寸之疑." 連生曰: "其時再三搜索, 不得, 今日是何意也? 莫問我, 問諸水濱." 於是, 有年有慚色, 妻亦無言, 但擧手東望以向海, 含淚良久. 已而, 痛哭而歸.

使臣在館時, 已聞淸兵大擧東侵, 群議以爲朝鮮兵弱, 必不能支矣. 及丁丑春, 聞下城之報, 皇都震驚, 館中人, 亦莫不揮涕, 相吊曰: "朝鮮使者, 從今以後, 不復至也. 中國與朝鮮, 昔爲一家, 皇靈不振, 今使屬國不守, 未知何日更得見東方使臣也." 及歸, 都人及所住宿聚觀者, 莫不歎息泣下.

還到登州, 田氏又携二子與有年, 復見連生曰, "每東方使船來此, 欲訪知吾夫消息, 【29】雖不可聞, 猶見東國人, 如見吾夫. 今天運不幸, 朝鮮降虜, 東方之船, 北歸之後, 不可復來, 彼此聲影, 從此永絶. 念之至此, 使妾骨燃而腸痛. 子亦人也, 獨無惻隱之心乎? d願[顧]子與妾, 明白說道, 解妾百年之恨也. 今日逢君, 若終不得聞, 則生常含怨於一世, 死不瞑目於地下." 連生哀憐其意, 乃告曰: "賢夫果歸東國, 奉養祖父與慈母, 聚[娶]婦生子, 而悲恨未嘗不形於顔色, 與我語, 自歎命蹇. 時登我船, 則西望戀妻憶子而泣, 洒涕潮頭, 欲寄遠情, 一生苦恨, 彼此均也." 田氏聞言, 擗踊痛哭, 有年亦嗚悒不能言, 仰天移時, 歎曰: "若英哲者, 可謂大丈夫也. 遁還故國, 雖是吾妹之薄命, 實孝於父母, 能盡其爲子, 而全其天性也. 後來故國, 是不負牧馬江頭所畫之初計, 而終乃得成者, 天也. 我妹乎, 汝今得聞, 汝壻歸國, 好在消息, 一生疑恨, 從此可釋, 而前日之寃, 亦可雪矣. 死復何恨?" 問答未畢, 倏焉放船. 有年及田氏, 揮涕語連生曰: "寄聲英哲. 百年恩情, 相隔一海, 東西萬里, 何時可見? 未死之前, 無相忘也." 連生歸告其事, 英哲西望痛哭, 是年【30】始皆聞胡漢妻子消息.

丁丑以後, 淸人連歲入犯中國, 徵兵于我. 庚辰, 林慶業爲上將, 李浣爲副, 以舟師五千赴期. 慶業聞英哲能通兩國言語, 呼致之, 與語大悅.

四月, 航海, 六月, 至柯州衛界, 三國舟師相望. 一夕, 慶業潛令英哲及將官李秀南, 乘小船, 遺明將書: 約明日戰時, 我兵去丸, 明兵去金, 合戰, 我當詐敗而降明. 丶將見之, 大喜, 卽夜作報書, 授兩使者, 多賜以白金三十兩, 青布二十疋. 英哲辭歸登舟, 火光中, 有一人閃出, 執英哲手曰: "汝從何來?" 視之, 則乃田有年也. 相視驚喜, 初不能言, 有年徐言曰: "丁丑春, 見李連生, 聞君好還鄕國, 不意今復得見君於此." 英哲亦纔問妻子能好在而已. 乃以所得青布二十疋, 與有年曰: "以此歸與我妻子." 更不成一言而別, 急回舟, 抵軍中, 已平明矣.

慶業得報書, 耽閱甚喜. 看未及畢, 忽二胡人躍來入登船, 慶業大驚, 目通引, 深藏其書. 二胡登舟, 捽慶業喉, 脫靴解衣, 搜索一身曰: "向見小船來【31】從明軍中, 當有文書." 遍搜舟中人衣服及隱僻處, 終不得書. 篙工二人猶在船中, 二胡縛此二篙工, 執詣軍前, 窮詰劫之以刃, 工人終始抵拒不服, 乃復使二胡送此二人於我軍, 使斬之. 二人視英哲秀南, 丶丶亦失措. 慶業酌二胡以酒, 與之烟草, 而乃使旗鼓官金德重, 載此二人, 就小島中行刑, 德重知意, 跪二人於島邊, 反劍斲之, 出其鼻血, 糢糊劒刃, 以已行戮反告, 持刃血示二胡, 丶笑而還報. 是時, 勿論英哲秀南, 亦慶業亦幾危, 賴通引善藏書, 二船人抵死不服, 幸以免焉. 後清人執致慶業, 以此謀之更泄故也.

是日適午, 明師二十餘艘, 大張旗幟, 鼓行直向我軍, 慶業令軍中曰: "我逼於徵兵, 不得已而來, 雖皇朝義, 不可卒背之, 今日之戰, 去丸, 徒以砲聲, 震勢而已." 於是, 兩軍相近, 我兵去丸放砲, 明師亦去金發矢, 人未有死傷. 明師進圍我師, 以鐵鉤, 丶我船, 我軍或見事急, 則不用令, 輒藏丸發砲, 發無不中, 明師大駭, 鳴鑼一聲, 解圍而去.

是夕, 淸將【32】遣使來賀戰勝, 慶業迎勞來胡. 問答已畢, 此胡熟視英哲曰: "子得非昔日金英哲耶?" 英哲驚曰: "我不識子, 丶是何人?" 此胡自言其名曰: "我乃得北之外叔, 是子胡地婦弟也. 子在吾土時, 子壯我弱, 今日我已壯, 而子近衰, 宜我識子而子不識我矣. 自子逃後, 不聞死生, 丁丑, 因阿羅那侄子得見君, 受戰馬而歸, 子之妻子始聞子不死得歸故國. 然阿羅那怒君不已, 若知君在此, 必不肯舍. 君妻子在建州, 而阿羅那時留瀋陽, 子之歸道瀋陽, 宜審臨, 無使見之也." 言必稱兄, 握手相喜, 無異前日田有年之見英哲也. 慶業善此胡, 加賜禮物而歸之. 明將既敗, 乘夜而遁, 數日寂然, 不見明兵. 七月, 使我軍登陸, 英哲婦弟携酒同至軍中, 尋見英哲, 甚致殷勤, 復言阿羅那事曰: "今後雖與子得見, 但可以目, 無使他人知之." 酒盡, 別去. 清人又令我軍, 買運船中餘粮於海州衛移屯, 令副將先領疲老而歸, 而慶業以精銳進軍錦州衛. 時英哲而所得三十金, 買馬從行, 過冬罷歸.

辛巳春, 柳琳爲【33】上將, 永柔縣令申檀爲右營將. 琳住安州, 傳令英哲促裝, 與營將同赴安州. 英哲隨檀謁琳, 因又從軍. 是時, 清人專事錦州衛, 必欲取. 清主目將以行, 而八孤山各率精騎, 日夜攻城, 〻受圍已久, 食盡勢危矣. 諸孤山每遣使我軍, 〻必令英哲還報.

一日, 胡將特[持]令箭, 從數騎, 自大陣馳至我軍, 柳琳迎入對坐, 使英哲通言語, 胡將傳清主令, 已畢, 熟視英哲曰: "爾有舊面目舊聲音, 我今知汝, 〻何爲不識我也?" 英哲乃知是主人阿羅那, 卽伏拜謝曰: "昔者, 一身迫於多人, 不嘗自由, 乘戰馬以逃, 罪固大矣. 然主人之恩, 不敢頃刻忘也." 於是, 琳及諸將相見大驚, 阿羅那因謂英哲曰: "我於汝有三大恩, 而汝有三大罪, 汝知之乎? 當斬汝時, 活汝死命, 一恩也, 後再逃, 再見執, 而再釋不殺, 二恩也, 以我婦弟, 許汝爲妻, 終建州家, 專屬汝, 爲三大恩也. 始汝不念救死恩與撫恤之厚, 而至於再逃, 罪一也, 背我瀋陽告戒之言, 而棄汝妻子, 與蠻子謀, 敢生走計, 罪二也, 不惟汝身逃走而已, 與二蠻子, 盜我千里馬三以行, 罪三也. 當其時, 不恨失汝, 恒恨失馬, 此皆出汝背, 吾怨豈在少? 我今執汝, 告于君, 斬汝以【34】示軍中, 釋我積憤, 不亦可乎?" 使其從騎, 縛英哲甚急, 英哲呼曰:

"棄妻盜馬, 雖非得已, 我實知罪. 但往年主人之侄, 已受我戰馬去. 主人幸寬我." 阿羅那曰: "此事當時, 卽知之矣. 而顧今日不得不如此." 琳解之曰: "此人負恩窃馬, 其罪固重. 然旣於昔日活其必死之命, 今日殺之, 是爲德不卒. 我今欲以重貨, 贖此人罪, 全君好生之德, 且使此人, 亦知背恩之罪, 無以自免." 乃取出枝三數百斤, 以與阿羅那. 時遼瀋官, 此物爲重貨. 阿羅那初不聽, 强而後諾曰: "我始見此人, 期以必殺, 將軍之義, 不可少也." 乃使解縛.

英哲叩頭伏地, 阿羅那命英哲起, 與坐而語之曰: "汝旣來此行, 見汝子乎?" 英哲謝曰: "賤息得北亦至此乎?" 阿羅那曰: "然. 得北從軍至此, 所在不遠." 卽遣從騎, 召得北曰: "汝父在朝鮮軍中, 可速來見." 得北顚倒, 隨去人而至. 父子相抱號泣, 老少與被服雖異, 其狀貌聲音, 酷相類也. 一軍皆驚, 爲之感歎涕泣. 得北謂父曰: "兒失父時, 才五歲爾, 及長而不能記父面. 惟聞母語云'汝父【35】朝鮮人也. 生汝兄弟二人後, 亡去. 若不死道路, 必蠻子地.' 母與二子, 但戀結, 夢寐不圖今日親見父面, 若非阿羅那, 縱在一處, 何以相識乎?" 英哲問得建今在何處, 曰: "與母在建州故居, 無恙." 阿羅那上馬歸, 顧而言曰: "從今, 汝父子日相見也." 英哲稱謝出送陣外. 是後, 得北必具酒饌菜果, 載小牽車, 獻之其父, 〻以奉將帥而後與同軍共之.

時中國發甲騎十萬, 援錦州衛, 與淸人相距. 明師依十三山而陣, 旋旗蔽空, 戈甲耀日. 淸主令軍中, 戒嚴. 是夕, 八孤山皆選精甲數千, 先使萬騎, 陣於野外, 又使萬騎銜枚, 伏十三山左右, 以壓明師. 〻〻腹背受敵, 徹夜呼噪, 火箭雨發, 如衆星橫流. 天欲曙, 而明軍中萬竈烟起, 淸人乘之, 伏山後者潛過山, 大呼躍入, 明師晨烟未了, 將士不及上馬. 而淸兵之陣於野者, 又起夾攻, 聲震天地, 明師大潰. 其不死鋒鏑者, 皆東走溺海, 死無免者. 淸主使騎持號箭, 馳入我軍, 傳言曰: "視我戰, 更何如? 令諸將皆詣戰場, 與孤山等同視競觀." 于時, 我軍亦朝炊方熟而未會也, 將號箭者, 促行, 諸將隨往, 至戰處, 積屍蔽野, 流血成川, 聚甲冑如山. 諸將視諸孤山, 賀戰勝, 淸將笑曰: "彼依城不下, 譬如穴鼠窺猫. 今十萬援兵, 一朝敗【36】沒, 此城指日可陷, 何能久乎?" 來騎又促報, 軍中遣英哲, 詣大陣, 賀戰勝, 淸主喜勢於色.

英哲將謝歸, 阿羅那立淸主前進言曰: "此人己未降卒, 在家爲奴, 背恩亡走, 今日請治其罪而執歸." 淸主問英哲: "彼言是耶?" 英哲答曰: "皆是也. 蒙主人厚恩, 又有妻子於建州, 寧有逃走之心? 但爲同輩所怯, 非得已也. 居登州六七年, 娶婦生子, 得歸國, 見生母, 又已至十年矣. 今又從軍, 已於前日, 見阿羅那於我軍中, 數臣罪而縶縛之, 主將以重貨請贖, 得解. 阿羅那因令臣父子得相見, 不謂今日更有此言也." 淸主問阿羅那[曰]: "爾逢英哲於朝鮮軍中, 已受其重貨者是果耶?" 對曰: "此則是也."

淸主於是南望中原, 良久而後言曰: "英哲本朝鮮人, 自己未至甲子六年, 卽爲我民, 自乙丑至庚午六年, 卽爲中國民, 辛未以後, 又爲朝鮮民, 今朝鮮民亦我民也. 昔之出萬死亡走之人, 此日復以通事來見於我, 事非偶然也. 長子在我軍中, 少[小]子在我建州, 父子慈[玆]爲我民, 登州之二子, 獨不爲我民乎? 我其幷天下不遠, 此人來此, 豈非天耶?" 謂阿羅那曰: "爾無得更侵此人." 阿羅那有慚色, 淸主曰: "汝不【37】言我, 何以得知?" 賜以帛十疋, 阿羅那喜. 又賜英哲, 酒一大巵, 肉一盤, 令痛飮快食, 加賜帛十疋, 馬一疋, 英哲拜謝曰: "得生至今, 實賴阿羅那活命之恩, 臣乃負之多矣. 願以此馬, 贖前罪." 淸主曰: "爾可謂善知過能報恩者." 乃以馬與阿羅那, 更賜英哲青騾一疋. 英哲拜謝, 乘騾而出, 阿羅那送至軍門曰: "吾活汝死命, 妻以妻弟, 視同骨肉, 而汝終背我, 〻常憤惋, 不意今者吾與若同受賜於皇帝, 是亦天下之至榮. 自此以後, 數相見, 無相疑也." 英哲謝曰: "數見, 眞所願, 但恨歸期之不遠耳. 吾二者在彼, 幸終始憐焉." 阿羅那曰: "豈待子言?" 英哲馳還軍中, 具陳受賞事, 主將以下皆喜英哲之善辯, 而稱淸主之有量也.

是日, 得北來見父曰: "聞父與阿羅那並受重賞於皇帝, 而終免爲枸執, 此大幸也. 因兒幸得見父, 而弟在建州, 不識父面, 願以所乘之馬, 歸與得建." 英哲曰: "善!" 乃以馬與之, 使歸遺弟, 又以賞帛一半, 贈得北. 是夕, 主將召英哲曰: "爾有馬而又得馬, 軍中難養二畜, 鬻騾於我, 可乎?" 對曰: "馬已與胡地子, 騾則往來淸軍中時宜乘此以誇示之, 今姑未可鬻也." 主將然其言. 得北以父所贈錦段, 製作衣服而來, 與父共之, 見者亦稱其善事焉.

後數月, 【38】我軍之代者至, 柳琳回軍, 英哲亦還. 阿羅那與得北, 供具酒食, 來餞英哲. 醉後, 與其子握手, 垂淚哽咽, 久之曰: "吾與汝幸賴天佑, 父子得相見, 半年于玆. 今又一朝永別, 相見何日?" 得北亦嗚悒, 不能言. 但云, '當以父言, 歸語母與弟矣.' 英哲又與阿羅那執手爲別, 深謝厚恩, 阿羅那[曰]: "再會難期, 好歸. 時因北風, 懷念二子."

及還軍鳳凰城, 主將謂英哲曰: "阿羅那執汝時贖價銀二百兩, 出自戶曹. 軍中需用餘物, 當藉其數, 以還于地部. 而汝贖價不屬軍興之費, 合徵於汝矣." 英哲旣還, 見其母, 具述再遇阿羅那, 困厄得釋, 見胡地子, 數月受養, 及淸主賜帛賜酒賞馬騾等事, 母涕泣曰: "始余失汝於戊午, 至辛未而生還, 老身受汝養, 已過十年. 今汝又逢異國子於十七年之後, 乃復受養半年, 此固古今罕聞. 況淸主一時平兩怨, 賞賜之厚, 尤爲異事也."

英哲歸後, 常以贖價爲憂, 月餘, 文移果至, 徵銀. 自縣囚拘其宗族, 督納甚急, 宗族相與泣曰: "人之出萬死還故國如此, 【39】累從軍, 水陸征戰, 又如此, 可謂勞苦有功矣. 今無片賞, 從而徵銀, 不亦甚乎!" 英哲鬻騾得百金, 賞其半, 餘半, 則內外親族斂財以償, 踰月而畢. 是年, 英哲母病死, 附葬先壟, 而用其父招魂之衣, 同穴焉.

英哲前後從軍, 公私負貸, 多賣田庄, 居計漸削, 相對妻子言, '昔在登州時, 生理甚足, 今老境貧窶, 一至於此, 豈非天也?' 東婦生三子曰得祥得發起發, 又有二女. 歲己亥, 以慈母山城土薄, 居民小, 募民入處, 許免軍役. 英哲常念一身前後, 惟軍之危苦, 爲三子, 挈家入慈母終焉.

有金應元者, 亦家永柔, 與英哲同鄕里. 後英哲移居慈母, 應元適過其地訪焉. 英哲殺鷄沽酒, 出示三子. 應元細叩平生所經諸處悲喜苦樂之事, 英哲颦蹙曰: "欲談往事, 則但增備[悲]感. 長者有問, 敢不悉陳?" 於是, 道其終始甚詳, 猶言年老神昏十遺八九也. 應元因問曰: "老人對此妻子時, 亦念胡地與登州乎?" 英哲汪然出涕曰: "夫婦情多, 父子恩重, 天下【40】古今, 人所同然, 寧可以山川隔絶, 疆域有限, 而或相忘耶? 吾入此城, 今二十餘年矣. 每於天氣清明, 白日落西之時, 登城樓, 北望陰山, 想牛毛嶺戰場, 不覺鼻酸骨驚. 思建州衛妻子, 自然心悽意慯. 西望滄海, 憶與田氏好合之情, 思其背盟逃遁之事, 則神思黯然, 老淚沾襟矣. 兩地妻子, 初無負我, 而我實背之, 獨不愧於心乎? 雖然一身再爲異國人, 而終歸吾地, 娶妻居室, 得以奉養二老, 子女滿前, 繼續前祀, 死亦何恨?" 應元歎曰: "子眞可謂孝矣. 一身三國有子七人, 莫大之續也. 况子有美妻愛子, 而不能移慕親之心, 背登棄建, 竟歸故國, 服父喪, 年久之後, 爲祖爲母, 養生葬死, 得盡其心, 非孝而何?"

歲癸亥, 英哲死於慈母, 葬於順安, 盖八十五. 英哲未死時, 嘗自陳訴於方伯, 求以聞諸朝而得沾恩紀, 按道者俞夏益終不理, 但饋酒給米. 應元所記如此, 顧其辭多□類, 畧加斉整云爾.

金英哲傳 홍세태본

【485b】金英哲, 平安道永柔縣中宗里人也, 其家世武科, 英哲自幼好馳馬善射, 爲本縣武學. 戊午, 皇朝大發兵, 討建州虜, 徵兵于我, 我以弘立爲都元帥, 金景瑞爲副, 領二萬兵赴之. 英哲與其從祖永和, 隷左營將金應河爲前鋒. 時英哲年十九未娶, 父汝灌及英哲, 皆獨身無兄弟, 臨行, 祖永可泣而送之曰: "汝不歸, 【485c】則吾世絶矣." 英哲曰: "必歸也."

八月, 我軍會昌城, 天兵會遼東, 經略楊鎬, 以虜地早寒, 南方人馬不能冬, 奏請待春乃擧. 己未春二月, 弘立率兵渡江, 與天兵會于景馬田, 進踰牛毛嶺, 擊破十餘堡, 乘勝而進. 天兵前, 我左營次之, 中營又次之, 右營殿. 虜悉精銳數萬, 遣其子貴永可, 擊敗天兵. 遂薄我左營戰, 應河急呼弘立救, 弘立不應. 景瑞獨進戰, 還謂弘立曰: "虜衆疲劇, 抱鞍睡, 往往墮馬, 我以大兵夾攻, 破虜必矣." 弘立出囊中密旨, 以示景瑞, 景瑞氣沮不敢言. 應河戰死, 弘立景瑞降.

弘立之出師也, 選降倭三百以從, 至是【485d】獻虜, 虜主大喜, 其明日點閱. 倭因相與謀殺虜主, 擁弘立東歸, 是夜謀泄, 盡被殺死. 我軍見之, 無不憤慨, 虜恐變作, 欲幷殺而難之. 會我一將官戰斬虜首, 盛之食器, 及降見發. 虜主大怒, 命悉聚我軍, 別其美容服者四百餘人曰: "此朝鮮兩班將官也, 不爲我用, 盡屠之." 永和亦死, 英哲當斬, 虜將阿羅那, 執英哲, 前言虜主曰: "吾弟死於戰, 此人貌類吾弟, 請免而役之." 虜主許之, 又以華人降者五人賜之.

阿羅那挈英哲歸家, 其家人見英哲大驚, 以爲死者復生. 有田有年者, 皇朝登州人也, 有智略, 同降者皆敬服, 稱之曰'田百【486a】摠.' 英哲與有年夙夜廝役, 每語, 道其祖臨別之語, 則必涕泣. 居半年, 夜亡走得刖左跟, 後又亡刖右跟, 虜法降逃者刖, 三而戮之, 阿羅那意英哲竟亡, 以其弟妻, 妻之. 辛酉, 虜攻陷遼瀋, 移都瀋陽, 阿羅那擧家從徙, 而留英哲建州, 屬以田事. 是歲生子, 名之曰得北, 又生子曰得建.

乙丑五月, 阿羅那與英哲戰馬三, 同有年等二人, 往牧建州江邊曰: "善牧馬, 秋高馬肥, 我往寧遠戰, 汝亦從." 又陰囑英哲曰: "若今爲吾一家耳, 誠信不疑. 彼二蠻子, 將必亡, 汝可用心防守." 是時, 瀋胡之來牧馬者亦多. 英哲與有年等二人及他華人【486b】降者七人, 同牧勤苦, 自夏及秋. 歸見其妻, 妻具酒肉, 與英哲飮, 及暮出門而送之, 執手泣曰: "戰日不遠, 將與君別矣." 又以酒肉, 與英哲, 往與衆共之. 衆見英哲將酒肉至, 大喜, 相與列坐而飮, 歌呼爲樂.

是夜八月十五日, 天無雲, 月色滿地, 有年仰月而歎, 顧語衆曰: "此月應照我父母妻子, 而我父母妻子對此月, 亦必念我." 衆相向慟哭, 有年曰: "英哲, 爾有父母在朝鮮, 然此旣有妻子, 思歸之念, 必與吾徒殊." 英哲曰: "獸猶首丘, 豈以異國妻子, 而忘其父母乎? 生還故國, 一見父母, 則死不恨. 顧前再辱, 今若亡而見覺, 必死, 奈何?" 有【486c】年曰: "遼路旣阻, 聞爾國之使航海, 由登州, 達于皇都. 今我與爾, 亡抵登州, 則我歸, 爾亦歸, 豈有意乎?" 英哲曰: "計將奈何?" 有年曰: "吾從征久, 習知虜中山川形勢. 此馬千里馬, 行不過四五日, 必至矣." 衆皆曰: "善." 有年恐英哲有顧戀意, 謂英哲曰: "吾有二妹美, 歸日長者行, 則必以小室汝." 於是, 有年與英哲嚙指出血, 和酒共飮, 拜月爲誓.

十人人齎五日粮, 一時上馬, 是夜將半, 牧馬者皆睡, 四顧無人, 直過江灘, 向北疾馳. 又値深灘, 策馬亂流而渡, 爲守者所覺, 大呼追逐, 陷大澤中, 六騎得出去, 四騎沒, 人俱死, 獨一馬出, 追及六騎. 【486d】遂疾馳百餘里, 則月落矣. 登高望遠, 野多虜帳, 輒避匿大麓中, 下馬嚼米飮水, 終日泣祝天. 月上, 卽復騎, 疾馳百餘里, 行沙漠無人地, 歷古戰場, 得一破爐, 止炊飽食, 又行馳去. 達曙, 有年顧見山川, 喜曰: “此已背遼瀋矣.” 當陷澤中, 六人所齎粮, 遺失者半, 及是粮盡, 乃殺無主馬, 食之, 分其肉, 各懸馬首, 行經二晝夜, 抵寧遠. 候卒見六人胡騎服, 以爲虜寇, 數十騎合圍而進, 欲殺之, 會六人中其兄有爲候卒將者, 見其兄大呼, 兄驚止之, 於是, 六人得不死. 事聞, 詔賜英哲衣食及百金, 令買宅娶妻.

英哲與有年歸登州, 寓有年【487a】家日久, 意鬱鬱不樂. 時有年小妹未婚, 有年乃大供具, 請諸親戚故舊歡飮, 及夜酒酣, 有年與英哲共說虜中事, 相視泣下, 四座皆泣. 有年手執巵, 仰視月, 而語其父母曰: “我沒虜中, 非英哲, 無以生還. 嘗許吾妹, 指月爲誓, 今此月猶在, 可奈何?” 乃以女妻之, 女謂英哲曰: “人皆謁舅姑, 我獨未.” 乃請畵工, 畵其像而拜之. 隣有宴飮, 必請英哲, 作朝鮮歌舞, 坐客無不稱歎, 各賜匹帛而去, 以此英哲家稍裕, 生二子, 得達・得吉.

庚午冬十月, 我進賀使船泊登州, 梢工李連生, 英哲同縣人也. 英哲往見, 連生在舟上, 呼之, 連生初不識也, 【487b】熟視知其爲英哲, 大驚. 英哲聞其言, 父戰死安州, 祖投依永和子爾龍, 母歸蘇湖外家寄食, 痛哭謂連生曰: “吾自虜中亡逃, 萬死一生, 隱忍至此者, 冀得東歸也. 今天幸見故人, 願故人還我.” 遂與之約. 英哲歸家, 妻見其有淚容, 心異之.

及明年春, 使還到登州, 待明發船. 是夜, 妻張燈燭, 與英哲坐語, 察動靜. 英哲自念, ‘此機一失, 則故國無還日矣.’ 顧見妻子在傍, 亦不忍捨去, 心搖搖未定. 索酒, 飮數杯, 且勸妻飮, 乘其醉睡, 卽潛出走, 入連生船, 連生拆船障板, 匿英哲板底而釘之. 平明, 妻率十餘人來, 窮索舟中, 不得, 舟中人亦【487c】不知英哲之所在也. 翌朝, 英哲從板底大呼,舟中人乃驚出之, 與之食飮, 易其衣服, 越三日, 回泊于平壤石多山.

遂歸其故居, 則他人入矣. 乃往爾龍家, 永可出門扶杖而立, 不意見英哲, 瞪噤不能言良久曰: "英哲耶?" 於是, 祖孫相持哭, 爾龍家聞永和死, 亦哭, 隣里觀者, 無不流涕. 永可携英哲, 往蘇湖母居, 先入呼曰: "英哲來." 祖孫母又相持痛哭. 英哲旣歸喜幸, 然兵火之後, 閭井蕭然, 骨肉漂散, 家業蕩盡, 無以自資, 行哭於途. 同縣有李羣秀者, 家頗饒財, 謂英哲孝子, 歸其女焉.

丙子秋, 連生又隨使船, 往登州, 英哲妻携二子【487d】與有年來問英哲, 連生辭不知. 及明年使還, 英哲妻又來問曰: "朝鮮聞已降虜, 此船路, 從此絶矣. 願子一言, 以釋我心." 連生乃具言之, 有年歎曰: "英哲大丈夫哉! 必遂其志."

丙子冬, 虜東搶, 及是撤還, 留孔有德等, 帥舟師, 將攻椵島屯, 永柔縣令, 使英哲, 詣虜營致辭. 有一虜將, 見英哲, 執之曰: "此吾叔家奴也, 竊馬亡去. 吾叔常憤甚, 我今以此奴去." 縣令憫之, 以其乘, 使還阿羅那, 又與其人他物, 英哲乃得免, 後縣令竟取其馬直.

庚申, 虜將犯盖州, 請兵於我, 上將林慶業, 聞英哲解蕃漢語, 通知兩國事情, 召與語大悅. 四月, 領水【488a】軍五千, 泛海到盖州界, 三國戰艦相望. 慶業陰使英哲, 夜與汲水二卒, 乘小船, 往遺天將書, 曰: "虜侵我, 强弱不敵, 至有此擧. 然天朝豈敢忘乎? 明日之戰, 我軍銃去丸, 天兵亦去矢鏃, 合戰良久, 我故受圍而降, 合力破虜, 使片甲不還." 天將得書大喜, 賜英哲銀三十兩, 靑布二十匹, 作報書, 與英哲歸. 火光中有一人, 出執英哲手曰: "故人何來此?" 英哲視之, 乃田有年也. 倉黃驚喜, 立問妻子, 以二十布, 付有年曰: "以此歸遺我妻子也."

及還泊, 天明矣. 英哲以書與慶業, 未及開, 忽見二虜走馬來, 慶業卽秘其書. 二虜上船, 扼慶業【488b】喉曰: "見爾小船, 自敵中來, 此必通謀也." 脅慶業, 脫靴服, 及船卒衣裝, 窮搜, 無所得. 虜見二卒在船, 乃執詰之, 曰: "汲水往." 怒使慶業斬之, 慶業目小校, 往別島行斬, 小校卽反劍擊之, 若斬狀, 扑其鼻血劍, 返以示虜, 虜乃去.

是日中, 與天兵合戰, 天兵進圍我軍, 我軍去丸, 天兵去鏃, 戰良久, 進退者三, 天兵以鐵鉤, 鉤我船且薄, 我軍之未及知其謀者, 見事急, 實放銃丸, 天兵有死者, 乃解圍而去. 七月, 兩軍罷, 虜又令慶業, 選精銳, 進住金州, 經冬乃歸.

辛巳, 又遣柳琳, 領兵赴金州, 英哲從. 虜遣阿羅那, 來陣中議事, 見英哲, 責之曰: "我【488c】有三大恩於汝. 汝當斬, 吾免汝死, 一也, 汝再亡而釋不殺, 二也, 吾以弟妻妻汝, 而委建州家計, 三也. 汝則有難赦之罪者三. 汝不念活命之德撫畜之恩而再亡, 罪一也, 使汝牧馬時, 我誠以囑汝, 而汝反與䝤子同謀背我, 罪二也, 汝亡且盜我千里馬, 罪三也. 吾不恨亡汝, 而恨失我千里馬, 至今痛心, 吾必斬汝." 麾其從騎, 縛英哲甚急. 英哲大呼曰: "竊馬亡逃, 罪不在我, 此實䝤子爲之. 當時不從其計, 則彼九人刃英哲一反手耳. 幸主公察之." 阿羅那不聽, 琳乃說阿羅那曰: "英哲有罪. 然公旣活之而今殺之, 則爲德不卒. 我重【488d】贖英哲, 以全公好生之德." 乃以細南草二百斤贖之. 是時, 得北在虜軍中, 阿羅那謂英哲曰: "汝豈欲見而子乎?" 卽召得北至, 父子相見泣, 一軍見者, 莫不悲歎. 自此, 得北日具酒食菜果來餉, 英哲卽先以美果獻主將, 退與衆食.

方是時, 虜圍金州, 天朝發兵十萬來援, 與虜戰大敗. 琳遣英哲, 往賀虜主. 阿羅那告英哲前事, 請罪之, 虜主卽擧手南指曰: "英哲本朝鮮人, 八年爲我民, 六年爲登州民, 今還爲朝鮮民, 朝鮮民亦我民也. 況其大男在我軍中, 小子在我建州? 父子皆爲我民, 則彼登州獨不爲我民乎? 吾得天下, 自此始, 【489a】此人之來, 豈非天乎?" 乃賜英哲帛十匹, 㺚馬一, 英哲拜謝曰: "願以此馬與阿羅那, 以報其免死之恩, 且贖竊馬之罪." 虜主曰: "英哲可謂知過而不忘恩者也." 乃以其馬與阿羅那, 又賜英哲一青騾. 英哲以其所乘馬, 付得北, 歸與得建.

數月, 我遞軍至, 英哲歸到鳳凰城, 琳謂英哲曰: "金州贖汝南草, 戶曹軍需物也, 汝其還之." 英哲還家數月, 戶曹牒管餉使, 督英哲銀二百兩, 英哲鬻青騾, 傾其家藏, 僅納其半, 而餘無以辦, 賴親族力助, 以足其數, 聞者憐之.

先是, 英哲父死於安州之戰, 母以衣招魂, 而留其衣, 及英哲東還, 與其母, 【489b】持衣往安州, 登城四周, 號哭而招之. 母曰, "我死, 必以此衣同葬." 至是, 母死, 乃以其衣葬之. 英哲有子四人, 宜尙 · 得尙 · 得發 · 起發, 英哲每念從軍苦甚, 恐其子亦然. 戊戌, 朝廷命修慈母山城, 募守卒免役, 英哲卽與四子者入居城中, 年已六十餘矣. 窮老無聊, 每意不平, 輒登城, 北望建州, 西望登州, 黯然悽思, 淚下霑襟, 嘗謂人曰: "妻子無負於我, 而我實負之, 使兩地妻子, 沒身悲恨, 今吾之困窮至此, 豈非殃歟! 然身陷異國, 終歸父母之邦, 亦何恨焉?" 英哲守城二十餘年, 年八十四而死.

【489c】外史氏曰, 英哲從征陷虜, 逃入中國, 有妻子, 皆棄去不顧, 卒能返故國, 何其志之烈也? 其事亦可謂奇矣. 及椵島之役, 出入死地, 勤勞至甚, 其功可紀, 曾無尺寸之賞, 而縣令索馬價, 戶曹又督南草銀, 使之老爲守城卒, 困窮抑鬱而死, 此何以勸天下忠志之士也? 余悲其事迹湮沒不顯於世, 故爲此傳, 以示後人, 使知東國有金英哲云.

崔孤雲傳 영남대본

【1】崔致遠, 字孤雲, 新羅人, 文昌公冲之子也. 初, 羅王召拜崔冲爲文昌令, 於是, 還家, 不食而泣, 其妻問其故, 冲曰: "君不聞耶? 吾聞之文昌故令失其妻者數十, 吾亦恐見如此之變, 故泣之." 妻亦歎息, 不能食. 居旬日, 冲將家屬, 至文昌, 乃召父老問曰: "昔聞此邑有失妻之變, 果有如是之變乎?" 對曰: "有之矣." 冲乃益惧, 每令群婢共守其妻, 而自出外, 以治其職.

乃於一日, 黑雲自起, 天地瞑暗, 風雷暴起, 雷影翻閃, 守者, 皆驚伏. 俄而, 視之, 其妻已失矣. 乃大驚出而告於冲, 驚惧不自勝焉. 先是, 以紅絲係其妻手, 而出於外, 以治其任, 及其失妻, 與縣吏李績, 尋紅絲, 至於日岳嶺巖谷下, 紅絲從巖隙而入. 乃呼妻慟哭, 李績自慰曰: "公妻已失, 慟哭何爲? 吾聞之古老曰, '此巖隙, 夜則自開', 公第還于邑, 待夜來見, 何也?" 冲從其言, 乃還邑.

翌夜, 又抵嵓谷下, 至十五步許而止矣. 忽見嵓石間有光如燭, 往視之, 果有嵓隙自開. 冲乃喜, 遂從隙入其中, 【2】地廣且沃, 花樹叢濃, 有非常之鳥, 羅滿於花枝矣. 於是, 冲喟然歎, 顧謂李績曰: "世間安有如此之地乎? 必神仙之地也." 遂東行, 幾至五十步許, 有一大家, 而甚其壯麗, 如天宮矣.

於是, 冲聞喜樂之聲, 窃入花間, 倚牕視之, 有金色黃猪, 乃枕其妻之膝, 於龍文席而睡, 又有佳女十輩羅列矣. 冲所佩藥囊, 遂開出藥, 令吹於風, 其妻以香臭, 心知夫来, 遂涕泣. 既已, 金猪睡覺問曰: "是何有人間香臭耶?" 其妻詒之曰: "風吹蘭花, 故有香臭耳. 人間香臭, 何以至此乎?" 又問曰: "君何以哀泣也?" 答曰: "吾觀此地, 與人間殊異, 我是人間之人, 恐不可長享此地, 故泣之." 金猪曰: "此地之人, 必無死理, 願勿悲也." 妻仍問曰: "吾在人間時聞之, '㕘間之人, 見虎皮而死', 果有如是之理乎?" 曰: "吾未知識, 但以鹿皮漬於溫水, 以付頸後, 則我不一言而死矣."

言訖, 而復睡, 妻欲試之, 恨無鹿皮. 忽視之, 所佩鎖纓, 乃鹿皮也. 妻潛解漬於涎, 以付金猪之頸, 果不【3】一言而死焉. 於是, 冲與其妻偕返, 而故令妻十輩, 亦賴崔冲之德, 皆歸於故鄕矣.

冲之妻所産之兒, 在家之時孕之必然, 向者, 忽被金猪之變, 冲稱其兒, 爲金猪之子, 而棄於海濱, 天恤其兒見棄, 遣天女乳哺養之矣. 於是, 妻聞之, 謂其夫曰: "始以此兒, 名金猪之子, 而棄於河邊, 實非金猪之子, 故天知晻昧之意, 令天女乳養此兒, 願令速遣人, 招還率来." 冲深感曰: "吾亦欲還率来, 然始此兒名金猪之子而棄之, 今若還来, 則人必笑我矣. 是以難之矣." 妻曰: "君若嗤笑爲難, 願作稱病, 避寓於吏舍, 如從我言, 則雖還此兒, 君無見人之嗤笑矣." 冲從之.

先是, 靈巫適来衙內, 其妻解衣授之, 問其所居, 其巫云, '居於章騎洞李僉知家前耳.' 至是, 其妻陰使人於巫家, 請之, 巫来至, 其妻乃賜帛百疋, 因說曰: "願爲我言諸吏曰, '汝員以其所産之兒, 詐爲金猪之子, 而棄於海濱, 故天憎汝員得病矣. 今若等急歸率来, 則汝員之病療矣. 【4】不然, 則非唯汝員死, 若等皆死矣.'" 乃許諾曰: "吾當力言之." 遂起而出, 仍以冲妻語, 具布諸吏, 乃愕然驚惧, 俱詣崔冲所寓之舍, 乃哭甚悲, 冲令侍人問其故, 諸吏進白, "一巫爲言我等曰, '汝員以棄兒之故, 獲病於天, 今若不還此兒, 則汝員病勢必不瘳矣. 是以哭之." 冲佯驚曰: "若然, 則吾還率来."

乃命李積等, 遣之入海求兒, 不得, 意欲還来, 忽聞小兒讀書之聲, 顧瞻海島, 有其兒, 獨坐高巖之上而讀書矣. 遂浮海至巖下, 停船仰呼曰: "公父母獲病苦劇, 願欲見君, 故我等今欲取公而至於斯也." 兒曰: "父母始以我名金猪之子, 而已棄于此, 豈不小愧, 而今欲見我耶? 昔陽翟大賈呂不韋納美姬, 知有娠, 而遂獻秦王, 七月而生所娠之兒, 則實是呂氏, 而秦王猶不敢棄, 況我之慈母娠我三月, 至文昌, 未幾, 爲金猪所失, 逾月得母, 六月而生我, 果爲金猪之子乎? 我若金猪之子, 則我之耳目口鼻, 豈非如金猪之耳目口鼻也? 【5】然而我名詐爲金猪之子, 而乃棄于此, 其爲殘忍薄行之人也. 我今何面目往見父母哉? 强欲取我, 、當沒海矣." [時]年甫三歲[矣].

於是, 李積等乃還告厥由, 冲悔之曰: "我之過也." 將州人数百而至海口, 爲兒作樓臺於海島上, 招命其兒, 名此樓臺, 其兒名其臺曰'月影臺', 名其樓曰'望景樓'. 於是, 冲自責其過曰: "吾亦慙於汝." 仍以鐵杖與其兒, 而還居五日, 天儒数千, 會其臺上, 各以所學, 竟教其兒. 由是, 大悟文理, 遂成文章. 其兒常以鐵杖, 每書千字于臺下沙中, 三尺之杖, 幾至半尺矣.

其兒爲人淸潔, 詠詩吟賦, 無不中律, 聞其聲者, 莫不讚之. 會中原皇帝出游後庭, 遙聞詠詩之聲, 澄且凉焉. 問其侍臣曰: "何處詠詩之聲, 至於斯也?" 對曰: "新羅儒生詠詩之聲也." 帝曰: "新羅雖偏小之國, 亦有賢士矣. 如此萬里絶域之外詠詩, 而其聲之美, 尙如此也. 況近之, 則顧可量歟!" 稱善者, 久之. 於是, 帝遣才士, 欲與新羅仗士相爭校藝, 天下【6】學士中, 選諸卓然者二人, 乃遣之.

於是, 學士浮海, 至月影臺下, 問於其兒曰: "如何爲者" 兒曰: "我新羅承相羅業蒼頭也." 又問曰: "汝之年歲幾何?" 答曰: "六歲耳." 學士曰: "汝知學乎?" 兒卽答曰: "人不學而可謂人乎?" 學士曰: "然則試相校藝, 可乎?" 仍乃作詩曰, '棹天波底月', 兒曰, '船壓水中天', 學士又曰, '水鳥浮還沒', 兒曰, '山雲斷復連'. 於是, 學士自知其能不及其兒,乃相謂曰:“年未七歲之兒, 其才能如此, 迸知文才過人者, 不可勝数, 然則吾等雖入新羅, 何能敵而校藝哉? 不如還去.”於是, 乃還中原, 告皇帝曰:“新羅之們文才高遠者, 不可勝数. 而其中又有尤善者, 雖如臣等百数不能敵也.”

於是, 帝大怒, 欲攻新羅, 乃以白綿, 大裹鷄卵, 盛於石函, 又煮黃蠟, 灌於其中, 不令搖動, 更以銅鐵, 鎖灌函外, 使不開見, 而仍以璽書封於持函使者曰:“汝国若不能究此函中之物而作詩獻之, 則汝国屠而滅之矣.”於是, 使者奉璽書, 至鷄林, 王【7】見之, 驚惧. 於是, 招會天下名儒於白虎館, 而仍下令曰:“能有究此函中之物作詩者, 吾且尊官與之分土.”

海島月影臺上詠詩之兒, 聞其下令及承相羅業女子色貌才藝且有節行, 改着弊衣, 詐稱鐥鏡之賈, 乃入京師, 以鐥鏡之聲, 数呼於承相門前. 於是, 羅女聞之, 仍以陳鏡, 授遣乳母, 而遂從乳母, 出于外門之內, 倚扉隙伺之, 其賈隱目視之, 心以爲美, 所操之鏡, 故墜破之, 乳母大驚, 急怒頓足, 賈兒曰:“鏡已破, 頓足何事? 願以身作奴, 以賞此鏡矣. 更無急也.”乳母入告厥由, 承相乃爲許焉. 其兒名自爲破鏡奴.

於是, 承相乃命破鏡奴, 養其羊馬, 自是, 羊馬無不肥陽矣. 一日, 牧馬山間放草, 群馬自歸林下, 天地卽爲衾枕而臥, 日暮, 山間群馬乃歸破鏡所臥之處, 皆向俛首羅立, 見者莫不異焉. 於是, 承相妻聞之, 謂夫曰:“破鏡相貌奇異, 亦多可服之事, 意必非常之人也. 願君蠲此廝役, 賜以不賤之役.”承相然而從之,【8】曾植東山之花, 仍使破鏡守視之, 自是, 花叢滋盛, 小無衰落, 而鳳鳥亦飛巢於花枝矣. 於是, 破鏡聞鳳凰之聲, 乃作悲歌.

承相乃入東山翫花, 問於破鏡曰:“汝之年歲, 幾何? 而或有學書乎?” 對曰:“年今十一, 而早喪父, 雖欲學書, 孰從學問哉?”承相戲之曰:“欲爲學書乎? 汝欲學之, 吾當敎之.”對曰:“不敢請, 固所願也.”承相笑曰:

"奇哉! ㅈㅈ!" 仍以還家, 破鏡亦以爲笑.

居旬日, 破鏡窃聞羅女欲入東山翫花, 但恥破鏡, 未果, 破鏡心以爲好, 入見承相曰: "我之来此, 今幾数年. 而一不往省老母, 願給母之暇." 承相給暇五日. 於是, 羅女聞破鏡受由歸鄕, 乃入東山翫花, 作詩曰, '花笑檻前聲未聽', 破鏡隱於花間, 忽然答曰, '鳥啼林下涙難看'. 於是, 羅女赧面羞而還.

是年春三月, 諸生上書函中之物無可以窮究作詩矣. 羅王甚憂, 謂侍臣曰: "賢才不可易得." 對曰: "賢才不可易得, 然大王群臣之中, 羅業文學有餘, 臣等可以爲究此函中之物【9】而作詩也." 王以爲然. 乃召羅業, 委以石函曰: "寡人群臣之中, 卿之文才有餘, 可作此時[詩], 故委之以函, 卿須力究作."

於是, 羅業還家, 抱函痛哭, 破鏡問於人曰: "承相有何而哭之也?" 人具以言之, 破鏡頗有喜色. 於是, 破鏡折持花枝, 往于外廳之內, 羅女支頤而坐, 悽然涙下, 忽見壁上掛鏡裏, 如有人影, 心以爲怪. 俄因窓隙伺之, 破鏡乃持花枝而立外. 羅女怪而問之曰: "汝何以入来耶?" 破鏡究語曰: "聞君欲翫此花, 故爲君折花入来, 未枯之時, 受而翫花." 羅女歔欷太息, 破鏡慰之曰: "鏡裏影落之人, 使君必無患矣. 願勿憂而速受此花." 於是, 羅女怪而起入, 不復出焉.

羅女心怪破鏡之言, 乘間謂承相曰: "破鏡雖幼童子, 才學絶人, 且有神奇之氣, 招命破鏡, 究此函中之物而作詩, 能作此詩矣." 承相曰: "汝以此事爲易發言, 何其輕易耶?" 羅女曰: "諺語雖惟薇能生大鵬, 破鏡雖駑, 安知蘊其大才乎?" 仍以破鏡無患之言告之曰: 【10】"破鏡若不才能, 何以出此言?" 承相意其頗然, 乃召破鏡, 溫言曰: "汝若究此函中之物作詩, 非徒厚賞, 當遂汝意." 破鏡固讓曰: "雖賜重寶, 豈能作詩哉?

於是, 羅女聞破鏡之言, 乃謂承相曰: "夫好生惡死, 人之常情, 故昔有一人坐事當刑, 有吏問曰, '汝若作詩, 吾當赦之', 其人不曉一字, 而乃從其命, 况破鏡文學有餘, 而佯爲不能? 今家君脅挫破鏡, 則豈無好生惡殺之心而不從哉?" 承相以爲然, 乃脅破鏡曰: "汝以我之蒼頭, 不聽吾言, 罪當斬之." 仍命他奴, 將下斬之, 破鏡佯恐許之, 放之, 良久, 破鏡持函而出中文之內, 自言曰, '此所謂多被敵兵欲殺謀臣者也. 如我者, 雖死不足惜也. 其於承相, 何爲?' 承相妻如厠, 聞破鏡之言, 入謂承相曰: "我聞破鏡之言, 全無作詩之意."

於是, 承相令乳母自諭曰: "汝之文才有餘, 而終不能作詩, 有何所欲耶? 汝有所欲, 勿敢隱我而直言, 方且啚之." 破鏡黙然良久曰: "承相以我爲婿, 則吾必爲【11】之作詩矣." 乳母入報承相, 〻〻厲色曰: "豈有以蒼頭爲婿之理乎? 汝言太謬, 然而畵女顏色賜之矣. 作詩然後, 必以爲婿矣." 令乳母出以告之, 破鏡含笑曰: "畵餠於紙上, 而終日見之, 何飽之有? 必式然後, 可爲飽腹矣." 仍以足推函而偃臥曰: "吾雖寸斬, 不能作詩也." 乳母入白, 承相黙〻不言.

於是, 羅女謂承相曰: "今家君愛我, 不聽破鏡之言, 則後必有悔之事, 願從破鏡之言, 而父母長享富貴, 不亦榮乎? 自古以来, 所可愛者, 唯獨人生而已矣." 承相曰: "善哉! 汝言. 父母之心, 若以此兒爲配, 則使汝恐有百年之患, 故無所奈何. 汝言如是, 何謂孝女矣?" 於是, 承相與夫人約爲婚姻, 乃令侍婢, 煖水洗破鏡之身, 以去其垢, 而更以羅巾拭之, 然後飾以錦衣, 遂卜日成禮焉.

翌日, 承相使人語蘭房曰: "婿郎作詩耶?" 對曰: "糊紙於壁, 自取毛公, 挾之足指而宿焉." 於是, 羅女亦憑假寢, 夢雙龍從天而下, 相交於函上, 祐有五色班衣之【12】童十輩, 奉函而乃立唱歌, 函欲自開, 俄有五色瑞氣, 出自雙龍之喉, 貫照函內, 紅衣青白之人, 羅列左右, 或製詩呼之, 或搦筆書之際, 忽覺, 夢事大異, 乃搖其夫而令寤之. 於是, 婿郎欠伸而起, 卽製其詩, 大書于糊壁之上, 龍蛇動如矣. 其詩曰:

團ㆍ石中卵, 半玉半黃金,
夜ㆍ知時鳥, 含情未吐音.

製畢, 入遣承相前, 承相見之, 頗有喜色, 猶未信焉, 及聞羅女夢中所覩之事, 然後乃信之. 奉詩詣闕, 獻于王, ㆍ見之, 乃驚曰: "卿何知而作也?" 對曰: "此比臣之所製也. 臣婿之作也. 是以, 臣不知其所製也."

於是, 羅王遂遣使者, 獻詩于皇帝, ㆍㆍ覽之良久曰: "卵云者, 是也." 乃折函見其裹, 卵成雛之形, 然後始知'含情未吐音'之句, 帝乃歎曰: "天下之奇才也." 於是, 招學士以詩示之, 莫不讚之. 一日, 學士上書, '大抵在人袖中之物, 能知者尙難, 况新羅絶域藩籬之国, 其人能知中夏細微之事, 而如此作詩, 其爲才能, 何可量哉? 中夏之大【13】如是, 而終無一士之卓然者, 况新羅偏小之国, 才能如此, 小國將有負大國之心, 願陛下須喚此儒, 以難作詩之事.' 皇帝深以爲然, 乃詔新羅徵作詩之士.

於是, 羅王招承相羅業曰: "今皇帝欲侵我国, 又徵作詩之士, 卿之婿郞, 不得已行. 然尙幼送之, 事難. 卿未代行乎?" 對曰: "臣亦推大王之言, 是也." 乃還家泣其謂家人曰: "今天子詔我国, 徵作詩之人, 可爲危矣. 婿郞尙幼, 不可遣之, 我不得已代行矣. 一行無復還生, 將爲奈何?" 於是, 羅女退謂夫曰: "君何以作詩, 今又有徵作詩之人也?" 仍以承相代行之語, 告之, 婿郞曰: "承相代行, 則非唯不還, 又有大禍, 我行之."

羅女曰: "今君棄我, 萬里之行, 則豈能復還乎?" 乃愴然淚下, 婿郞慰之曰: "君亦不知古人有言, '天生大財, 必有用', 今入中原, 則天子必用我, 大則封候, 小則將相矣, 君毋見傷. 丈夫周游天下, 自古有之, 我之此行, 是亦丈夫之道, 豈有不還之理乎?" 仍陳承相不可代【14】行之事, 羅女入謂承相曰: "婿郞自欲行之." 承相入闕上言曰: "臣預意代行, 臣婿雖幼, 才能十倍於臣, 而究此函中之物作詩, 故欲遣婿郞矣." 上以爲然, 許之.

翌日, 婿郎入闕謁見, 王問曰: "汝之年歲, 幾何?" 對曰: "十有二矣." 上曰: "汝之年少, 若是, 雖入中原, 將爲奈何?" 對曰: "誠以年體爲之, 則天下之們年長體壯者, 何不爲究此函中之物而作詩也?" 王驚愕, 乃試問曰: "汝入中原, 將何意以對皇帝乎?" 對曰: "大凡長者之於小者, 長者以長者之道遇小者, 則小者亦以小者之道事長者, 故今中国以長者之道遇小國, 則小國敢豈不以小者之道事大國乎? 此之不爲, 而顧欲侵之, 以鷄卵盛於石函送于我国, 使之作詩, 又嫉作詩之人而徵之, 大國之道, 果如是反覆乎? 如此欲令小国以小自之道事之, 是猶緣木而求魚也. 臣以此欲白于皇帝."

於是, 王大奇其言, 乃下床握手而謂曰: "汝入中原以後, 汝之鸞家, 我當復繇, 且賜衣廩, 【15】以慰將還, 唯於今行, 以爲餽." 婿郎辭謝曰: "不願他物, 而但願五十尺帽耳." 王卽造與之. 於是, 婿郎拜辭而出, 乃自稱新羅文章崔致遠, 直向中原, 至海濱, 姻黨来迓, 設酌以慰餞別. 於是, 羅女不勝離恨, 乃作詩曰:

> 白鳥雙ㆍ漂海烟, 孤帆去ㆍ接青天,
> 別酒緩歌無好意, 愁苦愁疊夜何眠.

致遠亦作慰之, 詩曰:

> 東房夜夜莫愁苦, 翠戴花顏恐衰耗,
> 此去功名當自取, 與君富貴喜居邸.

遂浮海, 至瞻星島下, 船回而不流, 致遠問其亭長, 對曰: "曾聞神龍在此島下, 願致祭禱." 致遠從其言, 遂下船登島上, 有年少幼生, 拱手而坐, 致遠怪而問之曰: "汝何爲者?" 其儒起而敬拜, 仍跪答之曰: "我龍王之子李牧也." 又問曰: "汝何爲至此?" 對曰: "今聞先生以天下文章, 將到此, 故欲從學而至此, 待之矣." 復言曰: "夫我之地, 與尊之地, 殊異, 無公子之學, 故雖欲學書, 無由得學, 是以, 我常自難曰, '我作何罪, 娛[誤]生此地, 不得公子之道耶?' 偶得【16】天下文章, 豈非天欲使我得聞聖人之道耶?"

乃重致敬, 邀入龍宮, 致遠辭而行迫, 儒生强請曰: "願須臾入留." 致遠許諾, 謂儒生曰: "汝家安在?" 對曰: "家在水下耳." 致遠曰: "然則從何而入?" 儒生曰: "願乘我背, 而少頃瞑目, 則可入矣." 致遠從其言. 於是, 儒生負致遠, 從嵓下而入水中, 比至龍宮前, 儒曰: "已矣."

致遠開目, 則至於門下, 乃立於階下, 其儒入報龍王, ㆍㆍ大喜, 卽爲出拜, 遂邀入宮, 對坐, 乃爲設酌慰之. 於是, 致遠行迫告辭, 龍王曰: "文章幸爲我見弊室, 而不留数日, 卒然遽行, 於我心有憾ㆍ焉." 仍言曰: "我之中子李牧才健過人, 願與俱行, 若有大變之勢, 能禦之." 致遠許諾曰: "當唯命."

遂與李牧俱行, 還至始相逢處, 亭長於嵓下艤船而泣, 忽見致遠, 仍賀曰: "從何處来耶?" "從仙間而来." 亭長曰: "昨日明公將祭于島上, 而狂風遽起, 白浪洶湧, 冥晝晦, 我心以爲祭不得效, 値此大變而泣之矣. 今偶得見, 其意甚幸, 可勝道哉?" 仍【17】問曰: "彼在側之童, 未知何人?" 致遠曰: "龍宮水府之賢人也." 亭長曰: "然則何以致此?" 致遠曰: "將往中原, 今爲我而至於此耳. 昨日風動晝晦者, 此儒来故也."

遂泛舟而行, 常有五色雲氣, 卽蔽浪上矣. 至魏耳島, 適旱爲甚, 萬物盡赤, 其島民人, 聞崔文章至, 趨迎哀乞曰: "此島人民, 不勝旱苦, 皆枯危亡, 而其幸不死者, 亦皆離散, 此島幾空, 今幸天下之大賢已至此土, 豈非欲延窮命也." 又曰: "聞賢人苟致至誠, 天必應之, 伏願明公特思桑林之義, 以文禱雨, 以救萬死之命." 致遠可憐其情, 顧謂李牧曰: "君之才能, 可當發勇, 洒雨以濟此島枯死之民." 李牧乃從其命, 遂入山間, 有頃, 黑雲蔽日, 天地混暗, 雨下如注, 川溝漲溢, 島民大悅. 於是, 李牧出自山間, 坐于致遠之傍.

頃之, 雲霧復合, 雷聲闐丶, 下雨如初. 俄有青衣僧, 持赤釖而下, 大呼李牧曰: "吾受命於天, 斬誅汝身, 急出待罪, 麾其釖而進, 李牧大惧, 謂致遠曰: "吾不違先先【18】[生]之命, 而不受天命, 天矯下雨, 故天憎我恣, 欲受矯制之罪, 此爲奈何?" 致遠曰: "君須物憂. 小頃隱身, 則得免矣." 於是, 李牧遂化爲蛟蛇, 隱於致遠所坐席下, 天僧謂致遠曰: "天帝亦以遣我者, 誅李牧, 以徵其罪也. 今足下隱而不出, 何也?" 致遠曰: "李牧有何罪過, 而天帝欲誅之也?" 天僧曰: "此島之人, 父母不孝, 兄弟不睦, 欺其貧賤, 陵蔑長上, 風俗如此孔惡, 故不下雨, 今李牧不受天命, 擅自下雨, 故天乃憎之, 遣我誅之矣." 致遠曰: "我爲此島之人, 乃命李牧下雨矣. 罪在我, 不在牧, 欲誅之, 誅我, 可矣." 天僧曰: "天帝命我曰, '崔致遠在天上時, 適得微罪而落於人間耳. 本非人間碌丶之人也, 汝斬李牧時, 若崔致遠懇丶止之, 愼勿誅之.'" 乃辭還天.

於是, 李牧復化爲人間於致遠曰: "先生在天上時, 作何罪而落於是間?" 致遠曰: "我以月宮桂花未開, 誣以已開, 告於天帝, 故以此作罪耳." 仍謂李牧曰: "汝雖龍王之子, 我曾未見龍【19】身, 汝爲我試之." 李牧曰: "如欲視之, 則非難也. 但先生驚且畏也." 致遠曰: "夫以天僧之威, 我尙不畏, 矧見汝身之變而畏也?" 李牧曰: "若然則吾當試之." 乃入山中化爲黃龍, 而乃呼致遠, 丶丶見之, 失魂仆地, 須臾, 復蘇, 乃謂李牧曰: "吾獨行之, 汝速還去." 李牧曰: "始以家君使我侍慰先生, 今未到中原, 安忍遽棄而乃還哉?" 致遠曰: "我之行, 幾近中原, 亦無可爲之事, 莫如還往." 李牧曰: "先生强欲還去, 則不敢違命." 仍踴躍大吼聲, 振天地而去.

致遠至浙江舍止休, 有一老媼携酒来饋, 仍以浸醬綿與之曰: "此物雖微, 必有所用, 愼物失之.” 致遠曰: “謹受敎.” 乃辭而去, 至陵原道傍舍, 有一老翁, 搤腕而坐, 問於致遠曰: “儒子將安之?” 致遠曰: “今向中原耳.” 翁慨然嘆曰: “汝入中原, 則必有大患矣. 汝須愼之, 若不愼之, 則亦難生還矣.” 致遠拜問其故, 翁曰: “今限五日而行, 則有大水當道, 而其水變又有美女, 左手奉盤, 右手奉玉而坐矣. 汝【20】見其女, 致敬拜謁而問之, 其女必詳敎之.”

行五日, 果大水變, 有一美女, 奉玉而坐, 乃敬拜謁, 其女曰: “汝何爲者?” 致遠曰: “我是新羅崔致遠也.” 又問曰: “汝將安往?” 答曰: “向往中原耳.” 女曰: “將何事而往?” 致遠具告厥由, 女試之曰: “中原大國也, 與小国殊異, 今天子聞君至, 必設九門, 然後迎入汝矣. 汝入其門, 愼勿放心, 大禍將至矣.” 仍出給符書, 誡之曰: “汝至外門, 以靑符書投之, 至二門, 以丹符書投之, 至三門, 以白符書投之, 至四門, 以黃符書投之, 至其餘門, 乃以詩答人之言, 則禍將消之.” 女仍忽不見.

進往洛陽, 有一學士, 問於致遠曰: “日月懸於天, 而天者懸於何處耶?” 致遠曰: “山川在於地, 而地者在於何處也? 汝言地之載處, 則吾言天之在處矣.” 學士不能答. 於是, 聞崔文章至, 欲誑之, 乃三門內鑿坎数丈, 令樂人伏于其中, 誡之曰: “崔文章若入来, 共奏樂聲, 以亂其心.” 又於四門內設帷, 伏象人入帳內, 乃召致遠.

於是, 致遠【21】緩步入門, 所着之帽, 觸于門上, 乃歎曰: “雖我小國之門, 我帽不觸, 况於大国之門, 我帽觸耶?” 久而不入, 於是, 皇帝聞之, 甚慙, 卽令破毁其門, 然後更招, 致遠乃入門, 俄聞地下有樂聲, 卽以靑符投之, 其聲寂寥, 至三門又有樂聲, 以白符投之, 其聲卽寥, 至四門, 見有白象, 隱於帷內, 以黃符投之, 化爲黃蜂, 繞於象口, 不敢開口, 是故無患而得入. 於是, 帝聞致遠於重門無患入来, 大驚曰: “此固天地所知之人也.” 至五門, 又有學士羅列左右, 爭相問語, 致遠不以爲應, 有作詩與之, 盖頃刻之間所製之詩, 不可勝記矣. 學士不敢復言.

及至御前, 帝下床迎之, 乃叙暄凉畢, 仍問曰: "卿究函中之物作詩乎?" 對曰: "然矣." 帝曰: "何知而作詩耶?" 對曰: "臣聞凡賢者, 雖在天上之物達知, 臣雖不敏, 豈不知函中之物作詩乎?" 帝乃心奇之, 又問曰: "卿入三門內, 未聞樂聲耶?" 對曰: "未聞." 於是, 帝招三門內樂人, 詰之, 皆曰: "我等共奏樂之際, 有【22】白衣紅衣者数千, 来縛我等曰, '大賓来矣, 勿爲奏樂.' 仍以杖擊之, 故不敢耳." 帝大驚, 令人往視, 坎中有大蛇盈滿矣. 帝乃歎曰: "此非常之人也. 不可忍也." 於是, 帳御飮食從官, 皆如天子居矣.

一日, 帝與致遠相語, 移日, 其動靜語默, 無異常人, 故帝自以爲'曩者之事, 雖異, 然朕非親見, 不足盡信, 朕觀試之.' 於是, 因食時, 先以毒藥, 納于食中, 相及對食, 致遠知而不食, 帝問其故, 對曰: "毒物在於食中, 故不食耳." 帝曰: "何以知之?" 對曰: "我占幕上鳥啼之, 知之." 帝前席已罷曰: "朕未見卿才, 自以爲過, 今不及也," 悠益厚遇, 會是年秋, 大會天下仗生, 以試科試, 儒数八萬五千五百人, 致遠亦參. 由是壯元. 帝曰: "致遠以小国之儒, 卓居其首, 甚可貴也." 仍賞賜至累鉅萬, 遂封爲文信侯.

居数年, 黃巢賊倬季等聚軍三萬人, 破陷群縣, 比年, 討之不克, 皇帝以致遠爲將, 乃見討之, 致遠至黃巢賊中, 不與相戰, 但作一幅詩乃遣賊酋, 賊人遂降.【23】於是, 致遠擒魁首而来, 帝大悅, 益封食邑, 且賜黃[黃金]萬鎰, 得幸群臣無及. 由是, 代身妬賢嫉能, 多讒曰: "崔致遠以爲中国雖大, 不如小國也." 於是, 帝大怒, 乃貶致遠於南海島上絶食, 致遠常以老嫗所授浸醬綿, 承露飮之, 得以免死.

居一月, 帝欲知致遠死否, 乃使人招之, 致遠心知其意, 以微聲應之, 使者還白幾死矣. 於是, 帝大臣皆嘲曰: "致遠以小國毗穎穎之来於中國, 萬端欺上, 幸得備位, 恃勢矯人, 今反受其殃而餓死矣." 會安南國使者, 奉貢如唐, 度致遠所謫之島, 忽見島上有儒生, 與僧共坐而讀書,又有天女数十羅列唱歌矣. 遂停船上謁, 請詩於儒, 其儒作詩與之曰: "愼勿失之." 於是, 使者拜辭至唐, 以其詩, 獻于皇帝, ゝゝ覽之曰: "是何人所製也?" 對曰: "臣所遇南海島上有儒生與僧共坐讀書, 而天女数十輩唱歌團欒, 而所製給也." 帝招群臣, 以詩示之曰: "觀其詩意, 雖若致遠所製之詩, 然絶食三月, 豈有生理, 甚可怪也."【24】乃使人更招致遠, ゝゝ高聲應之曰: "汝何爲者, 而濫呼我名耶?" 仍罵不已, 使者還白曰: "致遠非唯不死, 乃高聲應之." 帝大驚曰: "天地所恤之人也." 又命使者曰: "超還致遠."

使者奉命, 迎之洛陽宣室, 帝佯慰曰: "卿在外三月, 何不一夢見耶?" 仍言語云, "'普天之下, 莫非王土, 率土之濱, 莫非王臣', 以此言之, 汝雖新羅之人, 新羅亦我之地, 汝君亦我之臣, 叱我使者, 何也?" 致遠書一字於空中, 而躍居其上曰: "是亦陛下之地乎?" 帝大驚, 下床, 頓首謝之, 致遠謂帝曰: "陛下信聽小人之讒, 荐令臣至死, 故今還我国."

仍袖出猪字, 擲之於地, 卽化爲青獅. 遂乘其獅, 騰入雲間而来, 比至新羅境, 見有人會遊溪邊, 致遠問於一人, 紿之曰: "大王出遊." 致遠信之, 遂往見之, 乃獵人也. 遂行至東門外, 適羅王出遊, 見致遠邐遊大国, 今以還来, 乃令人捕縛致遠, 切責曰: "予欲誅汝, 而爲其功多, 故不忍加罪. 汝今以後, 毋令見我." 由是, 致遠遂將家人, 入伽倻山, 不復還焉.

文昌公事蹟

先生姓崔, 諱致遠, 字孤雲, 號海雲, 新羅沙梁部人也. 生而神異, 年甫三歲, 隱遯海島望景樓則(在合川縣), 不知何許仙風儒士數十, 雲會坮上, 各以其學競教, 【312】由是, 大悟文理, 遂成文章. 常以鐵杖, 每書于沙中, 三尺之杖, 幾至半尺矣. 有學士[唐之逸士]問曰: "汝年幾何?" 答曰: "六歲耳." 學士曰: "汝知學乎?" 對曰: "人不知學, 何謂人乎?" 學士唱詩曰: "沙鳥浮還沒, 山雲斷復連." 公聯下曰: "棹穿波底月, 船壓水中天." 學士撫背曰: "年未七歲之兒, 智才猶尚如此, 况羅之儒士, 文才過人, 可勝數歟!"

公素聞羅丞相業有一女而有德, 才藝卓越凡輩, 改着弊衣, 稱号繕鏡賈, 遂至丞相家, 呼以繕鏡, 仍伺窺見, 羅女德容, 心深爲美, 所繕之鏡, 因爲破之, 乳母大驚撞之, 公且乞曰: "鏡已破矣. 撞之何益? 願以身屬奴以償此鏡." 乳母入告, 丞相乃許焉. 由是号称破鏡奴養馬, 自是群馬, 茁肥矣. 或臥林中而睡, 則群馬乘暮聚集臥所俛首, 羅人立見者, 不知其数, 而莫不歎異焉.

丞相妻聞之, 謂丞相曰: "破鏡狀貌奇異, 亦多可賀之事, 願君蠲此厮役, 而任之不鄙之役." 丞相然而從之, 仍命守觀東園花草, 問之曰: "汝年幾何?" 對曰: "十有一矣." 又問曰: "汝知學乎?" 對曰: "未也." 丞相曰: "我十有一歲, 能知學, 而汝何不知學耶?" 對曰: "早孤【313】餘生, 雖欲學書, 孰從以學哉?" 公聞羅女入園翫花, 而但嫌破鏡之在而未果矣. 一日, 請于丞相, ﾐﾐ乃許焉. 羅女入園翫花, 詠詩曰: "花笑檻前聲未聽.” 公林下隱身花間答曰: “鳥啼林下淚難看.” 羅女赧然羞作而還.

先是, 唐毅宗猜嫌羅儒之放肆, 怒欲攻伐, 以棉花褁鷄卵, 盛以石函, 又煮黃蠟, 灌於其中, 不令動搖, 更以銅鐵漏函, 不使開見, 而仍以璽書, 付持函使者曰: “若不究此函中之物而獻, 屠滅之.” 羅王見, 恐懼, 召一國名儒, 聚白虎觀, 而因教曰: “有能究函之物作詩者, 厚加償賜.” 群臣閤奏曰: “羅丞相女子才識, 今世無比, 委以問之.” 王曰: “若不究知函物, 則罪不赦死.” 於是, 丞相撫函痛哭, 丞相女亦歔欷歎息, 破鏡默然良久曰: “若以我爲婿, 吾必究知作詩也.” 丞相勵色曰: “豈有蒼頭爲婿之理乎?” 丞相女徐曰: “家君愛我而不聽破鏡之言, 則後悔莫及.” 丞相事係在迫, 許以請詩, 曰: “團〻石中物, 半玉半黃金, 夜〻知時鳥, 含情未吐音.”

於是, 遣使獻于唐帝, 唐帝良久曰: “石中卵已然, 而欲啼而未吐音, 何【314】也?” 破函見之, 卵成雛形, 帝歎曰: “絶域偏國, 有此奇才耶?” 乃招徵作詩之人, 羅王謂丞相曰: “今皇帝初欲伐我, 而後徵詩人, 年少學士, 何以返還耶?” 對曰: “臣婿年雖十二, 而知淵體壯, 何可深慮耶? 俱船駕海而送之.” 於是, 公與丞相女餞別, 而不勝離恨, 口號一詩曰: ‘白鳥雙〻漂烟海, 孤船去〻接青天, 別酒緩歌無好意, 長年愁疊夜何眠.’ 公亦作詩慰之曰: ‘東方夜〻無愁苦, 翠黛華顔恐衰耗, 此去功名須自取, 與君富貴喜邸居.’

遂浮海入唐, 尋師力學, 唐禧宗乾符元年甲午登第, 初調授漂[溧]水縣府, 考績陞遷, 爲承務郎 · 侍御史 · 內供奉, 賜紫金魚袋. 時黃巢反, 高駢爲諸道行兵營都統, 以討之, 辟公爲從事巡官, 委以書記之任, 其表狀書啓告檄, 皆出公手. 其檄有曰: “不惟天下之人皆思顯戮, 抑亦地中之歸已議陰誅”之語, 巢見之, 不覺下床. 由是, 先生名震天下, 及年二十八, 唐禧宗知先生有歸寧之意, 使將詔書, 來聘本國. 新羅【315】憲康王輒留先生, 爲侍讀兼翰林學士 · 兵部侍郎 · 知瑞書監. 先生自以西學多所得, 及來欲展所縕, 而衰季多疑忌, 出爲太山郡(今泰仁縣)太守, 眞聖七年, 先生時爲富城郡(今瑞山郡)太守, 祗召爲賀正使. 眞聖王八年, 進始務十餘條, 王嘉納之.

先生自唐還東, 遭値世亂, 動輒得咎, 無意仕進, 自放於山林之下·江海之濱, 始刱文風, 從事理學. 若慶州之南山, 剛州之氷山, 陜州之清凉寺, 智異之雙溪寺, 合浦之月影坮, 皆先生遨遊之所. 晚年休官托仙, 入合川伽倻山, 交結神仙, 默丹彈琴, 百泉之上, 吟咏風月, 其詩曰: 萬里千峰領略故, 蕭ゝ木葉点僧衣, 靜陽寒雨焚香夜, 遽瓊方知四十非. 盖出塵高尙之意也. 又曰: 東飄西轉路多岐, 獨策羸驂幾苦辛, 不是不知故去好, 只緣故去又家貧. 盖窮輒傷嘆之意也, 然則非先生不遇時, ゝ不遇於先生, 以終其身焉. 先生之桂園筆耕二十卷, 又文集三十卷, 行於世, 則不可編錄, 而其中選於箕雅者, 畧錄数篇.

題秋雨中詩, 秋風惟苦吟, 世路少知音, 窓外三更雨, 燈前萬里心. 【316】題臨鏡臺詩, 煙巒簇簇水溶ゝ, 鏡裏人家對碧峯, 何處孤帆飽風去, 瞥然飛鳥杳無踪. 贈金山寺主人詩曰, 白雲溪畔刱仁寺, 三十年來此住持, 笑持門前一條路, 纔離山下有千岐. 題芋江驛亭詩, 沙汀立馬待回身, 一帶烟波萬古愁, 直得山平兼水渴, 人間離別始應休. 題伽倻山詩, 狂奔疊石吼重巒, 人語難聞咫尺間, 或恐是非聲到耳, 故教流水盡聾山.

智異山有一老㝘, 於岩窟中, 得刻石異書, 求禮倅閔大倫傳於世, 其詩曰: 東國花開洞, 壺中別有天, 仙人推玉枕, 身世欻千年, 萬壑雷聲起, 千峰雨色新, 山僧忘歲月, 唯記葉間春, 雨餘多竹色, 移坐白雲開, 寂寂因忘我, 松風枕上來, 春來花滿地, 秋去葉飛天, 至道離文字, 元來在目前, 澗月初生處, 松風不動時, 子規聲入耳, 幽興應自知, 擬說林川興, 何人識此機, 無心見月色, 默ゝ坐忘歸, 密旨何勞舌, 江澄月影通, 長風生萬壑, 赤葉秋山空, 松上青蘿結, 澗中白月流, 石泉吼一聲, 萬壑多飛雪. 此詩盖取適遯世【317】之意也.

伽倻山石眉庵, 岩有刻詩, 新羅末裔愛邱山, 深鎖雲林不出寰, 三見仙桃花結子, 笑他人老百年間, 盖先生所作也.

先生自唐東還時, 皇上特命贈爵先生父祖二公, 則奉制上謝表, 而東國累經兵燹文獻帙, 則先生遺稿, 亦多付灰, 而題晦軒案上有東國文選数十卷書, 盖東國文章諸賢所製詩賦箋表序記銘頌也. 其中有先生謝表所製, 故玆以謄傳附于左. 世間傳言, 孤雲先生, 率其妻孥, 入山學仙, 長生不死云, 何世人之易惑也.

話東人物叢記 전남대본

竹松塢崔[徐甄]曰: "新羅人物論史臣曰'英雄豪傑莫如金庾信, 明白正大, 莫如金陽之說', 旣得詳聞矣. 崔致遠出處事實, 文章成學, 無可議於廡食聖廟乎?"

耘谷元[天錫]曰, 世傳云, 其父崔冲爲文昌令, 冲妻爲金猪所失, 冲妻問猪所忌, 猪曰: "鹿皮漬水付頂, 則卽死." 冲妻以佩刀纓鹿皮, 漬涎, 乘寐付腦, 猪卽死. 以紅絲係妻腰, 尋絲至窟, 得妻而歸, 生致遠, 冲疑金猪所孕生, 棄之海濱, 天知其曖昧, 爲遣天女乳養. 其後冲有疾, 問于巫卜, ⸱⸱曰: "棄兒之故, 得罪於天, 若不還此兒, 病終不起."

此說不啻世傳, 又載孤雲事實, 何其誕而誣後之甚耶? 盖上古人生物産, 未全其理, 陰陽不純, 老獸化形于人, 奪人妻女, 称或有之, 以此據王觀之, 亦多異奇事, 何者? 有呑鳥卵【5】而生者, 踐人跡而孕者, 又有剖卵得兒者, 開櫝卵得兒者, 亦有熊化女人生兒者, 石轉而得兒金色蛙形者, 爲日影疑而生卵形得兒者, 龜峰山有金盒, ⸱中金卵皆化爲男子者, 老嫗化爲男子云者. 視之則有上古, 或可謂怪異事, 亦或可謂虛誕事. 然呑卵以生, 踐跡以孕, 聖賢於經典, 亦信之, 可謂虛誕, 實爲妄發. 然則其餘異事史傳者, 猶或謂之, 亦信者矣. 由此究之, 獸奪人妻, 猶或可歎, 天遣天上女乳養, 何一是誕妄也. 自古在昔, 天女仙婦降乳人, 異端方士家, 誣惑世說, 多或有之, 於典經實史, 何有之乎? 東史古有多波那國王者, 取女國王女子而生卵, 以爲不祥, 置櫝棄海, 而浮至阿珍浦, ⸱嫗開櫝, 得兒養之, 此必是阿【6】珍浦嫗得兒養之⸱類, 而崔氏世乘,以'天遣天上女乳養'載之, 厚誣來世.

且云冲使李績, 入海求兒, 忽聞小兒讀書聲, 顧瞻海島, 兒在巖上讀書, 李績見其狀貌肖類冲, 俱言其故, 又言汝父病故來迎耳. 兒曰: "乳養我母, 卽天上夫人, 而云人棄汝于海濱, 故收育之, 今然則然, 始以金猪之子棄之, 今不愧而欲見耶?" 遂不趍命隱海, 三歲不返. 冲作樓臺于海上遊跡處, 名之曰望子臺 · 思子臺 · 兒來坮, 樓趾見楣號, 改名之曰月影臺 · 望景樓. 日與天儒千人, 會臺樓上, 各以所學教之, 大悟文理, 遂成文章. 又以鐵杖, 每書千字於臺下沙上, 三尺之杖, 幾至半尺.

音韻淸越, 吟咏中律, 一夜聞笛聲, 乃詠李杜詩. 中原皇帝遊後庭, 聞誦詩聲, 【7】問侍臣曰: "何處咏詩之聲, 至於斯也?" "新羅儒生咏詩之聲也." 帝曰: "新羅偏小之邦, 亦有賢士." 稱善久之, 帝欲遣才士, 與羅儒較才, 乃選學士中文才者二人, ⺀⺀浮海至月影臺下, 問兒曰: "汝是何如人?" 兒曰: "我新羅丞相羅業之蒼頭." 又問年歲幾何, 曰: "六歲." 曰: "知學乎?" 曰: "人不知學, 何以爲人乎?" 曰: "然則試相較才." 乃作詩曰: '棹穿波底月' 答曰: '船壓水中天' 學士曰: '水鳥浮還沒' 答曰: '山雲斷復連' 學士乃自知其才不及曰: "年未七歲兒, 才能如此, 況羅國成文士, 必不可勝記." 仍還告于帝曰: "羅儒文才, 雖如臣等百數不可敵."

帝以綿褁鷄卵, 盛以石函, 以黃蠟灌其封, 不能使開見, 璽詔於羅王曰: "若不究此函中之物而賦詩獻之, 滅汝國." 【8】王見之大驚, 招國中名儒, 下令曰: "有能究此函中之物作詩者, 高官分土."

是時, 月影臺遊兒入京, 聞羅業有女, 色貌才能絶倫, 兒着弊衣, 爲磨鏡賈, 呼以繕鏡, 羅女以恠之, 以鏡授乳母而出, 從乳母窺門扉之隙而見之, 賈忽見羅女顔色, 以鏡欲爲留緣之售, 墮破于地. 乳母怒撞之, 賈哀乞曰: "鏡已破, 撞之何益? 以代鏡價, 願爲奴報鏡." 丞相許之, 仍號破鏡奴, 除厮役, 守花園, 破鏡奴聞鳳鳥之聲, 乃作悲歌, 丞相入@園, 聞歌聲, 問曰: "汝年幾何?" 曰: "十一歲." 丞相奇愛之, 破鏡奴聞羅女欲翫園花之行, 告歸於丞相, 給由五日, 入隱於東山中, 羅女知破鏡歸家, 入花園, 乃作詩曰: '花□檻前聲未聽' 奴隱身花間應曰: '鳥啼林下淚難看' 羅女忤而【9】返.

是時, 諸生不能究函中之物, 王憂之, 群臣奏曰: "羅大臣文才睿鑑, 可能究函中物." 王乃召羅業, 委以石函曰: "卿才可解作詩." 羅業家惶惧, 不知所爲而痛哭, 奴淡[深]有自負而喜色, 折花枝, 入外廳而內, 羅女坐泣, 忽見壁上掛鏡中人形在之, 仍窓隙見之, 乃破鏡奴奉花枝, 立於外, 羅女恠問奉花枝, 奴跪告曰: "使老爺欲翫之, 爲之折來." 羅女垂淚歎息, 奴曰: "鏡裡影落人使君, 安知無患乎?" 羅女疑其言, 入告丞相曰: "破鏡奴雖童子, 才學有神仙之氣, 召試命究函物作詩之."

丞相召誘之曰: "解函物, 又作詩, 厚賞. 聽汝所願." 對曰: "雖賞, 豈能解之?" 丞相使之將斬, 奴持函出, 坐中門外, 自語曰: "此所謂方欲敵人之兵, 而欲殺謀臣者也." 丞【10】相夫人如厠, 聞此言, 入謂丞相曰: "破鏡奴終無作詩之意." 丞相以乳母自喻曰: "汝之才識, 能作詩, 而有何所欲, 至死不爲? 有所欲, 言無隱." 良久曰: "若以我爲婿, 則解之, 詩之." 乳母告丞相, 黙然面怒, 女徐奏曰: "家君嫌我辱而不聽鏡奴之言, 後若有悔, 必莫及. 願棄我從言." 丞相曰: "汝言善矣." 與夫人約爲婚姻, 卜日成禮. 明日令促詩, 婿曰: "是無難." 令妻塗紙於壁, 挿筆足指而睡. 丶覺, 製詩, 大書塗壁之紙, 其詩曰: '團丶石中卵, 半玉半黃金, 晝夜知時鳥, 含情未吐音.' 奉詩詣闕獻王, 丶遣使獻帝, 丶見詩曰: "卵則然, 未吐音, 不是也." 坼函而見之, 褁卵乃綿中成雛, 乃知'含情未吐音'之句意, 歎天下奇才, 而謂群臣曰: "小國有人如此, 必有凌侮【11】大國之心, 詔徵作詩之人."

王召羅業入唐, 業還家, 語夫人曰: "婿郞年少不可遣, 吾當入去." 婿曰: "丞相代行, 則非惟不返, 必有大禍. 我當行之, 請王五十尺帽, 自

[自稱]新羅文章崔致遠." 將入中國, 妻以詩贈行曰: '白鳥雙〻飄海烟, 孤帆去〻接青天, 別酒緩歌無好意, 長年愁疊夜何眠.' 致遠和慰曰: '洞房夜〻莫愁苦, 翠黛花顔恐衰耗, 此去功名當自取, 與君富貴喜同邸.'

遂發行, 至中國, 諸學士問'日月懸於天, 〻懸於何處耶?' 曰: "山水載於地, 〻載於何處耶? 汝先言地之所載處, 則吾言天之懸處." 諸學士不能答, 天子所入, 致遠着五十尺帽, 入門, 觸於門上, 乃歎曰: "小國之門不觸我帽, 大國之門, 觸我帽耶?" 不入, 帝急毁門入之, 令學士左右【12】作詩投之. 致遠左酬右答, 不絶如流. 帝下床迎上座曰: "卿究函中物而作詩乎?" 致遠對曰: "然矣." 帝曰: "崔致遠非常人, 不可忽待." 飮食從官如天子居也.

是年春, 帝大會天下儒士數千人, 設科試之, 致遠爲壯元. 帝曰: "以小國人爲壯元, 甚可貴也." 封文信侯. 時黃巢賊起亂, 帝以高駢爲諸道兵馬都統使, 命討賊, 高駢乃辟致遠爲從事官, 委以書記, 徵兵告檄, 皆出其手云〻, 而一說從高駢臨戰陣, 不與黃巢敵戰, 惟作檄書遺敵中, 賊遂降. 帝大悅, 益封食邑, 賜黃金五萬鎰. 由是, 儕僚嫉之, 黜謫南海島, 致遠以鹿脯, 暗藏於裝具, 以爲資食, 居島三月. 中國人謂致遠三月不食必死矣, 使人試呼, 致遠高聲應之, 中國人以謂神, 奏天子, 【13】使人招還, 爲侍御史, 供俸倍前. 於是, 名震天下云〻.

年二十八東還故國, 不復仕進之, 自放於山水之間, 慶州南山, 剛州氷山, 陜川清凉山, 智理山雙溪諸剎寺, 合浦縣月影臺, 皆遊翫之所也. 後挈家隱伽倻山海印寺, 與母兄浮屠賢俊及定玄師, 結爲道友, 以終云〻.

史臣書曰: 高麗顯宗追贈文昌侯, 從祀孔廟, 初我高麗太祖大王在潛邸時, 致遠貽書, 有'鷄林黃葉, 鵠嶺青松'之句, 謂有密贊, 乃加是命. 羅王聞而惡之, 致遠帶家隱居海印寺終焉. 其知鑑之明, 羅人服之, 以其所居之地名曰上書庄云〻. 有崔孤雲集三十卷, 又有新唐書藝文志載公四六集一卷, 桂園筆耕二十卷, 而以'鷄林黃葉鵠嶺青松'之句, 密贊我太祖, 我【14】顯宗大王十一年, 追贈文昌侯, 使配食大聖廟.

今觀致遠事實世傳云者, 則可合於廡食聖廟乎? 其所謂'是[始]以金猪之子棄之, 今不愧而欲見耶?' 遂不趨父命, 止海, 三年不歸, 又改父之所名樓臺曰月影臺·望景堂, 可謂孝乎?

李績入海求兒, 忽聞小兒讀書聲, 顧瞻, 則兒在岩上讀書, 然則其人也, 似是三歲不師而知讀書, 恣近生知也, 然此必是其海濱收養嫗使置師入教, 而世傳載彼誕妄, 此非致遠之舞世也, 李績所傳與史臣裁之者, 妖誕矣. 然而謂其收養嫗立師而教之者, 言之資得之絶倫, 實爲然矣. 然則必學力上知, 其有人父子至親不相悖之理, 而以責父之無愧, 遂拒命不趨, 是可謂合於人倫乎?

且海上遠島, 自古【15】天下亡命者, 謫客者, 浮商流賈之所都會地也. 而或其中亦有文人術客輩, 惜其秀才, 留從與遊, 而各以所學教授也, 以謂'日與天儒, 會遊坮上受學', 何其以此妖誕妄說舞弄後世乎? 盖自古至誠窮求於天儒仙跡者, 不爲不多矣, 謂之誰有得見者乎? 其從仙去逢仙遊者, 一是誕妄而皆出於術客誣惑者. 世說中罔有見於典謨傳史元全上, 然則信之可乎? 亞聖曰'盡信書, 則不如無書', 此眞萬世開蒙之訓也.

其曰'聞笛和咏李杜詩, 中原天子遊後庭, 聞誦詩聲, 問侍臣, 〻〻曰新羅儒生詠詩聲', 觀於此說, 致遠事蹟之誕妄, 尤爲不攻自露矣. 夫海上孤島, 與唐帝宮庭, 其間幾箇千里, 而致遠誦聲, 何以及於帝? 〻之耳聰, 何以【16】達乎海島? 而侍臣亦豈盡及於提耳之聞耶? 其又詠李杜詩云, 則必是所與坮上遊者, 皆天下謫客亡命者, 浮商流賈者, 而往〻轉及, 又其有與帝庭侍臣押親者, 欲要惑弄帝聰, 與其中之人假竊依倣于致遠之誦音, 乘夜遊庭而聞, 則帝必有問, 侍臣者掌弄君父, 而奏謂新羅儒生詠詩聲. 噫! 彼臣也, 若非其黨徒, 假雖謂自羅國來儒聲, 豈知自謂羅國來儒聲耶? 豈唐帝宮庭無非狐媚佞盜? 而本德宗皇帝亦唐之昏慵主也, 以此爲信, 命送文士, 以較才, 不討其佞誣之賊, 此獨非致遠交黨弄世之有罪也, 唐朝君臣亦多頗可笑處矣.

又彼致遠年至十一歲, 而聞新羅丞相羅業有女, 色貌才能超倫, 潛作磨鏡奴, 而懷羅家留緣【17】偸媒之計, 墮鏡破之, 哀乞報鏡作奴, 因作破鏡奴. 聆鳥聲而賦歌詠之, 而以欺惑羅相, 而謂聞鳳歌, 要得譽美. 又聞羅女子有翫花之意, 而欺主相公, 請得給由五日, 而潛隱花園, 要求與女子和詩, 倖得主家艱難事, 不告父母而要娶妻, 前後至此, 使親以謂俾無其子而誣. 來赴天子召命時, 和妻詩云, '翠黛和顔恐衰耗', 以此觀之, 此亞聖所謂天下罪人, 是也, 踰墻穿穴, 何有甚者? 國家若使之當路, 則莽郿輩豈獨有爲漢賊? 和妻詩, 則以其涓吉具禮之天匹, 待之青樓妓, 齊家不敬, 亦其有此甚哉! 又所謂終身遊蹟, 無非寺刹, 與結道友者, 亦皆浮屠輩, 又挈家隱居終身者, 亦寺刹之傍, 則其平生終志之實, 可知.

而又盡考其所著, 亦【18】莫不出乎文章詞華之巧工, 且功利之聞, 悪尤之上, 屑者也, 此謂之合乎同享聖廟? 然則釋氏老子之流, 孰不爲配聖廟? 司馬相如 · 東方朔 · 枚皐 · 李太白 · 嵇康 · 阮籍 · 衛青 · 李廣利輩, 孰不爲入坐聖廡? 其所以可觀之蹟言之, 則眞聖女主時, 疏陳時務等書類也. 以此等事謂合, 則賈誼 · 陸贄之徒, 何不先從享大聖廟哉?

且觀於其贊狀, 美儀少情, 侮入唐, 學問不怠, 云ヽ[云ヽ處者, 較才戰功與幷和時]. 二十八有歸寧之心乃歸, 而盖自唐德宗相授詔以來, 留爲侍讀兼翰林學士等爵, 公自西仕大唐, 東歸故國, 皆遭亂世, 此[屯]邅蹇連, 動輒得咎, 自傷不遇, 無復仕進之志, 而逍遙自放, 山林之下, 江海之邊, 作臺榭植松, 置書史, 嘯咏風月云ヽ[云ヽ處者, 其俱見平生所著集之上], 【19】豈不謂美媚贊哉? 然但持此尊之, 亦不過爲一屑者, 隱棲之士, 於道德, 眞儒之不悪不尤成立者, 奚合哉?

夫周武非謂不聖, 而奉天命者也. 殷紂非謂不惡, 而自絶于天者也.

當武聖行天討吊斯民之時, 有如夷齊者, 尙曰'以暴易暴', 以此亞聖擧歸謂淸聖, 况彼致遠預讖媚于我○太祖大王於潛邸無意之時, 以夷齊之徒討之, 當如何也哉? 我○太祖大王, 雖非逆取, 而以擧國人與天, 同心歸赴, 推戴, 而以順天命, 改移之, 如何耳? 羅朝非絶於我○聖祖, 而亡於逆孽弓裔, 〻〻又自絶于天, 已失國人, 罔有加焉者矣. 國人順天命, 正律理光明, 棄賊而歸德歸仁, 如水之就下, 推戴我○聖祖.

然彼致遠時, 則我○聖祖潛邸微時, 此時【20】則鄕曲一匹夫也. 羅王常存, 國兆尙繼, 天心姑留, 下監如何, 而致遠以'鷄林黃葉, 鵠嶺靑松'句, 預揣密贊, 如是示的然, 此以臣子而欲絶其君父之兆, 爲樂冀望者矣, 直新羅賊魁也. 我○聖祖於此時, 若大揚義綱, 斬賊風世, 以後爲天人一心之推戴, 如湯武幷列, 而功烈益光, 德光益烈矣, 道可以無慚於湯武. 而惜哉, 不然者也. 我○聖廟以其密贊潛邸時, 謂其知人之賢, 追封文昌侯, 又不考穿穴, 幸倖之事, 不問昌[倡]優滑稽之蹟, 只以文章風采爲愛, 而擧此依眞携異之賊, 使之廡食○聖廟, 彼雖爲鬼, 敢同享在聖哲靈明之側乎? 未知我○顯聖之心, 如何而爲之爾!

竹松塢曰: "致遠事蹟, 甄嘗疑之, 幸得明聞也. 新羅人物隱【21】逸士, 不爲不多, 而誰得其眞樂於窮處哉!"

서해무릉기 김광순본

【1】아국 졀나 젼쥬 북촌에 일위 명공이 잇스니 셩은 뉴요 명은 현즁이라 소년등과ᄒᆞ야 연기 이십에 홍문박ᄉᆞ로 셩명이 원근에 진동ᄒᆞ니 공이 스ᄉᆞ로 득명함을 불열ᄒᆞ야 자품을 드리고 관명을 바려 향니에 도라갈ᄉᆡ 상이 그 ᄌᆡᆨ명을 앗기ᄉᆞ 특지로 이조참ᄑᆞᆫ ᄃᆡ제학으로 부르시니 공이 마ᄎᆞᆷᄂᆡ 칭병퇴조ᄒᆞ고 물너와 본가의 도라가 장ᄌᆞ방의 벽고ᄉᆞ[벽곡ᄉᆞ]를 외오며 도연명에 청평ᄉᆞᄅᆞᆯ 을퍼 홍화뉴슈와 청풍녕월에 한가히 즐기며 부인 뉸시난 이조판셔 뉸공에 녀아라 셩덕이 겸젼ᄒᆞ고 ᄌᆡᆨ용이 졀뉸ᄒᆞ니 공이 듕ᄃᆡᄒᆞ고 공경ᄒᆞ야 셔로 어기미 업스나 오즉 셩혼한 지 십 년 셩상에 슬ᄒᆞ에 일졈 골육이 업셔 부부 양인니 ᄆᆡ양 슬허ᄒᆞ더니 이십여 년만에 호련 잉ᄐᆡᄒᆞ여 십 삭만에 일지 옥동을 나흐니 용뫼 비범ᄒᆞ고 융쥰한 골격과 늠〻ᄒᆞᆫ 기상이 학우신션이요 젹강리ᄇᆡᆨ이라 명을 연니라 ᄒᆞ고 ᄌᆞ난 션관니라 ᄒᆞ더라 이에 만득ᄋᆡᄌᆞ 슈샹보ᄇᆡ 다시 업ᄉᆞᆫ지라 일노조ᄎᆞ 부부 셔로 즐김이 【2】ᄉᆞ시츈풍이오 반졈 흠ᄉᆡ 업셔 춘화츄월에 아ᄌᆞ를 어라만져 부인으로 화락ᄒᆞ니 한업ᄉᆞᆫ 경ᄉᆞ를 어ᄃᆡ 비ᄒᆞ리요

셰월이 임염ᄒᆞ야 뉴공ᄌᆞ 칠팔 세에 이르니 언어 도량과 지셩지효범아에 비치 못ᄒᆞᆯ네라 이어 총명다ᄌᆡᆨᄒᆞ야 문학 필법이 일취월장ᄒᆞ니 뉴박사 ᄃᆡ히과망ᄒᆞ나 도로혀 아[이]갓치 숙셩함을 깃거 아니ᄒᆞ

더라 연니 나이 십뉵세 되민 기이한 문장과 장디혈난한 동지 당세에 일인니라

공주 일ᄋ은 부친씌 나아가 엿주오되 요ᄉ이 듯ᄌ오니 황셩의 과거 소식이 잇ᄉ오니 소ᄌ 비록 지조 업ᄉ오나 한번 나아가 시험코져 ᄒ나이다 공이 허락ᄒ고 다시 경계 왈 당시 쳐ᄋ 붕당이 셩ᄒ니 가장 용녀되는지라 네 비록 칠보에 능함과 두시에 유여흠을 가졋스나 지조를 품어 임ᄒ의 은니옴[은거흠]이 가한 고로 허ᄒ나니 한번 나아가 용듀를 격거[것거] 일흠을 빗ᄂ고 슈이 도라와 조정사에 참예 말나 ᄒ니 연니 슈명ᄒ고 힝니를 ᄎ려 양친게 지비 ᄒ직홀ᄉ 뉸시 쏘한 연의 손을 줍고 머리를 스다듬어 왈 과거를 쌜니 도라옴을 이르더라

뉴공ᄌ 이에 마샹의 올나 경셩으로 힝홀ᄉ 【3】ᄯ는 마츰 즁츄가졀이라 금풍은 삽ᄋᄒ고 시ᄂ는 즌ᄋ 흐르며 산금은 도입 사이로 왕ᄂᄒ며 지져귀니 경치 가려흔지라 공ᄌ 말을 멈츄어 글을 을푸며 힝음 업시 경ᄉ에 득달ᄒ니 과일이 박두ᄒ엿난지라 시귀를 ᄎ려 쟝즁의 드러가니 각향 션비 일제히 모혀 시작이 분ᄋᄒ나 엇지 져마다 등과ᄒ리요 이에 뉴공ᄌ 삼싱 지기를 토하야 일슈를 지엇더니 장원의 ᄲ엿난지라 만죠제신니 그 지조를 기특히 너겨 칙ᄋ 칭찬ᄒ며 일변 경아ᄒ여 왈 뉴박ᄉ 본디 고독일신으로 늣도록 무ᄌ함을 슬퍼ᄒ더니 어나 ᄉ이 옥동 기ᄌ를 두어스며 도한[쏘한] 이갓치 조달ᄒ야 영귀흠을 보니 엇지 인싱복녹을 뉘 능히 미리 알니오 ᄒ더라

이에 상이 못ᄂ 사랑ᄒᄉ 승문졍 틔학ᄉ를 ᄒ이시니 싱이 ᄉ은숙비ᄒ고 물너나와 빙셜가상의 빗난 월게난 고음을 자랑ᄒ고 반악과 진평의 관옥 갓한 풍치를 묘시ᄒ며 위가 쥬랑에 말ᄌ 지조를 염ᄒ야 어쥬를 반취ᄒ야 두샹 어ᄉ화를 쏫고 몸에난 청삼이 표ᄋᄒ여 금풍

에 붓치인 연화 청슈의 잠겻난 듯 이화 일지 츈우를 마신 듯 쇄락ᄒᆞᆫ 안식과 슈려한 거동이 만고에 무상이라 보【4】난 ᄉᆞ람 뉘 아니 흠앙ᄒᆞ며 공후 직샹이 다 각ᄀᆞ 이셔 삼고져 ᄒᆞ나 청운에 직조랄 쎨칠 다람이오 옥게 금난의 인듀를 밧들 이ᄉᆞ 업난지라 삼일뉴과 후 직안을 바리고 홍픽를 품어 향니에 도라와 부모게 빅알홀식 쳡ᄀᆞᄒᆞᆫ 영광과 텰ᄀᆞᄒᆞᆫ 위에 문호를 빗닉니 봉향ᄉᆞ픽위 쌀 둔 직 구혼ᄒᆞ나 니 문에 뫼엿스딕 박ᄉᆞ 틱부홈이 비샹ᄒᆞ야 규목 갈담과 요조슉녀랄 구ᄒᆞ여 경망이 허치 아니터라 공ᄌᆞ 쏘한 상젹ᄒᆞᆫ 빅위랄 어더 일싱을 종고낙지에 안락을 누리고져 ᄒᆞ야 관져호구를 구ᄒᆞ려 쓰지 고산 갓흐니 부모 근심ᄒᆞ더라

일ᄀᆞ은 공ᄌᆞ 부친의 명을 밧ᄌᆞ와 영홍 짜의 가셔 최할님께 문후할식 원닉 최공은 한님학ᄉᆞ요 홍문 교리를 지닉고 인ᄒᆞ야 벼술을 바린 후 고향의 도라와 틱평으로 안거ᄒᆞ더니 슬ᄒᆞ에 이ᄌᆞ 일녀를 두엇스딕 개ᄀᆞ이 아람다온 즁 여아난 더옥 그이ᄒᆞ나 아직 셩혼치 아녓더라 최공은 뉴공과 이셩지종간니라 마츰 최공이 흠질이 이스믈 듯고 유박ᄉᆞ 아ᄌᆞ를 보닉여 문병ᄒᆞ니 공ᄌᆞ 최가의 가 슉부게 뵈온 후 최싱 형뎨와 한훤을 맛고 닉당에 드러가 슉모게 문후할식 최소져와 뉴공ᄌᆞ로 더부러 삼종간니라 셔로 보지 아니터라

날이 져무러 ᄎᆞ야를 지닉고 익일 평명에 두루 거러 밧게【5】나와 닉정 후원으로 마참 한 곳으로 이르니 한 별당이 잇고 화게를 무어 취슈를 막앗난딕 일위 소져 사창을 열치고 슈션을 다ᄉᆞ리다가 우연희 이러셔며 경개를 와상[완상]홀식 공ᄌᆞ 마츰 바라보니 홍샹취슈는 암향을 토ᄒᆞ고 녹옥봉익은 황식 비등ᄒᆞ는 듯 팔ᄌᆞ 아미와 미려ᄒᆞᆫ 용모는 삼오 명월이 반공에 소산난 듯 도화 양협이며 일졈 단슌은 오월 잉도 이슬에 져즘 갓흐니 멀니셔 바로봄에 일지 힉당화 조양의 반개

ᄒᆞᆫ 듯 아담ᄒᆞᆫ 자최 진짓 졀셰미인이니라 공ᄌᆡ 경향으로부터 진실노 본 바 쳐음이라 졍신니 황홀ᄒᆞ고 심혼이 슬난ᄒᆞ야 넉시 일코 츄파를 나초아 아득히 바라보던 ᄎᆞ 잇ᄯᆡ 소져 ᄌᆞ연 알고 급히 창을 다드니 그 옥면향풍을 두 번 보기 어렵더라

공ᄌᆞ 낙막져상ᄒᆞ여 침음반향에 졍신을 ᄎᆞ려 거름을 돌닐ᄉᆡ 심ᄉᆞ에ᄒᆞ야 기리 상양ᄒᆞᄃᆡ 원ᄅᆡ 최슉에게 이러한 규슈 잇슴을 듯지 못ᄒᆞ엿더니 아람답고 그이ᄒᆞ도다 엇지 세샹의 져 갓ᄒᆞᆫ 미ᄉᆡᆨ이 잇난 쥴 아랏스리요 셔시 왕모와 월궁항아로 병구ᄒᆞ니 고금에 드문 졀ᄉᆡᆨ이【6】라 쳔에야 엇지 친쳑으로 분ᄒᆞ야 뉴연에 ᄇᆡ우를 막으시나뇨 만일 져 소져 아니면 구슬 돗과 봉황 벼개라도 부ᄒᆞ에 ᄭᅮᆷ을 일우지 못ᄒᆞ리니 반다시 무쳐ᄒᆞ리로다 나의 풍졍이 ᄆᆡ양 미ᄉᆡᆨ을 사랑ᄒᆞᄂᆞ니 뉘라셔 알니오 임에 심ᄉᆞ를 것줍지 못ᄒᆞ여 최공 부ᄌᆞ를 무심히 아니 넉여 심ᄂᆡ의 경혹ᄒᆞ나 뭇지 아니ᄒᆞ더라

임에 조반 후 본부로 도라와 이후로부터 ᄌᆞ연 심ᄉᆞ 울ᄒᆞ고 침식이 불감ᄒᆞ야 옥면니 초최ᄒᆞ고 안ᄉᆡᆨ이 여토ᄒᆞ며 졍신니 다황ᄒᆞ야 힝신과 말솜이 온당치 못ᄒᆞ고 거동이 슈쳑ᄒᆞ니 부모 크게 근심ᄒᆞ며 보ᄂᆞᆫ ᄌᆡ 의심ᄒᆞᄃᆡ ᄌᆞ최 업슨 금심을 엇지 층양ᄒᆞ리오 오직 묵ᄒᆞ야 소회 잇ᄂᆞᆫ 듯하니 윤부인니 아ᄌᆞ 침변에 안ᄌᆞ 병세를 근심ᄒᆞ며 신근니 문왈 너ᄂᆞᆫ 무슨 병인지 여ᄎᆞ 고이ᄒᆞ니 네 심즁에 품은 회포를 한번 일너 ᄉᆞᆼ에 여한니 업게 ᄒᆞ라 공ᄌᆞ 감읍ᄒᆞ야 능히 은휘치 못ᄒᆞ고 심사를 고한ᄃᆡ 소ᄌᆞ 실노 최소져를 잇지 못ᄒᆞ와 쥭을지라 쳐음 힝젹을 뉘우칠 ᄲᅮᆫ니언졍 다시 두루혀지 못ᄒᆞᄂᆞ이다 부인니 쳥파의 ᄎᆞ경ᄎᆞ히왈 동셩이 아니고 쳑종이라 ᄒᆞ나 최소져 너와 삼종간니라 금세인니 혹 모르고 잇거니와 최한님은 너의 부【7】친과 셔로 졍의 깁흐나 ᄉᆞ세 난쳐ᄒᆞᆫ지라 장ᄎᆞ 엇지 ᄒᆞ리요 연니나 상공게 고하여 보리라 ᄒᆞᆫ

듸 연니 심듕 소회를 듸강 뵈풀매 흉격이 시훤ᄒᆞ더라

이윽고 박ᄉᆞ 의원을 다리고 옴에 부인니 슈말을 젼ᄒᆞ니 공이 놀나고 일변 깃거 즉일 최한님을 쳥ᄒᆞ야 ᄎᆞ언을 젼ᄒᆞ고 의논ᄒᆞᆯᄉᆡ 최공이 듸경 소왈 ᄎᆞ아 유병ᄒᆞᆷ을 ᄉᆞ렴ᄒᆞ엿스나 엇지 이런 ᄯᅳᆺ이 잇을 쥴 알앗스리요 그러나 소회 여ᄎᆞᄒᆞ니 소졔ᄂᆞᆫ 쾌셔를 엇고 형은 현부를 엇으려니와 져의 양인니 삼종간이니 즁언니 이슬지라 장차 엇지 ᄒᆞ리요 유공이 소왈 쳑의와 표종혼인도 유혹ᄒᆞ니 현마 엇더ᄒᆞ리요 아모러커나 슈이 가기를 일워 오아에 ᄉᆡᆼ도를 어듬이 만ᄒᆡᆼ이니 ᄎᆞ후에 범할 죄ᄂᆞᆫ ᄂᆡ 당ᄒᆞ리라 ᄒᆞ며 셔로 언약ᄒᆞ고 공ᄌᆞ를 불너 봄에 셜부뉴를 픔도 환탈ᄒᆞ야 ᄉᆡᆼ이 위듸ᄒᆞ니 최공이 경아ᄒᆞ야 집슈 위로 왈 우리 법을 바려 너의 명을 구ᄒᆞ리니 심ᄉᆞ를 푸러 양친에 우려를 돕지 말나 공ᄌᆞ 몽농한 가온듸 희ᄉᆡᆨ을 ᄯᅴ여 사례ᄒᆞ니라

최공이 본가의 도라와 부인과 이ᄌᆞ를 듸ᄒᆞ여 ᄎᆞ언을 일으고 길일을 틱ᄒᆞ여 유부의 보ᄂᆡ고 양가에셔 혼구를 ᄎᆞ릴ᄉᆡ 이젹에 최소져 침변에 의지ᄒᆞ야 일몽을 어드니 홀연 동으로셔 한 노옹과 일위 청년니 그 뒤흘 조차 드러【8】오거날 소져 급히 슘고져 할 ᄎᆞ에 노옹이 갈오듸 나ᄂᆞᆫ 듸운산 실녕이러니 소져의 가기를 졍ᄒᆞ려 왓스니 밧비 나와 륙예로 마즈소셔 언필에 거듭ᄯᅥ 보니 한 소년니 몸에 청나에를 입고 단졍히 즁게 우헤 셧다가 소져와 눈니 마조치거날 소져 경괴ᄒᆞ야 사창을 닷치고 창틈을 엿보매 슈려한 미우와 일쌍 봉안이며 관옥 갓흔 용모 진실노 기남ᄌᆞ요 쇄락ᄒᆞᆫ 풍ᄎᆡ라 심ᄂᆡ에 경아 차탄ᄒᆞ며 과이 놀나더니 쳔만 의외에 뉴공ᄌᆞ와 쳥혼ᄒᆞ야 길일이 불원함을 알고 소져 ᄂᆡ렴에 참괴ᄒᆞ며 더욱 삼종간니라 ᄒᆞ니 그윽히 고이ᄒᆞ야 만단 의심이러라

화셜 뉴공ᄌᆞ 부모 과렴ᄒᆞᄉᆞ 혼기 쾌히 졍ᄒᆞᆷ을 보고 심ᄉᆞ 샹쾌ᄒᆞ

야 슈일 ᄉᆞ이에 병세 쾌ᄎᆞᄒᆞ니 천정을 못ᄂᆡ ᄒᆞ례ᄒᆞ더라 어시에 혼일이 임박ᄒᆞ나 셩네 제구에 불급홈이 업슬 분[쁜 아녀] 이날 뉴공ᄌᆞ에 깃붐은 형언치 못ᄒᆞ려니와 양가 부모 도한[또한] 특별ᄒᆞᆫ ᄌᆞ부와 출인ᄒᆞᆫ 가셔를 엇음에 ᄃᆡ히과망ᄒᆞ야 슈션골물과 노신함을 ᄳᆡ닷지 못ᄒᆞ더라

공ᄌᆞ 위예를 갈와 쵀부에 가 혼녜를 칠운 후 그러ᄒᆞ 야심ᄒᆞ여 슈다ᄒᆞᆫ 시녀 쌍ᄒᆞ이 옹위ᄒᆞ야 신부 이에 이르ᄆᆡ 동방화촉의 션관【9】션녀 요지연에 깃드림 갓더라 ᄉᆡᆼ이 졍신니 황홀ᄒᆞ여 이에 동좌ᄒᆞ여 옥슈를 잡아 나삼을 거드치고 ᄇᆡᆨ셜갓흔 옥비에 잉졈이 완연ᄒᆞ거날 ᄉᆡᆼ이 경아 왈 비상 잉혈은 츙원 규슈에게 잇ᄂᆞᆫ ᄇᆡ라 엇지 소저에게 기이한 잉졈이 잇나뇨 소져 붓그러옴을 이기지 못ᄒᆞ야 묵ᄒᆞ부답ᄒᆞ니 ᄉᆡᆼ이 지삼 무름에 소져 부득이 ᄃᆡ왈 육 연 젼의 왕비 게 가실 제 옥화단에서 이거슬 낭ᄌᆞ희 쓰며 일ᄒᆞ 소아들게 졈ᄒᆞ시고 쳡에게까지 미쳣나이다 게요 슈언을 답ᄒᆞᆫ 후 쥬슌을 다드니 ᄉᆡᆼ이 가지록 황홀ᄒᆞ야 흔연 답소왈 지금 소져의 홍졈이 분명ᄒᆞ나 ᄎᆞ야를 지나면 업셔질진ᄃᆡ 엇지려나뇨 ᄒᆞᆫᄃᆡ 소져 슈괴부답ᄒᆞ더라

어언간 밤이 깁고 ᄉᆞ면니 고요함에 ᄉᆡᆼ이 소져를 잇그러 침셕의 나아가 촉을 ᄭᅳ고져 ᄒᆞᆯ ᄎᆞ에 홀연 밧그로조ᄎᆞ 일셩 고함이 이러나며 ᄃᆡ문을 ᄭᆡ치고 한 ᄣᅦ 젹당이 혼가를 에워싸고 호련이 쳔지 진동ᄒᆞ더니 범 갓흔 군졸과 산악 갓흔 역ᄉᆞ 젼후로조ᄎᆞ 장한 위예 쳣잠의 ᄃᆡ경분황ᄒᆞ여 셩명을 앗겨 살기를 도모ᄒᆞᆯᄉᆡ 한낫 ᄃᆡ장이 쳥나포에랄 입고 자충관을 쓰고 도홍ᄯᅴ를 ᄯᅴ고 삼 척 보금을 집고 좌우를 지휘ᄒᆞ며 위풍이 늠ᄒᆞ ᄒᆞ고 호령이 뇌셩 갓하며 군【10】졸을 명ᄒᆞ야 바로 신방으로 드리고 좌우를 분부 왈 인명은 ᄒᆡ치 말고 신부를 뫼셔ᄂᆡ라 ᄒᆞᄂᆞᆫ 소ᄅᆡ 명을 조ᄎᆞ 일시에 화촉이 휘황ᄒᆞ며 무슈한 ᄒᆞ졸이 옥교랄 게젼

에 노흐니 청나를 후려쥐고 치단을 쑤민 시녀 육칠 인니 바로 신방으로 드러오니 뉴싱과 최시 딕경황망흐야 아모리 할 쥴 모르던 ᄎ 장군 왈 의례치 말고 밧비 뫼셔니라 흐며 친히 문을 여니 모든 시녀 일시에 달녀드러 신부를 붓드러 급히 등 안의 안치니 최시 손을 놀닐 슈 업고 갈 발[바]을 모르더니 젹당이 교ᄌ를 믜고 젼후로 호위흐며 딕장이 엄슉흔 위예로 명흐야 일시에 비호 갓치 간 곳이 업더라

ᄎ시 뉴싱이 간담이 써러지고 졍신니 아득흐야 혼비빅산흔 듯 이윽히 졍신을 ᄎ리지 못흐고 일가 경동흐야 일시예 모드며 황ᄫ 분ᄫ흐나 인명은 상한 니 업스딕 다만 동방에 신부를 일흠 다람이라 최공 부쳐 딕셩통곡흐며 모든 노복을 일시에 ᄉ방으로 헛터 ᄌ최를 ᄯ르고져 흐나 져 무리 귀믹들이 승야하야 ᄌ최 비호 갓흐니 능히 ᄯ르지 못흐고 셔로 망극 비통할 ᄯ름니더라

이ᄯ 뉴싱이 졍신을 ᄎ리나 여취여광흐여 한 말도 못흐더니 최학ᄉ 드러와 집탄 왈 금야 광경은 천만고의 【11】듯보지 못한 딕변을 당흐니 이는 다 나의 불힝흔 여고[연고]라 참통흠을 이지[이기지] 못흐리로다 연니나 너를 보젼흠은 하날이 도으심이니 나의 여아 일흠이야 지금 엇지 흐리요 져는 벅ᄫ이 슌종치 아니리니 일명이 반다시 ᄎ야의 마칠지라 너는 뉴가의 만금 씨동[귀동]이니 ᄯ즐 돌녀 현문 귀가의 요조슉녀를 다시 취흐라 흐며 인흐야 흉격이 막히고 어셩이 변흐거날 싱이 다만 공슈 위로 왈 ᄎ야 츰변은 소싱에 불힝이라 십 년을 제한흐와 져 무리를 조ᄎ 영녀에 ᄉ싱을 아온 후 결단하오리다 최공이 쳥파의 딕경 왈 그 무리는 불무지즁 궁흉딕젹이라 만닐 ᄎ즈려 흐다가 필연 참화 보리니 졍은졍빅한 의ᄉ를 닉지 말나 싱이 묵ᄫ 참연흐야 다시 한 말이 업더라 이젹에 뉴공이 외당에서 이 광경을 듯고 악연 실싀흐며 ᄎ탄흠을 마지 아니터라

ᄉᆡᆼ이 최ᄉᆡᆼ 형뎨와 악모를 ᄃᆡᄒᆞ여 피ᄎᆞ 슈원을 위로ᄒᆞ고 명조에 부ᄌᆞ 본부로 도라갈ᄉᆡ 공이 아ᄌᆞ에 경혼실심ᄒᆞᆫ 형상을 보고 ᄌᆡ삼 위로 왈 너ᄂᆞᆫ 너모 과렴치 말고 네 몸을 보호ᄒᆞ라 작야지변은 쳔만 의외러니와 본ᄃᆡ 최시와 인연니 업슴이니 ᄂᆡ 너를 위ᄒᆞ여 숙녀가인을 구ᄒᆞ리라 ᄉᆡᆼ이 부친에 말솜을 드르니 심ᄉᆞ 더욱 아득ᄒᆞ고 간담이 ᄉᆞ라질 ᄃᆞᆺᄒᆞᆫ지라 다만 미〻히 부답ᄒᆞ고 도【12】라와 모친게 뵈오니 부인니 마조 나오며 ᄉᆡᆼ을 붓들고 악연 왈 ᄂᆡ ᄎᆞ 환ᄂᆞᆫ에 네 환ᄉᆡᆼᄒᆞᆷ은 천ᄒᆡᆼ이나 앗갑다 나의 현부난 어ᄃᆡ 가 ᄎᆞ즈리오 ᄒᆞ니 ᄉᆡᆼ이 묵〻 무언ᄒᆞ야 히ᄉᆡᆨ이 소삭ᄒᆞ거날 눈시 아ᄌᆞ를 ᄃᆡᄒᆞ여 만단 위로 왈 이ᄂᆞᆫ 반다시 최시와 텬분니 업기로 그런 변니 ᄉᆡᆼ겨스니 너ᄂᆞᆫ 유가의 만금긔보라 무익 상회ᄒᆞ야 심신을 상히지 말나 ᄒᆞ더라

일왕월ᄂᆡᄒᆞ야 세구다일ᄒᆞᆯᄉᆞ록 ᄉᆡᆼ이 최시를 위ᄒᆞ여 심〻 사모ᄒᆞᄂᆞᆫ 마ᄋᆞᆷ이 졈〻 금셕 ᄀᆞᆺ흐니 부모에 훈교 일언도 귀에 드지 아니ᄒᆞ고 다만 일ᄉᆡᆼ을 두로 도라 최소져의 ᄉᆞᄉᆡᆼ 거쳐를 듯고져 ᄒᆞ나 ᄌᆞ기 ᄯᅩ한 혈〻 독신으로 양친 슬ᄒᆞ를 ᄡᅥ나 ᄉᆞ히 팔방으로 졍쳐업시 표류ᄒᆞ면 부모에 우려ᄒᆞ심이 젹지 아니시리니 불효막ᄃᆡ라 이 젹이 진퇴유곡이라 이 일을 엇지ᄒᆞ리요 쥬야 샹양ᄒᆞ니 심신니 불평ᄒᆞ고 슉식이 불감ᄒᆞ며 타렴이 업셔 스ᄉᆞ로 침셕에 누으니 박ᄉᆞ 부〻 크게 근심ᄒᆞ여 경탄 위로ᄒᆞ야 경계ᄒᆞᆷ에 ᄉᆡᆼ이 묵언 사례할 섄니더라 이ᄣᆡ 최부에셔ᄂᆞᆫ 혼인이 황낙ᄒᆞᆫ 즁 모부인은 더욱 쥬야로 여아를 ᄉᆡᆼ각ᄒᆞ여 호곡ᄋᆡ통에 간장이 촌절ᄒᆞ니 보ᄂᆞᆫ ᄌᆞ 슬허 아니 리 업더라 셰월이 오ᄅᆡ나 그 ᄌᆞ최를 알 길이 업ᄉᆞ니 부운과 부평 갓ᄒᆞᆫ 소식을 어ᄃᆡ 가셔 드르리요

화셜 최【13】시 외적에게 잡혀 나는 드시 다라나니 졍신이 아득ᄒᆞ고 심담이 ᄡᅥ러지나 엇지ᄒᆞᆯ 도리 업셔 다만 듁기를 결정ᄒᆞ더니 슈

일을 힝ᄒᆞ야 교자와 좌셕을 곳쳐 편케 ᄒᆞ며 용밍한 ᄒᆞ졸 가온ᄃᆡ 청의 입은 소년이 일힝을 호위ᄒᆞ야 뒤에셔 웅쟝ᄒᆞᆫ 소ᄅᆡ로 왕ᄋᆞ이 지휘ᄒᆞ며 살노 험지에 평안니 뫼시라 ᄒᆞᄂᆞᆫ지라 소져 이 거동을 봄에 심신니 쒸놀고 울ᄋᆞ 비창ᄒᆞᆷ을 이기지 못ᄒᆞ야 밧비 쥭고져 ᄒᆞ나 몸에 쳑금이 업셔 나상을 드러 결항ᄒᆞ엿더니 이윽고 한 곳에 다ᄋᆞ라 교ᄌᆞ를 놋코 시녀 등이 문을 열고 봄에 소져 결항 졀명ᄒᆞ엿거날 ᄃᆡ경질ᄉᆡᆨᄒᆞ야 급히 붓드러 구호ᄒᆞ니 이에 회ᄉᆡᆼᄒᆞᄂᆞᆫ지라 모든 시녀 지극 권약ᄒᆞᄃᆡ 마ᄎᆞᆷᄂᆡ 먹지 아니ᄒᆞᆷ에 장군이 ᄯᅩ한 권ᄒᆞ나 갓가이 오지 아니ᄒᆞ고 언어지졀이 무례치 아니ᄒᆞ며 ᄉᆡ비로 젼어ᄒᆞ여 왈 낭ᄌᆞᄂᆞᆫ 쳔만 이외에 이런 광경을 ᄃᆡᆼᄒᆞ여 놀납고 비감ᄒᆞ미야 엽스리요마난 종ᄎᆞ 이후로 가향 부모를 ᄃᆡᄒᆞ리니 너모 슬퍼 마시고 위신 보호ᄒᆞ소셔 위비로 젼어ᄒᆞ라 ᄒᆞ니 소져 더욱 분기를 이기지 못ᄒᆞ나 다시 쥭지 못ᄒᆞ고 날을 보닐ᄉᆡ 일ᄋᆞ은 ᄒᆡ변의 이르ᄆᆡ 망ᄋᆞᄒᆞᆫ ᄃᆡᄒᆡ 가을 분별치 못ᄒᆞᆯ너라 창ᄒᆡ에 ᄇᆡ를 ᄃᆡ워 쥬야로 힝【14】할 제 만경창파의 월ᄉᆡᆨ이 명낭ᄒᆞ니 슈회 더욱 층발ᄒᆞ여 오직 쥭을 의ᄉᆞ ᄲᅳᆫ니러라 쌍ᄋᆞ 시녀 장군에 명을 조ᄎᆞ 일시도 최시 좌ᄒᆞ를 ᄯᅥ나지 아니니 목슘을 결단치 못ᄒᆞ더라

뵈에 오란 지 슈일 만의 문득 한 곳의 다임에 십여 호 촌가 산ᄒᆞ의 버러 잇고 이리로 드러가니 한 부인니 소져를 붓드러 인도ᄒᆞ야 당상으로 올나 가며 눈을 드러 소져랄 봄에 월ᄐᆡ화용과 화려 미목이 진실노 졀셰가인이요 천상선녀 갓흐며 슈삽ᄒᆞᆫ ᄐᆡ되 더욱 아람다온지라 부인니 시듕에[심듕에] ᄃᆡ히과망ᄒᆞ여 어엿비 너겨 갓가히 안즈며 옥슈를 어라만져 은근 위로ᄒᆞ니 최시 그 부인에 유슌지언을 듯고 옥면에 누슈 연락ᄒᆞ며 강잉ᄃᆡ왈 나ᄂᆞᆫ 젼쥬 북촌에 ᄉᆞᄂᆞᆫ 청암션ᄉᆡᆼ의 ᄌᆞ손이니 셩은 최시오 연기 십오 세에 명도 기박ᄒᆞ와 불에지변을 당ᄒᆞ오

니 무비 나의 신셰라 뉘 슈원슈구리요 다만 죽기를 바라나이다 그 부인니 되경 차탄ᄒᆞ며 다시 위로 왈 이 곳 사람은 화협을 일삼아 산ᄒᆞ에 슘어 이런 노릇설 함으로 나도 경기 힝화촌에 사는 정우공에 여아로 팔ᄌᆞ 무상ᄒᆞ여 비로소 십삼 세에 이【15】러한 무리에게 ᄌᆞᆸ혀와셔 지리한 목슘이 ᄎᆞ마 죽지 못ᄒᆞ고 속절업시 부모형데를 이별ᄒᆞᆫ 후 임연[염] 세월이 여러 춘츄라 ᄌᆞᆫ명이 보젼ᄒᆞ야 시일을 보닐식 다만 슬ᄒᆞ의 일ᄌᆞ를 두엇스나 연기 십팔에 미부를 틱지 못ᄒᆞ여 ᄉᆞ방으로 요조슉녀를 광구ᄒᆞᆯ 제 소져에 월틱화용과 현미슉덕을 익희 듯고 흠모ᄒᆞ온 지 오릭나 아직 미셩ᄒᆞ기로 장셩ᄒᆞᆷ을 긔다리더니 문 듯[문득] 드름에 셩혼 결연ᄒᆞᆫ다 ᄒᆞᆷ으로 비록 예를 가초와스나 합근치 아녀 속히 다려옴이니 이 거시 모다 천정 신슈 운익이라 조곰도 한탄 상심치 말나 나의 돈아 쥰걸지풍이 청슈장딕ᄒᆞ고 문장직조와 총명영질이 진짓 천싱가위라 담ᄾᆞ이 길일을 틱ᄒᆞ여 천지께 알외고 육예를 힝ᄒᆞ여 빅년동낙에 영복 첩ᄾᆞᄒᆞᆯ 거시니 소져는 과도히 고집지 말고 심신을 진졍보호ᄒᆞ라

은근지정과 귀즁 사랑ᄒᆞᆷ이 친모 갓흐나 오직 최시 마음에는 허다 지셜이 모다 더럽고 욕됨이 측냥 업순지[지라] 더욱 늣기며 익걸 왈 쳡의 부모 슬ᄒᆞ의 다만 이남 일녀로 쳡을 만득ᄒᆞ시와 슈즁기화요 장즁보옥 갓치 사랑ᄒᆞᄉᆞ 익지즁지ᄒᆞ시다가 천만 의외에 목젼 참변을 만나 싱ᄉᆞ간의 천【16】만고의 업순 불효를 기치오니 쳡신 참욕은 일명이 구차투싱ᄒᆞ미니 말할 바 업ᄉᆞ오나 양친에 뎍이 참통으로 촌장을 살오시난 경상을 싱각ᄒᆞ오니 비월심장이 여젼여삭ᄒᆞ와 실 갓ᄒᆞᆫ ᄌᆞᆫ명이 오릭 보젼치 못ᄒᆞ오리니 복원 부인은 히활지덕으로 쳡을 돌려 보닉ᄉᆞ 부모에 안면을 다시 보게 ᄒᆞ시오면 부인에 산은히덕을 후싱에 갑ᄉᆞ오리다 만일 불허ᄒᆞ실진딕 일ᄾᆞ이라도 머무러 유싱지심이

업ᄉᆞ오니 ᄎᆞ라리 한 번 죽어 말근 원혼니 나라 고향 고가를 ᄎᆞ자가 양친을 뵈옵고져 원ᄒᆞ나이다 ᄒᆞ고 안ᄉᆡᆨ이 쳐참ᄒᆞ니 부인니 개유 왈 인명이 지즁ᄒᆞ니 엇지 죽기를 결심ᄒᆞ나뇨 마음을 널녀 나종을 기다리라 ᄒᆞ더라 최시 도한[또한] 쟝ᄂᆡ를 보아 결ᄒᆞ려 마음을 구지 먹고 부인에 지극 권뉴함을 져바리지 못ᄒᆞ여 삼슌구식을 여구ᄂᆞᆼ디ᄒᆞ나 겨요 년명만 ᄒᆞ더라

이에 장군이 최시 쳐소를 큰 궁젼의 정ᄒᆞ라 ᄒᆞ니 최시 듯고 괴로이 너겨 부인께 갈오ᄃᆡ 쳡이 부인의 호ᄉᆡᆼ지덕으로 일명이 구ᄎᆞ히 ᄉᆞ라스나 진실노 번화ᄒᆞᆫ 곳에 쳐ᄒᆞ옴이 불가ᄒᆞ오니 후원 은밀한 곳에 쳐소를 정ᄒᆞ고져 ᄒᆞ니 부인니 허락ᄒᆞ고 벽져 소당으로【17】최시에 뜻을 조츠니 소져 이의 머물ᄉᆡ 좌우에 뫼시는 시녀 무슈ᄒᆞ나 모다 물니치고 오작 일인을 머무르게 ᄒᆞ니 일홈은 계션니요 나은 십삼 세라 모의 미셩ᄒᆞ나 용ᄐᆡ 졀등ᄒᆞ고 영민히질[혜질]이 최시에게 합당ᄒᆞᆫ지라 셔로 샹의할ᄉᆡ 소져 계션다려 문왈 이곳 지명은 무어시라 ᄒᆞ나뇨 계션니 ᄃᆡ왈 소비 등도 청원 ᄯᅡ 예반[예방]의 ᄯᆞᆯ일너니 신셰 기궁ᄒᆞ여 장군에게 잡히여 옴에 산은 즁〻ᄒᆞ고 무변ᄃᆡ히난 망〻ᄒᆞ오니 아모 ᄃᆡᆫ 쥴 모르오나 오직 ᄐᆡ순을 등져 하날에 다혓고 오월이로ᄃᆡ ᄇᆡᆨ셜이 산샹을 덥허스니 ᄉᆞ람이 모다 명호를 ᄇᆡᆨ두산이라 ᄒᆞ더이다 소져 청파의 심담이 셔늘ᄒᆞ고 정신니 아득ᄒᆞ야 묵〻무언ᄒᆞ더라

화셜 뉴ᄉᆡᆼ이 최시를 일은 후 식음을 젼폐ᄒᆞ고 ᄇᆡᆨ병이 교침ᄒᆞ야 졈〻 위즁ᄒᆞ니 뉴공이 ᄃᆡ질ᄃᆡ칙왈 네 본ᄃᆡ 최시와 연분이 아닌ᄃᆡ 부졀업시 ᄂᆡ간을 엿보아 명도를 손샹ᄒᆞ고 법을 바려 셩예ᄒᆞ다가 이 지경의 이르럿스니 필연 천연니 업슴이라 임에 할 길 업스니 심ᄉᆞ를 돌녀다시 숙녀를 간ᄐᆡᆨ홈이 올커날 이제 만면 슈심으로 쥬야 읍〻ᄒᆞ여 병을 일움이 고이치 아니랴【18】무식불통홈이 이 갓치 심ᄒᆞ니 엇지 참

아 인ᄌᆞ에 ᄒᆡᆼ할 ᄇᆡ리오 만일 ᄀᆡ과치 못할진ᄃᆡ ᄉᆡᆼ사를 임의로 ᄒᆞ고 불초한 거동을 눈압헤 보이지 말나 ᄉᆡᆼ이 황공ᄉᆞ죄ᄒᆞ고 물너와 ᄎᆞ후난 심신을 정ᄒᆞ고져 ᄒᆞ나 최시에 월ᄐᆡ화용과 낭〻ᄒᆞᆫ 셩음이 의목의 혈난ᄒᆞ니 상ᄉᆞ지심이 즁심의 ᄆᆡ쳐 능히 것잡지 못ᄒᆞ야 거의 미칠 지경이라 일〻은 ᄉᆡᆼ이 ᄎᆞᆷ지 못ᄒᆞ야 부모게 별셔랄 써셔 벽샹의 븟치고 즁야의 담을 넘어 한업시 다라날 제 ᄯᆡ는 즁하 망간이라 월ᄉᆡᆨ은 광명ᄒᆞᆫᄃᆡ 울〻ᄒᆞᆫ 심회 지향 업시 ᄒᆡᆼᄒᆞ더라

이적의 유공 ᄂᆡ외 아ᄌᆞ의 거동이 십분 고이ᄒᆞ고 ᄒᆡᆼ지 위ᄐᆡᄒᆞ니 마ᄋᆞᆷ에 앗쳐ᄒᆞ여 식불감미ᄒᆞ며 좌불안셕이라 쥬야 근심ᄒᆞ더니 일〻은 반일이 거의 되도록 아ᄌᆞ의 ᄌᆞ최 돈연ᄒᆞ니 의혹ᄒᆞ야 외당의 나가 보니 아ᄌᆞᄂᆞᆫ 간 곳 업고 병샹[벽샹]의 ᄒᆞᆫ 글이 이시ᄃᆡ 모년 모월 모일에 불효ᄌᆞ 연은 부모게 ᄒᆞ직ᄒᆞ나이다 소져 최시와 일노 원슈라 져로 ᄒᆞ여곰 소ᄌᆞ ᄉᆞᄉᆡᆼ에 미치니 일변 뉘우치나 마음을 두루혀지 못ᄒᆞ오니 십 년을 두로 ᄎᆞ져 ᄉᆡᆼᄉᆞ간 거쳐를 아온 후 드러와 뵈오리니 복원 부모님은 불효ᄌᆞ를 염여ᄒᆞ야 ᄎᆞᆺ지 마르소셔 ᄒᆞ엿【19】더라 뉴공 부부 방셩통곡은 가이 업더라

ᄎᆞ시 뉴ᄉᆡᆼ이 쳑푼 업시 집을 ᄯᅥ나 로즁의셔 기한니 ᄌᆞ심ᄒᆞ야 동가식ᄒᆞ고 셔가슉ᄒᆞ며 제 옷을 버셔 타인에 남누ᄒᆞᆫ 의복을 밧구어 입고 동셔 ᄉᆞ방으로 분쥬 불가히 단니며 혹 남의 종노릇도 ᄒᆞ며 혹 장슐ᄡᅡᆯ아 단여 천만 가지로 두루 도라 일 년만에 강원도 금산사의 드러가셔 삭발위승ᄒᆞ고 부쳐ᄭᅦ 나아가 비러 갈오ᄃᆡ 소ᄉᆡᆼ 뉴연은 부모 뉴체를 상히고 로샹 뉴ᄀᆡᆨ으로 이 곳에 이람은 실산ᄒᆞᆫ ᄇᆡ필을 ᄎᆞᄌᆞ ᄯᅥ러진 인연을 잇고져 ᄒᆞᆷ이니 복원 보살은 ᄃᆡᄌᆞᄃᆡ비ᄒᆞᄉᆞ 뉴연에 정셩을 슬피시고 도아쥬시면 타일의 금은을 앗기지 아니ᄒᆞ고 졀을 즁슈ᄒᆞᆫ 후 부쳐님게 고양[공양]ᄒᆞ오리다 축파의 ᄉᆞ즁으로 도라와 ᄎᆞ야를 지닐

식 일몽을 어드니 부쳐님 이라ᄉᆞ딗 너희 부ᄌᆞ 정셩은 하날에 ᄉᆞ모쳐 도움이 이슬 거시오 네 안히는 아즉 쥭지 아니코 빙옥 ᄀᆞᆺ흔 졀힝을 보젼ᄒᆞ엿스나 네게 아즉 인연니 머러ᄉᆞ딗 기한니 ᄉᆞᆷ 년니 가렷스니 다만 ᄎᆞᆺ거든 졀을 즁슈ᄒᆞ여라 싱이 놀나 ᄁᆡ치니 남가일몽이라

ᄎᆞ경ᄎᆞ히ᄒᆞ야 다시 ᄇᆡ츅ᄒᆞ며 금산ᄉᆞ를 ᄒᆞ직ᄒᆞ고 동구 밧게 나와 여인네 손을 비러 ᄉᆞᆺ깔과 누【20】비 바랑을 만다라 억게에 걸쳐 ᄆᆡ고 구졀쥭장을 집고 길을 나셔니 진짓 산숭의 모양이러라 팔도강ᄉᆞᆫ과 사희팔방을 방ᄌᆞ곡ᄌᆞ 두루 노라 산즁 희즁에 아니 간 ᄃᆡ 업시 영북 영남이나 산곡에 드러가ᄃᆡ 가ᄌᆞ호ᄌᆞ를 유의ᄒᆞ여 천신만고와 허다 풍샹을 형인ᄒᆞ기 어렵너라 도샹에셔 방황ᄒᆞ여 지리히 이 년 셩샹을 감심ᄒᆞ고 신춘의 이르러난 기력이 진ᄒᆞ여 겨요ᄌᆞᄌᆞ 근ᄌᆞ 거두ᄒᆞᄆᆡ 하날을 우러 기리 탄식 왈 유ᄌᆞ창천아 엇지 뉴연과 최시를 ᄂᆡ시매 이럿탓 연분을 막으시나뇨 ᄂᆡ 이제 조션과 부모게 큰 죄인이라 쳐사만샹 ᄒᆞ며 고싱ᄒᆞ미 다 최시에 연고어날 엇지 시명이 무심홈이 이럿탓 ᄒᆞ여 마츰ᄂᆡ 도움이 업나뇨 셜파의 졍신이 아득ᄒᆞ여 션창에 비겻더니 비몽ᄉᆞ몽간에 문득 금산사 부쳐님 이라ᄉᆞ딗 ᄎᆞ 년이 거의 진ᄒᆞ엿습에 미구의 최시를 만나미 잇스려니와 연니나 최시 거쳐 깁고깁퍼 ᄎᆞᆺ기를 신근이 할지어라 네 ᄯᅩ한 ᄎᆞ후 몽죄 잇스리라 ᄒᆞ거날 싱이 몽조랄 싱각ᄒᆞ고 심즁에 ᄃᆡ히ᄒᆞ며 다시 힝홀식

이젹에 최시 탈취ᄒᆞᆫ 장군이 소져를 도젹홈에 옥모션틱 만고의 졀식이라 ᄃᆡ열쾌락ᄒᆞ여 급【21】희 틱일 성예코져 ᄒᆞ나 오직 최시에 마음이 송쥭 갓고 목숨을 초개 갓치 너기니 만일 위력으로 핍박ᄒᆞ다가 옥이 ᄭᆡ여지고 ᄉᆞᆺ치 ᄯᅥ러지는 환을 볼 거시니 다만 세월을 지촉ᄒᆞ야 그 회심ᄒᆞ기를 긔다리며 이후난 세샹의 졀ᄃᆡ가인니 잇다 ᄒᆞ여도 유의치 아니ᄒᆞ더라

이쩍 최시 이에 쳐흔 지 오릭나 한 번 단슌을 여러 우음이 업ᄉ니 정부인니 헤오딕 그 소져의 마음이 철셕 갓흐니 회심치 아닐 거시오 도한[또한] 위력으로 핍박지 못ᄒ리라 ᄒ고 아ᄌ다려 개취홈을 권홈에 장군이 딕왈 모친은 몰음이 천ᄒ 셰상에 동셔 팔방을 두로 도라도 져러한 미식은 다시 구ᄒ기 어렵ᄉ오니 소ᄌᄂ 다른 게교 업삽고 오직 십 년 한정ᄒ여 져의 년기 ᄎ오면 필경은 마음을 두루힐 듯 모친은 소져를 갓가이 다리시고 은근 익휼ᄒᄉ ᄌ익ᄒ시기를 더 두터이 ᄒ시며 빅 가지로 기유ᄒ시면 ᄌ연 세월이 오릭고 비한니 푸러지면 나종이 잇스리이다 정시 올히 너겨 쏘한 세언으로 듯[뜻]을 바드며 진정으로 사랑ᄒ미 친녀에 지닉더라 최시 날이 깁고 세싀 밧길ᄉ록 더욱 고향이 아득ᄒ니 사친지회 비길 곳 업고 뉴싱과 회합홀 기약이 망연ᄒ고 ᄌ가의 신셰 【22】이갓치 됨을 세ᄂ히 상양홈에 쥬야로 장우장탄으로 누슈 금치 못ᄒ며 창천을 우러ᄂ 깁흔 한과 츤단흔 간장이 시각에 녹을 듯흔지라

이러구러 삼 년이 지닐싀 유싱이 셔히에 빅를 쒸워 딕양의 방황홀제 일ᄂ은 한 곳에 이라러 보니 슈다 청순은 물 우헤 소삿난딕 천봉만학은 봉마다 그이ᄒ고 야싀은 광활ᄒ며 경게 절승ᄒ더라 싱이 빅에 나려 점ᄂ 깁히 드러가딕 인가 업고 산슈 더욱 말고 슈려ᄒ니 심닉에 흠탄 치ᄒᄒ고 십여 리를 더 힝ᄒ니 큰 셤이 잇스딕 평원 광야의 물싀이 청ᄂᄒ고 십여 호 인가 산ᄒ의 버러 촌락이 번화흔 즁 압히ᄂ 딕강이 가려 시오 리나 막혀스니 깁고 한가홈이 비할 딕 업순지라 스ᄉ로 헤오딕 반다시 은인 도ᄉ에 거쳐로다 ᄒ며 빅의를 졍히 ᄒ고 삿갓을 바로 쓰며 바랑을 믜여 죽장을 집고 양식을 비니 촌인니 이로딕 이러한 깁흔 곳에 산즁 사람이 드러오니 이외이며 져러흔 절식 여승은 더욱 쳐음이로다 승이 딕왈 소승은 금산사 뒷암ᄌ의 잇는 여

승이러니 명산 히슈를 구경ᄒᆞ려 이에 이르럿시나 지명을 모르오니 청컨ᄃᆡ 가랏치소셔 세인이 미모를 흠션차탄ᄒᆞ여 갈오ᄃᆡ 이 곳은【23】지명이 서히무릉이라 쏫흘 보아 봄을 알고 단풍이 드러 낙엽이 되어야 가을인 쥴 아나니라 ᄒᆞ고 다토아 양식을 쥬는 ᄌᆞ 만흐니 인심이 순후흠을 가히 알기스며 바랑이 무거워 믜지 못홀너라

ᄉᆡᆼ이 다시 힝ᄒᆞ야 큰 누각 압히 안ᄌᆞ더니 이젹의 최시 쥬야의 명천을 우러ᄅᆞ 장탄ᄒᆞ고 회포 오ᄆᆡ에 매쳐더니 ᄎᆞ야의 비몽ᄉᆞ몽간의 ᄒᆞᆫ 노승이 압히 와 일오ᄃᆡ 나는 금산ᄉᆞ의 부쳐러니 네 가부의 지셩을 감동ᄒᆞ야 부ᄅᆞ 양인을 도음이 잇나니 명일 오시에 한 여승이 밧게 와 이슬 거시니 이 곳 뉴ᄉᆡᆼ이라 셔로 기봉ᄒᆞ미 이스리라 ᄒᆞ거날 소져 반겨 ᄉᆞ례코져 홀 ᄎᆞ에 문득 ᄭᆡ치니 몽즁허ᄉᆡ라 심신이 슬는ᄒᆞ야 명일을 기다리더니 익일 오졍의 게션이 밧그로조ᄎᆞ 드러와 고왈 장진 밧게 여승 일인이 와셔 양식을 청ᄒᆞᄃᆡ 미모 슈려흠과 옥안령풍이 본바 쳐음이라 청슈단아ᄒᆞ미 우리 아가씨와 방불ᄒᆞ더이다 청필의 ᄆᆡ친 몽ᄉᆞ 잇난지라 심ᄂᆡ의 경아ᄒᆞ더니 선이 역권 왈 여승은 ᄂᆡ당의 드러와도 관게치 아니ᄒᆞ니 아가씨도 한 번 보시미 엇더ᄒᆞ오릿가 최시 이곳의 온 지 슈삼 년이로ᄃᆡ 한 번 몸을 두루혀 련보를 옴기미 업더니 ᄎᆞ일은 몽ᄉᆞ를 의혹ᄒᆞ야 이러나니 게션이 ᄃᆡ히ᄒᆞ야 슈혀를 바로 노【24】흐니 최시를 인도ᄒᆞ야 나올ᄉᆡ 셰당 강물이 공교희 산우물이 잇고 그 압히 ᄇᆡᆨ의 입은 여승이 바랑을 믜고 죽졀 막ᄃᆡ를 쥐고 포연[표연]희 섯거날 최시 추파를 드러 슬피니 삿갓 밋히 옥면 여승은 곳다름 아니라 ᄌᆞ가의 가부 뉴연이라 용ᄉᆡᆨ이 환형ᄒᆞ고 풍신이 초최ᄒᆞ여 삭발위승ᄒᆞ야 슈참ᄒᆞ미 ᄌᆞ가를 위ᄒᆞ여 이 지경의 이라럿스니 허다 풍상과 천신만고를 격것슴이러라 저의 죄처로셔 이갓흠을 보니 그 심경이 엇더ᄒᆞ리요 ᄃᆡ경ᄃᆡ히 쥼 촘통ᄒᆞ고 도로혀 위티ᄒᆞᆫ지라 심신이

황난ᄒᆞ여 능히 진정치 못ᄒᆞ나 게션이 잇고 좌우 이목이 두려우니 긔식을 춤고 아무리 ᄒᆞᆯ 쥴 모르더라

ᄎᆞ시 뉴싱이 일국을 포류[표류]ᄒᆞ여 마ᄎᆞᆷᄂᆡ ᄎᆞᆺ지 못ᄒᆞ엿더니 금일 이 곳의 만남은 쳔만 의외라 다만 강문 밧게 안ᄌᆞ 동셔 경계를 술피더니 홀연 안흐로셔 인젹셩이 완ᄌᆞ히 들니며 일위 소져 단장 나의로 오거날 거듭써 보니 초쵀ᄒᆞᆫ 용모와 ᄋᆡ원ᄒᆞᆫ 형용이 아라보기 어려오나 션연 미려ᄒᆞᆫ ᄌᆞ최 완연ᄒᆞᆫ 쵀시라 정신이 암ᄌᆞᄒᆞ고 황홀 어득ᄒᆞ여 어린 다시 셔ᄌᆞ 양목을 흘려 술피니 운발은 쇼ᄌᆞᄒᆞ여 옥면을 덥허시니 봉ᄂᆡ손 흑운이 연무에 즘긴 ᄃᆞᆺ 황나삼 홍포상은 석일 동방 화촉의 입엇든 비【25】라 삼년 ᄂᆡ에 변복ᄒᆞ미 업고 운환이 어지러스니 두발을 다ᄉᆞ리지 아녀슴을 가히 아리러라 풍영 늄틱ᄒᆞᆫ 기골이 소삭ᄒᆞ여 섬ᄌᆞ옥골이 드라나고 가는 허리는 더욱 요ᄌᆞᄒᆞ야 바람의 부칠 ᄃᆞᆺᄒᆞ며 비참 ᄋᆡ절ᄒᆞᆫ 형상을 보니 반가온 졍과 슬픈 ᄒᆞ니 구곡 심장을 촌단ᄒᆞᄂᆞᆫ ᄃᆞᆺᄒᆞ나 ᄯᅩ한 두려오미 극ᄒᆞᆫ 기ᄉᆡᆨ을 감초고 다만 합장 ᄇᆡ례ᄒᆞ니

쵀시 ᄯᅩ한 옥면에 ᄉᆞ긔 져상ᄒᆞ여 게션다려 왈 져 우물의[이] 말고 빗나고 ᄯᅩ 목이 갈ᄒᆞ니 네 드러가 그릇슬 가져오면 물을 먹으리라 선이 응낙ᄒᆞ고 드러가니 양인이 셔로 눈을 드러 보나 스ᄉᆞ로 두려워 일언도 못ᄒᆞ고 단슌을 다드며 다만 손을 져어 위틱ᄒᆞᆷ을 이르더니 션이 발셔 나오난지라 춤다가 못ᄒᆞ여 바랑을 노코 쵀시 압희 나아가 합장 왈 소승이 황공ᄒᆞ오나 목이 갈ᄒᆞ와 물을 청ᄒᆞ나이다 쵀시 부답ᄒᆞ고 물을 써 쥬니 바다 마신 후 그릇을 양슈로 밧드러 드리거날 쵀시 밧고 양인이 물노 히롱ᄒᆞ야 써나지 못ᄒᆞ야 소져 ᄂᆡ심에 싱각ᄒᆞᄃᆡ 오ᄅᆡ 상ᄃᆡᄒᆞ야 힝혀 실슈ᄒᆞ면 가부의 힝식이 탈노될가 염녀되며 ᄯᅩ한 게션이 의심ᄒᆞᆷ이 마늘가 두려워 일오ᄃᆡ 산승이 오ᄅᆡ 유ᄒᆞ미 불가ᄒᆞ

니 쌜니 나가미 올타 ᄒᆞ며 선으로 더부러【26】드러올ᄉᆡ 오ᄂᆡ 촌단ᄒᆞ고 회픠 간절ᄒᆞ나 ᄉᆞ기를 게요 ᄎᆞᆷ고 안으로 드러올 제 승이 ᄯᅩ한 뒤흘 조ᄎᆞ 한가지로 ᄂᆡ실의 드로옴에 최시 더욱 위ᄐᆡ히 너기나 오직 그 거동을 즘간이라도 다시 보고져 ᄒᆞ여 비로[비로소] 쳐음으로 졍부인 침당의 일발ᄉᆡ[이를ᄉᆡ] 잇ᄯᅢ 장군은 출타ᄒᆞ엿난시라

최시 당중의 오르니 부인이 경문 왈 낭ᄌᆞ 이에 이른 지 슈삼 년이로ᄃᆡ 문의 나지 아니ᄐᆞ니 금일 이에 이름은 긔특다 ᄒᆞ리로다 소져 ᄃᆡ왈 ᄌᆞ야 일몽의 ᄌᆞ모게셔 쳡을 어라만져 보이니 반다시 별세치 아니ᄒᆞ엿스면 우환이 이슬지라 심혼이 ᄉᆞᆯᄂᆞᆫᄒᆞ와 이르럿나이다 부인이 위로 왈 심즁의 ᄆᆡ쳐슴에 ᄎᆞᆫ몽이 번뇨함이라 부졀업시 번뇌치 말나 졍히 셜화홀 적의 그 여승이 ᄯᅳᆯ히 와 합장 ᄇᆡ례ᄒᆞ고 보미를 구한ᄃᆡ 졍씨 한번 보매 옥골미풍이 진세에 드문지라 부인이 어엿비 너기ᄉᆞ 선으로 ᄒᆞ여곰 보미를 쥬라 ᄒᆞᆫᄃᆡ 선이 보미를 두 되나 가져 승의게 시쥬ᄒᆞ니 ᄉᆡᆼ이 바다 바랑을 긔울여 붓다가 거짓 실슈ᄒᆞ여 쌀이 ᄊᆞ히 쏘다짐에 안ᄌᆞ 기〻히 쥬을ᄉᆡ ᄯᅢ 느져가ᄃᆡ 이러나지 못ᄒᆞ더니

문득 장군이 도라옴을 노복이 고하거날 소져는 놀나 쳐소로 도라【27】가고 ᄉᆡᆼ은 문의 나와 장진 밧게 안ᄌᆞ 거동을 완상홈의 추종이 요〻홈에 ᄒᆞ리 전후로 옹위ᄒᆞ야 위예 장녀ᄒᆞᆫ 소년이 쥰마를 놉히 타고 나는 다시 드러오니 뇌락장ᄃᆡᄒᆞᆫ 풍신과 표일ᄒᆞᆫ 기상이 웅장 엄슉ᄒᆞ며 양목을 흘녀 좌우를 술피ᄃᆡ 안ᄎᆡ 일광을 가리오는지라 ᄉᆡᆼ이 힝혀 자가를 아라볼가 공구ᄒᆞ더니 장군이 이윽히 보다가 문왈 네 져러ᄒᆞᆫ 손승으로 이갓치 깁흔 곳의 무어슬 유의ᄒᆞ야 발셥홈을 감시[심]ᄒᆞ나뇨 소ᄅᆡ 뇌셩병녁 갓고 위풍 늠〻ᄒᆞ니 ᄉᆡᆼ이 자연 황구ᄒᆞ여 나즉이 합장 사례 왈 소승은 산간 여승이라 불도를 위ᄒᆞ여 쳐ᄉᆞ공을 드리며 산상으로 두루 도라다닐 다람이오 엇지 무어슬 뉴의ᄒᆞ야 발셥ᄒᆞ

오릿가 소년이 미소 왈 네 상을 보니 반다시 연고 잇난 승이러니와 소년 여승이 본디 히즁 무인체라 외간 무인체라 외간 잡인이 드러오지 못ᄒᆞ나니 모름이 쌀니 도라가 앗가온 신명을 상히치 말지어다 언필의 ᄒᆞᆫ 소ᄅᆡ 호령의 모든 ᄒᆞ리 녕을 조ᄎᆞ ᄉᆡᆼ의 등을 미러 멀니 ᄂᆡ치거날 ᄉᆡᆼ이 황ᄒᆞ 분ᄒᆞ ᄒᆞ야 천방지방 다라나 ᄉᆡᆼ각ᄒᆞᄃᆡ 나의 평ᄉᆡᆼ 심즁의 ᄆᆡ치고 ᄉᆞ모ᄒᆞ던 가인이 저곳의 잇슴을 보앗스나 다시 만날 게교업고 후기 묘연ᄒᆞ니 진짓 【28】경ᄋᆡ지화오 슈중지월이라 심신니 아득ᄒᆞᆫ 즁 져 소년의 안광이 ᄌᆞ가의 심ᄉᆞ를 비최난 ᄃᆞᆺ하니 놀납고 황ᄒᆞ ᄒᆞ야 셩명을 보젼ᄒᆞ야 나오미 다ᄒᆡᆼ이라 ᄒᆞ고 밧비 마을노 숨어 ᄎᆞ후는 감히 그곳으로 가지 못ᄒᆞ고 심즁의 헤오ᄃᆡ 최시의 젹막ᄒᆞᆫ ᄋᆡ용과 한가ᄒᆞᆫ 거동이 석일 광ᄎᆡ와 현격ᄒᆞ니 비록 목슘을 보젼ᄒᆞ엿스나 의허치 아녀 임의 여러 ᄒᆡ예 능히 수절ᄒᆞ미 반듯ᄒᆞ도다 ᄒᆞ며 홀노 히심부심이 층냥업더라

화셜 장군이 ᄂᆡ당의 드러가 모친게 뵈온 후 인ᄒᆞ여 갈오ᄃᆡ 앗가 그 여승이 ᄒᆡᆼᄉᆡᆨ이 수상ᄒᆞ고 ᄯᅩ 셤즁의 드러오미 고이ᄒᆞ도다 길승도 아니오 산승도 아니라 무어슬 뉴의ᄒᆞ는 승이오니 ᄎᆞ후는 삼가 조심ᄒᆞ여 외인을 부치지 마르소셔 ᄒᆞ고 이예 모든 노복을 불너 각ᄒᆞ 분부ᄒᆞᄃᆡ 이제 나간 여승을 일절 부치지 말나 ᄒᆞ니 최시 ᄯᅩ한 이 소식을 듯고 심신이 황느ᄒᆞ여 ᄉᆡᆼ각ᄒᆞᄃᆡ ᄉᆡᆼ은 뉴가의 만금귀ᄌᆞ라 나를 위ᄒᆞ야 부모랄 바리고 일홈을 낫초아 일국의 유리ᄒᆞ미 여ᄎᆞᄒᆞ니 나는 오히려 일명을 직혀 지금ᄭᆞ지 사랏스미 명완ᄒᆞᄃᆡ 만일 이제 죽으면 뉴가의 죄인이 아니리오 뉴군이 임의 나를 보앗스니 반다시 멀니 가지 아니ᄒᆞ고 지방을 나지 아녀스리니 ᄂᆡ 당ᄒᆞ【29】히 은신ᄒᆞ여 뉴ᄉᆡᆼ의 ᄌᆞ최를 ᄎᆞ즈리라 쥬의를 정ᄒᆞ고 몸을 이러 좌우를 살피니 집이 바다 갓고 분장이 하날의 다힌 듯 굿오미 철셩 갓흐니 나ᄅᆡ 잇셔도 날지

못홀너라 심ㅅ 황낙ᄒᆞ여 게교와 ᄉᆡᆼ각을 여러 가지로 ᄒᆞᄃᆡ ᄇᆡᆨ게무칙이라 스ㅅ로 오열ᄒᆞ고 심장이 더욱 ㅅ라질 ᄃᆞᆺᄒᆞ더라

ᄎᆞ시 장군이 최시로 더부러 셩네코져 ᄯᅳ지 급ᄒᆞ나 아직 소져의 ㅅ졍을 두려 핍박지 못ᄒᆞ더니 임의 슈삼 년이라 ᄐᆡᆨ일ᄒᆞ여 성네ᄒᆞ려 ᄒᆞᆫᄃᆡ 최시 이 소식을 드르매 더욱 놀납고 분ㆍᄒᆞ야 ᄉᆡᆼ념이 업ㅅ나 오직 가군의 지극 정셩을 ᄉᆞᆺ치지 못ᄒᆞ야 ᄉᆡᆼ사를 님의로 못ᄒᆞ고 탈신홀 계교를 ᄉᆡᆼ각ᄒᆞᄃᆡ ᄯᅩ한 뉴ᄉᆡᆼ의 거쳐를 아지 못홈에 쥬야 초조ᄒᆞ야 침식을 젼폐ᄒᆞ더라

이적의 뉴ᄉᆡᆼ이 장군의게 ᄶᅩᆺ겨 나와 원촌의 숨어 이셔 오직 깁흔 뫼와 은밀ᄒᆞᆫ 곳을 살필ᄉᆡ 임의 부쳐의 노으미 잇고 상젼이 가르치심이 잇스무로 물노조ᄎᆞ 흠혈을 어드니 밧글 능히 통ᄂᆡ할 궁기 잇고 그 안의 너름이 슈삼 인을 용납홀너라 ᄉᆡᆼ이 ᄃᆡ히ᄒᆞ여 이에 머무러 은신ᄒᆞ며 촌가의 어든 밥과 양미를 먹어 연명ᄒᆞ고 북유ᄒᆞ되 이 곳 장군의 집 뒷뫼히라 이에 쳐ᄒᆞ여 낫 되면 암혈의 숨고 밤이면 인[무인]종적ᄒᆞ기를 기다려 즁야 삼경의 【30】장원 밧게 와 두루 술펴보되 실노 통할 길이 업고 이 곳의 온 지 여러 날이라 아모 게교 업슨지라 엇지홀 바를 몰나 쥬야 장탄이 긋일 시 업더라

ᄎᆞ셜 최소져 식음을 젼폐ᄒᆞ고 ᄆᆡ양 호읍ᄋᆡ루 금치 못ᄒᆞ더니 일ㆍ은 졍시 소져를 쳥ᄒᆞ여 ᄀᆡ유 왈 낭ᄌᆞ 이에 이른 지 여러 츈취라 돈아 오히려 핍박지 아니홈은 소져를 위로ᄒᆞ미라 어시의 아ᄌᆞ 청도 져물고 소져의 연광이 미구라 슈이 셩친ᄒᆞ야 기리 영복을 누리리니 심ㅅ를 두루혀 일눈을 완젼케 홈이 통달ᄒᆞᆫ 일이라 이제 ᄐᆡᆨ일ᄒᆞ야 길긔 갓가오니 모름이 소져ᄂᆞᆫ 고집지 말지어다 최시 쳥필의 막불ᄃᆡ경ᄒᆞ야 불원 쳥슈의 귀를 씻고져 ᄒᆞ며 양구 후 ᄃᆡ왈 임의 쳡의 신세 이러ᄒᆞ오니 더욱 죽으미 맛당ᄒᆞ온지라 엇지 다른 말솜이 잇스리오 셜파의 홍

상을 쎨쳐 이러 드러가니 부인이 그 뜻이 한갈 갓흐믈 보고 크게 근심ᄒᆞ더라

장군은 핍박홀 뜻이 급ᄒᆞ야 길긔 머러시믈 민망히 너기나 최시는 더욱 심신이 초조ᄒᆞ야 급히 죽고져 ᄒᆞ나 뉴싱에 정셩을 뉴렴ᄒᆞ여 ᄎᆞ마 죽지 못ᄒᆞ고 묵〻 오열ᄒᆞ야 아모리 할 쥴 모르더니 일야의난 침금의 비겨 즘간 조을싀 마츰 한 꿈【31】을 어드니 문득 ᄒᆞᆫ 여승이 압헤와 갈오듸 나는 금산ᄉᆞ 부쳐로셔 너의 가부의 정셩을 감동ᄒᆞ야 양인을 도우미니 지금 장원 밧게 뉴싱이 왓스니 밧비 나가 기약을 졍ᄒᆞ여보라 ᄒᆞ거날 최시 경아ᄒᆞ여 ᄭᆡ치니 침상일몽이라

심즁의 혜오듸 붓쳐의 몽교 헛되지 아님을 아랏스니 엇지 불신ᄒᆞ리요 ᄒᆞ고 밧게 나와 장원 밧글 향ᄒᆞ여 축왈 뉴〻창천아 아름이 게시거든 탈신홀 게교를 가라치소셔 뉴싱과 쳡의 존명을 구ᄒᆞ소셔 ᄒᆞᆫ듸 이ᄯᅢ 뉴싱이 담 안의 동졍을 술피더니 최시의 ᄋᆡ원ᄒᆞᆫ 셩음을 듯고 맛바다 갈오듸 낭ᄌᆞ 고인을 ᄉᆞ렴ᄒᆞ거던 샹봉할 기약을 정ᄒᆞ소셔ᄒᆞ니 최시 이 답언을 드르매 녁〻히 뉴싱이라 신기코 반가오믈 무어시라 형언ᄒᆞ리오 소져 연망히 듸왈 쳡의 정셩은 창천이 비최시니 엇지 무심 헛탄ᄒᆞ리잇가 연이나 원장이 놉고 문이 구드니 능히 통치 못홀지라 명야로 기약ᄒᆞ나니 명야 ᄌᆞ시에 그윽ᄒᆞᆫ 곳의 쳡의 긔약을 져바리지 마르소셔 이목이 두리오니 드러가나이다 ᄒᆞ거날 싱이 히심이 그음 업셔 깃붐을 참지 못ᄒᆞ여 두어 말노 당부ᄒᆞ니 발셔 드러가고 듸답이 업ᄉᆞ니 밧비 도라와 ᄌᆞ고 익일 져물기랄 긔다려 장원 밧게 가 듸후【32】홀싀

최시 뉴싱이 이 곳의 잇난 쥴 알고 안히홈을 이기지 못ᄒᆞ여 명일 게교를 정ᄒᆞ여 ᄎᆞ일을 지나고 밤이 이르니 잇ᄯᅢ난 정히 즁츄 망간이라 월ᄉᆡᆨ이 명낭ᄒᆞ고 ᄒᆡ풍이 한가ᄒᆞ니 소져 게션다려 왈 월광이 아람

답고 심ᄉᆞ 비졀ᄒᆞ니 잠간 뉴완ᄒᆞ여 회포랄 억졔코져 ᄒᆞ노라 선이 응낙ᄒᆞ고 한가지로 후원 경게랄 완상ᄒᆞ며 동셔로 두루 거러 뒤담 밧 강물 근쳐의 다ᆞᆞ르니 문을 구지 닷고 ᄉᆞ면이 고요ᄒᆞ여 월ᄉᆡᆨ이 ᄉᆞ람을 인도ᄒᆞ니 최시 갈오ᄃᆡ 우리 양인이 담 밧게 나가 도원 경치를 구경ᄒᆞ미 엇더ᄒᆞ뇨 선이 깃거 총망히 문직이를 불너 강문 열쇠를 ᄎᆞ즈니 최시에 명녕을 뉘 감히 거으리오 문직이 쇠를 가지고 나와 문을 여러 쥬거날 이의 강가의 나아가 좌우를 술필ᄉᆡ 강이 크지 아니나 깁히 슈십 쳑이라 슈세 흉ᆞᆞᄒᆞ니 최시 문득 게교를 ᄉᆡᆼ각ᄒᆞ고 히허 탄왈 창파 호ᆞᆞᄒᆞ고 슈광은 졉천이라 이 진짓 ᄉᆞ람을 상힐 곳이로다 흠에 선이 ᄃᆡ경 질ᄉᆡᆨ 왈 이 곳은 장군이 ᄉᆡᆨ혹 선뉴ᄒᆞᄂᆞᆫ 곳이라 변슈 ᄃᆡ힉를 겸ᄒᆞ야 한번 ᄲᅡ지ᄆᆡ 시신도 ᄎᆞᆺ기 어려오니 진실노 ᄉᆞ지라 소져 여ᄎᆞ지언을 ᄒᆞ시나뇨 최시 탄왈 ᄂᆡ 임의 죽고져 ᄒᆞᄃᆡ 이런 곳을 엇지 못ᄒᆞ엿더니 이ᄂᆞᆫ 나의 일신을 의탁ᄒᆞᆯ 곳이로다 이제 길【33】긔를 졍ᄒᆞ엿다 ᄒᆞ니 누욕지변이 불구의 밋칠지라 일명이 구ᄎᆞ투ᄉᆡᆼ치 아닐 거시라 부인에 친ᄋᆡᄒᆞ심과 너이 지극 졍의는 연ᆞᆞ히 잇지 못ᄒᆞ리로다 언필의 양협의 누슈 연낙ᄒᆞ니 션이 ᄯᅩ한 소회 동이라 체읍홈을 마지 아니ᄒᆞ나 엇지 긔야의 청강투신ᄒᆞᆯ 쥴 아랏스리오

최시 안ᄉᆡᆨ을 화평이 ᄒᆞ고 도라오니 문직이 열쇠를 드린 후 발셔 물너 갓ᄂᆞᆫ지라 최시 션다려 왈 임의 심야의 문직이 부름이 번거ᄒᆞ니 네 가졋다가 명조의 젼ᄒᆞ라 ᄒᆞ고 쇠를 맛기니 선이 영종ᄒᆞ야 쇠를 가져 침실의 이름에 밤이 깁헛난지라 게션이 누으며 즘이 들거날 소져 반야삼경의 가마니 이러나 쇠를 가지고 나아가 문을 열고 보니 ᄉᆞ면에 인젹이 고요ᄒᆞᄃᆡ 외당의셔 화광이 등천ᄒᆞ고 장군이 ᄒᆞ인을 불너 무ᄉᆞᆫ 일을 각ᆞᆞ 분부ᄒᆞ거날 최시 혼ᄇᆡᆨ이 몸의 붓지 아녀 다시 드러와 안ᄌᆞ 필연을 님ᄒᆞ야 졍씨의게 별셔를 써 안상의 노코 급히

나오니 잇ᄃᆡ 뉴싱이 강문 밧게 와 기다리더라 양인이 셔로 만나 황〻이 나오며 가져온 쇠로 강문을 열고 최시 슈혜와 나상을 버셔 물가의 노코 부〻 도망ᄒᆞᆯᄉᆡ 뉴싱이 약질이라 ᄒᆞ나 남ᄌᆞ인 고로 힘이 날ᄂᆡᆫ지라 소져를 엽히 ᄭᅵ고 나는 다시 산상으로 도라와 암혈의 드러【34】가 잔디와 돌을 잇그러 궁글 막으며 능히 혈 밧게 나지 못하더라

이젹의 계션이 ᄒᆡ와신면이더니 평명의 ᄀᆡ여[ᄭᆡ여] 보ᄆᆡ 최시 형영이 간ᄃᆡ 업슨지라 ᄃᆡ경ᄒᆞ여 급히 나가 본즉 강문이 열녓고 물가의 소져 슈혀와 나상이 완연이 노혓스니 그 죽음이 완연ᄒᆞ거날 션이 황〻망조ᄒᆞ야 즉시 부인게 최시 임ᄉᆞᄒᆞᆷ을 고ᄒᆞ니 졍시 악연 실ᄉᆡᆨᄒᆞ며 소져 침소의 와 보니 의복 자장이 여젼히 언쳣고 필집 우ᄒᆡ 일장 셔간이 잇거날 ᄌᆞ세 술피ᄆᆡ 그 셔의 ᄒᆞ엿스ᄃᆡ 소쳡 최시는 불의 ᄎᆞᆷ난으로 부모를 ᄯᅥᆺ치고 가부를 이별ᄒᆞ야 이 곳의 쳐ᄒᆞ매 일시라도 세상의 머물미 불가ᄒᆞ오나 오직 부인의 호ᄉᆡᆼ지덕과 ᄋᆡ련지심을 말미암아 쳡의 목숨을 앗기ᄉᆞ 절을 완젼ᄒᆞ여 도라보ᄂᆞ실가 지리히 삼 년 셩샹을 지ᄂᆡ매 이제 길기를 졍ᄒᆞ엿다 ᄒᆞ시니 ᄎᆞ는 쳡의 존명을 ᄉᆞᆺ츨 다름이라 능히 안반으로 ᄃᆡᄒᆡ를 막지 못ᄒᆞ오리니 충신은 불사이군이오 열녀는 불경이부로다 ᄒᆞ오니 쳡이 엇지 이 지경을 셤기리오 장ᄎᆞ 슈졀치 못ᄒᆞᆯ지라 창파연슈의 탁신ᄒᆞ와 밀니 운산의 말근 원혼이 나라 고국 부모를 ᄎᆞ즐가 ᄒᆞ오니 일노조ᄎᆞ ᄒᆞ직ᄒᆞ오니 다만 부인의 무휼지은을 늣길 다람이로소이다 지필을 님ᄒᆞ오매 심신이 황는ᄒᆞ고 갈길이 밧분 고로 능히 【35】소회를 다ᄒᆞ지 못ᄒᆞ오니 복원 부인은 천슈만세를 안향ᄒᆞ소셔 ᄒᆞ엿더라

부인이 방셩통곡 왈 이 여ᄌᆞ는 천ᄒᆞ의 드문 슉녀요 금세 명힝이로다 아ᄌᆞ를 도라보아 왈 너는 부절업시 탐ᄉᆡᆨᄒᆞ다가 최시에 미려헤질을 만경창파의 무쥬고혼이 되게 ᄒᆞ니 앗갑고 가련ᄒᆞᆫ 즁 참혹ᄒᆞᆷ을 이

기지 못ᄒᆞ야 일셩 장통의 뉴슈연낙ᄒᆞ더라 장군이 쳐음은 의심ᄒᆞ더니 강가에 최시 슈혀와 나샹이 노혀심을 보고 그 뜻이 청고강기홈을 알미 비로소 뉘웃고 크게 슬허ᄒᆞ며 선을 불너 ᄌᆞ사를 무르니 선이 최시 야간 문답사를 일〻히 고한ᄃᆡ 부인은 더욱 ᄋᆡ련 ᄌᆞ악홈을 금치 못ᄒᆞ고 장군은 실심 묵〻무언이러라

이에 최시 나삼으로 초혼ᄒᆞᆫ 후 소져 의복을 두루 말아 염습 입관ᄒᆞ야 최시 침방의 빈소ᄒᆞ고 오일 셩복 제젼을 ᄎᆞ려 장군 모ᄌᆞ와 선으로 더부러 망극히 셩복을 지ᄂᆡ고 삼삭 만의 헛신으로 별산의 안장ᄒᆞ고 인ᄒᆞ여 게션으로 ᄒᆞ여곰 조셕 제젼을 극진히 밧든ᄃᆡ 시일이 갈ᄉᆞ록 부인이 ᄎᆞᆷ졀홈을 이기지 못ᄒᆞ며 그 아담ᄒᆞᆫ 용모와 진〻 숙ᄐᆡ가 연〻 삼〻ᄒᆞ고 경〻 불망ᄒᆞ여 일〻은 제젼을 가초고 제문 지어 강가의 나아가 최시 영혼을 위로ᄒᆞᄃᆡ 【36】긔문의 왈 모연 모월 모일의 싀모 향손 정시ᄂᆞᆫ 현부 최부인게 가득ᄒᆞᆫ 슬픔을 먹음어 비박 제젼으로 잇지 못ᄒᆞᄂᆞᆫ ᄋᆡ련지졍을 표ᄒᆞ야 말은[말근] 원혼을 위로ᄒᆞ나니 오호 통ᄌᆡ라 만일 아름이 이슬진ᄃᆡ 일ᄇᆡ 청작으로 흠향홀지어다 오호라 싀모의 비창홈을 엇지 다 형언ᄒᆞ며 아모리 현부의 영혼이 명쳘ᄒᆞᆫ들 능히 층양홀소냐 그ᄃᆡ의 현미숙덕과 화안월ᄐᆡ며 옥음낭셩이 이목의 암〻ᄒᆞ니 엇지ᄒᆞ여 이즈리오 앗가온 청춘홍안을 속절업시 창〻 ᄃᆡ히 즁의 어복의 장이 되엿스니 부모 유체를 ᄎᆞ마 엇지 이 지경의 이를 ᄇᆡ리오 그ᄃᆡ의 청심열의ᄂᆞᆫ 고금의 드무도다 평일 이친지회를 금치 못ᄒᆞ더니 ᄒᆡ상고혼이 나라 고향의 도라가 오ᄆᆡ불망ᄒᆞ든 부모를 진실노 만나본가 만일 정녕이 이슬진ᄃᆡ 다시 모혀 즐기고 모녀간 그린 정회 세〻히 뵈푸난가 오호 ᄋᆡᄌᆡ 통ᄌᆡ라 현부의 화월선ᄐᆡ를 ᄒᆞ월 ᄒᆞ시에 다시 보리오 차역 슬푸도다 기리 후망은 싀모의 창감 난억지심을 촌탁홀지어라 소회 쳡ᄒᆞ나 비회 즁 기셜이 극ᄂᆞᆫ이라 ᄃᆡ강 이만

긋치나니 오호 ᄋᆡ지 상향이라 ᄒᆞ엿더라 부인이 일긔을 마친 후 실셩통곡ᄒᆞ니 물ᄉᆡᆨ이 쳐량ᄒᆞ고 젹막ᄒᆞ더라

일모ᄒᆞᄆᆡ 도라와 삼상을 【37】맛도록 ᄎᆞ셕홈을 이기지 못ᄒᆞ야 시ᄂᆞ 연변의 나아가 최시 영혼을 부르지ᄂᆞ며 극원극통이 비길 ᄃᆡ 업고 친녀라도 더으지 못홀너라 계션도 ᄯᅩ한 노쥬지경 ᄲᅮᆫ 아니라 일실 쳐소의 쥬야 동거ᄒᆞ며 피ᄎᆞ 다정ᄒᆞ미 골육 동기 갓더니 일야지간의 ᄉᆞ별이 정녕ᄒᆞ니 엇지 참연치 아니리오 ᄋᆡ루 방ᄂᆞ ᄒᆞ야 금치 못하더라 ᄎᆞ시 장군이 쳐음은 승의게 의심이 미치나 그ᄯᅢ ᄒᆞ졸들의게 영을 나려 근쳐의 접제치 못ᄒᆞ게 ᄒᆞ엿슬 분 아니라 그 승 도라간 후 일망이 넘은 후 ᄎᆞ변이 낫스니 최시 젹실히 죽은 쥴 알고 회포를 이기지 못ᄒᆞ야 식음을 젼폐ᄒᆞ고 울ᄂᆞ불낙ᄒᆞ더라

화셜 뉴ᄉᆡᆼ과 최시 칠팔 일을 암혈의 은신ᄒᆞ여 장군의 ᄎᆞᆺ난 종젹이 업슬 ᄯᅢ랄 기다려 반야삼경의 비로소 혈 밧게 나와 밧비 ᄒᆡᆼ코져 홀ᄉᆡ 최시 의복이 십분 슈샹홀지라 ᄉᆡᆼ의 ᄒᆡᆼ즁의 한 벌 남의를 ᄂᆡ여 입고 양인이 셔ᄉᆡᆼ으로 ᄭᅮ며 ᄒᆡᆼ장을 슈습ᄒᆞ여 셔로 잇그러 ᄒᆡ변의 이르니 날이 발고 망ᄂᆞ ᄃᆡᄒᆡ를 건널 길이 업셔 두루 방황ᄒᆞ며 아모리 할 쥴 모르더니 호련 져편을 바라보니 ᄒᆡ샹의 일엽 어션을 ᄯᅴ여 편쥬를 흘니 져으며 즁뉴의 놀거날 ᄉᆡᆼ이 환뉴 호션ᄒᆞᆫᄃᆡ 이윽고 압ᄒᆡ 닷난지라 예필 후 청왈 우리ᄂᆞᆫ 학문 셔ᄉᆡᆼ으로 슈려 강산【38】의 정쇄ᄒᆞᆫ 암ᄌᆞ를 찻다가 길을 그릇 드러 이 곳의 이르러 마츰 사공을 만나지 못ᄒᆞ와 쥬져하옵든 ᄎᆞ의 노옹을 만나문 ᄯᅩ한 삼ᄉᆡᆼ요ᄒᆡᆼ이로소이다 청컨ᄃᆡ 슈고를 ᄉᆡᆼ각지 말고 도ᄒᆡᄒᆞ여 쥬심을 바라나이다 ᄒᆞ니 어옹이 즉시 허락 왈 ᄂᆡ ᄆᆡ양 ᄒᆡ상의 두류ᄒᆞ와 세월을 보ᄂᆡ나니 엇지 여ᄎᆞ지인을 간청홈을 져바리리오 ᄒᆞ고 ᄇᆡ에 오라라 ᄒᆞ거날 ᄉᆡᆼ이 그 후의랄 ᄉᆡᆼ각ᄒᆞ례ᄒᆞ며 만ᄂᆞ 치ᄒᆞ하더라

이의 양인이 슈삼 일 만의 선두의 나려 호ᄾ이 힝할 제 노샹 힝긱이 번다ᄒᆞ여 이목이 두려온 즁 슈풀 ᄉᆞ이에 숨고 밤이면 깁흔 곳의 드러가 천신만고로 촌ᄾ 전진ᄒᆞ여 최시 규방 약딜이 십 니 힝보도 어렵거든 ᄒᆞ물며 산로 천이 이역의리오 게요 삼사 삭 만의 비로소 전라지경의 이라럿더라 노상의 피로홈과 여러 ᄒᆡ 유리 신고ᄒᆞ미 신실노 뉴싱 곳 아니면 쇄랄 ᄎᆞᆺ지 못ᄒᆞ리러라 부모를 기망ᄒᆞ고 삭발위승ᄒᆞ야 단심을 구지 먹어 ᄉᆞ히팔방의 표박종젹이 임의 원을 일우어 홍졈이 두렷ᄒᆞ고 단ᄉᆞ를 이엇ᄉᆞ나 부모게 뵈올 낫치 업ᄉᆞ니 크게 슬푸고 망지소조ᄒᆞ야 이 일을 엇지 ᄒᆞ리오 이 ᄯᅩ한 근심이라 울ᄾ불낙ᄒᆞ야 여러 가지로 ᄉᆡᆼ각ᄒᆞ【39】ᄃᆡ 아모 게교 업ᄉᆞᆫ지라 오직 최시는 본가의 다려다 쥬리라 ᄒᆞ고 이의 최학ᄉᆞᄃᆡᆨ으로 힝ᄒᆞᆯᄉᆡ 졈ᄾ 심동이 되ᄆᆡ 혹한 셜풍이 ᄉᆞ람을 괴롭게 ᄒᆞ니 진ᄾ 약질이 더욱 촌보가 극난ᄒᆞ고 한졍이 ᄌᆞ심ᄒᆞ더라

ᄎᆞ시 지월 초슌간이라 최소져 ᄉᆡᆼ일이더니 부인이 ᄆᆡ양 여아를 ᄉᆞ모ᄒᆞ나 이날의 더욱 촌ᄾ여절ᄒᆞᆫ 간장과 울ᄾᄒᆞᆫ 회포 부든 물을 헛친 듯 ᄉᆡ로이 비월ᄎᆞᆷ통ᄒᆞ와 호곡 ᄋᆡ루 금치 못ᄒᆞ더라 이젹의 뉴싱이 최시로 더부러 학ᄉᆞ 문젼의 이르러 졍히 쥬져ᄒᆞᆯ ᄎᆞ의 문득 안으로셔 양기 시녀 나오다가 월ᄒᆞ의 두 소년이 방황홈을 보고 경문 왈 양위 샹공은 어ᄃᆡ로조ᄎᆞ 심야의 오시니잇가 ᄉᆡᆼ이 ᄃᆡ왈 우리난 과긱이러니 밤이 깁고 쥬인을 졍치 못ᄒᆞ야 이에 이르럿나니 여등은 노야의게 고ᄒᆞ고 이 상공을 뫼셔 가라 나는 다른 ᄃᆡ로 가리라 언필의 양인이 이별ᄒᆞ며 명일 보기를 긔약ᄒᆞ고 츄여니 도라셔니 두 시녀 경아ᄒᆞ며 저의 집 천금 귀소져 이갓치 변화홈을 엇지 ᄯᅳᆺᄒᆞ엿스리요 셔로 고이히 너기거날 너희는 의심치 말고 ᄲᆞᆯ니 드러가 고ᄒᆞ라 ᄒᆞ니 시녀 급히 드러가 상공기 고왈 엇더ᄒᆞᆫ 소년 상공이 와셔 노야 ᄌᆞ제로다 ᄒᆞ며 통셩홈

을 청ᄒᆞ나이다

이ᄯᅴ 최【40】학ᄉᆞ 부인으로 더부러 월ᄉᆡᆨ을 ᄃᆡᄒᆞ여 여아의 사ᄉᆡᆼ존망과 뉴ᄉᆡᆼ의 거쳐랄 아지 못ᄒᆞ야 한업시 늣기더니 홀연 시녀의 젼어를 듯고 크게 의심ᄒᆞ야 외당의 나가니 과연 일위 소년이 압히 와 공슈ᄌᆡᄇᆡᄒᆞ고 실셩통곡ᄒᆞ니 공이 ᄃᆡ경 문왈 그ᄃᆡ 엇더한 사람으로 이런 노인의 갓득한 심회를 돕나뇨 소져 다시 이러 읍ᄒᆞ여 왈 야ᄉᆞ 엇지 소녀 월혀를 몰나 보시나니가 공이 쳥파의 ᄃᆡ경 질ᄉᆡᆨᄒᆞ여 자시 살피니 이 곳 삼 년 젼의 이런 녀아 월혀라 밧비 옥슈를 잡고 등을 어라만져 누슈 련낙ᄒᆞ여 함게 ᄂᆡ당의 드러가 부인을 불러 왈 우리 삼 연 젼의 일헌 녀아 월혀 이의 왓나니 ᄲᆞᆯ니 나와 보라 하더라

부인이 놀라 급히 눈을 드러 보니 문득 학ᄉᆞ ᄇᆡᆨ의 여승을 다리고 드러오며 녀아라 이르ᄂᆞᆫ디라 부인이 언파의 황ᄉᆞ히 드러가 보니 쳥슈한 미목과 아람다온 ᄌᆞᄐᆡ 비[비록] 초최하엿스나 완연히 녀아라 셔로 붓들고 ᄂᆡ 아희 월혀야 네 어ᄃᆡ 갓더냐 하며 ᄃᆡ셩통곡하니 산쳔초목도 늣기ᄂᆞᆫ 듯 월ᄉᆡᆨ도 무광이러라 최ᄉᆡᆼ 형졔와 학ᄉᆞ 일시의 모다 눈물을 ᄲᅮ려 구별지회와 양실지를 문답하며 ᄯᅩ한 뉴ᄉᆡᆼ의 ᄉᆡᆼᄉᆞ를 무르니 소져 누슈를 거두고 젼후 셜화를 셰ᄉᆞ히 ᄇᆡ풀고 ᄯᅩ 갈오ᄃᆡ 나의 일ᄉᆡᆼ이 뉴ᄉᆡᆼ 곳 아니면 그곳의셔 속졀 업시 일신을 마칠너니 다시 부모 형졔를 만나니 그 감ᄉᆞ함을 엇지 다 층양하며 유ᄉᆞ창쳔이 은인을 ᄂᆡᄉᆞ 어진 쳔【41】눈을 다시 잇게 ᄒᆞ오니 심상한 바 아니로소이다

쳥필의 여아를 어라만져 한업시 늣기며 뉴ᄉᆡᆼ의게 향한 마음이 셕일의셔 ᄇᆡᆨ ᄇᆡ나 더으며 못ᄂᆡ 칭춘ᄒᆞ고 부인은 그 녀아의 실졀치 아님을 무르니 소져 옥안을 숙여 양구 후 ᄃᆡ왈 소녀 비샹 잉혈이 업ᄉᆞ오면 엇지 뉴ᄉᆡᆼ의 의심치 아니리오 이럼으로 뉴ᄉᆡᆼ도 합근치 아녀 잉졈이

완연ᄒᆞ오이다 ᄒᆞ니 공과 부인이 ᄃᆡ경ᄒᆞ와 다시옴 물은ᄃᆡ 소져 진실홈을 발명ᄒᆞ여 왈 뉴낭이 소져의 뜻을 밧지 아니면 부모와 구고게셔 엇지 소녀의 정절을 알니오 학ᄉᆞ 부ᄒᆞ ᄂᆡ렴의 ᄃᆡ히ᄒᆞ야 여아의 옥비를 ᄲᅢ혀 보니 홍졈이 더욱 빗남을 보고 환히ᄒᆞ며 뉴ᄉᆡᆼ에 금셕 갓흔 마음과 여아의 청고ᄒᆞᆫ 질긔 ᄎᆞ등 입ᄉᆞᆫ지라 긔특히 너기고 일변 신기ᄒᆞ야 최공이 소왈 ᄂᆡ 이제 뉴부의 가보리라 뉴공이 아ᄌᆞ로 ᄒᆞ여곰 신병이 되엿다 ᄒᆞ더니 지금 삼 년이라 그리든 아ᄌᆞ를 만나 엇지 ᄒᆞᄂᆞᆫ고 구경ᄒᆞ리라 ᄒᆞ며 익일 조반 후 뉴부로 ᄒᆡᆼᄒᆞ더라

ᄎᆞ셜 뉴ᄉᆡᆼ이 최시를 본가의 드려 보ᄂᆡ고 ᄲᆞᆯ니 본부로 향ᄒᆞ더니 노샹의셔 창두를 만남에 이난 젼일 부친게 신임ᄒᆞ든 ᄐᆡᆨ노라 셔로 반기고 ᄉᆡᆼ은 슈괴홈을 겸ᄒᆞ야 다만 평부를 무르니 창두 황망이 ᄃᆡ왈 우리 【42】노야게셔 공ᄌᆞ를 일으신 후 화증과 신병이 ᄃᆡ발ᄒᆞ야 날노 상회ᄉᆞ시더니 지금은 ᄃᆡ단ᄒᆞ와 긔ᄉᆡᆨᄒᆞ시미 여러 번이로소이다 소인 등은 의원을 청ᄒᆞ려 급히 가ᄂᆞᆫ 길이오니 공ᄌᆞ난 ᄲᆞᆯ리 드러가 상공을 뵈옵소셔 ᄒᆞ거날 ᄉᆡᆼ이 언필의 혼ᄇᆡᆨ이 비ᄉᆞᆫᄒᆞ고 심담이 ᄯᅥ러져 다시 뭇지 못ᄒᆞ고 본가로 ᄒᆡᆼ홀ᄉᆡ 밧분 길이 더욱 먼지라 앙쳔 탄왈 천지신명이 엇지 나를 불효ᄌᆞ가 되게 ᄒᆞ시나뇨 나의 일신을 다 바칠지라도 불효지죄난 속지 못ᄒᆞ리니 ᄉᆞᆷᄉᆡᆼ의 큰 죄인이 되리로다 비탄을 금치 못ᄒᆞ고 눈물이 압흘 가려 길을 분간치 못ᄒᆞ여 황망이 본부의 이라니

잇ᄯᅢ 뉴공 부ᄒᆞ 아ᄌᆞ를 일흔 후 ᄆᆡ양 슬허ᄒᆞ며 세월을 보ᄂᆡᆯᄉᆡ 일년이 진ᄒᆞ고 ᄎᆞ년이 되어스나 기ᄌᆞ의 소식이 돈절ᄒᆞ고 ᄉᆞᄉᆡᆼ 유무를 알 길 업ᄉᆞ니 풍조우셕의 경ᄒᆞ사렴과 불망지회 간졀ᄒᆞ와 스ᄉᆞ로 탄왈 나의 아ᄌᆞ 오가의 만금긔보라 특별이 영화를 보려ᄒᆞ다가 환을 만나니 창천이 이 환을 나리시민가 조물이 시기ᄒᆞ고 가운이 불ᄒᆡᆼ홈인

가 ᄒᆞ며 다흘 쓰다려 명되 긔박홈을 가탄ᄒᆞ여 울기 충장ᄒᆞ고 신화 ᄃᆡ발ᄒᆞ니 ᄇᆡᆨ병은 고황의 침노ᄒᆞ야 날노 위즁ᄒᆞ니 지친 종족이 모다 우려 젹지 아니코 부인은 더욱 황〻 망조하【43】야 친히 미약을 권ᄒᆞ여 회춘ᄒᆞ기를 앙축ᄒᆞᄃᆡ 졈〻 쇠약ᄒᆞ야 슈ᄎᆞ 기ᄉᆡᆨᄒᆞ니 부인이 ᄃᆡ경ᄒᆞ여 급히 노복을 명ᄒᆞ야 의원을 청ᄒᆞ야 붓드러 구호ᄒᆞ며 일변 아ᄌᆞ를 ᄉᆡᆼ각ᄒᆞ여 비회를 금치 못ᄒᆞ야 기리 장탄 왈 ᄂᆡ 만득ᄋᆡᆨᄌᆞ를 마ᄎᆞᆷᄂᆡ 영화를 못보고 불의 ᄎᆞᆷ난을 당ᄒᆞ여 발셔 아ᄌᆞ의 거취 모란 지가 삼 년이로ᄃᆡ 도라오지 아니코 숙식[소식]이 돈졀ᄒᆞ니 그 죽음이 반듯ᄒᆞ니 장ᄎᆞ 무어슬 바라고 견ᄃᆡ리오

이에 아ᄌᆞ를 부르지져 누슈 옷깃을 젹시고 긔운을 능히 정치 못ᄒᆞ더니 호련 비복 등이 고왈 우리 ᄃᆡᆨ 공ᄌᆞ ᄉᆡᆼ환ᄒᆞ여 이에 오시나이다 ᄒᆞ거날 부인이 이 말을 드라매 정신이 화[황]홀ᄒᆞ야 어린 ᄃᆞᆺ 취한 ᄃᆞᆺ 전도히 ᄂᆡ다라 아ᄌᆞ를 붓들고 한업시 반길ᄉᆡᆨ 일히일비ᄒᆞ며 이거시 ᄭᅮᆷ이냐 ᄉᆡᆼ시냐 네 ᄉᆞ라옴이 쳔ᄒᆡᆼ이라 신기 쾌락ᄒᆞ미 구년 홍슈의 광명일월을 쳐음 보ᄂᆞᆫ ᄃᆞᆺᄒᆞ더라

뉴ᄉᆡᆼ은 ᄉᆞᆷ 년 그리든 ᄌᆞ모를 ᄃᆡᄒᆞ니 극히 반갑고 깃부나 오직 죄송ᄒᆞ야 알윌 말삼이 업ᄂᆞᆫ지라 묵〻 오열ᄒᆞ야 긔ᄉᆡᆨ이 참담ᄒᆞ니 부인이 위로 왈 너를 일흔 후 어미 회포ᄂᆞᆫ 이라도 말고 너의 부친 병환은 전혀 널노 ᄒᆞ여곰 ᄋᆡ쓰신 연괴라 반다시 불구지세라 쥬야창쳔을 우러〻 회츈을 바라더니 네 이제 ᄉᆡᆼ환ᄒᆞ야 도라오니 초두불효ᄂᆞᆫ 이왕지사라 【44】도로혀 ᄃᆡ효 되어스니 만〻 다ᄒᆡᆼᄒᆞ거니와 네 심즁의 ᄆᆡ친 ᄯᅳᆺ은 일우엇나냐 ᄉᆡᆼ이 언필의 묵연 추회ᄒᆞ야 지난 일을 세〻이 상양ᄒᆞ매 능히 낫흘 드지 못ᄒᆞ며 ᄋᆡ연 답왈 제 ᄯᅳᆺ은 일우엇시나 부친 병환이 소ᄌᆞ로 ᄒᆞ여곰 ᄃᆡ단ᄒᆞ시니 장ᄎᆞ 엇지 ᄒᆞ오며 불효막ᄃᆡᄒᆞ온지 죄 만ᄉᆞ무셕이옵고 ᄯᅩ ᄒᆞ면목으로 야〻께 뵈오리잇가 모부인 왈 네

부모를 기망ᄒᆞ엿스나 삼 년을 두류하야 현부를 ᄎᆞᄌᆞᆷ은 쳔힝이오 만고의 드문 일임에 오가의 영복이라 연이나 네 삭발ᄒᆞᆫ 모양과 초최ᄒᆞᆫ 안ᄉᆡᆨ을 ᄃᆡ하니 극히 놀납고 심담이 저림을 ᄭᆡ닷지 못ᄒᆞ리로다 너의 부친 병환은 너를 ᄉᆞ렴ᄒᆞ여 위즁ᄒᆞ시나 이제 슈이 복샹되시리라 너모 용희치 말나 ᄂᆡ 먼져 드러가 네 왓슴을 고ᄒᆞ리라 ᄒᆞ고

부인이 뉴공 병실의 드러가 아ᄌᆞ 와슴을 고하니 박ᄉᆞ ᄃᆡ경ᄃᆡ히ᄒᆞ고 ᄯᅩ한 분개ᄒᆞ야 부인다려 왈 연이 쳐ᄌᆞ에게만 뉴의ᄒᆞ고 부모에게ᄂᆞᆫ 불효막심ᄒᆞ니 다힝이 제 목숨을 직혀 와슬진ᄃᆡ 최가의 가셔 일ᄉᆡᆼ을 지ᄂᆡ고 노부의 ᄉᆡᆼ젼의 보이지 말나 ᄒᆞ니 부인이 ᄌᆡ삼 권뉴 왈 우리 다만 늣게야 우ᄆᆡ 독ᄌᆞ로 이리 되기ᄂᆞᆫ 여ᄎᆞ 오가의 가운이라 이 도시 운익이니 엇지 심상ᄒᆞᆫ 연괴리오 그러나 연 갓흔 아희 일시 츈【45】경을 과도 과칙ᄒᆞ시리잇가 풍용이 초최ᄒᆞ여 바람의 날일 닷ᄒᆞ온디라 엇지 졔 마음을 샹히케 ᄒᆞ리잇가 공이 장탄 왈 ᄂᆡ 병이 젼혀 졀노 ᄒᆞ야 낫스니 부모을 속여 불효함이 여차ᄒᆞ니 ᄂᆡ 엇지 져을 젼일 갓치 자ᄋᆡᄒᆞ리오 요힝으로 최시을 차ᄌᆞ기예 들어옴이라 만일 찻지 못ᄒᆞ여던들 평ᄉᆡᆼ의 우리를 이졋스리이니 엇지 천고의 불효불인이 아니리오 아비 된 ᄌᆞ 아모 교훈치 못ᄒᆞᄆᆡ 이예 미쳐스니 십 년을 ᄆᆡ셔ᄒᆞ고 ᄂᆡ 눈의 보이디 말나 부인이 다시 할 말이 업고 ᄉᆡᆼ은 밧게 셔ᄉᆞ 부친의 말삼을 들으ᄆᆡ 슬푸미 가득ᄒᆞ고 뉘웃친 마음과 ᄋᆡ달하미 병츌하오니 불효막ᄃᆡ함을 ᄉᆡᆼ각하고 후회 층냥업더라

잇ᄯᆡ 문득 최공이 뉴가의 이라러 통명 후 즉시 뉴공 침실에 드러가니 박ᄉᆞ 질병이 위즁ᄒᆞ야 침금에 의지하얏거날 최공이 예필 문병ᄒᆞ며 이어 문왈 형장이 일헛든 아ᄌᆞ를 만나 반갑고 즐거운 마음이 엇더ᄒᆞ시며 셔랑은 어ᄃᆡ 갓나닛가 뉴공이 ᄃᆡ왈 ᄂᆡ 져를 보지 아냣노라 ᄒᆞ거날 최공이 박사의 기상을 보아 기미를 알고 ᄀᆡ유 왈 ᄌᆞ식된 ᄌᆞ

부모 우려를 도도와 치병케 하미 불효ᄃᆡ죄 극즁ᄒᆞ나 소제에 낫흘 보아 용셔ᄒᆞ소【46】셔 뉴공이 답왈 형장의 말슴이 가ᄒᆞ거니와 나의 ᄆᆡ친 마ᄋᆞᆷ은 풀니기 어려온지라 그ᄃᆡ 녀아 ᄉᆡᆼ환홈은 창쳔이 도음이려니와 연의 도쥬난 일시 운익이라 ᄯᅩ한 ᄉᆞ라오니 불힝 즁 만힝이라 다만 밋는 바 우리 부〻 양인이 저 하나 ᄲᅮᆫ으로 제 일시 츈흥을 이기지 못ᄒᆞ야 안여ᄌᆞ를 호착ᄒᆞ고 제 몸을 쳔히 ᄒᆞ니 부모에 ᄉᆡᆼ휵을 이져바리니 고금 천ᄒᆞ의 이러ᄒᆞᆫ 불효ᄌᆞ는 금슈만도 못ᄒᆞᆫ지라 저를 엇지 ᄌᆞ식이라 ᄒᆞ리오

언필의 노기 등〻ᄒᆞ니 최공이 다시 개용 ᄃᆡ왈 형의 마ᄋᆞᆷ이야 엇지 격분치 아니리오마는 왕ᄉᆞ이의라 ᄯᅳᆺ을 일우엇스니 여ᄎᆞ 경ᄉᆞ라 엇지 강역홈이 이갓ᄒᆞ시뇨 나의 녀아 삼 년 적즁의셔 혈〻 안여ᄌᆞ로 일신의 명절을 보젼ᄒᆞ엿다가 부〻 다시 상합ᄒᆞ여 난형이 부속ᄒᆞ니 이 일은 하날이 정ᄒᆞ신 ᄇᆡ라 과칙홀 거시 업거날 져의 양인이 천신만고를 다 격고 위ᄐᆡᄒᆞᆫ 지경을 몃 번이나 지난 쥴 알니오 소제의 마ᄋᆞᆷ은 한업시 깃부거날 형은 엇지 져다지 즁칙하시나뇨 불효는 고ᄉᆞᄒᆞ고 도로혀 ᄃᆡ효랄 일웟난지라 천만 관심ᄒᆞ야 약한 심장의 병나게 마르소셔 뉴공이 최공의 쳡〻한 구변과 최시에 절긔 완젼홈을 드르니 실노 그이 기특【47】ᄒᆞ나 연이 독ᄌᆞ의 몸으로 불효 기침을 ᄉᆡᆼ각ᄒᆞ니 불쾌ᄒᆞ야 묵연이 다시 답지 아니〻 최공 왈 소제난 형이 삼 년 그리든 아ᄌᆞ를 보시면 슈 년 신병이 쾌ᄎᆞᄒᆞ시고 화기 융즁ᄒᆞ야 깃거ᄒᆞ심을 ᄒᆞ례코져 홈이러니 뉘 형 갓치 견강ᄒᆞ미 이에 밋칠 쥴 아리오 ᄒᆞ고

밧게 나와 뉴ᄉᆡᆼ을 보니 옥안영풍이 초최ᄒᆞ고 석고ᄃᆡ죄ᄒᆞ여 불효랄 ᄌᆞ칙하며 슈괴참담ᄒᆞ미 옥면의 져상ᄒᆞ고 뉘우치미 가득ᄒᆞ니 최공이 그 거동을 보매 더욱 앗겨 무안홈과 감격 ᄋᆡ련ᄒᆞᆫ 마ᄋᆞᆷ이 여아의셔 지나난지라 손을 쥽고 등을 어라만져 위로 왈 천금 귀체를 뉴리ᄉᆞ방

ᄒᆞ야 험한 지경을 몃 번이나 지나스리오 연이나 부〻상합ᄒᆞ여 노부로 ᄒᆞ여곰 삼 년 그리든 녀아를 다시 만나 매친 ᄒᆞᆫ을 풀게 ᄒᆞ니 이ᄂᆞᆫ 진실노 잇기 어렵도다 그러나 형이 고집ᄒᆞᄉᆞ 아직 불허ᄒᆞ시나 미구의 용셔ᄒᆞ시리니 현셔ᄂᆞᆫ 우려치 말고 심ᄉᆞ를 널니ᄒᆞ라 ᄉᆡᆼ이 츄연 사례ᄒᆞ야 능히 한 말도 일우지 못ᄒᆞ고 더욱 슬허ᄒᆞ며 장인의 평부를 무르며 다시 접화ᄒᆞ미 업고 다만 부젼의 이셔 뵈옵난 말ᄉᆞᆷ ᄲᅮᆫ이라

마ᄎᆞᆷᄂᆡ 박ᄉᆞ 아ᄌᆞ를 ᄉᆞ죄치 아니ᄒᆞ니 최공이 극히 민망히 너기며 ᄎᆞ야를 지ᄂᆡᆯᄉᆡ 【48】뉴ᄉᆡᆼ이 부친 병세를 위즁ᄒᆞᆷ을 두놀 염녀ᄒᆞ여 노심초ᄉᆞᄒᆞ며 한잠을 일우지 못ᄒᆞ니 최학ᄉᆞ 더욱 감위ᄒᆞ야 미명의 ᄲᆞᆯ니 뉴공 병실의 이라러 야간 사이 ᄎᆞ효를 뭇고 ᄉᆡᆼ의 민울 초창ᄒᆞᆫ 심졍을 일〻이 젼ᄒᆞ며 용셔ᄒᆞᆷ을 지삼 권ᄒᆞ니 박ᄉᆞ ᄃᆡ왈 현뎨ᄂᆞᆫ 여셔의 글음을 모르거니와 나ᄂᆞᆫ 그러치 아니ᄒᆞ나니 엇지 질칙지 아니리오 최공이 웃고 ᄇᆡᆨ단 ᄀᆡ유ᄒᆞ니 뉴공이 ᄯᅩᄒᆞᆫ 아ᄌᆞ를 엄칙ᄒᆞᆷ으로셔 져의 풍샹고초를 상양ᄒᆞ여 ᄌᆞᄂᆡᆼ코 아련ᄒᆞᆫ지라

이에 ᄉᆞ죄ᄒᆞ야 당의 오르라 ᄒᆞ시니 ᄉᆡᆼ이 황망히 부친게 ᄇᆡ현ᄒᆞᆯᄉᆡ 박ᄉᆞ 쌍안을 드러 아ᄌᆞ를 보오니 옥면이 슈쳑ᄒᆞ야 풍용이 환탈ᄒᆞ여 스물 보매 그 마ᄋᆞᆷ이 엇더ᄒᆞ리오 놀납고 악연ᄒᆞᆷ을 이기지 못ᄒᆞ며 도슈인으로 절칙ᄒᆞ며 인ᄒᆞ여 은〻 자ᄋᆡᆨᄒᆞ미 무심치 아니커날 부인과 최공이 ᄃᆡ히ᄒᆞ고 ᄉᆡᆼ은 돈슈ᄇᆡᆨᄇᆡᆨ하고 부친 환후 침즁ᄒᆞ미 모다 ᄌᆞ가를 말매암음이라 불효지죄 통한골기ᄒᆞ야 오ᄂᆡ여절ᄒᆞ더라 뉸부인은 깃붐을 이기지 못ᄒᆞ야 만심환희ᄒᆞ야 박ᄉᆞ 환후 ᄎᆞ〻 쾌복ᄒᆞ며 가즁의 즁쳡ᄒᆞᆫ 경【49】사 비길 ᄃᆡ 업더라

오즉 이후난 부모 슬ᄒᆞ를 ᄯᅥ나지 못ᄒᆞ여 쳐가의 한 번 나아가지 못ᄒᆞ고 홀〻이 세월을 보ᄂᆡ더니 이젹의 최가의셔 ᄃᆡ연을 ᄇᆡ셜ᄒᆞ여 빈ᄀᆡᆨ을 청하고 여아의 ᄉᆡᆼ환을 경ᄒᆞᆯᄉᆡ 이날 최소져 홍군취삼의 옥빈

운환을 다ᄉᆞ려 엄연정ᄒᆞ하엿스니 풍녕뉸틱함과 청월슈려함이 츄천망월이며 계상 옥ᄆᆡ 갓흐니 좌우빈ᄀᆡᆨ이 ᄉᆡ로이 칭찬함을 겨를치 못하드라 ᄯᅩ한 부인이 두웃기며 기썸을 이기지 못하며 소져 삼 년 젹즁의 명졀 온젼ᄒᆞ고 무사이 도라옴을 셜파하며 비상 잉혈을 좌즁의 자랑ᄒᆞ니 일시의 좌우 모다 구경하며 놀나고 기특히 넉이드라 종일 진한[진환]ᄒᆞ야 파연ᄒᆞ고 차후난 반졈 흠이 업시 세월을 보ᄂᆡ더라

ᄎᆞ시 뉴가의셔 틱일ᄒᆞ야 신부 예를 바들ᄉᆡ ᄃᆡ연을 ᄀᆡ장ᄒᆞ고 종족을 청ᄒᆞ니 이 신부난 일읍 셩ᄂᆡ예 유명한 고로 저마다 구경코져 ᄒᆞ야 제ᄌᆞ희 모드니 너른 집이 좁고 ᄎᆡ의 청군이 출난ᄒᆞ드라 이ᄋᆞ고 신부이라러 피셕지례를 마칠ᄉᆡ 공과 부인이 급히 눈을 드러 신부를 본직 팔ᄌᆞ 아미는 원산을 그렷고 명낭한 양안은 츄파가 흐르ᄂᆞᆫ 듯 도화양협은 모란화 이슬을 먹음은 듯 단ᄉᆞ 쥬슌ᄂᆞᆫ 광치 출난ᄒᆞ고 후덕쇄락흠은 홍연 일지 녹【50】파의 소삿난 듯 ᄋᆡ련ᄒᆞᆫ ᄌᆞ틱와 절묘ᄒᆞᆫ 기질이 진실노 침어낙안지용이라 비봉 양익에 쵹금 원삼을 입엇고 셤ᄌᆞᄉᆡ요난 미풍의 날닌 듯 옥슈의 조유를 밧드러 완ᄌᆞ히 나오ᄆᆡ 청정유한ᄒᆞ고 숙덕이 겸비ᄒᆞ여 홀ᄂᆞᆫᄒᆞᆫ 광치 만좌를 요동ᄒᆞ매 틱진의 미려흠을 나무라고 조비연의 경신흠을 우ᄉᆞ니 진실노 천ᄒᆞ절ᄉᆡᆨ이오 만고일인이라 뉴공 부부 ᄃᆡ경ᄃᆡ히ᄒᆞ야 아ᄌᆞ의 월장도쥬ᄒᆞ야 삭발위승ᄒᆞ야 유리발셥ᄒᆞ미 그라지 아닌지라 과칙ᄒᆞ믈 후회ᄒᆞ더라 ᄯᅩ한 그 옥부방신의 명절을 보젼ᄒᆞ여 [ᄋᆡ]잉혈이 그이흠은 힝실을 자랑ᄒᆞ니 만좌 제ᄀᆡᆨ이 놀나고 칭촌 아니 리 업더라 일낙셔ᄉᆞᆫᄒᆞ고 월츌통넝ᄒᆞ니 빈ᄀᆡᆨ이 각ᄌᆞ 헛더져 파연이 되엿더라

뉴싱이 이 날 야심 후 신방의 이라니 칠보단장의 원앙금침을 일우니 한업ᄉᆞᆫ 은정이 춘ᄉᆞᆫ의 무르녹아 석일을 완상ᄒᆞ여 비히상반이며 뉴싱의 관옥지풍이며 쇠시의 슉녀가인이 진실노 세의 무썅이러라 어

시의 효봉구괴ᄒᆞ며 승순군ᄌᆞᄒᆞ여 구고 사랑이 ᄒᆞᆫ히 갓ᄒᆞ니 최뉴 양가의 만심 환히ᄒᆞ【51】여 화조월셕의 홍치 여ᄎᆞᄒᆞ더라

어시에 ᄉᆡᆼ이 입궐ᄒᆞ매 상이 못ᄂᆡ 사랑ᄒᆞ시매 ᄉᆡᆼ이 스ᄉᆞ로 외직을 ᄌᆞ원ᄒᆞ여 강원도 관찰ᄉᆞ를 ᄒᆞ온 후 천금을 드려 금산사를 즁슈ᄒᆞ고 친히 나아가 ᄃᆡ덕을 ᄉᆞ례ᄒᆞ고 도라왓더니 이날 밤 ᄭᅮᆷ의 전의 보이든 노승이 와셔 이로ᄃᆡ 그ᄃᆡ 옛일을 잇지 아니코 이갓치 보은ᄒᆞ니 진짓 셩인군ᄌᆞ로다 차후난 다시 어려운 일이 업고 복녹을 누릴리라 ᄒᆞ고 간 ᄃᆡ 업더라

이예 유찰사 관직을 다ᄉᆞ리매 수신제가ᄒᆞ고 출천지효로 부모를 봉양ᄒᆞ고 황양의 선친과 ᄌᆞ로를 효측ᄒᆞ니 그 지셩지효를 뉘 감동지 아니리오 겸ᄒᆞ여 유ᄌᆞᄉᆡᆼ여ᄒᆞ매 기〻이 부풍모습ᄒᆞ야 옹명혜질과 미목이 기이ᄒᆞ야 주옥 갓흐매 출등한 문장 ᄌᆡ질이 더욱 인뉴의 소ᄉᆞ나고 문호의 빗치 나니 뉴공 부〻 히락 상쾌ᄒᆞ여 두웃기며 석ᄉᆞ를 추모ᄒᆞ고 깃거ᄒᆞ미 비길 ᄃᆡ 업더라 각〻 연기 ᄎᆞ매 남취여혼의 그 인세 홍왕이 둘 되긔 어렵더라 그 후로 ᄇᆡᆨ년ᄒᆡ로의 부귀영화를 누리다가 호련 득병ᄒᆞ여 ᄇᆡᆨ약이 무효하여 삼삭지간의 뉴공부〻 별세ᄒᆞ니 신연이 팔십여세라 만당 자손의 슬허ᄒᆞ미 엇더ᄒᆞ리오 관찰ᄉᆞ ᄂᆡ외【52】호천 망극함과 혈읍ᄋᆡ통이 싸흘 곳 업고 혈누 상복을 적시더라 이에 초종 셩복을 가초아 명순ᄃᆡ지에 안장ᄒᆞ고 철천 극통을 이기지 못ᄒᆞ며 삼상을 지나더라 최공 부쳐 ᄯᅩ한 춘츄 고심ᄒᆞ와 졸ᄒᆞ시니 최부인 망극지통이 측양업ᄉᆞ며 전일 불효를 ᄉᆡᆼ각ᄒᆞ여 기리 통한ᄒᆞ여 혼졀ᄒᆞ니 좌우 븟드러 구호ᄒᆞ매 정신을 진정ᄒᆞ고 모든 자녀를 거나려 영화 쳡〻ᄒᆞ더라

ᄎᆞ셜 장군이 최시 죽은 후 사방으로 숙녀가인을 광구ᄒᆞ더니 잇ᄯᅢ 회남 다의 ᄉᆞᄂᆞᆫ 진ᄉᆞ 우공의 부인 오시ᄂᆞᆫ 일즉 과거ᄒᆞ고 슬ᄒᆞ의 다만 유복녀 ᄲᅮᆫ이라 모녀 셔로 의지ᄒᆞ야 안거ᄒᆞᆯᄉᆡ 우소져 연기 십칠의 ᄌᆡ

덕이 겸비ᄒᆞ고 총명 영오ᄒᆞ야 아담미묘ᄒᆞ야 향명이 원근의 진동ᄒᆞ더니 일야간 ᄃᆡ적이 드러와 모녀를 탈취ᄒᆞ야 간 곳이 업순지라 지휘하ᄂᆞᆫ ᄃᆡ장과 시비와 가정이 슈다ᄒᆞ야 위예 기구 거룩ᄒᆞ미 석일 최시 탈취할 젹과 갓더라 장군이 우소셔의 ᄌᆡ용을 흠모ᄒᆞ고 다려다가 인연을 맷고져 ᄒᆞᆷ이오 오시를 함게 다려가ᄂᆞᆫ 뜻은 모녀 ᄯᅥ나지 말게 ᄒᆞᄂᆞᆫ 뜻이라 그 ᄃᆡ적이 최시 【53】정녕히 죽은 쥴 알고 다시 우소져를 취함이라 뉴찰사 전일 최시 다려가든 도적인 쥴 명빅히 알고 격분ᄒᆞ여 조졍의 상소ᄒᆞ고 잡고져 ᄒᆞ나 ᄌᆞ최 부평 갓흐며 깁고 깁흐니 능히 ᄶᅡ르지 못ᄒᆞ고 ᄎᆞᆺ기 어렵더라

화셜 최부인 ᄂᆡ외 팔슌지년의 일몽을 어드니 금산사 부쳐 와 보이며 갈오ᄃᆡ 그ᄃᆡ ᄂᆡ외 세상을 오ᄅᆡ 격거 인간 ᄌᆞ미를 다 보앗스니 미구의 부ᄇᆞ 다 지하의 도라가리라 ᄒᆞ거날 놀나 ᄶᅢ치니 남가일몽이라 ᄌᆞ녀로 더부러 몽ᄉᆞ를 설화ᄒᆞ고 슈일을 지나매 호련 득병ᄒᆞ야 회츈치 못ᄒᆞ니 ᄌᆞ녀 호쳔 망극 ᄋᆡ통이 천지를 부앙ᄒᆞ며 초종 성복을 지ᄂᆡ고 삼 삭만의 선산의 합장홀ᄉᆡ 긔구 범졀이 거룩ᄒᆞ니 좌우 듯보는 ᄌᆞ치ᄒᆞ 분ᄇᆞ 왈 초년의 최시랄 일헛다가 다시 만나 뉵십여 년을 동거ᄒᆞᆫ 후 저갓치 히한할 쥴 엇지 뜻ᄒᆞ여스리오 겸ᄒᆞ야 ᄌᆞ손이 번셩ᄒᆞ고 개ᄀᆞ이 영걸이며 용문의 올나 문호 혁ᄒᆞ ᄒᆞ니 히한타 일갓더라 뉴싱에 열부와 최시의 열졀을 그이함으로 일권셔를 지어 후세인으로 하여곰 알게 하노라 끗

임인 삼월 십솜일 필셔

뉵십칠세 노필 형ᄌᆞ 아니 되니 그러나 후일의 보고 잇지 마라

서해무릉기 고려대본

【1】화셜 젼나도 ᄂᆞ쥐 사ᄂᆞᆫ 일위 명환 이시니 츙졀과 효힝이 츌세ᄒᆞ니 향이예 진동ᄒᆞ여 칙〻 칭션ᄒᆞ니 셩왈 뉴요 명왈 쳥이션ᄉᆡᆼ이니 소년등과ᄒᆞ여 십삼의 홍문관 삭녹으로 셩명이 딘동ᄒᆞ니 공이 ᄉᆞᄉᆞ로 유명ᄒᆞ믈 블열ᄒᆞ여 ᄉᆞ직ᄒᆞ고 안병을 ᄀᆞ리오고 고향의 도라올ᄉᆡ 샹이 그 셩명을 【2】앗기샤 특지를 ᄂᆞ리오셔 홍문관과 ᄃᆡ제학을 졔슈ᄒᆞ여 브라시니 뉴공이 칭병ᄒᆞ고 ᄆᆞᄎᆞᆷᄂᆡ 나지 아니코 고당 쥭침의 거ᄒᆞ여 쟝ᄌᆞ방의 벽곡ᄉᆞ와 도연명의 귀거ᄅᆡᄉᆞ를 읊허 홍화녹츄[슈]와 쳥풍 명월의 흥을 븟치더라

기쳐 윤시ᄂᆞᆫ 니조판셔 유무의 여ᄋᆡ라 풍ᄎᆡ이 졀등ᄒᆞ니 진짓 요조슉여라 부뷔 진듕ᄒᆞ여 셔라 어긔미 업ᄉᆞ니 결발 십녀 연의 일졈 혈육 업ᄉᆞ【3】니 부뷔 셔ᄅᆞ ᄃᆡᄒᆞ여 슬허ᄒᆞ더니 일〻은 긔몽을 ᄭᅮ고 이상이 녁이더니 과연 그달브터 잉ᄐᆡᄒᆞ니 가듕이 깃거ᄒᆞ고 졈〻 십삭이 ᄎᆞᄆᆡ 일ᄀᆡ 편옥을 ᄉᆡᆼᄒᆞ니 긔뵈 ᄇᆡᆨ학을 삭인 ᄃᆞᆺ 풍신니 늡[늠]〻ᄒᆞ고 골격이 쇄락ᄒᆞ니 부뫼 과ᄋᆡᄒᆞ매 명을 년이라 ᄒᆞ다

공과 부인이 만ᄂᆡ 독ᄌᆡ 이러ᄐᆞᆺ 긔이ᄒᆞ믈 보니 만ᄉᆞ의 즐거오믈 도으니 슬샹의 나리오지 아니코 댱이보옥을 삼【4】아시니 ᄐᆡᆨ샹츈풍 이〻허나 뉴문의 반졈 흠ᄉᆡ 업셔 츈화츄월의 동각의 즐기며 유■ᄒᆞ여 ᄋᆞᄌᆞ을 완농ᄒᆞ며 부인으로 희답[담]ᄒᆞ여 무궁ᄒᆞᆫ 즐거옴과 한가ᄒᆞᆫ 홍

이 당금의 항복ᄒᆞᄂᆞᆫ ᄇᆡ어라

셰월이 임염ᄒᆞ여 공ᄌᆡ 칠팔 셰에 이ᄅᆞ니 가라치지 아닌 글과 권치 아닌 필법이 날노 장진ᄒᆞ여 통치 못ᄒᆞᆯ 곳지 업고 보지 아닌 글이 업셔 ᄒᆞᆫ 번 부술 잡으ᄆᆡ 쳔【5】언을 입쥐ᄒᆞ여 용ᄉᆡ비동[등]ᄒᆞ여 [이]ᄇᆡᆨ의 ᄇᆡᆨ편시와 왕ᄌᆞ안의 칠보시ᄅᆞᆯ 압두ᄒᆞ니 공이 허틋[이러틋] 소명 특히 ᄒᆞᄆᆞᆯ 도러허 즐겨 아니ᄒᆞ니 년이 삼오의 향이의 고등ᄒᆞ니 문당 필법이며 항ᄒᆡᆼ 풍ᄎᆡ 당셰에 뎨일이라 인〻이 져의 긔이ᄒᆞᆫ 풍용을 놀나고 긔이히 넉여 신동이라 일ᄏᆞᆺ더라

일〻은 ᄉᆡᆼ이 부젼의 나아가 회시 나아가ᄆᆞᆯ 쳥ᄒᆞ니 공이 허락고 경계 왈【6】당금의 됴졍이 브졍ᄒᆞ고 붕당이 셩ᄒᆞ니 이 ᄀᆞ장 아쳐ᄒᆞᆯ ᄇᆡ오 일홈을 어더 몸이 현달ᄒᆞ미 크게 두러온지라 네 족히 칠보의 능ᄒᆞ미 왕ᄌᆞ안 ᄌᆡ조로써 임하의 늙으미 가셕ᄒᆞ니 이에 허락ᄒᆞᄂᆞ니 ᄒᆞᆫ번 나가 일홈을 빗ᄂᆡ고 즉시 도라와 됴졍 환노의 참녜치 말나 공ᄌᆡ 〻비[ᄇᆡ]슈명ᄒᆞ고 ᄒᆡᆼ이을 다ᄉᆞ례[려] 향경ᄒᆞᆯᄉᆡ 부인이 ᄯᅩᄒᆞᆫ 번요ᄒᆞᆫ 둉[됴]졍의 유명ᄒᆞᆯ가 과거 득실【7】간 듀[즉]시 도라오ᄆᆞᆯ ᄌᆡ삼 당부ᄒᆞ더라 공ᄌᆡ 슌〻이 명을 바다 길ᄒᆡᆨ 올나 ᄒᆡᆼᄒᆞᆯᄉᆡ

이ᄯᆡ 졍히 듕츄가절이라 광풍은 날여불고 산금이 입 ᄉᆞ이로 부라지져 졍히 문인의 흥을 돕ᄂᆞᆫ지라 시ᄉᆞᄅᆞᆯ ᄋᆡ와 훌훌이 경동의 이라니 공이 본ᄃᆡ 친쳑 업ᄂᆞᆫ지라 쥬인ᄒᆞᆯ 곳 업셔 여념[염]의 머므러 과일을 기ᄃᆞᆺ[ᄃᆞ]려 구월 초일의 샹이 특별이 일ᄀᆡ 긔ᄌᆞ[ᄉᆞ]ᄅᆞᆯ ᄲᅡ샤 보필을 삼고져 ᄒᆞ실【8】ᄉᆡ 공ᄌᆡ ᄎᆞ일 허다 ᄌᆡᄌᆞᄅᆞᆯ 헤치고 의〻히 용곡을 쩟거 단계에 어화ᄅᆞᆯ ᄒᆞᆯ노 쳔ᄌᆞᄒᆞ니 샹하 군신이 막블경ᄒᆡᄒᆞ니 일은 져의 년소 긔이ᄒᆞ미오 이ᄂᆞᆫ 뉴공이 고〻독신으로 무ᄌᆞᄒᆞᄆᆞᆯ 셜허ᄒᆞ더니 어ᄂᆞ ᄉᆞ이 이러틋ᄒᆞᆫ 옥 ᄀᆞᄐᆞᆫ ᄌᆡᄌᆞᄅᆞᆯ 두어 됴달이 여ᄎᆞᄒᆞᄆᆞᆯ 경ᄒᆡᄒᆞ고 샹이 죵ᄋᆡᄒᆞ샤 즉일의 홍문졍ᄌᆞ을 쳔망 탁용ᄒᆞ시니 샹이 ᄇᆡᆨ옥 ᄀᆞᄐᆞᆫ

썅빈의 빗ᄂᆞᆫ 월미ᄒᆞᆫ 비출 사랑【9】ᄒᆞ고 양유 ᄀᆞᄐᆞᆫ 몸ᄎᆡ의 청삼봉ᄋᆡ니 포〻ᄒᆞ여 ᄇᆡᆨ년 일지 청슈의 소사시니 ᄀᆡ이쇄라[락]ᄒᆞ미 쳔고의 독부[보]ᄒᆞ니 노샹 관광ᄌᆡ ᄎᆡᆨ〻 흠경 아니 리 업고 즉[쥬]문 옥당과 공후ᄃᆡ가의 칭찬불리[이]ᄒᆞ여 의셔 삼고져 ᄒᆞ 리 구람 ᄀᆞᆺᄒᆞᄃᆡ 공ᄌᆡ 본ᄃᆡ 청윤[운]의 ᄌᆡ조을 쎨칠 ᄯᆞ름이오 옥뉴 금안의 셩즉[쥬]을 밧들 의ᄉᆡ 업ᄂᆞᆫ지라 삼일유과[가] 후 직임을 고ᄉᆞᄒᆞ고 홍ᄑᆡ을 픔[품]어【10】향이로 도라오니 요〻ᄒᆞᆫ 청명이 경향의 ᄌᆞ〻ᄒᆞ고 혁[혁]〻ᄒᆞᆫ 광ᄎᆡ 문호을 빗ᄂᆡ고 부모의게 영양ᄒᆞ니 항[향]이 ᄉᆞ티위오여현손을 정ᄌᆞ의 ᄇᆡ필 구ᄒᆞᄂᆞᆫ ᄌᆡ 여역연문ᄒᆞᆫᄃᆡ 박ᄉᆡ 고유이[그윽이] 규목의 샤덕과 하쥐의 슉여를 구ᄒᆞ니 졸연 허ᄒᆞ리오 동셔로 밀막아 허혼치 아니코 공ᄌᆡ 또 샹적ᄒᆞᆫ ᄇᆡ우을 어더 ᄌᆞ긔 일ᄉᆡᆼ을 쾌히 ᄒᆞ려 ᄒᆞ나 침원ᄒᆞᆫ 고로 동셔 구친을 유【11】의치 아니코 상아의 ᄉᆡᆨ과 관져의 슉녀를 원ᄒᆞ니 ᄯᅳᆺ이 증ᄒᆞᄃᆡ 잇지 아니ᄒᆞ더니

일〻은 부공의 명으로 십이정 최한님을 문후ᄒᆞᆯᄉᆡ 원ᄂᆡ 최공은 한님학ᄉᆞ 홍문교리를 지ᄂᆡ고 죠정의 붕당이 셩ᄒᆞ믈 인ᄒᆞ여 벼슬을 ᄇᆞ리고 한가이 고향의 와 지ᄂᆡ더라 이ᄌᆞ 일여를 두어시니 여ᄋᆞᄂᆞᆫ 셩혼 못ᄒᆞ엿더라 뉴공으로 이셩늄[뉵]촌이니 ᄆᆞ참【12】최공의 흠질이 잇셔 박ᄉᆡ ᄋᆞᄌᆞ로 문병ᄒᆞᆯᄉᆡ 최가의 나아가 한님긔 뵈오니 병이 차경의 드럿ᄂᆞᆫ지라 최ᄉᆡᆼ 형뎨 셔ᄅᆞᆯ[ᄅᆞ] 마ᄌᆞ 한원[훤]ᄒᆞ고 ᄂᆡ당의 드러가 슉모긔 현알ᄒᆞᄃᆡ 임의 최ᄉᆡᆼ 등으로 ᄎᆞᆫ쉬 머러ᄂᆞᆫ지라 년소 녀ᄌᆞ로 셔ᄅᆞᆯ[ᄅᆞ] 뵈지 아닛ᄂᆞᆫ지라

외당 와나[나와] 날이 져므니 밤을 지ᄂᆡ고 형[평]명의 두루 ᄇᆡ회ᄒᆞ여 ᄂᆡ후원을 ᄉᆞ못ᄎᆞ ᄒᆞᆫ 곳의 별각이 잇고 공교히【13】무은 곳 잇셔 취죽이 알플 막이[아]시니 경치 가려 쇼쇄ᄒᆞ여 가히 ᄒᆞᆫ 번 보암작ᄒᆞᆫ지라 극히 사랑ᄒᆞ여 가즉이 나아가 방황ᄒᆞ더니 사창이 쾌히 열이

난 곳의 일 미소졔 운발을 거두어 옥슈의 쥐고 옥셩 요ㆍ호여 시녀을 블너 머리 겨려 능히 빗지 못호니 물을 더녀 오라 시네 응셩호고 믈너 나니 졍ᄌ 훈 변[번] 보미 빅셜 ᄀ튼 미용이 가려 찬난호니 【14】황홀호고 ᄌ시 보건디 이 범ㆍ훈 식이 아니라 반월익이 빅이 싸혓고 음미 취렵[협]은 지분을 더러이 넉이긔[거]늘 효셩 쌍광은 삼쳔 조화와 일월의 광명을 졈득호고 년화 양협과 쥬슌호치 만고를 기우허[려] 두여[려]호 리 업겨[거]늘 홍샹취슈는 암향을 로[토]호고 유오봉익은 양뉘 휘든ᄂ 둧호니 부용이 쳥녑의 ᄡ혓ᄂ 둧 비컨디 ᄌ약 념ㆍ호미 본바 쳐【15】음이라 몸이 나라 무슨의 올날 상아를 겸호여 월궁 항으을 디흔 둧 졍신니 표탕호여 어린 ᄃ시 ᄇ라보고 넉슬 일헛더니 홀년 광풍이 ㆍ러나 싱의 빅퇴 바람의 나붓기니 소졔 경동호여 사창을 다드니 옥용화틱을 다시 보기 어려온지라

악연 져상호여 양구히 방황호다 의[외]헌을 향홀시 심혼이 아득호고 졍일의 ㆍ호여 기리 샹냥호디 【16】원닉 이 치뤄 최슉의 집이라 져 녀ᄌ 최슉의 여익니 진실노 엇던 복된 지 져언[런] 미식의 현쳐를 득홀고 긔이호고 아람답도다 곳쳐 혜오디 셔ᄌ 왕댱과 금모 상아를 일너시디 닉 보지 아렷[녓]시나 ᄎ인의긔 날이[미] 이시리오 금셰샹의 이런 졀념이 잇셔 남으의 보빅 될 줄 뜻호지 아일[닐]와 이쳐로 혜아리미 의식 쵸[표]탕호여 그윽이 탄호디 나의 ᄌ화와 풍용이 하등【17】이 아니여늘 최슉이 그런 규슈을 두고 유의치 아니ㆍ 지친의 격흔 타시라 쳔의 엇지 이럿틋 호신고 닉 만일 이 여ᄌ를 만나지 못호면 속졀업시 원귀 되리라 이쳐로 혜아리미 심신이 요ㆍ호여 의식 운우의 포[표]탕호니 강잉호여 외당의 와 최공 부ᄌ로 말솜호디 자연 화긔 소삭호고 거동이 읍ㆍ호니 져 부ᄌ는 쳔만 무심흔 일이라 심이의【18】경혹호나 뭇지 나[아]니호더라 임의 조반이 이라니 싱이

약간 하져ᄒᆞᄃᆡ 음식의 ᄯᅳᆺ지 업셔 먹지 못ᄒᆞ고 인ᄒᆞ여 하직ᄒᆞ고 도라가니 최공 부ᄌᆞ 그 긔ᄉᆡᆨ을 심히 의아ᄒᆞᄃᆡ 능히 알 길이 업더라

셰월이 훌〻ᄒᆞ여 ᄒᆡ 진ᄒᆞ고 명츈의 이ᄅᆞ니 최공이 ᄐᆡᆨ셔ᄒᆞ미 분〻ᄒᆞ고 유공이 헌[현]부 구ᄒᆞ미 급ᄒᆞ더니 일〻은 양공이 만나 셔라 한담ᄒᆞᄆᆡ 최공은 냥【19】ᄌᆡ 가합 ᄌᆡ 업ᄉᆞᄆᆞᆯ 탄ᄒᆞ고 유공은 현부 어려오ᄆᆞᆯ 탄ᄒᆞ여 왈 나의 독ᄌᆡ 십뉵이 되도록 ᄒᆞᆫ낫 아람다온 미부를 못 어더니 엇지 근심이 젹으리오 최공 왈 인ᄌᆡ ᄒᆞᆫ치 아니ᄒᆞ여 여ᄋᆞ 삼오 되도록 뉴의ᄒᆞ여 져와 ᄀᆞᆺᄒᆞᆫ 냥ᄌᆡ을 구ᄒᆞᄃᆡ 엇지 못ᄒᆞ니 남녀간 인믈이 각〻 ᄌᆡ뫼 겸젼ᄒᆞ기 어려오믈 알너라 ᄒᆞ여 심히 한ᄒᆞᆫᄃᆡ 조곰도 ᄌᆞ가 양인으로 유의【20】ᄒᆞ미 업ᄉᆞ니 ᄉᆡᆼ이 〻의셔 드라니 심당[담]의 ᄆᆡ친 ᄒᆞᆫ이 ᄇᆡ승ᄒᆞ고 ᄯᅩ 혼인은 망단ᄒᆞᆫ지라 ᄉᆡᆼ각ᄒᆞ니 악연 져샹ᄒᆞ여 날노 침식이 다지 아니코 의ᄉᆡ 허트러져 졈〻 침면ᄒᆞ니 ᄌᆞ리의 이지 못ᄒᆞ니 부뫼 크게 의심ᄒᆞ여 쳔방ᄇᆡᆨ계로 의약을 쓰나 분회 업고 일명이 일낙잔등 ᄀᆞᆺᄒᆞ니 뉴공 부뷔 호쳔비통ᄒᆞᆯ ᄯᆞ람이러니

일〻은 공이 의원 보러 가고 부인이 겻히셔【21】구완ᄒᆞᆯᄉᆡ ᄉᆡᆼ이 혼〻ᄒᆞ여 모라ᄂᆞᆫ지라 손을 잡고 아모리 ᄒᆞᆯ 줄 모라더니 혼〻 듕 인ᄉᆞ을 모라다가 슬픈 탁[탄]식 소ᄅᆡ로초[조]ᄎᆞ 눈을 ᄯᅥ 보니 모친이 겻히셔 ᄌᆞ긔을 어라만져 쳥뉘 환난ᄒᆞ신지라 ᄉᆡᆼ이 혼미 듕이나 모친 상심ᄒᆞ시ᄆᆞᆯ 보ᄆᆡ ᄌᆞ긔 병이 아마 회츈 ᄇᆞ라지 못ᄒᆞᆯ너라 ᄆᆞ음을 두루혀 강작고져 ᄒᆞ라[나] 임의 병이 골슈의 드러고 사ᄅᆞᆷ 곳 아니면 ᄉᆡᆼ되 망연【22】ᄒᆞ니 블효을 ᄉᆡᆼ각ᄒᆞᄆᆡ 긔운이 막혀 뉘웃붐과 ᄋᆡ닯기을 겸발ᄒᆞ여 누쉬 침변의 고이니 부인이 더옥 슬허 우리 늣게야 너을 어드니 ᄌᆡ모 풍신이 문호의 유명이오 우리 만ᄂᆡ 영복을 하례ᄒᆞ여 츄월츈풍의 즐거오ᄆᆞᆯ 삼아더니 명쳔이 복이 과ᄒᆞᄆᆞᆯ 외오 넉이샤 네 졸연 병이 〻허[러]틋 ᄒᆞ니 이 셜움을 엇지 견ᄃᆡ리오 연이나 이 거동이 읍〻묵

ᄒᆞ여 무산【23】소회 잇는 ᄃᆞᆺ하니 친ᄒᆞ미 모ᄌᆞ의 더으미 업ᄉᆞ니 만일 소회 잇거든 일너 ᄉᆞ싱의 유한이 업계[게] ᄒᆞ라 공ᄌᆡ 갑[감]읍ᄒᆞ고 능히 은회[휘]치 못ᄒᆞ여 최소져 본 소회를 써 고ᄒᆞ고 블효를 혼ᄒᆞ고 슬허ᄒᆞᆷ을 마지 아니ᄒᆞ니

부인이 챠경챠희 왈 이 동셩이 아니오 최ᄋᆞ와 삼죵ᄆᆡ 셰샹의 파촉[표종]혼인 잇시니 병을 일위도록 ᄒᆞ리오 네 부친이 오신 후 의노[논]ᄒᆞ리니 병회를 【24】위로ᄒᆞ라 ᄒᆞ니 공ᄌᆡ 쥬연[년] ᄆᆡ친 소회을 모젼의 알외니 모친의 언ᄂᆡ 가망이 일분이 이시니 흉극이 열이는 ᄃᆞᆺ 공이 도라오ᄆᆡ 부인이 ᄌᆞ 말노써 젼ᄒᆞ고 간졀ᄒᆞᆫ 비어로 일이 무방ᄒᆞᆷ을 일일히 베프니 공이 쳐음은 놀나 말이 업더니 부인의 말을 드라ᄆᆡ 원간 이셩뉵촌이 사디지 아니면 ᄃᆡ단ᄒᆞᆫ 허물이 아니오 인졍이 독ᄌᆞ로셔 죽고져 ᄒᆞ리오 도로혀 놀나고 깃거【25】ᄒᆞ여 시동으로 최공을 쳥ᄒᆞ니 즉시 이릘[ᄅᆞ]러는지라

슈말을 이라니 최공이 ᄃᆡ경 왈 연의 유병ᄒᆞᆷ을 드리니 차셕ᄒᆞ여 슉식이 편치 아니허니 이러ᄐᆞᆺ 고히ᄒᆞᆫ 병을 어든 줄 ᄠᅳᆺᄒᆞ지 못ᄒᆞ거늘 슈연이나 소뎨는 현셔을 슈고 이여[아녀] 엇고 형도 현부를 어드려 이와 팔촌 ᄉᆞ이 듕논이 엇더ᄒᆞᆯ고 공이 소왈 듕원은 듕촌[표] 혼인이 만코 은ᄐᆡ지의 힝ᄒᆞᆫ ᄇᆡ 이 호[혼]ᄉᆡ 일【26】워 촌의[돈ᄋᆡ] 싱도를 어드면 만힝이라 범법다 듕논 잇시면 그 허물은 스ᄉᆞ로 당ᄒᆞ리라 최공이 웃고 싱의 병소의 가 보ᄆᆡ 풍뫼 환탈ᄒᆞ고 혈뷔 이우러 ᄉᆞ싱이 금명ᄒᆞ니 믄득 경ᄋᆡᄒᆞ여 집슈 위로 왈 예법을 바려 너를 구ᄒᆞ리니 심녀를 그쳐 살기를 도모ᄒᆞ라 공ᄌᆞ 몽농ᄒᆞ[ᄒᆞᆫ] 가온ᄃᆡ 희ᄉᆡ[ᄉᆡᆨ]이 은ᄂᆞ ᄒᆞ여 ᄉᆞ례ᄒᆞ니 더옥 할 일 업셔 길긔를 굿게 졍ᄒᆞ고 최공이 【27】도라와 부인과 낭ᄌᆞ를 ᄃᆡᄒᆞ여 ᄎᆞ연을 이라고 ᄐᆡᆨ일ᄒᆞ여 혼구을 셩비이 ᄒᆞᆯᄉᆡ

션시의 최소졔 그 날 위연이 창을 열고 경치 가려ᄒᆞᆷ을 사랑ᄒᆞ여

이윽이 상완ᄒᆞ다가 광풍이 ᄌᆞ러니[나] 죽업[엽]을 헤치고 청삼 광뫼[몌] 나붓기니 외인의 엿보믈 경히ᄒᆞ여 사창을 급히 다드ᄆᆡ 문틈으로 여녀[어]보니 일위 미소년이 옥면영풍으로 빵셩 정광이 ᄌᆞ긔 신샹의 뽀앗다가 【28】창 다드믈 인ᄒᆞ여 어린 ᄃᆞᆺ 취ᄒᆞᆫ ᄃᆞᆺ 묵ᄌᆞ히 옥안뉴풍이 딘짓 젹션디풍이라 십[심]이의 흠경ᄒᆞ여 자탄ᄒᆞ더니 시ᄋᆞ 물을 데여 나오나[니] 소졔 문왈 밧긔 뉘 왓ᄂᆞ뇨 시네 ᄃᆡ왈 뉴샹공이 거일의 노야 문병ᄒᆞ고 머무러 계시더이다 소졔 짐작ᄒᆞ고 소셰ᄒᆞ고 명경을 드러 지분을 고룰ᄉᆡ ᄉᆡᆨ모념틱 구비ᄒᆞ니 져 소년의 미릉션ᄎᆡ에 겸손치 아닌지라 ᄂᆡ심의 탄【29】ᄒᆞᄃᆡ 천의 미남ᄌᆞᄉᆞ를 ᄂᆡ시고 쏘 날을 ᄂᆡ시문 우연ᄒᆞᆫ 일이 아니로ᄃᆡ 문득 지친의 격ᄒᆞ미 이시니 조믈이 헌ᄉᆞᄒᆞ믈 가히 아지 못ᄒᆞ리로다 홀노 가셕ᄒᆞ믈 마지 못ᄒᆞ더니 쯧 아여[녀] 풍운의 길상이 혼긔룰 틱경ᄒᆞ니 힝희ᄒᆞ믈 알이러라

ᄎᆞ셜 뉴정ᄌᆡ 오ᄆᆡᄀᆞ지ᄒᆞ던 가인으로 아람다온 가연을 일우게 되니 심ᄉᆞ 쾌활ᄒᆞ여 흠질이 날노 영차ᄒᆞ【30】여 슈일 ᄉᆞ이 쾌ᄎᆞᄒᆞ니 일긔 하례ᄒᆞ고 동이 셔ᄅᆞ 치하ᄒᆞ니 양가의셔 쏘ᄒᆞᆫ 미부 쾌셔을 보는 경ᄉᆞ 협의 되믈 잇고 혼구를 근[극]딘이 ᄒᆞ여 길일의 위[위의]룰 가초와 최부의 이라러 홍안을 뎐ᄒᆞ고 쳔지긔 녜ᄒᆞ기를 ᄆᆞᆺᄎᆞᄆᆡ 신낭을 인도ᄒᆞ여 ᄂᆡ당의 드러 합환셕의 나아가 교ᄇᆡᄒᆞᄆᆡ 양 신인의 교ᄌᆞ션틱 차등치 아니ᄌᆞ 관광ᄌᆡ 칭찬ᄒᆞ고 신낭의 옥【31】안영풍의 화열ᄒᆞ미 어릭시니 양쵀 최ᄉᆡᆼ이 그윽히 함소ᄒᆞ더라 교ᄇᆡᄒᆞ고 합환쥬을 파ᄒᆞᄆᆡ 외당의 나와 빈ᄀᆡᆨ을 졉ᄃᆡᄒᆞᄆᆡ 뉴미 청산의 쾌열ᄒᆞᆫ 화긔 우희염즉 ᄒᆞ니 최공이 두긋기고 합ᄀᆡ 경하ᄒᆞ미 ᄀᆞ이업더라

ᄉᆡᆼ이 괴로이 져물기룰 기다려 동방의 나가니 화촉이 졔ᄌᆞᄒᆞ고 향년이 ᄋᆡᄌᆞᄒᆞᄃᆡ 금침화당이 ᄌᆞ목의 현황ᄒᆞ고 셔화 필연【32】이 공교치 아닌 거시 업더라 야심ᄒᆞ더니 쌍ᄌᆞ 시네 신부를 용[옹]위ᄒᆞ여 날

리 ᄉᆡᆼ이 희ᄉᆡᆨ을 ᄯᅴ여 마자 촉하의 옥용을 ᄃᆡᄒᆞ여 긔이ᄒᆞ미 셕일의셔 ᄇᆡᆨ〻 ᄒᆞ니 깃븐 흥이 안목의 가득ᄒᆞ여 좌을 년ᄒᆞ여 기간 ᄉᆞ복지회ᄅᆞᆯ 셜파ᄒᆞ며 옥비ᄅᆞᆯ 어란[라]만져 취삼을 거드ᄆᆡ 초옥 ᄀᆞᆺᄒᆞᆫ 비상의 ᄋᆡᆼ혈은 듕[듕국] 규슈의 ᄒᆡᆼᄒᆞᆫ ᄇᆡ여ᄂᆞᆯ 엇디 그ᄃᆡ긔 잇ᄂᆞ냐 소제 슈괴ᄒᆞ여 옥【33】안을 슉여 부답ᄒᆞ니 ᄉᆡᆼ이 ᄎᆡ삼 고이ᄒᆞ믈 힐문ᄒᆞ니 소제 ᄂᆞ즉 ᄃᆡ왈 조뷔 뉵년 젼의 듕원 가셔 이거ᄉᆞᆯ ᄂᆞᆺ호ᄆᆡ 일가 소ᄋᆞ의게 젼ᄒᆞ시니이다 언파의 운환을 슉여 홍광이 취지ᄒᆞ니 고으미 촉녕의 ᄇᆞᄋᆡ니 ᄉᆡᆼ이 졍이 무산의 취ᄒᆞ이고 은ᄋᆡ 낙조의 무라 옥안 흔연 소왈 금아[야] ᄉᆞ의[이] 홍졈이 분명ᄒᆞ나 명조의 ᄇᆡᆨ옥의 틔 업ᄉᆞᆯ가 저허ᄒᆞ라 소제 셩안의 참ᄉᆡᆨ이 난〻【34】ᄒᆞ여 부답ᄒᆞ니 ᄉᆡᆼ이 흔연 셤슈ᄅᆞᆯ 잇그러 야심ᄒᆞᄆᆡ 촉을 물이고 침셕의 나아고져 ᄒᆞ더니

홀연 밧그로셔 일셩 포향의 문을 ᄭᆡ치고 ᄒᆞᆫ 데 젹당이 원집을 둘너 ᄊᆞ며 고함이 진짓 호형[령]이 진쳔ᄒᆞ니 ᄆᆡᆼ호 ᄀᆞᆺᄒᆞᆫ 군졸과 산악 ᄀᆞᆺᄒᆞᆫ 젼후 짓치 이ᄯᆡ ᄂᆡ외 상하 ᄃᆡ경분황ᄒᆞ여 각〻 살기ᄅᆞᆯ 도모ᄒᆞᆯ 분이러니 일위 뎍당이 쳥나포의 ᄌᆞ금관을 쓰고 ᄇᆞᆰ은【35】ᄯᅴ을 ᄯᅴ고 보검 쥐여 좌우ᄅᆞᆯ 지휘ᄒᆞ니 호령이 진쳔ᄒᆞ고 위풍이 늡[늠]〻ᄒᆞ여 인명은 ᄒᆡ치 말고 신부ᄅᆞᆯ 뫼셔 ᄂᆡ라 ᄒᆞᄂᆞᆫ 소ᄅᆡ 영이 나ᄆᆡ 일시의 화을 잡아 쳥녕ᄒᆞ고 슌금 옥교ᄅᆞᆯ 계젼의 노코 장념ᄒᆞᆫ 시네 뉵칠 인이 침방의 돌입ᄒᆞ나 뉴ᄉᆡᆼ은 소져ᄅᆞᆯ 븟드러 안ᄌᆞ 경황이나 간ᄃᆡ로 범치 못ᄒᆞᆯ 긔상이라 ᄃᆡ당[댱]이 녀셩 왈 의려치 말고 신부ᄅᆞᆯ 븟드러 옥교의 뫼【36】시라 제ᄉᆡᆨ[시네] 년셩 응낙고 최시ᄅᆞᆯ 좌우로 븟드러 올이라 건장ᄒᆞᆫ 시ᄋᆞ 문을 봉ᄒᆞᄆᆡ 취우 ᄀᆞᆺ치 ᄂᆡ다라니 소제 몽이의도 혜아리지 아닌 환을 만나 능히 슈족을 놀이지 못ᄒᆞ여 풍우 ᄀᆞ치 다라ᄂᆞ니 두셔를 모ᄅᆞᆯ너라

ᄉᆡᆼ이 일셕지간의 이 광경을 보니 구람 ᄀᆞᆺᄒᆞᆫ 녁ᄉᆞ와 ᄃᆡ당[댱]의 용

ᄆᆡᆼ이 하ᄂᆞᆯ ᄀᆞᆺ흐니 속졀업시 손을 뭇거[겨] 져의게 졍인을 아이고 어린 ᄃᆞᆺ 취ᄒᆞᆫ ᄃᆞᆺ 졍【37】신을 슈습지 못ᄒᆞ더니 일ᄀᆡ 분황ᄒᆞ엿다가 일시의 모드ᄆᆡ 비복 일인도 상ᄒᆞ 니 업고 일물 업ᄉᆞᆫ 거시 업ᄉᆞᄃᆡ 홀노 신부ᄅᆞᆯ 일흔지라 일ᄀᆡ 모다 통곡ᄒᆞ고 최공이 악슈유체 왈 ᄌᆞ고 업ᄉᆞᆫ 변을 만나 여ᄋᆞᄅᆞᆯ 일흐니 문혼[호]의 블ᄒᆡᆼ이오 녈[널]노의 인연이 박ᄒᆞᆫ 년괴이[니] 요ᄒᆡᆼ 너ᄒᆡ 쳔금 듕신니 무양ᄒᆞ니 불ᄒᆡᆼ 듕 다ᄒᆡᆼ이라 슈연니[이]나 필연 여ᄋᆡ 쇄옥낙화 ᄒᆞ리니 이 지통을 【38】어이홀고 여ᄋᆡ 품슈ᄒᆞ믈 별노 명을 이에 ᄆᆞ측[츰]은 ᄯᅳᆺᄒᆞ지 아닐와 너ᄂᆞᆫ 뉴형의 만금 독ᄌᆞ니 ᄎᆞ후ᄂᆞᆫ 소[속]졀업ᄉᆞᆫ 념녀을 긋고 현문의 슉녀ᄅᆞᆯ ᄐᆡᆨᄒᆞ여 조히 화락ᄒᆞ라

언파의 다시 통곡ᄒᆞ여 쳥뉘 총ᄒᆡᆼ[종횡]ᄒᆞ니 ᄉᆡᆼ이 졍신[이] 아득ᄒᆞ여 양구 후 공[공이] ᄃᆡ로 왈 금야 참변은 소딜의 운슈라 십 년을 그음ᄒᆞ여 져 무리 거쳐을 찻고 ᄉᆞᄉᆡᆼ을 안 후 결단ᄒᆞ리이다 최【39】공이 대경 왈 져 무리ᄂᆞᆫ 불무지〻의 난당 대쳑[적]이라 만일 ᄎᆞᄌᆞ려 홀진ᄃᆡ 참홰 블측ᄒᆞ리니 모라미 경박ᄌᆞ의 〻ᄉᆞᄅᆞᆯ ᄂᆡ지 말나 ᄉᆡᆼ이 참졀 묵〻ᄒᆞ여 말을 못ᄒᆞ고 최ᄉᆡᆼ 등으로 모다 밤을 겨요 지ᄂᆡ 명조의 본부로 도라올ᄉᆡ 발셔 인언 쟈〻ᄒᆞ여 뉴부의셔 이 소식을 듯고 박ᄉᆡ ᄃᆡ셩[경]ᄒᆞ여 최부로 오다 노듕의셔 부ᄌᆡ 만나 ᄉᆡᆼ의 거동이 참〻ᄒᆞ여 실혼ᄒᆞᆫ 거동이라 【40】위로 왈 ᄂᆡ 아ᄒᆡᄂᆞᆫ 과도히 상회치 말나 쟉야 변은 너와 최ᄋᆞ 인연이 업ᄉᆞ미니 현마 엇디리오 ᄂᆡ 너ᄅᆞᆯ 위ᄒᆞ여 다시 아람다온 슉녀ᄅᆞᆯ 구ᄒᆞ리라

ᄉᆡᆼ이 부친의 ᄌᆡ취ᄒᆞ단 말ᄉᆞᆷ을 듯ᄌᆞ오니 심ᄉᆡ 더옥 아득ᄒᆞ여 다만 유〻 슈명ᄒᆞ고 부듕의 이ᄅᆞᆯ[ᄅᆞ]러 모부인이 실셩유체ᄒᆞ여 목숨이 보젼ᄒᆞ믈 하례ᄒᆞ고 일변 작야 경ᄉᆡᆨ을 무러 왈 너의 ᄉᆡᆼ환도 천【41】ᄒᆡᆼ이여이와 나의 옥ᄀᆞ[ᄀᆞᆺ]ᄒᆞᆫ 현부 쇄옥낙화ᄒᆞ미 여반장이라 가련 가셕ᄒᆞ

도다 ᄉᆡᆼ이 오열ᄒᆞ여 말을 못ᄒᆞ니 도로혀 위로 왈 이 다 쳔명이니 너ᄂᆞᆫ 우리 만금ᄌᆡᄌᆞ로 무익히 상회ᄒᆞ여 심ᄉᆞᄅᆞᆯ 허비치 말나 이러ᄐᆞᆺ 권연ᄒᆞ나 ᄉᆡᆼ이 최시 위한 일편단심이 쇠와 돌이 되어시니 엇지 이런 말을 혹ᄒᆞ리요 다만 일ᄉᆡᆼ 두로 노라 져의 ᄉᆡᆼᄉᆞ 거쳐을 ᄎᆞ줄 ᄯᅳ지[시] 돌【42】ᄀᆞᆺ흐니 일언을 못ᄒᆞ고 외당의 나와 눕고 이지 아니ᄒᆞ니 셕양의 공이 도라와 ᄋᆞᄌᆞᄅᆞᆯ ᄎᆞᄌᆞ니 부인이 ᄋᆞᄌᆞ의 참〻ᄒᆞᆫ 경ᄉᆡᆼ[샹]을 고ᄒᆞ니 공이 아ᄌᆞ을 블너 면젼의 이ᄅᆞᆯ[ᄅᆞ]ᄆᆡ 일〻간 풍뫼 화[환]탈ᄒᆞ엿ᄂᆞᆫ지라 경여[녀]ᄒᆞ여 조흔 말노 위로ᄒᆞ고 경계ᄒᆞᄃᆡ ᄉᆡᆼ이 계슈 묵년[연]이니 부뫼 ᄯᅩᄒᆞᆫ 참연ᄒᆞᆯ ᄲᅮᆫ이러라

ᄎᆞ시 최부의셔 여ᄋᆞᄅᆞᆯ 부라지〻나 부운과 형조[평초] ᄀᆞᄐᆞᆫ[ᄐᆞ]니 어ᄃᆡ로 지향ᄒᆞ【43】여 ᄎᆞᄌᆞ리오 부인은 더옥 일여을 일흘 분 아려[녀] 의용 션ᄎᆡ 이목의 삼〻ᄒᆞ여 존[조]운셕월의 아득히 촌장을 셕이니 찰아리 죽엄을 겻ᄒᆡ 노흐니여셔 더ᄒᆞ더라

ᄎᆞ셜 최소제 ᄒᆡ젹의계 풍우ᄀᆞ치 다라ᄂᆞ니 홀난ᄒᆞᆫ 식댱[심담]이 ᄶᅥ러지고 혼ᄇᆡᆨ이체ᄒᆞ여 죽고져 ᄒᆞ나 양낭이 븟드러시니 임의치 못ᄒᆞ고 어〻이 통곡 ᄲᅮᆫ이러니 ᄎᆞ의 시녀와 양낭을 쌍〻이 ᄎᆞ례로 정제【44】ᄒᆞ여 알ᄑᆡ 셰우고 용ᄆᆡᆼᄒᆞᆫ 군졸과 쳥나로 임[입]은 가졍으로 옥교ᄅᆞ[ᄅᆞᆯ] 메여 슈십 일[이]을 벽제 ᄌᆞ약히 ᄒᆞᄂᆞᆫᄃᆡ 뒤ᄒᆡ셔 웅장ᄒᆞᆫ 소ᄅᆡ로 웨여 지휘ᄒᆞ여 고봉산ᄀᆞ지 평안이 뫼시라 ᄒᆞ니 소져 드라ᄆᆡ 심간이 ᄲᅱ노라 브드져 죽으려 ᄒᆞ나 양낭이 븟드러 이 일노ᄡᅧ 고ᄒᆞ니 산두의 군졸을 명ᄒᆞ여 포진을 정히 ᄒᆞ고 슈 돗과 비단 요을 ᄭᆞᆯ고 촉을 ᄇᆞᆰ히고 화광이 조요ᄒᆞᆫᄃᆡ 덩을 ᄂᆞ리와 노코 신부 긔ᄉᆡᆨᄒᆞ물 ᄭᆡ오고 시녀로 젼어 왈 낭ᄌᆡ 귀문 옥슈 지란으로 불의예 화란을 보시니【45】엇지 그러치 아니시리오마ᄂᆞᆫ 필경은 즐거오시미 만코 미구의 부모긔 보이리니 즈레 놀나샤 일신을 훼샹치 마라소셔 ᄂᆡ ᄯᅩᄒᆞᆫ 무식ᄒᆞᆫ 뉴 되지 아니리이다

소제 이 젼언을 듯고 경히ᄒᆞ나 무례치 아니믈 잠간 방심ᄒᆞᄃᆡ 시금[식음] 약믈을 죵시 믈니쳐 목인[이] 가ᄅᆞᆯ[갈ᄒᆞ]니 적장의 ᄉᆞ졸의게 하졍[령] 왈 신뷔 뇨노로 더옥 잇브리니 젼션을 나와 슈로ᄒᆞ 힝ᄒᆞ시게 ᄒᆞ라 일시의 쳥녕ᄒᆞ고 다【46】시 옥교을 매여 십여 리ᄂᆞᆫ 힝ᄒᆞ여 평명의 ᄒᆡ상의 오르니 삼층 누션의 비단 돗즐 달아 졔도와 난창이 일광의 영농ᄒᆞᆫ 션창 옥편이 강파의 조요ᄒᆞ더라 무균ᄒᆞᆫ 거지 비길 ᄃᆡ 업ᄉᆞ니 소졔 측냥치 못ᄒᆞ여 죽으려 ᄒᆞ나 촌졀[쳘]이 업고 붓드러 움즉이지 못ᄒᆞ니 아모리나 슈로의 당ᄒᆞ여 창ᄒᆞ ᄃᆡ히에 ᄉᆡᆨ질가ᄒᆞ마니 깃거ᄒᆞ더니 밋 션듕의 붓드러 나리ᄆᆡ 젼후좌우로 양낭 시비 【47】나열ᄒᆞ여 됴흔 말노 권면ᄒᆞ고 몸을 움즉일 틈이 업게 ᄒᆞ니 양ᄒᆞ 대히에 닷ᄂᆞᆫ ᄇᆡ 살 ᄀᆞᄅᆞ[ᄐᆞ]니 어ᄃᆡ믈 알이오

임의 힝ᄒᆞ여 셕양의 미쳐ᄂᆞᆫ 아모 곳 아모 ᄃᆡ로셔 오ᄂᆞᆫ 줄 모ᄅᆞᄂᆞᆫ 젼션 난창이 더옥 모ᄒᆞ묘ᄒᆞ ᄒᆞ니 모든 시네[녜] 셔ᄅᆞᆯ[ᄅᆞ] ᄃᆞᆺ토아 신부를 일ᄏᆞᆺ고 붓드러 ᄇᆡ의 옴길ᄉᆡ 일위 비[미]부인이 소복이 졍결ᄒᆞ고 년긔 오십은 ᄒᆞᆫᄃᆡ 긔운이 츄상 ᄀᆞᆺ고 거동이 년화 ᄀᆞᆺ흐여 곱고 빗ᄂᆞ미 진짓 셩분【48】여풍이오 벌열의 부인 ᄀᆞᆺ더라 소졔 의아ᄒᆞ여 말을 못ᄒᆞ더니 그 부인이 소져의 운발이 산ᄒᆞ ᄒᆞ여 옥면 화ᄐᆡ을 덥고 누흔이 참ᄒᆞ ᄒᆞ여 병ᄆᆡᆨ이 가ᄂᆞᆫ 실 ᄀᆞᆺᄐᆞᆷ믈 보ᄆᆡ 경의ᄒᆞ고 ᄯᅩ한 늣겨 옥슈름[ᄅᆞᆯ] 잡고 위로 왈 소져ᄂᆞᆫ 뉘 집 유어로 이에 이ᄅᆞᆯ[ᄅᆞ]시며 구ᄐᆞ여 죽고져 ᄒᆞᄂᆞ뇨 소졔 져 부인의 유언화ᄉᆡᆨ으로 ᄌᆞ긔 과히 사랑ᄒᆞ믈 보니 ᄌᆞ모를 ᄃᆡᄒᆞᆫ 듯 오열 ᄃᆡ왈 쳡은 명문 여ᄌᆞ라 작야【49】블의에 여ᄎᆞᄒᆞ니 엇지 죽고져 아니리오 부인이 역읍 왈 이 거조ᄂᆞᆫ 예ᄉᆞ라 ᄂᆡ ᄯᅩ 십오 셰예 이 ᄀᆞᆺ치 이ᄅᆞᆯ[ᄅᆞ]러 가부를 셤겨 슬허ᄒᆞ더니 팔ᄌᆡ 긔박ᄒᆞ여 일ᄌᆞ를 ᄭᅵ치고 쇼쳔을 여ᄒᆡ고 완명이 머므러 오십 이라러시나 ᄂᆡ 명문 벌여[열]의 후예오 부문이 ᄯᅩᄂᆞᆫ[ᄒᆞᆫ] 명화 거촉[족]이라 호협을

일삼으나 인명을 살히ᄒᆞ미 아니오 ᄌᆡ물을 노략ᄒᆞ미 아니라 산간의 오윽[유]ᄒᆞ며 ᄃᆡᄃᆡ로 이곳ᄒᆞ믈 【50】(공백)[1)]

【51】면치 못ᄒᆞᄂᆞᆫ지라 ᄂᆡ 아히 약관의 미부를 ᄐᆡᆨ지 못ᄒᆞ여 소져 명셩을 흐[흠]모ᄒᆞ여도 ᄋᆡ일홈을 셰상의 나지 아엿고 명화 거경이 ᄯᅩᄒᆞᆫ 머리 소흐믈 득ᄒᆞ리오 ᄎᆞ고로 브득이 탈취ᄒᆞ미나 돈ᄋᆡ ᄉᆞ문 일ᄆᆡᆨ으로 당ᄃᆞᆼ이 길일은[을] ᄐᆡᆨᄒᆞ여 천지긔 알외고 ᄃᆡ례를 힝ᄒᆞ리니 셔르 무례ᄒᆞᆯ ᄇᆡ 업ᄉᆞᆯ지니 모라미 놀나믈 진졍ᄒᆞ고 약딜을 상히오지 말나 소제 적뵌 줄 알고 이히 이러틋【52】ᄒᆞ믈 보ᄆᆡ 더옥 우러 왈 만일 이 말 ᄀᆞᆺᄒᆞᆫ 즉 더옥 사지 못ᄒᆞ리니 쳡이 명문의 녀ᄌᆞ로 임의 부모의 명을 밧ᄌᆞ와 빙혜[례]을 밧고 초혜[례] 합근ᄒᆞ여 천하의 알미 뉴군의 안히오 뉴시의 며ᄂᆞ리라 ᄒᆞ니 츙신은 불ᄉᆞ이군이오 열녀ᄂᆞᆫ 불경이부라 고어의 ᄇᆞᆰ근 경계라 쳡이 비록 미약ᄒᆞ나 부월과 졍확을 두리지 아니리니 부인이 만일 잔천을 보젼과져 ᄒᆞ실진ᄃᆡ 본부의 도라 보ᄂᆡ시고 현낭의 연소 ᄌᆡ【53】릉으로 홀노 쌍이 업ᄉᆞᆯ 거시 아니오 명문의 공믈을 구ᄒᆞ시면 호싱디덕이 되리이라

부인이 위로 왈 비록 그[그러]ᄒᆞ나 소제 졀노 이셩의 친을 ᄆᆡᆺ지 안엿시니 공물이라 엇지 굿틋[ᄐᆞ]여 ᄉᆞ싱을 결단ᄒᆞ리오 당ᄂᆡ 영복이 무흠ᄒᆞ리니 과도ᄒᆞ믈 긋치라 소제 오읍 왈 ᄇᆡᆨ희 졀과 초공 슈졀은 엇더ᄒᆞ이잇가 잔명을 앗겨 쳔고의 더러온 계집이 되리오 셜파의 통곡ᄒᆞ여 ᄌᆞ문필ᄉᆞᄒᆞ니 【54】부인이 그 ᄯᅳ즐 보ᄆᆡ 지극 가ᄋᆡᆨᄒᆞ여 위로 왈 소제 짐작ᄒᆞ여 보라 우리 모ᄌᆡ 무식지인이 아니ᄂᆞᆫ 엇지 굿ᄒᆞ여 강박ᄒᆞ리오 인명이 ᄌᆡ천ᄒᆞ니 소져ᄂᆞᆫ 아직 심회를 널녀 과도치 말나 ᄂᆡ 당당 소원을 조ᄎᆞ 구ᄒᆞ리라

소제 적당이 ᄂᆡ 곳의 오미 업고 져 녀ᄌᆞ 음법 화열ᄒᆞ미 여ᄎᆞᄒᆞ믈

1) 뒷면(b) 전체를 잘라냈음.

잠간 방심ᄒᆞ여 젹모의 간졀이 권유ᄒᆞ믈 조ᄎᆞ 쥭음을 먹어 후일을 ᄇᆞ라나 탕ᄾᆞᄒᆞᆫ 광슈의 【55】흉용ᄒᆞᆫ 믈결을 향ᄒᆞ여 쳡ᄾᆞᄒᆞᆫ ᄐᆡ산의 ᄒᆞᆫ업ᄉᆞᆫ ᄃᆡ양을 무수히 지나니 어ᄂᆞ 곳으로 부모를 ᄎᆞᄌᆞ며 본향 ᄇᆞ라리오

촌ᄾᆞ 간장이 ᄇᆞ아지난 ᄃᆞᆺ 쥬야의 호쳔ᄋᆡ호ᄒᆞ니 젹뫼 호년[언]으로 관위ᄒᆞ믈 지셩으로 ᄒᆞ며 직희믈 유심히 ᄒᆞ니 시러곰 보젼ᄒᆞ여 슈삼일 ᄒᆞᄆᆡ 상노[노상]의 쉴ᄉᆡ 산곡과 ᄒᆡ상의 쳐ᄾᆞ마다 긔귀 굉장ᄒᆞ고 소년 풍유긱과 옥면 장군이 분ᄾᆞ이 셔를 마ᄌᆞ 아외라 【56】형이라 청[칭]ᄒᆞ여 분ᄾᆞᄒᆞ고 누ᄃᆡ의 패각이며 젼션과 난창이 십분 부려ᄒᆞ나 이물이 율ᄾᆞ탕ᄾᆞᄒᆞ여 셩명을 아지 못ᄒᆞ고 근본을 무를 길이 업ᄉᆞᄃᆡ ᄒᆞ갈ᄂᆞᆯ치[ᄒᆞᆫ갈ᄀᆞᆺ치] ᄂᆞᆸ[ᄂᆞᆷ]ᄾᆞᄒᆞᆫ ᄃᆞᆺ 쇠시 탈취ᄒᆞᆫ 바 젹당이 더옥 표표ᄒᆞ더라

창ᄾᆞ 대희[ᄒᆡ]와 쳡ᄾᆞ ᄃᆡ양을 지나 슈월의 ᄒᆞᆫ 곳의 이를[ᄅᆞ]니 산하 드[거]루 픠각이 물 우희 둘너시니 잇고[이 곳] 당군의 집이라 허다ᄒᆞᆫ 위의와 댱[댱ᄒᆞᆫ] 긔귀 왕상의 거쳐 ᄀᆞᆺ【57】고 쇠시를 콘[큰] 뎐[뎐]의 쳐소을 졍ᄒᆞ니 소졔 더옥 망극ᄒᆞ여 젹모의게 ᄋᆡ결[걸] 왈 쳡이 부인의 감은ᄒᆞ시믈 감동ᄒᆞ여 지금 사라시나 실노 셰샹 탐ᄒᆞ미 아니ᄾᆞ 빗는 집과 화려 누ᄃᆡ를 거쳐ᄒᆞ미 원이 아니ᄾᆞ 후원 누실 ᄒᆞᆫ 간을 빌이시면 잇고져 ᄒᆞᄂᆞ이다

젹뫼 허락고 벽쳐 소당을 슈쇄ᄒᆞ여 머물게 ᄒᆞ고 극진 무ᄋᆡᄒᆞ니 소졔 이곳의셔 죽을 의[의ᄉᆞ] 아니오 아직 ᄃᆡ졉이 【58】ᄒᆞ고 블미ᄒᆞᆫ 거죄 업ᄉᆞ니 나종을 보려 이곳의 머무니 ᄀᆞ장 영이한 시녜 슈십인이 ᄃᆡ후ᄒᆞ니 젹모ᄃᆞ려 왈 쳡이 임의지 아닌 후는 이곳의 이를려[이ᄅᆞ러] 부모 유체을 가ᄇᆞ야이 ᄇᆞ릴 ᄇᆡ 아니ᄾᆞ 시녀의 번거ᄒᆞ미 괴로오니 다 물이치고 일ᄀᆞ[ᄀᆡ] 시너[녀]만 주시면 좌와의 벗ᄒᆞ고져 ᄒᆞᄂᆞ이다 부인이 말마다 조차 일ᄀᆡ ᄌᆡ용 잇는 시아 계셤[션]을 머무를[ᄅᆞ]니

소제 계셤을 신임ᄒᆞᆯᄉᆡ [두 자 안 보임] 【59】무러 왈 이곳 지면[명]이 무어시[신]고 ᄃᆡ왈 소비ᄂᆞᆫ 아지 못ᄒᆞ오ᄃᆡ 오직 큰 ᄆᆡ히 등져 하늘을 막앗고 이ᄊᆡ 듕하 망시로ᄃᆡ ᄇᆡᆨ셜이 산샹을 덥허시니 이로ᄃᆡ ᄇᆡᆨ두산이라 ᄒᆞ더이다 소제 쳥파의 심혼이 〻쳬ᄒᆞ믈 참지 못ᄒᆞ더라

화셜 뉴ᄉᆡᆼ지[이] 식음을 젼폐ᄒᆞ고 듀야 울〻ᄒᆞ여 신병이 침노ᄒᆞ니 뉴공이 ᄃᆡ칙 왈 최ᄋᆞ 본ᄃᆡ 너와 인연 아니여ᄂᆞᆯ 네 ᄌᆞ최 정치 아냐 부득이 셩【60】교를 손샹ᄒᆞ고 법을 바려 셩네ᄒᆞᄆᆡ 문득 이ᄀᆞ튼 거최[죄] 이시니 필연 신명이 외오 넉이심이라 임의 ᄒᆞᆯ일 업ᄉᆞ니 심ᄉᆞ을 정ᄒᆞ고 수회를 푸허[러] 숙여를 ᄐᆡᆨᄒᆞᆯ 거시여ᄂᆞᆯ 촌〻 간장ᄒᆞ고 읍〻 원결ᄒᆞ여 ᄉᆞ병을 일위니 ᄎᆞᄂᆞᆫ 불효ᄃᆡ최[죄]오 어리미 신ᄉᆡᆼ의 뉘 아니랴 므실블[무신불립]ᄒᆞ미 ᄎᆞ마 인ᄌᆞ 힝ᄒᆞᆯ ᄇᆡ리오 만일 회과ᄒᆞ미 업술진ᄃᆡ 섈이 ᄉᆞᄉᆡᆼ을 임의로 ᄒᆞ고 이 거동을 다시 뵈이【61】지 말나

공ᄌᆡ 묵연 ᄌᆞ퇴ᄒᆞ고 ᄎᆞ후 식음을 잡고져 ᄒᆞ나 최시의 빗ᄂᆞᆫ ᄉᆡᆨ용과 요됴ᄒᆞᆫ 긔질이 이목의 빗최니 능히 것잡고져 ᄒᆞ나 듕심의 ᄆᆡ친 인졍이 억ᄆᆡ여시니 ᄎᆞ마 관억지 못ᄒᆞ고 인ᄒᆞ여 옛병이 다시 나고져 ᄒᆞ니 임의치 못ᄒᆞᄂᆞᆫ지라 두루[쥬류]사방ᄒᆞ여 죵적을 찻고져 ᄒᆞ나 ᄉᆞᄉᆡᆼ 거쳐을 아지 못ᄒᆞᆯ 분 아니라 부뫼 허락지 아닐지라 쳔ᄉᆞ만샹ᄒᆞ나 양칙이 업셔 광분질주【62】ᄒᆞ기의 미쳐 부뫼 망극ᄒᆞ고 친쳑 상하 차경ᄒᆞ더라

일〻은 글노ᄡᅧ 부모긔 하직 왈 소ᄌᆞ 진실노 최시와 삼ᄉᆡᆼ의 원ᄀᆡ라 졀노 인ᄒᆞ와 ᄉᆞ경의 밋ᄎᆞ니 뉘웃ᄎᆞ나 밋지 못ᄒᆞ고 ᄆᆞ음을 두루혀고져 ᄒᆞ나 능히 작[잡]지 못ᄒᆞ니 십 년을 그음ᄒᆞ여 져의 ᄉᆞᄉᆡᆼ 거쳐을 ᄎᆞᆺ고 도라오리이다 복원 부모ᄂᆞᆫ 불초ᄌᆞ를 아이예 업ᄉᆞᄆᆞ로 아라샤 거리ᄭᅵ지 마라시고 만슈무강하소셔 ᄒᆞ고 월【63】당ᄒᆞ여 정쳐 업시 ᄂᆡ돌니이[〻]ᄊᆡ 정히 듕츄 망시라 월광이 낫 ᄀᆞᆺ흐니 분원ᄒᆞᆫ 긔운이 거락[람]이

색라ᄆᆡ 친졍이 괴로오믈 모를너라 동으로 가며 셔으로 노라 듀야을 분쥬ᄒᆞ여 뎡ᄒᆞᆫ 곳이 업더라 동의 가 밥을 빌고 셔의 양식을 구ᄒᆞ여 한셔의 괴로오믈 보고 남의 죵이 되며 밀ᄒᆞ곤장ᄉᆞ로다라 아니 간 ᄃᆡ 업ᄉᆞ니 쳔나[니]와 만니을 혜지 아니코 두루 돌ᄆᆡ 임의 ᄒᆡ 진【64】ᄒᆞ고

봄을 만나 강원도 금강ᄉᆞ의 니롤[ᄅᆞ]러ᄂᆞᆫ 부쳐 영이ᄒᆞ믈 듯고 사듕의 삭발 칼을 비러 삭발위승ᄒᆞᄆᆡ 부쳐긔 나아가 츅원 왈 소ᄉᆡᆼ 연이 부모 유체를 상히오고 조션 유풍을 져ᄇᆞ려 이에 니ᄅᆞ믄 젼혀 일흔 ᄇᆡ필을 ᄎᆞᄌᆞ 거문고 허러진 거ᄉᆞᆯ 다시 완젼코져 ᄒᆞ오미니 복원 불상은 ᄃᆡᄌᆞᄃᆡ비ᄒᆞ샤 뉴연의 원을 일우게 ᄒᆞ신 즉 타일 만ᄌᆡ로써 졀을 슈호【65】ᄒᆞ고 부쳐긔 ᄉᆞ례ᄒᆞ리이다

츄[츅]파의 ᄉᆞ듕의 도라와 ᄎᆞ야롤 지ᄂᆡ더니 몽듕의 부쳐 ᄀᆞᆯ오ᄃᆡ 너의 지셩이 감동ᄒᆞ니 엇지 이롤[ᄅᆞ]지 아니리오 최시 죽지 아냐 졀을 보젼ᄒᆞ고 죽시 아어[녀]시니 네 만일 지셩으로 ᄎᆞᄌᆞ면 만나려이와 긔합이 오히려 머러 삼 년이 가려시니 슈고로오믈 피지 말지어이다 나죵은 복녹이 무흠ᄒᆞ리라

ᄉᆡᆼ이 차경차희ᄒᆞ여 명문의 다시 ᄇᆡ츅ᄒᆞ고 졀을 ᄯᅥ나니【66】흰 곳갈과 ᄒᆡ여진 바랑을 매여 두루 단니ᄅᆡ 골격이 됴흐며 용모 단아ᄒᆞ니 진짓 산승의 모양이라 팔도의 두루 노라 ᄒᆡ듕과 산곡의 아니간 ᄃᆡ 업고 영동 영셔의 ᄃᆡ가 소호롤 다 유의ᄒᆞ여 ᄎᆞᄌᆞ나 쳔만 신고와 ᄇᆡᆨ만 고ᄒᆡᆼ이 진실노 형언홀 ᄇᆡ 아니라 노듕의셔 방황ᄒᆞ여 두 ᄒᆡ롤 지ᄂᆡ고 삼 년 초츈의 이롤[ᄅᆞ]러ᄂᆞᆫ 임의 뉵지의 ᄎᆞᄌᆞ미 다ᄒᆞᆫ지라 다시 ᄒᆡ상의 심방홀ᄉᆡ【67】동ᄒᆡ 셔ᄒᆡ의 심방홀ᄉᆡ 제쥬 운능[우룽]의 아니 간 ᄃᆡ[업고] 혹 ᄆᆡ션을 초[조]ᄎᆞ 만ᄒᆞᆫ 셤과 놉ᄒᆞᆫ 뫼ᄒᆡ 아니 된 ᄃᆡ 업ᄉᆞᄃᆡ ᄉᆞᄉᆡᆼ을 알 길이 업ᄉᆞ니 강녁이 핍진ᄒᆞ여 하늘을 우러ᄅᆡ 탄왈 창쳔이 엇지 뉴연과 최시롤 내고 이러틋 인연을 막으시뇨 몸이 조션과 부모

의 죄인이 되고 쳔신만고ᄒᆞ여[되] 유ᄌᆞ 신명은 어리[이] 그리 무심ᄒᆞ셔 소식도 모라게 ᄒᆞ시나요

인ᄒᆞ여 정신이 아득ᄒᆞ여 션창의 비겨더니 문【68】득 금광ᄉᆞ 부체 알픠 와 일오ᄃᆡ ᄎᆞ년이 다 못ᄒᆞ여 마[만]나리니 오직 져희 거쳐 깁고 깁흐니 ᄎᆞᄌᆞ미 쉽지 못ᄒᆞᆯ지라 연이나 도라갈 ᄃᆡ[ᄯᆡ] 구ᄒᆞ리라 ᄉᆡᆼ이 ᄉᆞ례[ᄒᆞ다] ᄭᆡ니 남가일몽이라 몽ᄉᆡ 역ᄌᆞ ᄒᆞ나 거쳐을 이ᄂᆞ[ᄅᆞ]지 아니ᄒᆞ니 디항[향]ᄒᆞᆯ ᄃᆡ 무망ᄒᆞᆫ지라

본ᄃᆡ 녀승으로 일홈ᄒᆞ니 졀염 미ᄉᆡᆨ으로 쳔고가인이라 샤부 ᄂᆡ각과 산듕 은ᄉᆞ의 금문을 아니 본 ᄃᆡ 업ᄉᆞᄃᆡ 최시 형영은 묘엿[연]ᄒᆞ니 진실노【69】ᄒᆡ젹의 도망과 지모 비계 깁흔 ᄃᆡ 은거ᄒᆞ기ᄅᆞᆯ 위쥬ᄒᆞᄆᆡ 놉흔 뫼 깁흔 셤의 은거ᄒᆞ기ᄅᆞᆯ 쥬미리[주밀이] ᄒᆞ니 이ᄂᆞᆫ ᄃᆞ려가ᄂᆞᆫ 사ᄅᆞᆷ이 다 지명을 모ᄅᆞ게 ᄒᆞ미라 처음의 ᄒᆡ상의 듐뉴ᄒᆞ여 여러 달 만의 ᄇᆡᆨ두산의 슈멋더니 ᄒᆡ포[의] 무릉의 올무니라

장군이 최시을 어더 오니 급히 셩네코져 ᄒᆞ더니 최시 비록 슯이 걸녀시나 영ᄌᆞ ᄒᆞ여 방쥬 쇄옥 낙화ᄒᆞ미 반ᄃᆞᆺᄒᆞ리니 일월이 오리면 【70】ᄒᆡ혹ᄒᆞ기ᄅᆞᆯ 기ᄃᆞ려 ᄎᆞ후 셰샹의 쳐ᄌᆞ 미ᄉᆡᆨ이 잇다 ᄒᆞ나 유의치 아니ᄒᆞ니 최시 이에 슈삼 ᄌᆡ 되ᄃᆡ 방 밧글 나지 아니코 오시 졀을[져를] 칫[찻]지 아니며 음식이 ᄉᆞ미ᄒᆞ면 먹지 아니ᄒᆞ며 희로 언어가 업시 일양 침셕의 ᄇᆡ엿시니 젹뫼 ᄭᆡᄌᆞ 다실의 유ᄅᆞᆯ 권ᄒᆞ며 션언으로 ᄀᆡ유ᄒᆞ면 ᄯᆞᆺ시 굿고 말이 당ᄌᆞ ᄒᆞ여 일호 유익ᄒᆞ미 업ᄉᆞ니 죵시 핍박지 못ᄒᆞᆯ 줄 알고 기ᄌᆞᄃᆞ려 다ᄅᆞᆫ ᄃᆡ 아ᄅᆞᆷ다온 공물【71】을 취ᄒᆞ믈 권ᄒᆞ니 ᄃᆡ왈 최시 ᄀᆞᆺᄒᆞᆫ ᄉᆡᆨ념 슉덕이 다시 업ᄉᆞ리니 십 년을 그음ᄒᆞ여 두루 허물 원ᄒᆞᄋᆞᆸᄂᆞ이 급히 핍박ᄒᆞᆫ 즉 쇄옥낙화ᄒᆞᄂᆞᆫ 환이 잇시니 모친이 그 ᄯᆞᆺ을 바드시고 션언으로 ᄀᆡ유ᄒᆞ여 ᄒᆡ 오라고 졍이 깁흐ᄆᆡ 회심ᄒᆞ미 이시리다 젹뫼 유리히 넉일 분더어[러] ᄎᆞ마 기질을 앗겨 화ᄂᆞᆫ

말과 은근ᄒᆞᆫ 식으로 고ᄉᆞ를 인증ᄒᆞ여 ᄀᆡ유ᄒᆞ고 ᄋᆡ모ᄒᆞ고 친ᄋᆡᄒᆞ미 친녀의 지나더라

소졔 셰월이 오라ᄆᆡ 더옥 니친지회 더으고 뉴싱을 만【72】나미 예ᄉᆞ 부ᄌᆞ와 다르다가 신정도 펴지 못ᄒᆞ고 이러틋 희한[ᄒᆞ] 경계을 당ᄒᆞ니 졔 필년[연] 옛병을 일원가 심신이 비황ᄒᆞ거ᄂᆞᆯ 자가의 빅명ᄒᆞᆫ 신셰로 차악ᄒᆞ믄 이라도 말고 나죵이 어ᄃᆡ셔 마즈ᄆᆞᆯ 아지 못ᄒᆞ니 고요히 셰ᄉᆞ 상냥ᄒᆞᄆᆡ 옥당이 ᄋᆞ울믈 잘 면ᄒᆞ리요 더옥 상풍의 쌔ᄅᆞᆯ 불고 분한 상셩이 졔천을 뎝흔ᄃᆡ 깁흔 원과 ᄒᆞᆫ업ᄉᆞᆫ 비회 흉히을 흔드니 간장 화【73】ᄒᆞ여 망부셕이 되엿더라

유광이 ᄌᆞ로 밧고이여 신졍이 되니 젹당이 질을 올마 창파의 슌환ᄒᆞ여 한 곳 큰 셤의 쳐ᄒᆞ니 지명이 아모ᄃᆡᆫ 쥴 몰나 삼츈 도ᄋᆡᆼ이 화창ᄒᆞ고 태양이 화슌ᄒᆞ여 별유건곤이러라 큰 셤이로ᄃᆡ 인ᄀᆡ 흔치 아녀계오 십년간은[십어 가는] ᄒᆞᆫᄃᆡ 풍속이 슌후ᄒᆞ고 의관이 ᄀᆡ이ᄒᆞ여 호듕쳔니오 삼신산 경ᄀᆡ 아니 거룩ᄒᆞ[ᄒᆞᆫ] 거시 업고 ᄯᅩ 뫼을 등져 고후젼【74】감[고루젼각]이 십 니ᄅᆞᆯ 둘너시니 ᄯᅩ 도젹의 집이라 소졔 ᄯᅩ 옥벽ᄒᆞᆫ 소당을 어더 쳐소을 ᄒᆞ고 계션ᄃᆞ려 지명을 무ᄅᆞ니 션이 ᄃᆡ왈 소비 아모 ᄃᆡᆫ 쥴 모ᄅᆞᄃᆡ 홍화 청계 방ᄉᆡᆨ 가히 빗ᄂᆞ니 별셰건곤이로소이다 최시 악연 감회ᄒᆞ여 싼[쌍]뉘 만면이러라

어시의 뉴싱이 셔히의 ᄇᆡᄅᆞᆯ 타 ᄃᆡ해의 방황ᄒᆞᆯᄉᆡ 일쳐 ᄒᆞᆫ 큰 셤의 이ᄅᆞᆯ[ᄅᆞ]러 포[표]묘ᄒᆞᆫ 쳥산이 물 우희 소ᄉᆞ시니 봉만이 쥰악ᄒᆞ고 ᄉᆞ애【75】광활ᄒᆞ여 인가의 쳐 ᄒᆞ[ᄋᆞ]득히라 ᄇᆡ에 ᄂᆞ려 산봉의 올나 둘너보니 유포경임과 홍화쳥뉘 가히 별셰려[러]라 깁히 나아가ᄃᆡ 인가 업더니 졈ᄌᆞ 유심이 드러가ᄆᆡ 인셩이 아으라 나거ᄂᆞᆯ ᄀᆡ이기 넉너[여] 십너[여] 리ᄂᆞᆫ 힝ᄒᆞ니 십여 촌가 버릿ᄂᆞᆫᄃᆡ 고루 젼각이 운이[운외예] 소사시니 ᄀᆡ특ᄒᆞ며 한가ᄒᆞ미 비길 ᄃᆡ 업산지라 스ᄉᆞ로 혜오ᄃᆡ

이 반ᄃᆞ시 은이[인] 도사의 집이로다 길이 험악ᄒᆞ여【76】다시 ᄇᆡᆨ의ᄅᆞᆯ 정히 ᄒᆞ며 삿갓과 바랑을 ᄯᅥ러 고쳐 쥬령을 집허 촌가의 나아가 양식을 빈ᄃᆡ 촌인이 셔ᄅᆞ 이ᄅᆞᄃᆡ 이 산듕의 인간이 드러오미 업고 승이 드러옴은 더옥 쳐음이로다 ᄉᆡᆼ이 답왈 소승은 금강ᄉᆞ 치[뒤]희 암ᄌᆞ 슈호ᄒᆞᄂᆞᆫ 듕이니 명산 희슈의 두루 노라 이에 이랏더니 지명을 가라치라 제인이 승의 외모를 차란[탄]ᄒᆞ여 ᄀᆞᆯ오ᄃᆡ 이곳은 셔희무릉되라 화초을 보아 【77】봄을 알고 낙년[엽]을 보면 ᄀᆞ을인 줄 분변ᄒᆞ더니 금일지만 션ᄉᆡᆼ이 이ᄅᆞᆯ 쓧ᄒᆞ지 아니화ᄒᆞ고 ᄃᆞ토아 양식을 주더라

ᄉᆡᆼ이 다시 힝ᄒᆞ여 큰 누각의 드러가 ᄃᆞ라 알파 당원 밧긔 안ᄌᆞ 두루 상완ᄒᆞ더니 큰 젼문이 구지 닷고 셔현[편]의 져근 문이 열녀거든 려[드러]가니 ᄎᆞ시의 최소졔 병이 〻허[러] 앙소창쳔ᄒᆞ나 아름이 업ᄉᆞ믈 슬허ᄒᆞ더니 몽듕의 한 듕이 ᄒᆞᄃᆡ 나ᄂᆞᆫ 금강ᄉᆞ ᄃᆡ불이러니 가부의 【78】지셩을 감동ᄒᆞ여 셔ᄅᆞ 도으미 잇더니 금일 긔봉ᄒᆞ리니 당원의 예오ᄂᆞᆫ 승을 우[유]심이 ᄉᆞ미라[ᄉᆞᆯ피라] 소졔 놀나고 깃거ᄒᆞ여 ᄭᆡ치니 일몽이 의연ᄒᆞ니 혹ᄌᆞ 명쳔이 목[묵]우ᄒᆞ믈 ᄇᆞ라더니 오시ᄂᆞᆫ ᄒᆞ여 계션이 밧그로셔 드러와 ᄀᆞᆯ오ᄃᆡ 당원 외에 일ᄀᆡ 산승이 양식을 구ᄒᆞᄃᆡ 미목의 쳥낭흠과 옥안의 슈혀[려] 졀셰ᄒᆞ미 본 바 [쳐]음이라 소져와 만히 흡ᄉᆞᄒᆞ다 ᄒᆞ니 소졔 몽듕 신이ᄒᆞ믈 혜아려 즉시 【79】답왈 이곳의 오므로브터 쳔일을 보고져 의ᄉᆡ 업셔 경치의 아람[다]오믈 ᄉᆞᆯ피미 업더니 만일 승이 〻실진ᄃᆡ 잠간 보고져 ᄒᆞ여 동각셔로 경치을 귀경ᄒᆞ리라 ᄒᆞ고 드ᄃᆡ여 이러나니 션이 소졔 동신ᄒᆞ믈 경ᄉᆞ로 아라 황망 쾌희ᄒᆞ여 션이 발을 옴겨 알플 인도ᄒᆞ여 당한 화초와 이상남글 가라쳐 분〻이 고ᄒᆞ고 문하의 공교히 ᄉᆞ민 우물 속의 ᄆᆞᆰ은 물이 ᄀᆞ득ᄒᆞ여시니 진실노 인가 ᄀᆞ[ᄀᆞᆺ]지 아니ᄒᆞ더라

경【80】치의 잇지 아려[녀] 승을 보려 ᄒᆞᄂᆞᆫ지라 츄파을 흘여[려]

보니 당원 하의 일위 빅의송의[승이] ᄀ러나 합당[댱]ᄒ니 이는 다라니 아니라 ᄌ가의 가부 뉴공직요 셕일 ᄎ루 아릐 쥭소년이나 화풍이 소삭ᄒ고 풍용이 환혀[형]ᄒ여시니 그 도로의 신고ᄒ믈 뭇지 아여[녀] 알 ᄇ오 직상의 부귀호치 [면]목이 삭발위승[ᄒ여] 삿[삿갓]과 바랑을 매여 이리 오믄 젼혀 ᄌ긔를 위ᄒ미니 목셕이 아닌 후 놀나며 차면[참연]ᄒ미 업ᄉ리오 흉화【81】분ᄀ ᄒ나 이목을 두레 구치[지] 참으나 ᄉ식이 변ᄒ믈 참지 못ᄒ고 ᄉᆡᆼ이 소져를 보ᄆᆡ 쳑[젹]년 방황ᄒ여 혹쟈 방블ᄒ 니도 보지 못ᄒᆯ너니 완ᄀ ᄒᆫ 신 소ᄅᆡ예 일위 미부인이 시ᄋ로 인도ᄒ여날 니 초췌ᄒ[ᄒᆫ] ᄋᆡ용과 허튼 운발이 심히 쳐양[량]ᄒ나 심곡의 ᄆᆡ친 졍인을 엇지 모라리오 졍신니 운의[외]에 날고 심혼이 요ᄀ탕ᄀ ᄒ여 지젹지 못ᄒᄃᆡ 놀나음과 두려오미 겸발ᄒ여 ᄉ식을 감초지 못【82】ᄒ여 이예 보시를 쳔[권]ᄒ니 소져는 묵ᄀ ᄒ고 션왈 이곳은 큰젼이 아니ᄀ 다란 ᄃᆡ 가 빌나 소져 션ᄃ려 왈 목이 갈ᄒ니 그ᄅ슬 가져 오라 션이 응셩ᄒ고 드러간ᄃᆡ

양인이 눈을 마초ᄆᆡ 최시 다란 말을 못ᄒ고 ᄉᄆᆡ을 져어 위틱ᄒ믈 일쿳고 ᄉᆡᆼ이 졍을 먹음어 밋쳐 말을 못ᄒ여 션이 은긔을 날니[나오니] 소졔 그라[ᄅ]슬 바다 우물의 나아가 물 쓰ᄆᆡ ᄉᆡᆼ의 안【83】준 곳이 갓가오니 ᄉᆡᆼ[ᄉᆡᆼ이] 졍을 억제치 못ᄒ여 바랑을 노코 나아가 합당[댱] 왈 소승이 황공ᄒ오나 목이 갈ᄒ오니 물을 구ᄒᄂ이다 소졔 부답ᄒ고 믈을 ᄶ ᄉᆡᆼ을 쥬니 ᄊᆞᆼ슈로 바다 마시기를 파ᄒᄆᆡ 믈결을 희롱ᄒ여 ᄎ마 이러나지 못ᄒ고 ᄊᆞᆼ당을 ᄌ로 흘여 ᄉᆡᆼ을 보건ᄃᆡ ᄆᆡᆨᄀ히 ᄌ긔를 보아 넉슬 일허 ᄉ식이 졈ᄀ 변ᄒ는지라

힝혀 션이 아라볼가【84】ᄒ여 이러나며 다만 닐오ᄃᆡ 산승이 세간의 오ᄅᆡ 머믈리 볼[불]가ᄒ니 ᄉᆡᆯ이 나아가 보시를 구ᄒᆯ지어다 인ᄒ여 연보를 도로허니 ᄉᆡᆼ이 심혼이 단ᄒ고 가삼 가오[온]ᄃᆡ 진나뷔 ᄊᆔ

노라 ᄎᆞ마 두루허지 못ᄒᆞ여 소져 뒤을 ᄯᆞ로니 져의 거동을 보아 응변코져 ᄒᆞ여 젹이 나간 ᄢᅵ라 ᄂᆡ당의 이라니 젹의 모 낫잠이 ᄇᆡ[ᄇᆡ야]히라 소졔 당상의 셧고 ᄉᆡᆼ은 난하의 섯더니【85】젹뫼 ᄭᆡ여 소져를 보고 경문 왈 낭ᄌᆡ 젼일 방 밧글 나기[미] 업더[니] 금일 이에 이ᄅᆞ미 ᄀᆡ특ᄒᆞ도다 금야 몽ᄉᆞ의 부모을 보ᄆᆡ 심히 슈쳑ᄒᆞ고 ᄌᆞ뫼 어라만져 무ᄋᆡᄒᆞ믈 보니 필연 질병이 잇거니 무산 연괴 잇ᄂᆞᆫ가 심신이 환난ᄒᆞ여 ᄉᆞ친지회를 잠[참]지 못ᄒᆞᄂᆞᆫ 고로 두루 단녀 슈회를 풀고져 ᄒᆞ미로소이다 말노조차 옥안의 청뉘 환[황]난ᄒᆞ여 기리 늣기〻를 마지 아니〻 좌우를 동ᄒᆞᄂᆞᆫ지라 젹뫼 【86】위로 왈 심혜[회]예 ᄆᆡ친 고로 츈몽이 어ᄌᆞ오니 굿ᄐᆡ여 허탄 몽ᄉᆞ로 상심ᄒᆞ리오

정간이[의] 일위 소승이 들[ᄯᅳᆯ] 가온ᄃᆡ셔 합장ᄒᆞ고 보시를 구ᄒᆞ니 젹뫼 ᄒᆞᆫ 변[번] 보ᄆᆡ 졀세ᄒᆞ옥[ᄒᆞᆫ] 보시승이라 ᄇᆡᆨ셜의 조흠과 화월의 정ᄀᆡ를 가[가져] 청월 쇄락ᄒᆞ니 젹뫼 ᄯᅩᄒᆞᆫ 사랑ᄒᆞ여 거주를 뭇고 계션으로 보시를 쥬라 ᄒᆞ니 션이 슈승 일미을 가져 노흐니 ᄉᆡᆼ이 바랑을 기우려 밧【87】다가 심[짐]잣 실슈ᄒᆞ고 ᄊᆞᆯ을 업치니 드ᄃᆡ여 ᄯᅳᆯ희 안ᄌᆞ 낫〻 주어 담아시ᄃᆡ 능히 이러나지 못ᄒᆞ더니

믄득 밧기 분〻ᄒᆞ여 젹당이 도라오니 소졔 믈너오고 ᄉᆡᆼ이 ᄯᅩᄒᆞᆫ 문의에 나와 당원 아ᄅᆡ 안ᄌᆞ 져의 거동을 보ᄆᆡ 츄풍이 요〻ᄒᆞ여 하리분〻ᄒᆞ니 위의 거록ᄒᆞᆫᄃᆡ 쇼년당이 쥬마 타시니 풍신니 용ᄆᆡᆼᄒᆞᆫ 거동이 나ᄂᆞᆫ 풍을[우] ᄀᆞᄐᆞᆫᄃᆡ 봉안을 흘녀 ᄯᅳᄆᆡ 정광【88】이 희빗 ᄀᆞᄐᆞ니 ᄌᆞ가를 아라볼가 송구ᄒᆞ더니 젹이 양구 슉시ᄒᆞ다가 승을 불너 왈 네 엇던 산승이완ᄃᆡ 무어슬 위ᄒᆞ여 유리ᄀᆡ걸ᄒᆞ기를 감심ᄒᆞᄂᆞ뇨 소ᄅᆡ 웅장ᄒᆞ여 졀노 위풍이 나ᄂᆞᆫ지라 ᄉᆡᆼ이 송구ᄒᆞ여 합쟝 왈 소승은 산간여승이라 블도를 위ᄒᆞ여 졀공을 드리고 좀은 ᄯᅳᄉᆞᆯ 너이고져 ᄒᆞ며 엇지 타의 잇셔 단이리오 젹당이 ᄃᆡ소 왈 네 【89】ᄀᆡ상을 보니 속승이

[안]이라 반ᄃᆞ시 년괴 잇거이와 본ᄃᆡ 이 ᄶᅡ은 듕원무이쳐[즁인무인처]라 인간인이 번거히 드러오지 못ᄒᆞᄂᆞ니 ᄲᆞᆯ이 나가 앗가온 긔골을 몰치 말나

셜파의 ᄒᆞᆫ 소ᄅᆡ 영이 나ᄆᆡ 모드[든] 하졸이 ᄉᆡᆼ을 풍우 ᄀᆞᆺ치 미러 ᄶᅩᆺᄎᆞ니 ᄉᆡᆼ이 견ᄑᆡ분황ᄒᆞ여 겨우 나오며 평ᄉᆡᆼ 오ᄆᆡ사복ᄒᆞ던 가인이 져곳의 잠겻시ᄃᆡ 다시 볼 계괴 업고 소식도 통【90】ᄒᆞᆯ 길 업ᄉᆞ니 심신이 아득ᄒᆞ여 진덧 슈듕월이오 경이화라 심담이 ᄭᅱ노ᄂᆞᆫ ᄃᆞᆺ 적이 ᄌᆞ가 심술[ᄉᆞ를] 명ᄒᆞ이 지긔ᄒᆞᄂᆞᆫ ᄃᆞᆺᄒᆞ[ᄒᆞᆫ]지라 더옥 경황ᄒᆞ믄 셩명을 진여 나오믈 만ᄒᆡᆼᄒᆞ니 총망이 나와 원의 슒고 ᄎᆞ후ᄂᆞᆫ 감히 저곳의 향ᄒᆞᆯ ᄉᆞ를 못ᄒᆞ니 쳐음 아니 봄만 못ᄒᆞ고 쵀시 ᄋᆡ용 고ᄒᆞ ᄒᆞᆫ 형상과 쳐초ᄒᆞᆫ 형이 셕일노 ᄂᆡ도ᄒᆞ물 보니 벅ᄒᆞ이 즐기지 아닛ᄂᆞᆫ 거동이【91】로ᄃᆡ 히포 저곳의셔 졀을 보젼ᄒᆞ여시미 ᄯᅩ 의외라 호ᄉᆞᄂᆞᆫ ᄇᆡᆨ츌ᄒᆞ고 쳔ᄉᆞ 만상ᄒᆞ나 ᄯᅩᆯᄒᆞ ᄒᆞᆫ[골돌ᄒᆞᆫ] 원이 새로이 층츌ᄒᆞᆯ디라

젹당[이] 기모을 보고 인ᄒᆞ여 승의 말을 ᄒᆞ고 외간인이 깁흔 셤의 드러오미 고히ᄒᆞ고 기승의 거동이 속승이 아니라 ᄎᆞ후ᄂᆞᆫ 면목 모라ᄂᆞᆫ 외인을 븟치지 마라소셔 인ᄒᆞ여 명을 나리와 엿 촌가의도 산승유를 용납지 말나 ᄒᆞ니 소셔[져] 이 소식을 듯고 심회 황난ᄒᆞ여 ᄉᆡᆼ각ᄒᆞᄃᆡ 쥬[뉴]【92】군이 뉴시의 만금귀ᄌᆞ여ᄂᆞᆯ 금일 이 거조ᄂᆞᆫ 젼혀 ᄂᆡ 연고여ᄂᆞᆯ ᄂᆡ 오날ᄭᆞ지 완연이 사라 져의 도로 고ᄒᆡᆼ과 부모 블효 되어져 지경의 밋ᄎᆞ게 ᄒᆞ니 진실노 명완ᄒᆞ도다 이제 죽노[죽어도] 알게 못ᄒᆞ고 블의ᄒᆞᆫ ᄶᅡ히 조흔 몸을 바리미 ᄀᆞ치 아니ᄒᆞ고 뉴군이 날을 보고 잇ᄂᆞᆫ 줄 아라시니 젹의 조ᄎᆞ믈 바드나 졸년이 도[도라]가지 아닐지라 ᄂᆡ 망[당]ᄒᆞ이 일계을 어더 도라가 한을 플 거시로[로다]【93】문이 바다 ᄀᆞᆺ고 당원이 하ᄂᆞᆯ의 다핫고 문직이 직희니 시러곰 엇지 어드리오 이쳐로 혜아리니 오ᄂᆡ 촌ᄒᆞ ᄒᆞᄃᆡ 션이 알가 두러 잇다감 문

을 열고 쳔이를 바라가 숙이 나갈 디를 술피니 션은 이런 줄 모라고 힝동이 젼과 다라믈 깃거ᄒᆞ고 젹뫼 져의 심이 구드나 희녑ᄒᆞ더라

젹이 히포 가ᄂᆡ에 두나 반졈 예 밧긔 일이 업더니 일〻은 기모긔 고【94】왈 히익 최시를 다려온 지 삼ᄉᆞ 년이 거의라 졔 또 우리의 무식지 아니믈 알 거시니 다시 ᄀᆡ유ᄒᆞ여 ᄆᆡᆨ바다 보시미 엇더신잇고 젹뫼 답왈 여러 슌 ᄀᆡ유ᄒᆞ디 효험이 업거이와 네 쯧이 저러틋 ᄒᆞ고 네 실가 두미 밧브니 다시 무러 보리라 젹당이 나가미 소져를 청ᄒᆞ니 소제 울〻 심ᄉᆡ 날노 더으니 눕기를 패[폐]ᄒᆞ고 주야 탈신ᄒᆞᆯ 계교을 도모ᄒᆞᄂᆞᆫ지라 즉시【95】응ᄒᆞ여 나오니 젹뫼 웃고 나 마자 다다를 먹이고 조용 셜화ᄒᆞᆯᄉᆡ

탄식고 이ᄅᆞ디 쇼졔 임의 인년이 듕ᄒᆞ여 이에 이라시니 히 오라고 정이 친ᄒᆞ니 엇지 소회를 긔이리오 ᄋᆞ지 등한〻 위인이 아니라 진실노 가협ᄒᆞᆫ 쟈를 엇지 못ᄒᆞ여 소져를 어더 오미 엇지 쳐년[쳔연]ᄒᆞ리오마ᄂᆞᆫ 혼인은 [인]눈디관이라 원치 아니미 쾌치 아니〻 소져ᄂᆞᆫ 노신과 졍의 둣거【96】오니 모라미 은희[휘]치 말나 소제 청파의 ᄉᆡ로이 차악경심ᄒᆞ니 운환을 숙녀 오열 왈 쳡이 명되 긔구ᄒᆞ니 지금 완명을 진이믄 부인의 지덕을 힘이브미라 초로잔천을 긋지 못ᄒᆞ믈 원ᄒᆞᆯ ᄲᅮᆫ이로소이다 언파의 도라가니 젹뫼 져의 쓰지 구드[미] 시룸ᄒᆞ나 정[젹]당이 션낭 남ᄌᆡ라 엇지 미양 져를 위ᄒᆞ여 ᄀᆞ마니 잇시리오 길일을 튁ᄒᆞ여 셩녜ᄒᆞ【97】려 ᄒᆞ더라

ᄎᆞ시 최시 급히 죽고져 ᄒᆞ나 뉴싱의 지극ᄒᆞᆫ 졍과 종졉[젹]을 모라니 ᄎᆞ마 결치 못ᄒᆞ더라 ᄎᆞ삼경의 난침을 비겨 잠간 좁드니 금강ᄉᆞ 부쳬 와 이ᄅᆞ디 담 밧긔 사룸이 와 너를 부라거ᄂᆞᆯ 엇지 뉴싱의 졍을 모룰[ᄅᆞ]ᄂᆞ뇨 ᄲᅡᆯ이 나아가 긔약[을] 졍ᄒᆞ라 소제 디경ᄒᆞ여 ᄭᆡ치니 정히 반야ᄂᆞᆫ ᄒᆞ엿ᄂᆞᆫ디 션이 첫좀이 익이 드리고 월ᄉᆡᆨ이 동창의 ᄇᆡ익

니 소제 딕경황홀ᄒᆞ여 황망이 ᄂᆞ러 뒷당원 밋히【98】가 의원ᄒᆞᆫ 소릭로 축원 왈 창쳔은 아라미 겨시거든 우리 양인의 긔봉을 정ᄒᆞ소셔 이ᄯᅢ 뉴싱이 망원 밧긔 와 방황ᄒᆞ더니 최시 ᄋᆡ원 쳐창ᄒᆞᆫ 옥셩이 ᄂᆞ러 틋 명빅ᄒᆞ믈 듯고 밧비 딕답ᄒᆞ고 만일 최시뇨 고인을 ᄉᆞ렴ᄒᆞ미 잇거든 ᄎᆞ시의 상봉ᄒᆞ여 ᄒᆞ여오 쇼제 명ᄂᆞ이 드라ᄆᆡ 뉴싱의 음셩이라 희힝ᄒᆞ여 연망이 답왈 청[쳡]의 심정은 명쳔 됴림이 의심ᄒᆞᆯ ᄇᆡ리오 연이나 당원이 놉【99】고 문이 구드니 날ᄀᆡ 업셔 날지 못ᄒᆞᆯ지라 명일아[야]를 긔약ᄒᆞᄂᆞ니 쳡의 명은 홍모 ᄀᆞᆺᄒᆞ나 군ᄌᆞ의 쳔금 ᄀᆞᆺᄒᆞᆫ 귀체을 위틱ᄒᆞ미 반ᄃᆞᆺᄒᆞ리니 그유[윽]ᄒᆞᆫ 곳의 슈멋다가 쳡의 나오믈 딕후ᄒᆞ여 어긔오지 마라소셔 말이 번거ᄒᆞ니 머므지 못ᄒᆞᄂᆞ이다 드러오니 싱이 딕희ᄒᆞ여 두어 말 ᄒᆞ되 답언이 업ᄂᆞᆫ지라 도라와 긔힝ᄒᆞ믈 마지 아니ᄒᆞ여 명일이 삼츄 ᄀᆞᆺ치 괴롭더라

여[어]시의 소져 뉴싱【100】이 갓기[가]이 이시물 아니 다힝ᄒᆞ미 불가형언이라 싱ᄉᆞ 양지을 명일 긔약ᄒᆞᄆᆡ ᄯᅢ 졍 계츈망시라 츈풍이 삽ᄂᆞ ᄒᆞ고 월식이 슌요ᄒᆞ니 소제 계션을 ᄃᆞ리고 월식을 상완ᄒᆞ면[며] 동셔로 유완ᄒᆞ니 당원 문이 구지 잠겻거ᄂᆞᆯ 션ᄃᆞ려 왈 경물이 사ᄅᆞᆷ을 인도ᄒᆞᆫ지라 문을 열고 유람코져 ᄒᆞ노라 션이 응셩ᄒᆞ고 총망이 슈문 창두를 불너 강문 열쇠를 ᄎᆞᄌᆞ니 최시 영을 뉘 감히 가ᄉᆞ리ᄂᆞ오【101】문직 쇠를 드리고 물너나니 션니 문을 열고 나가 유람ᄒᆞᆯᄉᆡ

당원 외예 청쉬 푸른딕 근원이 딕히ᄀᆞᆺ고 물소릭 흉ᄂᆞ ᄒᆞ니 소제 일계를 싱각고 물가의 나아가 탄왈 슈광이 흉용ᄒᆞ니 이 정히 일신을 당ᄒᆞ리라 션이 경왈 이ᄂᆞᆫ 장군ᄂᆡ 션유ᄒᆞ시ᄂᆞᆫ 곳이오 연슈근원이 딕히를 연ᄒᆞ여 ᄒᆞᆫ번 섄지며[섄지면] 시신도 ᄎᆞᆺ지 못ᄒᆞᄂᆞ니 부인이 엇지 이런 말ᄉᆞᆷ을 ᄒᆞ시ᄂᆞᆫ잇가【102】소제 일셩 당탄 왈 ᄂᆡ 목숨이 긋고져 ᄒᆞ엿[[연] 지 오라딕 그곳을 엇지 못ᄒᆞ엿더니 ᄎᆞᄂᆞᆫ 하ᄂᆞᆯ이 명ᄒᆞ신

빅라 불의지ᄉᆞ로 예ᄀᆞ지 와셔 블셔 히포 되니 ᄂᆡ 죽으미 불구의 이시나 오직 년ᄃᆞᆫ 바는 부인의 ᄋᆡ인지덕과 너의 영ᄒᆞ미라 이 밧긔 구ᄋᆡᄒᆞᆫ 빅 이시리오 인ᄒᆞ여 ᄉᆞ긔 안년이 빅회ᄒᆞ다가 도라오니 임의 문직이 믈너가시니【103】야심ᄒᆞ엿는지라 부라미 번거ᄒᆞ니 명일 뎐ᄒᆞ라 션이 응명ᄒᆞ고 침당의 도라오ᄆᆡ 소졔 션ᄃᆞ려 물너가 ᄌᆞ라 드ᄃᆡ여 침금의 나아가니 션이 누으ᄆᆡ 단즘이 ᄇᆞ야히라

소졔 필연을 나와 젹모의게 별셔를 써 노코 열쇠를 가져 문가의 나오니 인젹이 젹년ᄒᆞᆫᄃᆡ 의[외]청의 화광이 등쳔ᄒᆞ고 젹당의 소ᄅᆡ 년속ᄒᆞ고 하졸이 분ᄃᆞᄒᆞ니 소졔 혼빅이 이ᄃᆞ 쳬ᄒᆞ여【104】나오니 경히 삼경이라 ᄉᆡᆼ이 당원 밧긔 와 괴로이 기ᄃᆞ리더니 소졔 나오ᄆᆡ 황ᄃᆞ이 물가의 나와 나상과 슈혀을 버셔 노흐ᄆᆡ 급히 나올ᄉᆡ 소져 거름을 즐 못ᄒᆞ니 ᄉᆡᆼ이 비록 도로의 신고ᄒᆞ미나 평ᄉᆡᆼ 용ᄆᆡᆼ이 잇는지라 소져를 업[엽]희 끼고 산샹의 드ᄃᆞ라 양인이 ᄒᆞᆫ가디로 암혀[혈]의 슙고 흙덤플 잔딕와 돌을 주어 굼글 막으니 비록 귀신이라도 모를너와 이에 안ᄌᆞᄆᆡ 심신을【105】정ᄒᆞ여 이젼 무흔 밥과 실과로 주린 [빈를] 구ᄒᆞ고 밧그로 나와 물을 어더 어든 양미을 익혀 날을 지ᄂᆡᄃᆡ 긔갈의 괴로오믈 모라고 죵야 죵일 상ᄃᆡ 동이나 일연[언]을 못ᄒᆞ믄 밧글 두리미라 젹의 지노와 지혜를 두려 ᄎᆞ마 나가지 못ᄒᆞ고 일슌 지ᄂᆡ엿더라

그날 계션[이] 평명의 ᄀᆡ[ᄭᆡ]도라ᄆᆡ 최시 형연[영]이 업ᄉᆞ믈 보고 ᄃᆡ경ᄒᆞ여 젹모의게 고ᄒᆞ니 급히 와 보ᄆᆡ 의복 장념이 의구ᄒᆞᄃᆡ 옥인의 형연[영]은 업【106】ᄉᆞ니 차악ᄒᆞ여 ᄌᆞ시 보ᄆᆡ 연갑화[하] 화션이 ᄃᆞ시니 ᄒᆞᆫ번 보ᄆᆡ ᄉᆞ의 강ᄀᆡ쳐초ᄒᆞ여 견ᄌᆡ 감읍ᄒᆞᆯ ᄯᅵᆺ지 못ᄒᆞᆯ너라 문파의 청뉘 만안ᄒᆞ여 젹당을 불너 최시의 별셔을 뵈고 츄년 탄왈 최시 천츄열녀오 만고슉녀여늘 너의 탐ᄉᆡᆨ호방ᄒᆞ미 뉴 업셔 명문ᄌᆡ녀

로 이에 맛게 ᄒᆞ니 가련 참졀ᄒᆞ믈 어이 참으리오 적이 쳐음은 의심ᄒᆞ여 두루 참고져 ᄒᆞ더니 최시 의상 물가의 신이 〻시믈 보고 열〻ᄒᆞᆫ 뎡심이 반ᄃᆞᆺ시 죽은가 미더 계션의 이 ᄉᆞ긔를 무러 후원【107】의 가 빅회ᄒᆞ던 연유을 ᄃᆞᆺ고 문답ᄉᆞ를 일〻히 고ᄒᆞ니 적모ᄂᆞᆫ 더옥 차격[경]차희ᄒᆞ고 적당은 묵년참담ᄒᆞ여 최시 의상으로 초혼ᄒᆞ여 거쳐ᄒᆞ던 침소의 빙소ᄒᆞ고 계션으로 잔을 밧들며 적뫼 물가의 임ᄒᆞ여 디문지여 셜제ᄒᆞ니 말ᄉᆞᆷ이 위곡ᄒᆞ고 만히 늣웃처 졍을 브쳐 샤되[죄]ᄒᆞ고 ᄯᅳᆺ이 ᄀᆞᆫ졀ᄒᆞ더라

적당이 처음 승을 보고 의심ᄒᆞ나 일이 명빅지 아닌지라 노하 보ᄂᆡ고 녀ᄉᆞ 촌가의 븟치지 【108】말나 ᄒᆞ여 외로이 도라가믈 고ᄒᆞ엿고 슈월이 넘어시니 일노 의심치 아니코 소졔의 죽으미 길일을 뎡ᄒᆞᆫ 괸가 차악 앗기믈 일월노 더어 별산의 허장ᄒᆞ고 원혼을 위로ᄒᆞ더라

뉴ᄉᆡᆼ이 암혈의셔 수슌이 지ᄂᆡᄆᆡ 비로소 의심 업ᄉᆞ믈 ᄉᆡᆼ각고 안심ᄒᆞ여 암혈을 ᄶᅥ[나]니 바로 바다가의 이ᄅᆞᄆᆡ 동방이 긔빅ᄒᆞ니 건널 ᄇᆡ 업셔 졍히 방황ᄒᆞ더니 홀연 ᄒᆞᆫ 듕이 일쳑 ᄃᆡ션을 가져 니ᄅᆞ러 올이고 ᄇᆡ를 저어 가더니【109】비로소 큰 ᄇᆡ을 만나 ᄇᆡ에 올을ᄉᆡ 듕이 슈령을 드러 읍ᄒᆞ여 ᄀᆞᆯ오ᄃᆡ 나ᄂᆞᆫ 부쳐의 법지을 드러 그ᄃᆡ를 구ᄒᆞ려 왓더니 조흔 ᄇᆡ을 어더시니 ᄎᆞ후ᄂᆞᆫ 무ᄉᆞᄒᆞ리니 초히〻 화락ᄒᆞ나 양인이 황홀ᄒᆞ여 샤례ᄒᆞᄆᆡ 믄득 간 ᄃᆡ 업더라

부〻 차탄ᄒᆞ고 슈로〻 ᄒᆡᆼᄒᆞ엿[연] 지 삼일만의 뭇ᄐᆡ ᄂᆞ리니 ᄉᆡᆼ이 도로의 비런ᄒᆞᆫ 고로 소져를 남복을[남복을-중복필사] ᄀᆡ착ᄒᆞ고 ᄒᆡᆼᄒᆞᄃᆡ 적의 지혜와 흉계 비셩ᄒᆞ니 두려오미 극ᄒᆞ여 촌〻【110】젼〻ᄒᆞ니 듀아[야]로 동셔 ᄀᆡ결[걸]ᄒᆞ니 연〻 약질이 천신만고로 일월을 보ᄂᆡ여 젼나도 젼쥐 지계 이ᄅᆞ니 진실노 뉴ᄉᆡᆼ의 지극ᄒᆞᆫ 지셩 곳 아니면 가히 긔봉ᄒᆞ미 이스리오 ᄉᆡᆼ이 부모를 도망ᄒᆞ여 삭발위리[승]ᄒᆞ고

체되 그랏되고 슈히유손ᄒᆞ미 다 져의 여[연]괴라 집의 도ᄅᆞ가 부모ᄅᆞᆯ 볼 안면이 업고 힝셰ᄒᆞ미 븟러온지라 최시ᄅᆞᆯ ᄎᆞᄌᆞ려 ᄒᆞᆯ 적은 만싀부운 ᄀᆞᆺᄒᆞ니 이의 염치을 모ᄅᆞ더니 당[ᄎᆞ]시ᄒᆞ【111】여ᄂᆞᆫ 져ᄅᆞᆯ 상봉ᄒᆞ여 원의 ᄎᆞᄆᆞ음의 걸인 념녀 업ᄉᆞ니 ᄌᆞ긔 힝신의 념 업ᄂᆞᆫ지라 삭발ᄀᆞ지 ᄒᆞ엿[엿]더니 왕ᄉᆞᄒᆞ여ᄂᆞᆫ 드러가기 참괴ᄒᆞ여 쳔ᄉᆞ만상ᄒᆞ나 계괴[괴] 업ᄉᆞ니 소져로 더브러 북촌의 이ᄅᆞ러 월야ᄅᆞᆯ 타 최부의 이ᄅᆞ나 ᄎᆞ마 드러가지 못ᄒᆞ여

이ᄯᅴ 경히 듕츄 망일이라 소져의 ᄉᆡᆼ일이 최부의셔 졔뎐을 ᄀᆞ초와 셜졔ᄒᆞᄆᆡ 좌우 비복이 븐즉[분쥬]ᄒᆞ고 공의 부ᄌᆞ 이통ᄒᆞ더니 양소년이목이 절념【112】ᄒᆞ고 거지 묘ᄌᆞ ᄒᆞᆷ을 보고 비복 사랑ᄒᆞ여 온 연고ᄅᆞᆯ 뭇거ᄂᆞᆯ 뉴ᄉᆡᆼ이 답왈 지나가더 쥬인ᄒᆞᆯ ᄃᆡ 업ᄉᆞ니 노야긔 품ᄒᆞ고 이상공을 뵈와 드러[려]라 인ᄒᆞ여 소져로 이별ᄒᆞ고 명일 보ᄆᆞᆯ 일ᄏᆞᆺ고 도라가니 시ᄋᆡ 더옥 의혹ᄒᆞ여 순두어려 즉시 고ᄒᆞ 리 업고 ᄒᆞᆫ 아라볼 ᄌᆡ 업ᄉᆞ니 소졔 민망ᄒᆞ여 밧비 고ᄒᆞ라 ᄒᆞ니 시ᄋᆡ 드러가 긔이ᄒᆞᆫ 소년이 와 상공긔 뵈와지라 고ᄒᆞᄂᆞ이다 ᄒᆞ니

최공 ᄂᆡ외 금일 【113】여ᄋᆞ을 ᄉᆡᆼ각고 월광이 조요ᄒᆞᆷ믈 보니 여ᄋᆞ의 교용인가 반기고 오열ᄒᆞ더니 도로혀 뉴ᄉᆡᆼ의 존망을 앗겨 탄읍ᄒᆞᄂᆞᆫᄃᆡ 소년이 ᄌᆞ긔을 ᄎᆞᄌᆞᆷ믈 경혹ᄒᆞ여 외당의 나오니 소년이 참ᄌᆞ 아용으로 나와 ᄌᆡᄇᆡᄒᆞ니 공이 경ᄋᆡ 슈ᄌᆡ 뉘 집 귀골노 야반의 이ᄅᆞ러ᄂᆞ뇨 소졔 쳬읍 왈 야ᄌᆞ 엇지 ᄉᆞ환 만나든 소녀ᄅᆞᆯ 모라시ᄂᆞᆫ잇가 공이 ᄃᆡ경ᄒᆞ여 ᄌᆞ셰 보니 슴년 젼 실산ᄒᆞ고 죽은가 지통을 품어던 여ᄋᆡ라 경신이 【114】여취여광하고 반신반의ᄒᆞ여 겨유[우] 정신을 거두어 ᄂᆡ당으로 드러오니 부인이 여ᄋᆞᄅᆞᆯ 보고 놀납고 깃부미 망의라 도로 허몽듕인가 의심ᄒᆞ여 어린 ᄃᆞᆺ 모여 셔로 븟드러 방셩ᄒᆞ니 형뎨남ᄆᆡ 모다 일당 통곡ᄒᆞ고 양구 후 진졍ᄒᆞ여 그ᄯᅴ 상실지환을 뭇고 어ᄃᆡ로조ᄎᆞ

오믈 무롤시 뉴싱의 반기미 업스믈 슬허ᄒᆞ니 소제 젼후 슈말을 일〻히 배푸고 뉴싱을 만나 탈신ᄒᆞ여 부모 동긔【115】상봉ᄒᆞᆷ믈 고ᄒᆞ니 최공 부〻 차경차희ᄒᆞ고 뉴싱의 지셩지의을 감탁ᄒᆞ여 여ᄋᆞ을 어라만져 죵야토록 잠을 못 일우소[고] ᄉᆞ싱 니져던 여ᄋᆞ롤 금일 모드미 뉴랑의 신의 지셩을 감탁ᄒᆞ고 됴초 적의예 잇시믈 고이히 녁이고 실졀 아냐시믈 만〻 경힝ᄒᆞ여 ᄒᆞ니 소졔 톄읍 왈 소녀 만일 듀표ᄒᆞ미 업던들 뉴군의게 실졀 아냐시믈 명빅히 발명ᄒᆞ며 힉ᄋᆞ의 뜻슬 바다 도로의 신듕ᄒᆞ미 【116】업슬진ᄃᆡ 엇지 부모 형뎨와 일가 구고긔 명졀을 알외리잇가 부뫼 디옥 이련ᄒᆞ여 비홍은 보미 셜보의 잉도 고은 비출 자랑ᄒᆞ니 뉴싱의 산히 ᄀᆞᆺ치 딘듕ᄒᆞ미 지셩으로 ᄒᆞᆫ가지믈 일ᄏᆞᆺ고 소녀의 송빅 졀힝을 두ᄀᆞᆺ기고 사랑ᄒᆞ미 측냥업더라 공이 흔년 쾌락ᄒᆞ여 부인다려 왈 뉴형이 삼 년 신병의 ᄋᆞᄌᆞ를 보고 엇지 ᄒᆞᄂᆞᆫ가 보리라 ᄒᆞ고 명조의 청녀을 ᄎᆡ쳐 뉴부로 향ᄒᆞ니라

어시의 뉴싱이 소져롤 다려다 두고 오ᄆᆡ 거리끼미 업ᄂᆞᆫ【117】지라 횡[힝]뵈 섈나 급〻히 오다가 노상의셔 양인을 만나니 ᄌᆞ긔 집 가졍이라 힝뵈 급ᄒᆞᆷ믈 보고 반기고 참안ᄒᆞᆷ믈 겸ᄒᆞ여 다만 본부 형부롤 무란ᄃᆡ 앙시뇌[양시네] 놀나 황망이 고두ᄒᆞ고 복지 ᄃᆡ왈 노얘 상공 일으신 후 신병과 화증이 ᄃᆡ발ᄒᆞ샤 긔식ᄒᆞ시기 미쳐 계시기 소복 등이 의ᄌᆞ롤 청ᄒᆞ라 가ᄂᆞ이다 싱이 청파의 심혼이 니체ᄒᆞ여 간담이 최졀ᄒᆞ니 혼셜이 나지 아냐 복〻 졍[경]경ᄒᆞ여 거람마다 업더질 ᄃᆞᆺ 앙쳔호곡 왈 창【118】쳔아 〻〻〻 날 ᄀᆞ튼 무식지인 불초ᄌᆞ로 노년 부모의 념녀ᄒᆞ시미 이에 밋게 ᄒᆞᆫ고 이 몸을 일만 조가[각]의 쎠흐나 이 불효ᄂᆞᆫ 속지 못ᄒᆞ리로다 일변 누쉬 흘너 옷 압흘 적시며 창황 망〻이 본부의 이라니 ᄎᆞ시 뉴공이 긔운이 나려 정신을 정ᄒᆞ엿더니 싱이 문외예셔 ᄎᆞ마 드러가지 못ᄒᆞ고 방황초조ᄒᆞ니 시네 나오다 싱을

보고 의혹ᄒᆞ거ᄂᆞᆯ ᄉᆡᆼ이 문왈 부친 환후 엇더시며 모친은 계시뇨 ᄂᆡ 와시믈 알외오라 모든 복뷔 ᄃᆡ경ᄒᆞ여 【119】말을 못ᄒᆞ다 ᄉᆡᆼ이 진젹히 니ᄅᆞ믈 듯고 대경대희ᄒᆞ여 일시예 ᄇᆡ복ᄒᆞ고 ᄯᅴ노라 드러가 이 말을 고ᄒᆞ더라

션시의 뉴박ᄉᆡ 아ᄌᆞᄅᆞᆯ 야간 일코 듀야 통ᄒᆞᄂᆞᆫ 듕 별셔을 보ᄆᆡ 최시ᄅᆞᆯ ᄎᆞᄌᆞ 나가시나 어ᄃᆡ로 가 ᄎᆞᄌᆞ리오 그 녀ᄉᆡᆨ의 의[외]입ᄒᆞ미 이러ᄒᆞ니 졀통ᄒᆞᆫ[ᄒᆞ고] 뉴시 만금지ᄌᆡ로 영풍과 문장 ᄌᆡ홰 일셰을 압두ᄒᆞ여 ᄌᆡ명이 진동ᄒᆞ니 일즉 입신현달ᄒᆞ여 조션을 경[영]예ᄒᆞ고 부모ᄅᆞᆯ 영화ᄒᆞ니 두긋기며 사랑ᄒᆞ미 쳔금의 지나【120】다가 일조의 이ᄀᆞᆺᄒᆞᆫ 경경을 당ᄒᆞ니 일노조ᄎᆞ 조션 혈식이 아조 ᄭᅳᆫ치ᄂᆞᆫ지라 일야 하ᄂᆞᆯ을 부라지져 셜허ᄒᆞ더니 ᄎᆞ야의 부ᄇᆡ ᄃᆡᄒᆞ여 부인은 무슈ᄒᆞᆫ 눈물 일오고 공은 슈셩 당탄의 긔운이 막혀 혼졀ᄒᆞ니 심화 동ᄒᆞ면 긔ᄉᆡᆨᄒᆞ미 여러 번이라 부인이 창황망극ᄒᆞ여 의쟈ᄅᆞᆯ ᄃᆞ리러 보ᄂᆡ고 아모리 ᄒᆞᆯ 쥴 모라더니 문득 풍운의 길시 잇셔 반ᄃᆞ시 죽은 쥴노 아던 ᄋᆞᄌᆞ 도라오니 쳔만 몽의[외]지ᄉᆞ라

경황 듕 심ᄉᆡ 요동ᄒᆞ【121】ᄃᆡ 공의 혼미ᄒᆞᆫ 정신이 놀날가 ᄋᆞᄌᆞᄅᆞᆯ 븟들고 일당[댱] 통곡ᄒᆞᆯᄉᆡ ᄋᆞᄌᆞ의 풍신이 변ᄒᆞ고 용뫼 슈쳑ᄒᆞ여 젼일 화월풍신이 업ᄂᆞᆫ지라 ᄋᆡ셕참통ᄒᆞ미 더으고 ᄉᆡᆼ은 슈괴비황ᄒᆞ여 일언을 못ᄒᆞ니 모친이 집슈뉴체 왈 너ᄅᆞᆯ 일흐므로부터 나의 비회ᄂᆞᆫ 이ᄅᆞ도 말고 네 부친의 위질은 너의 연괴라 ᄎᆞ년이 다 못ᄒᆞ여 우리 양인이 쥴[죽]을너니 네 ᄉᆡᆼ환ᄒᆞ여 산 열[얼]골노 부모ᄅᆞᆯ 뵈니 블효 듕 효요 블힝 듕 힝이라 【122】엇지 심ᄉᆞ을 과히 요동ᄒᆞ리오 어라만져 늣기[늣기니] ᄉᆡᆼ이 다만 북슈무언ᄒᆞ여 비희교집ᄒᆞᆯ ᄯᆞ람이라

가듕 상하 물 끌틋 즐기더니 반향 후 부인이 드러가 ᄋᆞ지 ᄉᆡᆼ환ᄒᆞ여 시믈 젼ᄒᆞ니 공이 ᄃᆡ경 환희ᄒᆞ여 어린 ᄃᆞᆺᄒᆞ더니 잠간 진정ᄒᆞ니 분노

ᄒᆞ여 이ᄅᆞᄃᆡ 연이 졔 안ᄒᆡ게는 신이 잇고 부모의게는 불초난ᄌᆡ라 셩명을 진녀 도라와실진ᄃᆡ 최가의 가 일ᄉᆡᆼ을 마ᄎᆞ리니 나는 다시 보지 아니리라 언흘의 긔ᄉᆡᆨ이 엄정ᄉᆡᆨᄉᆡᆨ ᄒᆞ니 부인이 나즉【123】이 기유 왈 이러ᄒᆞ미 다 운싊오 연소ᄒᆞᆫ 아ᄒᆡ 광망ᄒᆞᆫ 일을 ᄎᆡᆨ망을 깁히 ᄒᆞ리오 풍뫼 초췌ᄒᆞ고 긔븨 소삭ᄒᆞ여 셜[셕]일 ᄋᆞ지 아니라 져의 황공츅쳑 ᄒᆞ믈 보ᄆᆡ 보[부]모의 ᄆᆞ음으로 심담이 버히는 ᄃᆞᆺᄒᆞ거ᄂᆞᆯ 상공이 ᄆᆡ물ᄒᆞᆫ 비츨 비여 엇지 어린 심당[댱]을 더 상케 ᄒᆞ시ᄂᆞ뇨 박ᄉᆡ 졍ᄉᆡᆨ 왈 나의 병이 ᄌᆞ 지경의 밋ᄎᆞ미 져의 연괴라 부모를 속여 져ᄇᆞ리미 이ᄀᆞᆺᄒᆞ니 ᄂᆡ 엇지 져를 용납ᄒᆞ리오 쳥[쳔]ᄒᆡᆼ으로 안ᄒᆡ를 ᄎᆞᄌᆞ 도라오ᄆᆡ【124】만일 ᄉᆡᆼᄂᆡ의 ᄎᆞᆺ지 못ᄒᆞ면 일ᄉᆡᆼ 도로의 반유ᄒᆞ여 우리 노부체 죽어도 드러오지 아니리니 엇지 만고의 불인무의 아니며 삼ᄉᆡᆼ의 죄인 아니리오 아비 된 ᄌᆡ 익익ᄒᆞ고 가라치지 못ᄒᆞᆫ 연괴라 ᄉᆡᆼ젼 저를 보리오 부인이 묵연 탄식고 ᄉᆡᆼ은 문외에셔 부친의 ᄎᆡᆨ올 드ᄅᆞ며 경황 송구흠과 황공ᄒᆞ여 셧더니

최공이 밧긔 이ᄅᆞ러 명쳡을 드ᄆᆡ고 경ᄉᆞ을 치하ᄒᆞ여 셔라 보믈 청ᄒᆞ니 밧긔 ᄃᆡ어 왈 ᄇᆞ야흐로 슉【125】병이 복발ᄒᆞ여 슈작ᄒᆞᆯ 긔운 업는지라 다만 영여의 ᄉᆡᆼ환ᄒᆞ믄 창쳔이 [도]으시미여이와 연의 도쥬ᄒᆞ믄 일가의 블ᄒᆡᆼ이러니 셩명을 진녀 도라오니 ᄒᆡᆼ이라 ᄒᆞ리소이다 최공이 다시옴 보기를 쳥ᄒᆞ여 셔ᄅᆞ 볼ᄉᆡ 뉴공을 보건ᄃᆡ ᄉᆞ병을 지ᄂᆡ여 긔ᄉᆡᆨ이 엄ᄌᆞ ᄒᆞ고 노긔 어릐엿거ᄂᆞᆯ 최공이 ᄉᆡᆼ의 연괸 줄 아라 그 병을 경익ᄒᆞ여 문후ᄒᆞ고 인ᄒᆞ여 연의 부ᄌᆞ ᄉᆡᆼ환ᄒᆞ믈 경ᄒᆡᄒᆞ여 문답ᄒᆞ며 뉴공이 ᄋᆞᄌᆞ의【126】블효를 ᄒᆞ여 용납ᄒᆞᆯ ᄯᅳᆺ지 업슨지라 최학ᄉᆡ ᄉᆡᆼ을 잔잉이 넉여 공을 기유ᄒᆞᄃᆡ 듯지 아니ᄒᆞ니 최공이 ᄉᆡᆼ의 신긔지묘와 쳔신만고을 가초 배프고 영ᄋᆞ 졀의를 완젼이 ᄒᆞ여 ᄉᆡᆼ환ᄒᆞᆷ믈 셰ᄌᆞ 배프고 ᄯᅩ 쳔의믈 일ᄏᆞ라 과히 ᄎᆡᆨ지 말믈 간졀이 쳥ᄒᆞ니 뉴공이 ᄯᅩᄒᆞᆫ

최시 졍힝이 완젼홈과 양인이 도로의 신고훈 고상이 듯[지] 아냐 알비라 잔잉훈 ᄆᆞ음이 업산 ᄇᆡ 아니로ᄃᆡ 연이 독ᄌᆞ의 몸으로【127】노년 부모를 ᄇᆞ리고 동셔로 분즉[쥬]ᄒᆞ니 불효를 훈ᄒᆞ고 부라지 아니[ᄒᆞ] 최공이 쟈[챠]급ᄒᆞ여 ᄉᆡᆼ을 스ᄉᆞ로 블너 부젼의 샤죄ᄒᆞ라 ᄒᆞ니 ᄉᆡᆼ이 부명이 업ᄉᆞᆫ 고로 감히 드러오지 못ᄒᆞ니 최공이 ᄀᆞᆯ오ᄃᆡ 소졔ᄂᆞᆫ ᄉᆡᆼ각기를 형의 삼 년 신병이 일시의 쾌활ᄒᆞ여 근심ᄒᆞ던 눈셥을 쎨칠가 훈 거시 훈가지로 경ᄉᆞ를 하례ᄒᆞ여[려] ᄒᆞ엿더니 형이 ᄒᆞ러틋 고집ᄒᆞ시ᄂᆞ뇨 진실노 의외로소이다

스ᄉᆞ로 몸을 이러 나가 ᄉᆡᆼ【128】을 보ᄆᆡ 옥안화풍이 소삭ᄒᆞ여 화풍화월의 풍신이 업더라 악부을 보ᄆᆡ 옥면이 참ᄒᆞᄒᆞ여 크게 븟그리고 뉘웃ᄎᆞ니 공이 져의 거동을 보ᄆᆡ 여ᄋᆞ를 위ᄒᆞ여 이러틋 의복이 남누ᄒᆞ고 쳬되 변ᄒᆞᆷ을 보니 감샤훈 졍과 ᄋᆡ셕훈 ᄯᅳ시 여ᄋᆞ의게 진ᄒᆞ니[지ᄂᆞ니] 집슈ᄒᆞ고 등을 어라만져 위로 왈 현셔의 이러틋 ᄒᆞ믄 다 ᄂᆡ 집 운쉬 긔괴ᄒᆞ미라 금셕 ᄀᆞ튼 지셩을 위[인]ᄒᆞ여 우리 부녀 상봉ᄒᆞ고 부뷔 상봉ᄒᆞ니【129】ᄆᆡ친 훈을 쾌히 푸러 파경이 두렷ᄒᆞ미 이시니 우리 ᄉᆡᆼ젼의 너의 은혜ᄂᆞᆫ 다 못 갑흐리니 후셰의 갑기를 원ᄒᆞ노라 형이 일시 노ᄒᆞ시ᄂᆞᆫ 일은 너희 넘ᄂᆞᆫ 긔술 걱고져 ᄒᆞ시미니 불구의 용셔ᄒᆞ시리니 현셔ᄂᆞᆫ 울읍 심ᄉᆞ를 젹이 풀고 기간 고초ᄒᆞ던 심회를 위로ᄒᆞ라 ᄉᆡᆼ이 묵연 초창ᄒᆞ여 능히 말을 일우지 못ᄒᆞ고 오직 ᄒᆞ여 별ᄂᆡ 평부를 무랄 ᄯᆞ람이러라

뉴공이 ᄆᆞᄎᆞᆷᄂᆡ 샤훌 ᄯᅳ시 업셔 블【130】초 ᄋᆡ쳬 형이 그랏ᄃᆡ여시니 뉴문의 죄인이라 ᄂᆡ 비록 용열ᄒᆞ여시나 다시 보고져 의ᄉᆡ 업ᄉᆞ니 공은 권키를 그치라 종시 부라미 업ᄉᆞ니 최공이 훌일업셔 ᄌᆞ긔 스ᄉᆞ로 밥[밤]을 지닐ᄉᆡ ᄉᆡᆼ이 부친의 칙언이 ᄎᆞ[ᄌᆞ]ᄒᆞ 금옥이라 스ᄉᆞ로 치신무지ᄒᆞ고 황공감복ᄒᆞ여 훈 잡[잠]을 못 일우고 누쉬 죵힝ᄒᆞ니

최공이 더 잔잉ᄋᆡ련ᄒᆞ여 [판독 불가 세 글자] 관위ᄒᆞᄃᆡ ᄉᆡᆼ이【131】인ᄉᆞ의 ᄯᅳ지 업ᄂᆞᆫ지라 공이 ᄯᅩᄒᆞᆫ 자지 못ᄒᆞ고 미명의 뉴공을 보고 ᄉᆡᆼ의 거동이 오ᄅᆡ 샤치 아니면 큰병이 날너이다 두 집 싊요 인녁이 아니라 간졀이 ᄀᆡ유ᄒᆞ여 슈삼 ᄎᆞ 그치지 아니〻 뉴공이 잠간 우져[셔] 왈 ᄎᆞᄂᆞᆫ 년이 여셔라 ᄒᆞ여 이러틋 하거이와 그 힝ᄉᆞ를 혜아려 보라 엇지 ᄉᆡᆼᄂᆡ예 ᄌᆞ식이라 보고져 의ᄉᆡ 이시리오 ᄂᆡ ᄯᅩ 인졍이 먼ᄌᆡ 아니라 져의 몸이 귀ᄒᆞᆯᄉᆞ록 더 분ᄒᆞ니 실노 보고져 시부지 아니토다 최공이 웃고 【132】ᄌᆡ삼 ᄀᆡ유ᄒᆞ여 ᄇᆡᆨ단으로 ᄋᆡ걸ᄒᆞ여 그ᄃᆡ[티]지 아니ᄒᆞ니 뉴공이 비록 것ᄎᆞ로 이ᄅᆞ나 삼 년 써낫던 만금지ᄌᆞ를 보고져 아니ᄒᆞ리오

이에 샤ᄒᆞ여 부라ᄆᆡ ᄉᆡᆼ이 ᄃᆡ희ᄒᆞ여 드러와 부젼의 ᄇᆡ알ᄒᆞ니 공이 ᄒᆞᆫ번 보ᄆᆡ 풍광과 긔뷔 소삭ᄒᆞ엿시니 보기 놀나온지라 대경차악ᄒᆞ여 일당[댱]을 ᄂᆡ의로 졀ᄎᆡᆨᄒᆞ고 ᄇᆡ야흐로 허ᄒᆞ여 샤ᄒᆞ니 ᄉᆡᆼ이 ᄇᆡᆨᄇᆡ 고두 샤죄ᄒᆞ고 반가오미 극ᄒᆞ니 슈루비읍ᄒᆞ여 [판독 불가 네 글자] 감읍【133】ᄒᆞ더라 최학ᄉᆡ ᄃᆡ희 잔잉ᄒᆞ여 ᄒᆞ고 공이 어라만져 위로ᄒᆞ니 이에 심신을 진졍ᄒᆞ여 부친 긔ᄉᆡᆨ을 우러〻 보온즉 신관이 대패ᄒᆞ고 형용이 고〻ᄒᆞ여 임의 됴셕이 위ᄐᆡᄒᆞ신지라 경황실ᄉᆡᆨᄒᆞ여 ᄌᆞ긔 불효를 이거[긔]여 사흘[ᄒᆞᆯ] 곳이 업ᄂᆞᆫ지라 가지록 치신무지ᄒᆞ고 황〻축쳑ᄒᆞ여 진실노 셰상의 거두ᄒᆞ여 ᄃᆡ인ᄒᆞᆯ 의ᄉᆡ 소연ᄒᆞ니 최공도 볼 안면이 업셔 ᄒᆞ더라

최공이 도라간 후 부뫼【134】어라만져 새로이 연ᄋᆡᄒᆞ미 강보 여[영]ᄋᆞ ᄀᆞᆺᄒᆞ니 ᄉᆡᆼ이 더옥 슬프고 감골ᄒᆞ여 부모의 이ᄀᆞᆺᄒᆞ시믈 ᄃᆡᄒᆞ니 젹년 블회 진실노 져의 적잔 허물이라 몸이 일만[번] 죽어도 속ᄒᆞᆯ 길이 업ᄉᆞᆫ ᄃᆞᆺᄒᆞ여 겻히 뫼셔 공의 병후를 슬피[펴] 의약 다ᄉᆞ리고 여가의ᄂᆞᆫ 침병ᄒᆞ고 일가 친쳑도 보들 아니〻 스ᄉᆞ로 ᄌᆞ긔 허물과

죄을 혜아려 쳬형이 변ᄒᆞ여 ᄃᆡ인ᄒᆞᆯ 면목이 업ᄉᆞᆫ 여[연]괴라 뉴공이 ᄋᆞᄌᆞ의 쾌히 ᄭᆡ다라믈 【135】보ᄆᆡ 다시 칙ᄒᆞᆯ 조건이 업고 임의 아ᄃᆞᆯ을 만나ᄆᆡ 병은 스ᄉᆞ로 물너나니 슈월이 못ᄒᆞ여 쾌ᄎᆞᄒᆞᄆᆡ 북촌의 가며ᄂᆞ리ᄅᆞᆯ 볼ᄉᆡ

어시의 최공이 도라감[가]니 부인이 문왈 쳑슉〻이 현셔을 보시ᄆᆡ 질환이 영ᄎᆞᄒᆞ시더잇가 최공이 답왈 뉴형이 ᄃᆡ노ᄒᆞ샤 샤ᄒᆞ실 ᄯᅳᆺ이 업ᄉᆞ시기로 ᄂᆡ 스ᄉᆞ로 ᄌᆞ고 간신 ᄀᆡ유ᄒᆞ여 금조의야 샤ᄒᆞ시니 연니 젼일 화풍 젼혀 업고 쳬형 그랏되여시니 도시 우리 집【136】운쉬라 잔잉ᄋᆡ셕ᄒᆞ믈 이긔지 못ᄒᆞ여라 부인이 ᄋᆡ련참칭ᄒᆞ고 최시ᄂᆞᆫ ᄌᆞ긔 연고로 귀ᄒᆞᆫ 몸이 도로의 유리ᄀᆡ걸ᄒᆞ라[다] 밋 집의 도라와 죄황 듕드럿다 ᄒᆞ니 침식이 블안ᄒᆞ여 ᄒᆞ더라

최공이 친쳑과 뉴공을 마ᄌᆞ 연셕을 배퍼 ᄉᆡ로이 여ᄋᆞ의 명졀과 긔봉을 경차[하]ᄒᆞᆯᄉᆡ 친쳑이 소졔 젹현이 삼ᄉᆞ년의 쌔의 비홍을 완젼ᄒᆞ여 도라오니 하ᄂᆞᆯ이ᄆᆞᆯ 일ᄏᆞᆺ고 최공이 ᄃᆡ열ᄒᆞ미 비【137】길 ᄃᆡ 업더라 박ᄉᆞ와 부인이 신부의 옥안화틔와 고졀을 빙옥 갓다 칭ᄋᆡᄒᆞ여 입이 버러시니 당ᄎᆞ시ᄒᆞ여ᄂᆞᆫ 연의 신고이 ᄎᆞᄌᆞ믈 가히 칙지 못ᄒᆞ리러라

파연ᄒᆞ고 도라오니 ᄉᆡᆼ이 부모긔 ᄉᆞ시 문안 밧근 셔ᄌᆡ 밧글 나지 아니〻 최시로 인연을 ᄆᆡᄌᆞ미 유별타인ᄒᆞ나 최공이 청ᄒᆞ여 긔ᄆᆡ 이ᄅᆞ고 부친이 권ᄒᆞ나 진실노 셰ᄉᆡᆼ의 츌두치 못ᄒᆞ믈 고ᄒᆞ고 가지 아니〻 부뫼 도로혀 고히이[고이히] 넉이고 일가 동[듕]이 감탄칭【138】복ᄒᆞ더라

ᄎᆞ년 듕동의 대예ᄅᆞᆯ 갓초아 신부ᄅᆞᆯ 마ᄌᆞᆯᄉᆡ 긔구의 굉댱ᄒᆞᆷ과 신부의 요됴ᄒᆞ미 비길 ᄃᆡ 업고 정〻ᄒᆞᆫ 졀ᄒᆡᆼ을 만인이 추앙ᄒᆞ여 졔객이 하례ᄒᆞ고 합문 상하 쾌락지 아니 리 업더라

ᄎᆞ후 ᄉᆡᆼ이 심ᄉᆡ 혀이ᄆᆡ 긔뷔예 ᄀᆞᆺ고 두발이 약간 기어[러]더라 효를 힘쓰며 부뷔 화락ᄒᆞᆯᄉᆡ 마경이 두엿ᄒᆞ고 용검이 ᄌᆞ합ᄒᆞ미라 딘듕ᄒᆞ미 원낭[앙]의 녹슈 갓더라 연샹 졔ᄌᆡᆨ이 도라가 최시의 금옥 고졀을 젼파ᄒᆞ여 만경(?)【139】의 회쟈ᄒᆞ니 삼쳑 아동이 니ᄅᆞ허 칭찬 아니 리 업더라

ᄎᆞ후 뉴최 양가셔 져의 지모 비계와 흉계를 두려 ᄉᆞᆯ가ᄒᆞ여 경ᄉᆞ의 머물ᄉᆡ ᄉᆡᆼ이 복작ᄒᆞ여 작칙 졈ᄌᆞ 놉하 ᄌᆞ구ᄒᆞ여 강원도 찰ᄉᆡ 되어 ᄌᆡ물을 드려 금강ᄉᆞ를 슈호ᄒᆞ고 부인과 ᄒᆞᆫ가지로 블젼의 나아가 분향ᄉᆞ빅ᄒᆞ고 크게 슈츅ᄒᆞ여 ᄃᆡ은을 칭송ᄒᆞ니 진실노 신ᄉᆡ로다 귀ᄌᆞ을 졉[졈]지ᄒᆞ여 복을 더으리라 ᄒᆞ더니 과연 이 ᄃᆞᆯ브터 잉틱ᄒᆞ여 십 삭이 찬 후 슌산 ᄉᆡᆼ자ᄒᆞᄆᆡ 일쳑 옥동이라【140】박ᄉᆡ 부ᄌᆞ와 최부의셔 희열ᄒᆞ미 측냥업더라 뉴공의 벼ᄉᆞᆯ이 ᄉᆔ[슝]녹틔우 와[의]정부 영상의 이ᄅᆞᄃᆡ ᄆᆞᄎᆞᆷᄂᆡ 나지 아니코 관ᄎᆞᆯᄉᆡ 금강ᄉᆞ을 슈리ᄒᆞᄆᆡ ᄌᆡᆨ입[임]을 바리고 인을 더져 부모를 뫼셔 도로 고향의 도라가 조졍 논의예 참녜ᄒᆞ미 업고 한가히 잇셔 부모를 밧들며 ᄌᆞ네로 소일ᄒᆞ여 셰월을 보ᄂᆡ더라

이븍도 ᄒᆡ남 ᄊᆡ[ᄯᅡ]의 진ᄉᆞ 오공의 쳐 청년과거ᄒᆞ고 유복녀를 두어 이팔의 졀ᄉᆡᆨ이라 일야[향]간 쟈ᄌᆞ ᄒᆞ여 원근의 유명【141】ᄒᆞ더니 일야간 ᄒᆡ젹당이 ᄌᆞ라러 집을 ᄡᅡ고 박시 모녀를 탈취ᄒᆞ여 간 바를 아지 못ᄒᆞ고 오직 인명은 상ᄒᆡ오미 업고 지휘 흉계와 위의 거죄 최시 탈취ᄒᆞᆯ 젹과 ᄒᆞᆫ가지오 적당의 풍뫼 신ᄎᆡ 최소져 탈취ᄒᆞ던 젹과 분호 다ᄅᆞ미 업더라 ᄒᆞ니 이ᄂᆞᆫ 최시 일흔 긔연이니 오시 모녀의 고단ᄒᆞ믈 탈취ᄒᆞ여 다시 최소져의 환이 업고 모네 한[가]지로 가ᄆᆡ 셩네ᄒᆞ나 ᄡᅧ[러질] 젹 업ᄉᆞ면 다시 연괴 업산 [고]로 모녀를 다【142】려 가미라 샹뎐ᄒᆞ믈 듯건ᄃᆡ 분명 그 젹이라 뉴졍ᄌᆡ 다시 묘당의 ᄌᆞ노[논]ᄒᆞ

여 제적을 잡고져 ᄒᆞ되 적의 자최 부운과 형[평]초 ᄀᆞᆺᄒᆞ여 거ᄒᆞᆫ 곳이 깁고 깁흔 ᄒᆡ듕이오 쳐ᄌᆞ 슌환ᄒᆞ여 가ᄂᆞᆫ 곳마다 집이 잇고 ᄒᆞ믈며 최소져 절을 완젼이 ᄒᆞ여 ᄉᆡᆼ환ᄒᆞ여시니 죽일 의ᄉᆞ를 그져[쳐] 스ᄉᆞ로 피ᄒᆞ엿더니

도로 고향의 도라와 슈다 ᄌᆞ손이 영복을 누리고 일ᄉᆡᆼ 가의 범ᄉᆡ이 업시 부인으로 ᄇᆡᆨ슈ᄒᆡ로ᄒᆞ여 오【143】ᄌᆞ 삼녀를 두어 ᄌᆞ손이 가득ᄒᆞ니 뉘 아니 부러ᄒᆞ며 삼 년 도로의 신고흠과 적혈의 누욕을 ᄒᆞ며 일노 험ᄒᆞ리오 ᄉᆡᆼ이 지셩이 감쳔ᄒᆞ여 부쳐의 도음음[을] 힘입어 긔특이 긔봉ᄒᆞ고 초의 아국의셔 아닌 쥬표을 씩어 최시의 졀을 타인이 알게 ᄒᆞ니 이ᄂᆞᆫ 하늘이 유의ᄒᆞ시믈 가히 알너라 부ᄌᆞ 상봉 후 반졈 흠식 업시 ᄇᆡᆨ슈ᄒᆡ로ᄒᆞ고 부모긔 영효 극진ᄒᆞ니 뉴공 부ᄌᆞ 삼 년 ᄋᆞᄌᆞ을 실산ᄒᆞ고 우슈 우【144】려ᄒᆞ던 일이 츈몽 ᄀᆞᆺ흐여 슈다 ᄌᆞ손을 거ᄂᆞ려 셰월이 흐라ᄂᆞᆫ 줄 모라고 ᄂᆡ외 증손의 긔이ᄒᆞ미 타문의 지나니 시인이 공이 무릉의 긔특이 상봉ᄒᆞ여 이렷[럿]틋 효셩을 누리고 일ᄉᆡᆼ 희로를 나라[타]ᄂᆡ지 아니ᄒᆞ고 좋ᄂᆡ 무흠ᄒᆞ믈 경찬ᄒᆞ연[여] 인ᄂᆡ이 일ᄏᆞ라 아동 소졸이 입마다 외ᄂᆞᆫ 고로 제목을 무릉긔합놉[녹]이라 젼을 지으이라